Und wenn sie doch mehr von Gott erzählten …

Stephan Schmid-Keiser

# Und wenn sie doch mehr von Gott erzählten ...

## Auf der Suche nach einer angemessenen Liturgiesprache

Verlag Friedrich Pustet
Regensburg

**Bibliografische Information der Deutschen Nationalbibliothek**
Die Deutsche Nationalbibliothek verzeichnet diese Publikation in der Deutschen Nationalbibliografie; detaillierte bibliografische Daten sind im Internet über http://dnb.dnb.de abrufbar.


Gutenbergstraße 8 | 93051 Regensburg
Tel. 0941/920220 | verlag@pustet.de

ISBN 978-3-7917-3291-6
Umschlaggestaltung: www.martinveicht.de
Umschlagbild: © Stephan Schmid-Keiser
Satz: SATZstudio Josef Pieper, Bedburg-Hau
Druck und Bindung: Friedrich Pustet, Regensburg
Printed in Germany 2021

eISBN 978-3-7917-7373-5 (pdf)

Unser gesamtes Programm finden Sie im Webshop unter
www.verlag-pustet.de

# Inhaltsverzeichnis

# Vorwort

Erst neulich begegnete mir folgende Frage: „Sprechen Sie kirchisch?". Als jemand, die in ihrem Berufsleben ständig mit liturgischen Texten umgeht, sie analysiert und für das theologische Reflektieren fruchtbar zu machen sucht, war meine Reaktion auf diese Frage zunächst ziemlich verhalten. Ich gebe zu: Innerlich stöhnte ich sogar. Wenn ich zu einem Fußballspiel ginge oder einen Vortrag über Hirnforschung hörte, wären mir auch viele Worte fremd und man würde von mir erwarten, dass ich lerne, was mit Abseits gemeint ist oder was Nervensysteme sind. Warum also das ganze Aufheben um die liturgische Sprache?

Im Hinblick auf die Liturgie, die Begegnungsgeschehen zwischen Gott und Mensch sein will, hinken jedoch die Vergleiche zum Fußballplatz oder zu einem wissenschaftlichen Vortrag. Die liturgische Sprache ist für immer mehr Zeitgenoss*innen zu einem echten Stolperstein geworden, der ihnen eine Mitfeier der Liturgie erschwert, ja bisweilen sogar verunmöglicht. Dabei war es das erklärte Ziel der Liturgiereform im Zuge des Zweiten Vatikanischen Konzils, alle Gläubigen zur vollen, bewussten und tätigen Teilnahme an den liturgischen Feiern zu führen. Die Konzilsväter erklärten dies zum ontologischen Prinzip der Liturgie. Das heißt: Die tätige Teilnahme, die Mitfeier aller, ist unverzichtbares Wesenselement der Liturgie und kommt nicht einfach zur Liturgie hinzu. Anders als auf dem Fußballplatz, wo zwei Mannschaften mit je elf Spieler*innen einen Ball über das Feld manövrieren, und die übrigen Anwesenden dem Geschehen auf dem Platz zuschauen, durchaus intensiv mitfiebernd und auf den Sieg ihrer Mannschaft hoffend, sind doch die eigentlichen Akteure diejenigen auf dem Platz. Anders im liturgischen Geschehen: Dort ist jede*r Subjekt und Träger*in der Liturgie, auch wenn nicht alle eine spezielle Rolle wie der Leitung, des Vorlesens oder Vorsingens übernehmen. Qua Taufe sind sie alle Priester*innen, die im Feiern lobend, preisend, bittend und klagend vor Gott treten; alle sind Mitspieler*innen im heiligen Spiel. Zuschauer gibt es in diesem Geschehen eigentlich nicht.

Insofern kommt der Situation, dass vielen Menschen heute das liturgische Gebetsvokabular ein Buch mit sieben Siegeln ist, eine große Tragweite zu. Die Liturgie kann ihr Wesen nicht mehr voll entfalten. Dem Menschen, nicht irgendeinem abstrakten Wesen, sondern dem je konkreten Menschen – so wollte es das Konzil – gebührt die volle Aufmerksamkeit. Deshalb genügen nicht einfach ein paar Fremdsprachenkurse in Kirchisch oder einige attraktive

Bildungsangebote. Die Glaubensbotschaft muss konsequent auf die heutigen Menschen, und zwar auch auf die Fernstehenden, die Suchenden, die Tomáš Halík „die Zachäusmenschen" nennt, ins Wort gebracht werden. Gerade seit die Liturgie in den Landessprachen gefeiert wird, bedarf es immer wieder der erneuten Annäherung und sprachlichen Durcharbeitung des Gefeierten. Die Perspektive des Anderen muss dabei ein wichtiger Maßstab sein. Eine rein binnenkirchliche Sprache ist auch innerhalb der Kirche einem immer kleiner werdenden Kreis verständlich. Es entsteht eine sprachliche Sonderwelt, die den Graben zwischen täglichem und dem liturgischen Leben immer größer werden lässt. Deshalb muss gefragt werden: Wo trägt liturgische Sprache dazu bei, Barrieren aufzubauen? Wo grenzt sie aus? Wo versperrt sie den Zugang zum Evangelium? Wo verhindert sie die volle, bewusste und tätige Teilnahme aller Mitfeiernden? Es hängt nicht zuletzt von der Sprachgestalt unserer Gottesdienste ab, ob Menschen sich in den Feiern beheimatet fühlen und Zugang finden zum Geschehen des Glaubens, der hier gefeiert wird.

Die jüngste römische Instruktion für die Übersetzung liturgischer Texte „Magnum principium" (2017) gibt dem Recht. Sprache habe die Aufgabe, Kommunikation zu ermöglichen und müsse geprägt sein durch den Respekt vor dem gefeierten Geheimnis. Gleichwohl sei das Wohl der Gläubigen entscheidend, ihre Teilnahme gelte es zu ermöglichen, so führt die Instruktion aus. Liturgische Sprache auf die Menschen von heute hin zu formulieren, ist allerdings kein einfaches Unternehmen. Es bedarf großer theologischer Kompetenz, sprachlichen Vermögens und einer konsequenten Zeitgenossenschaft mit den Männern und Frauen der Gegenwart. Vorliegendes Buch will genau dies leisten.

*Birgit Jeggle-Merz*

# Auftakt: … und wenn sie doch mehr von Gott erzählten!

Bleibt dies nicht ein frommer Wunsch, der unvermittelt und zu Unzeiten kommt? Tatsächlich gehört er nicht zum Mainstream dieser Zeit – dieser Wunsch, mehr von Gott erzählt zu bekommen. Zwar häuften sich Stimmen in den letzten Jahren, die der vom Schriftsteller *Martin Walser* aufgeworfenen Frage nachgingen, was fehle, wenn Gott fehlt. Und allgemein zeigen sich nach wie vor religionsproduktive Tendenzen, über die zu forschen und zu reden vorab in Mitteleuropa nicht einfach nur verpönt scheint. Soweit so gut, meine ich als Seelsorger und Theologe, der sich noch lebhaft an die Zeit erinnert, da die Kultursprache Latein nicht nur die Gottesdienste der römisch-katholischen Kirche dominierte. Seit der Öffnung dieses ehemals geschlossenen Milieus und einer wenig zugänglichen liturgischen Ausdruckswelt gewannen weltweit die Sprachen jedes Landes an Bedeutung. Die Entwicklung nach dem Zweiten Vatikanischen Konzil (1962–1965) brachte es schließlich mit sich, dass heute in den meisten Feiern des Glaubens die Volkssprache genutzt wird.

Diese Anpassung an die Gegenwart erreichte die Menschen auch im deutschsprachigen Raum und verhalf zu besserer Verständlichkeit der Riten. Nicht überall aber vermochte die neue Verständlichkeit zu überzeugen. Bis heute hält sich u. a. in literarischen Kreisen die Auffassung, dass man sich in der lateinischen Form der römisch-katholischen Liturgie mehr aufgehoben sehe. Diese Kritik am volkssprachlichen Feiern richtet sich vor allem gegen eine Anbiederung an den Zeitgeist und sieht diese als Abflachung gegenüber einer Hochkultur, deren herausstechendes Merkmal die Verwendung des Kirchenlateins war. Dennoch kann niemand mehr davon absehen, dass sich über die gefeierten Geheimnisse in den Kirchen über Jahrhunderte eine Atmosphäre unverständlicher Verschleierung gelegt hatte. Mit dem Konzil jedoch wurden die Feiern des Glaubens im wahrsten Sinne zu einem offenen Geheimnis, zu welchem heute alle Mitfeiernden ihren Zugang finden können.

Auf diesem Hintergrund ergab sich ein doppeltes Programm: Neben dem geforderten Heutig-Werden des christlichen Glaubens musste das Sprachkleid der Feiern dieses Glaubens angepasst werden. Anderseits hatten die Weckrufe aus der literarischen Welt eine Beschäftigung mit der Sprache zur Folge, die der liturgischen Ausdruckswelt galten. Die Stimmen von Literat*innen wurden unterdessen seitens der Theologie vermehrt als Gradmesser ernst genommen. Damit liegt es auf der Hand, sich noch stärker auf die Suche nach einer angemessenen Liturgie-Sprache für unsere Zeit zu machen. Diese ist zwar vermehrt atheistisch gestimmt. Dennoch wird spürbar, dass die Wahrnehmungen aus der zeitgenössischen Literatur den vielschichtigen Erfahrungen von Transzendenz im menschlichen Dasein mehr Bedeutung zumessen. Da und dort begannen solche Stimmen die anspruchsvolle Spracharbeit an Gottesdiensten zu beeinflussen. Mit der vorliegenden Studie gehe ich diesen Weg mit und sehe in den literarischen Inspirationen eine Bereicherung der liturgischen Ausdruckswelt. Nicht unabhängig davon werde ich ergänzende Schritte tun, getragen vom Anliegen, dass Gottes Gegenwart im Gottesdienst nicht in abgehobener, sondern in menschennaher Sprache angesprochen und ausgedrückt wird.

Ihnen als Leserin und Leser wünsche ich genügend Zeit, sich den Inhalten dieses Bandes zu widmen. Nach den einführenden Abschnitten können Sie sich einzelnen Stimmen aus der Literatur annähern. Wie bald sichtbar wird, sind es nicht zuletzt Dichtung und Poesie, in der von jeher religiöse Sinnfragen lebensrelevant beleuchtet und zugespitzter thematisiert sind als dies im gelegentlich unüberlegten Parlando-Modus von Gottesdienstfeiern geschieht. Ist dies nicht ein guter Grund, näher über die Lebensrelevanz von Gottesdiensten in den christlichen Kirchen nachzudenken und Impulse zu vermitteln, wie die Menschen unserer Zeit beim Feiern des Glaubens in ihrer Lebenswelt abgeholt und sprachlich ernst genommen werden können?

Dann wird es sich hoffentlich für Sie ebenso lohnen, weitere Momentaufnahmen zur liturgischen Ausdruckswelt in den Blick zu nehmen. So kommt besonders der Musik beim Feiern des Glaubens eine bedeutende Funktion zu. Denn das Musizieren und Singen in den verschiedenen Situationen lokaler Feiergemeinschaften vermittelt Wege, sich auf die Begegnung mit dem offenen Geheimnis des Glaubens einzustellen. Wie der musikalischen Ausdruckswelt liegt schließlich der zeitgenössischen Rede *von* und *zu* Gott eine fragmentarische Stimmung zugrunde, die nach näheren Antworten verlangt. Eine dieser Fragen muss weiterhin gestellt bleiben. Sie wurde wie gesagt von *Martin Walser* aufgeworfen und lautet: Was fehlt, wenn Gott fehlt? Wie Menschen konkret auf dieses Gottvermissen antworten, darüber wird nicht einfach geschwiegen werden können – will doch jedes Wort im gottesdienstlichen Handeln und Feiern dem Weg jener Menschen dienen, die sich dazu versammeln und ihrem Glauben ihre ureigene Gestalt in dieser Zeit geben.

Ich danke in erster Linie allen Menschen, die mir in der Seelsorge begegnet sind und mithalfen, in der Vielfalt gottesdienstlichen Handelns und

Feierns alle Sinne auf Gottes Zuwendung hin zu öffnen. Mein Dank geht ebenfalls an *Frau Professorin Dr. Birgit Jeggle-Merz*, die vor Fertigstellung des Manuskripts dem gesamten Projekt entscheidende Impulse gab und ihr Vorwort beisteuerte. Dem Lektor des Pustet-Verlages, *Dr. Rudolf Zwank*, danke ich ebenso für die eingehende Begutachtung und Begleitung. Last but not least geht mein Dank an meine Ehepartnerin *Lisbeth*, die ihrem „Kirchenmann" gegenüber stets ihr Wohlwollen zeigt und aus ihrer reichen Erfahrung im Umgang mit der Schriftsprache manche Anregung beim Erarbeiten meiner Studien einbringt.

# Einführung

## Auf der Suche nach angemessener Liturgiesprache ...

Die letzte Liturgiereform in der römisch-katholischen Kirche richtete die Augen auf die Gegenwart. Es galt die biblischen Texte den Mitfeiernden von Gottesdiensten zugänglicher zu machen. Dies hielt die Liturgiekonstitution mit ihrem Grundsatz fest: „Auf dass den Gläubigen der Tisch des Gotteswortes reicher bereitet werde, soll die Schatzkammer der Bibel weiter aufgetan werden, sodass innerhalb einer bestimmten Anzahl von Jahren die wichtigsten Teile der Heiligen Schrift dem Volk vorgetragen werden.“ (SC 51) Damit wurden neue Horizonte eröffnet und biblische Erfahrungen mit dem göttlichen Geheimnis konnten besser ins Heute vermittelt werden.

Nun wiederholt sich der Gottesbedarf aus der Geschichte nicht selbstverständlich. Die Muster biblischer Gottes-Begegnung in liturgischen Feiern zu aktualisieren, ist deshalb ein erster Schritt, den ich mit dem Band „Wenn Gott zur Sprache kommt“[1] gehen durfte. In einem weiteren Schritt können tiefer liegende Fragestellungen wie das Faktum atheistisch gestimmter Gegenwart und das Ringen um eine auch sprachlich verständliche Liturgie nicht ausgeblendet werden. Denn das Ziel bleibt, dass Gott in einer Vielfalt von Feierformen, die in die Kultur eingebettet sind, zur Sprache kommen kann. Menschen drücken heute ihre Suche nach Transzendenz nicht zuletzt sprachlich aus, mitten in einer Welt von Skepsis und praktischem Atheismus. Dazu kommt, dass rituell-gottesdienstliche Verhaltensweisen wie gemeinsames Beten und Singen sich dem Status der Verflüchtigung angenähert haben. Zumindest zeigt sich dies in gottesdienstlichen Versammlungen, in welchen sich die Anwesenden als Individuen mehr oder weniger beim Mitbeten und Mitsingen zurückhalten. Mancherorts ist eine globale Scheu vor direkter religiöser Rede geradezu mit Händen zu greifen, damit auch der prekär gewordene Gebrauch religiöser Sprache mit ‚Begriffen‘ wie „Gott“, „Heil“, „Gnade“, „Allmacht“. Die einschlägige religionssoziologische Kommentierung dieser Lage wiederholt sich seit Jahren: Die Menschen seien mehr und mehr individualisiert oder „auto-zentriert“, lautete etwa im Sommer 1999 eine Bemerkung von *Michael M. Ebertz.*[2]

1 *Stephan Schmid-Keiser* (2020)

2 *Michael M. Ebertz* in der Sat3-TV-Sendung „sonntags“ vom 25.07.1999

Das Wesentliche der soziologischen Analyse besser zu vermitteln, könnte dennoch hilfreich sein. Denn die gedanklichen Winkelzüge einschlägiger Publikationen haben eine analytische Sprache entstehen lassen, die nur soziologisch Geschulten zugänglich sind. Nimmt man dennoch die Mühe des Begriffes auf sich, finden sich darin Erkenntnisse, die zur Signatur der Zeit führen. Diese ist deutlich vom Lebensmotto geprägt: „Lasst mich meinen eigenen Gott suchen." Positiv gewendet: „Ich möchte mit meiner eigenen Wahrheit vor dem, was die anderen als ‚Gott' bezeichnen, autonom fertig werden. Ich brauche dazu aber menschliche Beihilfe und nehme sie im Notfall (vielleicht) gerne in Anspruch." Näher bei der „maßlosen Sehnsucht" von Menschen, die sowohl „religiös", wie „atheistisch" oder „pragmatisch" ihren Weg gehen, deutete *Paul Michael Zulehner* die kritische Lage: „Spiritualitätskritik wird zu einem Teil moderner Religionskritik, um die auch die … Respiritualisierung nicht herumkommt – zu ihrem eigenen Wohl."[3] Wenn sich unter diesen Voraussetzungen in Gottesdienst- und Liturgie-Texten Neuschöpfungen hören lassen und zudem die Vokabel „Gott" so verwendet ist, dass darin männliche und weibliche Bildwelten integriert sind, erleben sich die Mitfeiernden auch als Einzelne mit- und ernstgenommen. Für Text-Neuschöpfungen wird dann jedoch mehr der Rat von Schriftstellerinnen und Schriftstellern teuer sein als die Hinweise soziologisch-abstrakter Deutungen.

## …in atheistisch gestimmter Zeit

Die Gegenwart ist in vielfältiger Hinsicht eine atheistisch gestimmte Zeit. In ihr zeigen sich kritische bis radikale Infragestellungen des Gottesglaubens in unterschiedlicher Färbung. Nichts mehr anfangen können die Menschen mit Nietzsches Buchhaltergott oder dem alten Mann mit Bart wie aber auch mit einem Waffen segnenden Gott – alles Figuren, die in der Welt der Karikatur und Satire noch lange nachwirken werden.

Weltanschaulich gelten etwa für *Joachim Kahl* zwei Kernsätze als Säulen des Atheismus: „Es gibt keinen Gott, der die Welt erschaffen hat." Und: „Es gibt keinen Gott, der die Tiere und Menschen aus ihrem Leiden erlöst." Kahl kritisiert zudem an *Richard Dawkins* dessen ‚atheistischen Stolz' und plädiert für eine weltlich-humanistische Spiritualität.[4] Ferner überrascht es, wenn

3 *Paul M. Zulehner* (2003) 92f.

4 *Joachim Kahl* (2009) 5, 11, 15. R. Dawkins einordnend *Edmund Arens* (2008) 13f.

ein Pfarrer seinen Glauben nicht-theistisch formuliert und sich dabei mehr oder weniger gewollt in Widersprüche begibt, oder wenn aus philosophischer Perspektive auf eine „atheistische Mystik" aufmerksam gemacht wird.[5] Dem praktischen bzw. „Atheismus der Gewöhnung"[6], der sich im Westen zeigt, steht aufgrund der buddhistischen Tradition des „Erwachens" eine nicht auf Gottglauben zielende Denkweise gegenüber, die jedoch ohne Anti-Haltung gegenüber dem Absoluten und Transzendenten auskommt.[7]

Welche Haltungen zum Atheismus im kirchlichen Kontext eingenommen werden, bleibe hier offen. Leider aber muss nach dem Aufdecken der Missbrauchsfälle in Kirchen deutlich vom ekklesialen Atheismus gesprochen werden, wie *Martin Brüske* klargestellt hat: „Es gibt sie, die Mischung aus Idolatrie und ekklesialem Atheismus bis in höchste Kirchenkreise. Solch idolatrischer, ekklesialer Atheismus ist in der Lage, ein vollkommen orthodoxes, ‚korrektes' Credo aufzusagen und ist doch in Wahrheit ohne Gott."[8] Diese durch die Missbrauchs-Enthüllungen in Kirche und Gesellschaft noch gesteigerte Infragestellung von Institutionen ruft bestürzend deutlich nach Klärungen im Selbstverständnis und Verhalten von allen, die sich christlichen Ansprüchen verschrieben haben. Denn es müsste klar sein, dass das Zweite Vatikanum sich „einem selbstkritischen Gespräch" mit dem Atheismus geöffnet hatte, wie *Jan-Heiner Tück* als Fazit zieht: „Es gibt Widerfahrnisse des Glücks, der Bestürzung, in denen sich die Gottesfrage unabweisbar aufdrängt. Nicht nur der Glaubende muss durch das Purgatorium atheistischer Rückfragen hindurch; auch der Atheist sieht sein Credo der Rückfrage ausgesetzt, ob der Gott, den er verneint, nicht ein selbstfabriziertes Konstrukt ist. Solange Gläubige und Ungläubige um die Möglichkeit des Gottesglaubens

5 *Klaas Hendrikse* (2012) u. (LZ 14.06.2013) 8. Also ist dieses Ereignis dennoch ein Faktum bzw. das Gegeben- bzw. Geschenkt-Sein einer mystischen Erfahrung. Zur atheistischen Mystik *László F. Földényi* (NZZ 26.05.2018) 47

6 *Helmuth Rolfes* (2005) 105 u. 107 mit Verweis auf die durch das Vatikanum II bezeugte Dialogbereitschaft mit atheistischem Denken (GS 19–20) sowie 111 ff. den christlichen Glauben als einer Position jenseits von Atheismus und Theismus: „Christlicher Glaube ist aus sich heraus religionskritisch." (111)

7 *Hans Waldenfels* (1983) 36 zum radikalen Verschweigen Gottes im Buddhismus

8 *Martin Brüske* (09.10.2018): „Das Dramatische ist die totale Empathielosigkeit mit den Opfern – das steinerne Herz der Kirche." Vgl. bereits *Dorothee Sölle* (1975): „Gerade die Kirchen tragen mit Schuld daran, dass Menschen sich nicht religiös formulieren können, die Institutionen der Religion haben diese Unfähigkeit der Selbstformulierung ja durch die ständig parate Vor-Formulierung gefördert. Insofern ist es kein Wunder, wenn viele Menschen sich nur noch außerhalb der Kirchen überhaupt religiös artikulieren." (167)

ringen, sind sie von vielen Fragen umgetrieben, für die forsche Naturalisten und Wellness-Atheisten nur ein Achselzucken übrighaben. Wo humane Selbstverständigung biologistisch oder konsumistisch abgeflacht wird, fehlt etwas. Die auftrumpfende Selbstgewissheit missionarischer Atheisten und nicht minder die Gottprotzigkeit mancher Glaubenseiferer drohen hinter das bereits erreichte Gesprächsniveau zurückzufallen."[9]

Nun war einmal das Gesprächsniveau mit der Positionierung etwa durch *Helmut Gollwitzer* von stärkerer inhaltlicher und sprachlicher Differenzierung geprägt. In seinen Thesen zum *„Christlichen Glauben und Atheismus der Gegenwart"*[10] schrieb Gollwitzer über „die Stimme des letzten Seinsgrundes". Ihm verdanke sich alles Seiende und darum werde sie „Wort Gottes, Wort des Herrn und des Schöpfers genannt". Näherhin konfrontiere diese Stimme in einer bestimmten (der biblischen) Geschichte mit einem „Freunde". Im Hören der Stimme sei das Verhältnis des Menschen zum Letzten positiv: Von „der letzten, letztlich entscheidenden Instanz haben wir nicht Gleichgültigkeit eines blinden Schicksals, nicht Vernichtung im Abgrund des Nichts, nicht Verwerfung durch ein unerbittliches Gericht, sondern unverbrüchliche Freundschaft zu erwarten". Und mache sich der Herr zum Freunde, „so hat das zur Folge, dass er nicht mehr als ‚despotische Gott-Hypostase', die dem Menschen die Autonomie missgönnt (E. Bloch), gedacht werden darf". Den traditionellen Ausdruck ‚Wort Gottes' ersetzte Gollwitzer durch das Wort ‚Stimme', „um das Ereignishafte hervorzuheben" und nicht „eine in eine Doktrin einfangbare, allgemein tradierbare, theoretische Wahrheit". Dies auf seine Weise bestätigend, erläuterte später *Paul Ricoeur* mit Blick auf die Dialektik zwischen biblischer Erzählung und Prophetie: „So wird Gott selbst in der prophetischen Gattung im Ereignis und durch das Ereignis genannt und nicht nur als Stimme hinter der Stimme".[11] *Gollwitzer* selbst erklärte weiter: „Es gibt für uns nur diese Stimme, d. h. es gibt keine Unmittelbarkeit zu Gott in dem Sinne, dass uns Gott unmittelbar greifbar wäre. Darum können

9 *Jan-Heiner Tück* (NZZ 13./14.09.2008) B4

10 *Helmut Gollwitzer* (1970) 345–382, Thesenreihe I bis V 349 f. u. 352 f. Siehe *Dorothee Sölles* Bemerkungen: „Der Atheismus ist zur Banalität geworden, die niemanden schmerzt" und „Jede Formulierung, in der Gott oder ein ähnlicher Begriff fällt, ist darauf hin zu untersuchen, was darin anthropologisch gesagt wird" in dies. (1971) 74. Christus als Leidender sei unbekannt und Gott „nach wie vor der allmächtige Lenker" – gemessen an diesem Glauben sei der wachsende Atheismus der Massen trotz seiner Banalität ein Fortschritt, dies. (1973) 176 und Sölles biografische Notizen „Die neue Sprache suchen" in dies. GW 2 (2006) 193

11 *Paul Ricoeur* (2005) 167

wir über Gottes Wesen abgesehen von dieser Stimme nichts aussagen: es ist keine ‚Ontologie Gottes' möglich". Und: „Haben wir Gott nur im Hören der Stimme, und nehmen wir die Erklärung der Freundschaft ernst, so bedeutet das gleicherweise: Gott bleibt im Geheimnis, und: Gott gibt sich ganz preis". Alles in allem: Weil biblischer Glaube aus dem Hören kommt und Menschen den Glauben nicht ‚haben', dieser im Gegenteil „in uns durch das immer neue Eindringen der Anrede in unser Leben" geschieht, kann sich niemand bei seinem Reden *über* und *zu* Gott aus der Welt heraushalten. Diese bleibt in den Augen von Menschen ein Grund zum Staunen ebenso wie ein Grund zum Klagen über die in dieser Welt verbreiteten Ungerechtigkeiten. Umso mehr wollen Menschen bis in die Sprache von Gottesdiensten in ihrem Subjektsein, ihrem Suchen und Wagen ernstgenommen sein. Diesem Anliegen gelten die folgenden Hinwege zu einer zeitgenössischen Liturgiesprache.

# 1 Hinwege zu einer zeitgenössischen Liturgiesprache

Es ist wohl der meistgehörte Einwurf, wenn im Gespräch nach einem eben erlebten Gottesdienst bemerkt oder in Umfragen notiert wird: „Schafft endlich mehr Verständlichkeit!" Oder positiv: „Gut, dass hier eure Sprache spürbar verständlich ist!" Selbstverständlich ist es nicht, dass im weltweit multikulturellen Kontext an der Verständlichkeit der Riten und ihrer Sprache gearbeitet werden kann. Eine hohe Hürde wurde 2001 durch die römische Instruktion *Liturgiam authenticam* errichtet, die strikt die wortwörtliche Übersetzung liturgischer Texte aus dem Lateinischen in die Landessprachen verlangt. Dies stand im Zusammenhang einer „Übersetzungsverständlichkeit", die *Alex Stock* wie folgt begründen konnte: „Die neue muttersprachliche Liturgie wurde nicht originär aus dem literarischen Potential der jeweiligen zeitgenössischen Sprachkultur geschaffen, sondern als Übersetzung einer vorab in lateinischer Sprache und römischem Geist verfassten Liturgie".[12] Ein pures Dilemma musste entstehen zwischen der Verständlichkeit liturgischer Sprache im jeweiligen kulturellen Kontext und der lateinischen Liturgie.

Diesem Dilemma begegnete Papst Franziskus mit dem 2017 erschienenen Motu Proprio *Magnum principium*, das die Weichen neu stellte. C. 838, Art. 2 und 3 CIC/1983 wurden präzisiert, wonach sich nun in erster Linie die lokalen Bischofskonferenzen mit der liturgischen Sprache in ihrem kulturellen Kontext befassen können. Das neue Kapitel dieser schwierigen Geschichte hat *Benedikt Kranemann* ausgewertet.[13] Er kommt zum Schluss, dass nun die Agenda für die volkssprachliche Arbeit an den lateinischen Texten „wieder neu auf Verständlichkeit hin ausgerichtet werden" müsse. Dies sei alles andere als einfach, denn im Kontext einer Glaubensfeier ist Verständlichkeit nicht einfach gegeben. Der Anpassung an unterschiedliche Kulturen werde „wieder mehr Gewicht verliehen". Man werde diskutieren müssen, „was unter den Bedingungen des frühen 21. Jahrhunderts und der ‚multiplen Moderne' im deutschen Sprachgebiet volkssprachliche Liturgie bedeutet". Papst Franzis-

12 *Alex Stock* (2010) 139 f. Den Zwischenstand analysierte *Albert Gerhards* in: *M. Kirschner / J. Schmiedl* (2014) 119–141

13 *Benedikt Kranemann* in: ET-Studies 9/2 (2018) 220 f., 218 Textsynopse zu dieser „Neuordnung des Übersetzungswesens"

kus verweise auf die Spannung von Verständlichkeit und Geheimnis. Er sehe dabei besonders „den Menschen vor Gott" und die „Liturgie als personales Geschehen". Wer mitfeiert, soll „das Feiergeschehen sprachlich mitvollziehen und mittragen können". Keine Nebensache sei dies für das „Zusammenspiel von *leiturgia* und *diakonia*", der Feier und der christlichen Lebenspraxis.

Wenn dieses neue Kapitel weitergeschrieben wird, werden die Bischofskonferenzen bei der Approbation von Übersetzungen drei Aspekte berücksichtigen müssen: Treue gegenüber dem lateinischen Original, Besonderheiten der Zielsprache sowie Verständlichkeit in der Zielgruppe.[14] Näher hingeschaut, sehen sich die Zielgruppen je nach Herkunft und Milieu in unterschiedlicher Ausgangslage. Ein beharrendes Festhalten an fix-ritualisierter Sprache erfahren nicht wenige der Zielgruppen als wenig sensibel oder gar verletzend, wenn die Sprache nicht gendergerecht ausgerichtet ist. Den einen bleibt die routinierte Liturgie-Sprache wie eine Fremdsprache, der sie – einmal ihrer Kindheit entwachsen – gerne die eigene Muttersprache entgegenstellen, wie das beliebte Sprechen von Fürbitten im lokalen Dialekt zeigt. So gesehen ist die Sprache der Liturgie zwischen Fremdsprache und Muttersprache anzusiedeln.[15] Sie sollte zudem darüber hinaus in Bezug gesetzt sein zu der in den Gottesdiensten verkündeten Botschaft und ihrem bleibenden Stachel der Kritik am einseitigen Kult.

Ein Hinweis von *Ottmar Fuchs* ist darum gewichtig genug, um hier darauf einzugehen. Am Beispiel des „sogenannt ungläubigen Thomas"[16] lasse sich zeigen, wie dieser prüfe, ob Christus seine Wunden noch hat: „Denn eine auferstandene Lichtgestalt ohne Wunden wäre Luzifer ähnlich" und „alles trinitarisch folgenlos geblieben und die Menschwerdung wäre am Ende doch ein Schmierentheater, das in Gott keine Spuren hinterlässt". Da die Sensibilität des sprichwörtlich ‚Ungläubigen' unserer Zeitepoche eingeprägt ist, ist die Wirkung einer unangemessen-abstrakten und dogmatisch-überhöhten Sprache umso kritischer. Weil diese vielen Menschen ein Dorn im Auge bzw. ein Stachel im Ohr geworden ist, geben Stimmen aus Literatur und Lyrik

14 https://www.kath.ch/newsd/papst-bekraeftigt-seine-reform-bei-der-uebersetzung-liturgischer-texte/ (22.10.17)

15 So *Michael Meyer-Blanck* (2012) 11–22 v.a. zu liturgischem Sprechen als Sprachhandlung u. sprachlichem Gestalten. Zur religiösen Sprache als „Sprache der Menschheit im Menschen" mit ihrem Ursprung aus dem Wort Gottes vgl. *Daniel Hoffmann*: (2002) 24 4f. Mit Praxisvorschlägen aus alt-katholischer Perspektive *Sigisbert Kraft / Erentrud Kraft* (1999) 3–14: Biblische und liturgiewissenschaftliche Voraussetzungen für die Arbeit an liturgischen Texten

16 *Ottmar Fuchs* (2014) 125f.

Wichtiges zu bedenken. Auch auf diesem Hintergrund ist die besondere Verletztheit, die durch eine nicht-inklusive Sprache ausgelöst wird, mehr als erheblich.

## 1.1 Literarische und lyrische Anstöße

Der Rahmen unserer Fragestellung zielt auf das Suchen nach angemessener Sprache im liturgischen Kontext. Diese sollte sich dem transzendenten Geheimnis im Raum von Liturgien nähern und ebenso dem Gefühl für das Unsagbare Ausdruck geben. Dass dies zu eigentlicher Zurückhaltung mahnt, hatte aus jüdischer Sicht bereits *A. J. Heschel* begründet: „Das Gefühl für das Unsagbare ist ein Gefühl für Transzendenz, ein Gespür dafür, dass die Realität Hinweis ist auf einen überrationalen Sinn. Das Unsagbare ist also ein Synonym für verborgenen Sinn, nicht für einen Mangel an Sinn. Es vertritt eine Dimension, die in der Bibel ‚Herrlichkeit' heißt, eine Dimension so wirklich und erhaben, dass sie unsere Anbetungsfähigkeit lähmt und uns eher mit Scheu erfüllt als mit Neugier."[17] Eine angemessene liturgische Sprache zu Gunsten der ‚Besonderheiten in den Zielsprachen' wie der ‚Verständlichkeit in den Zielgruppen' kann nun aber das Unsagbare nur multiperspektivisch andeuten. Dies betrifft alle Textstücke des Gottesdienstes mit Ausnahme der festgelegten Gebete wie etwa das Glaubensbekenntnis oder das Vaterunser. Ob dabei die gesuchte Sprache nicht doch „originär aus dem literarischen Potential der jeweiligen zeitgenössischen Sprachkultur" (A. Stock) schöpfen könnte, interessiert uns in den hier folgenden Ausführungen. Wie in unserem Forschen bereits durchgehend versucht, wird dabei der jüdisch-christlichen Bilder- und Sprachwelt sachgemäß ein besonderes Augenmerk geschenkt.

### Unterschiedliche Sprachspiele

Das weite Feld der Sprachlehre umfasst Semiotik wie Semantik und Pragmatik. In sie eingebettet ereignen sich nach *Ludwig Wittgenstein* sogenannte ‚Sprachspiele'. Was die Literatur und die Liturgie betrifft, konzentrieren sich diese auf Worte, die niedergeschrieben, gelesen oder vorgetragen werden. Sie vollziehen sich primär in ihrem jeweiligen Kontext. Nun hat Wittgenstein selbst in seinem phänomenologischen Zugang zu religiösen Erfahrungen de-

17 *Abraham Joshua Heschel*: (1980/2000) 10. Eine Frage an uns: 76–86, 79

ren Vielfalt betont und im Beten der Gläubigen eine Interpretation der Wirklichkeit von der Transzendenz her sowie „ein Bekenntnis, keine Mitteilung“ gesehen, wie *Sigisbert und Erentrud Kraft* betont haben.[18] Folgerichtig konnte dieses Autorenpaar im Anschluss an *Huub Oosterhuis* aufzeigen, worin im Unterschied zur mitteilenden ersten Sprache der exakten Wissenschaft eine zweite ihre Bedeutung gewinnt: „Es gibt eine zweite Sprache, tief unter der ersten, wie unter einer viel älteren Erdschicht oder im weiten Umkreis um die erste herum. Sie ist die ‚zweite‘ in Aufmerksamkeit und Wertschätzung, aber auch wehrloser und bescheidener als die erste, die Sprache für das, was sich eigentlich nicht aussprechen lässt. Man spricht sie, damit man nicht vollends zu schweigen gezwungen wird. Es ist die Sprache der Rührung und der Ekstase …“

Folglich gewinnt im *liturgischen Sprachspiel* das Wort ‚Gott‘ eine andere Bedeutung als im literarischen. In der Glaubenssprache der Liturgie vollzieht sich der (christliche) Glaubensakt. Glaubende sprechen in dieser Sprache so, dass sie bekennend ihren Transzendenzbezug als Einzelne und verdichtet in der Gemeinschaft vollziehen. Das liturgische Sprachspiel muss darum den „Vollzug der Gemeinschaft dieses Glaubens“ leisten[19] und sollte – entgegen der oft klerikal bestimmten Kommunikation einer Liturgie vor Ort – den Mitvollzug auch ermöglichen. Umso entscheidender für die Verständlichkeit in den Zielgruppen ist es, *wie* mit ‚Sprache‘ in einer gemeinsam vollzogenen Feier umgegangen wird – *wie* aber auch mit dem Schweigen im liturgischen Kontext.

Im *Sprachspiel der Literatur* dagegen werden ihren Zielgruppen ‚fiktionale‘ Texte vorgelegt. Darin sind im Modus der Schilderung oder Erzählung eine

18 *S. u. E. Kraft* (1999) 15–27: Erneuerte liturgische Sprache heute. Sprache im Fluss – Inklusive Sprache – Gottesanrede, 17. Zu Wittgenstein vgl. *Azelarabe Lahkim Bennani* (2008) 109–124 od. http://wittgensteinrepository.org/agora-ontos/article/viewFile/2209/2320. Das Autorenpaar *Kraft* nahm Bezug auf den letzten Beitrag ‚Die zweite Sprache‘ in *Huub Oosterhuis* (1969) 359–371, Folg. Zit. 361f. findet sich bei *S. u. E. Kraft* nicht, da sie weiterzitierend auf die jüdische Praxis des stotternden Du-Sagens im Aufrufen und Aufschreien der Menschen hinweisen. Eine „Collage von Gottesanreden“ findet sich bei *Christian Lehnert* in: ders. (Hg.) (2014) Bd. 1 Impulse für Liturgie und Gottesdienst 34–37. Lehnert sieht seine Gottesanreden als „Impulse für das eigene poetische Sprachkraftwerk in der Verunsicherung“ (ebd. 34).

19 Vgl. dazu *Alois Müller* (1980) 44–48, bes. Theologie als Teilfunktion der Glaubenssprache (46) und *Gunda Brüske* (2003) 231–236, Pkt. 2 Liturgische Sprache ist die gemeinschaftlicher Feier entsprechende religiöse Sprache 233 ff. „Radikal, analog, gemeindlich“ nannte *Wilhelm Gössmann* als „Kennzeichen der sakralen Sprache“, die er von allgemein religiöser Sprache abgrenzte, in ders. (1965) 27–45.

Vielfalt von Zuständen und Erfahrungen, Erlebnissen und Wirklichkeiten, ob realistisch oder metaphorisch, aufgenommen. Hier gibt es Schnittmengen, die sowohl das liturgische wie das literarische Sprachwerk ‚bespielen', indem sie der Wirklichkeit des Lebens – ob sagbar oder nicht – ausdrückliche Gestalt geben. Eher selten jedoch finden Liturgie und Literatur enger zueinander, wenn Literat*innen eine allgemeine Religiosität in ihr Sprachspiel aufnehmen oder ausdrücklich auf den Ritual- und Kultkomplex eines Gottesdienstes Bezug nehmen. Wo sie dies ausdrücklich tun, lohnt sich genauer hinzuhören.[20] Vorerst aber sind nähere Erläuterungen einzubringen, die das große Thema der literarischen und der religiösen Sprache bedenken – wenn auch herausfordernd theoretisch, doch wichtig, um Unterscheidungen und erwähnte Schnittmengen besser wahrnehmen zu können. Beim späteren Referieren von Autorinnen und Autoren wird dann deutlicher, ob und wie ein sensiblerer Umgang mit Sprache auch einem lebensdienlichen Feiern des christlichen Glaubens zuträglich sein kann.

## Der Poesie im liturgischen Sprachspiel Raum geben

Hilfreiche Erläuterungen bieten die Gedankengänge von *Jakob J. Petuchowski*, *Paul Ricoeur* und *Richard Brinkmann*. Sie verschaffen Zugänge, das jeweilige liturgische Sprachspiel und die Poesie einander näher zu rücken.[21] So erläutert *J. J. Petuchowski*, dass die jüdische Gebetssprache in ihren ‚Stammgebeten' in hymnischer Form verfasste Poesie sei. Anders könne man nicht zu Gott reden, weil man sich „der Unzulänglichkeit der gewöhnlichen menschlichen Sprache völlig bewusst" sei. Dass in der traditionellen Synagoge die meisten Gebete *gesungen* werden, weise ferner auf die enge Verbindung zwischen Gebetssprache und Dichtung hin, wie die dortige Verwendung vieler Psalmen zeige. Ohne die „Tragweite der poetischen Metapher hört das Gebet auf, Gebet zu sein". Umgekehrt bewähre sich die Einsicht: *lex orandi est lex credendi*, denn „nur *die* Theologie, die sich liturgisch-poetisch verarbeiten lässt und damit neben der Vernunft auch das Gemüt erfasst, erhält ihre den

20 Vgl. z. B. *Urs Faes* (2005) Als hätte die Stille Türen, Roman. Zu historischen Aufarbeitungen vgl. *Cornelia Herberichs* in dies. u. a. (Hg.) (2015) 1–21

21 *Jakob J. Petuchowski*: III. Göttliches und menschliches Wort im jüdischen Verständnis der Sprache der Bibel; *Paul Ricoeur*: IV. Poetische Fiktion und religiöse Rede; *Richard Brinkmann*: V. Zum Verhältnis und zur „Logik" literarischer und religiöser Sprache, in: CGG 2 (1981) 89–95; 96–105; 106–122. Folg. Zit. ohne Seitenverweise

Augenblick und das Zeitalter des Theologen überdauernde Lebenskraft". Petuchowski folgert, dass der „Ausdruck des Religiösen der literarischen Sprache bedarf, um Gottes Wort dem Menschen, und das menschliche Wort Gott zu vermitteln".

Als Philosoph hebt dann *Paul Ricoeur* gegenüber strukturalistischem Denken „existentiale Themen" hervor. Jenem Denken gehe es in erster Linie darum, den in jedem Text vorhandenen ‚Code' „über die Botschaft zu stellen". Dagegen rückt Ricoeur den Bedeutungsrahmen bzw. die hermeneutische Relevanz ins Zentrum. Jeder Text aktualisiere Sprache als *Rede*. Kurz gesagt: Rede bleibt als Sprechakt Rede, auch in der Form eines Satzes, der geschrieben oder zumindest beim Lesen als Sprechakt erfolgt. Dazu kommt die literarische Gattung eines Textes, bei dem dann durchaus von ‚Codes' gesprochen werden kann. Die Eigenheiten der Gattung wirkten nämlich mit für die „gemeinsame Basis des Verstehens" einer Botschaft, bewahren diese „vor Entstellung dank der Autonomie der Form", bezogen auf Sprechende, Hörende und Lesende. Schließlich sichere die Gattung „das Überleben der Bedeutung der Botschaft nach dem Verschwinden des ursprünglichen Sitzes im Leben". *Gleichnisse* verknüpfen gattungsmäßig einen „narrativen" und einen „metaphorischen Prozess", der anzeigt, warum und wie „der biblische Text ... auf Welt und menschliche Erfahrung hin geöffnet ist". Nicht eine Einzel-Metapher meint dieser Prozess, sondern eine zusammenhängende Äußerung „auf der Ebene eines Satzes". Gleichnisse sind „wie lebendige metaphorische Redeweisen, ihrer Natur nach spannungsvoll und müssen interpretiert werden". Durch die Rede Jesu sind sie aber auch „narrative Geschichte". Der „narrative ‚*Sinn*' (sense)" impliziert die „metaphorische *Bedeutung* (reference)" eines Gleichnisses. Im Falle der „eschatologischen Ankündigungen" Jesu, „seiner Verwendung von Sprüchen und seiner Gleichnisse" dient das Symbol ‚Reich Gottes' als „der gemeinsame Bezugshorizont". Hierin liegt die „Außerordentlichkeit (extravagance)" der Jesus-Reden. P. Ricoeur lehrt, die religiöse Sprache als Ausdrucksweise an der Grenze zu sehen, einer menschlichen Grenzerfahrung entsprechend. Darum modifiziere die poetische Sprache die religiöse Rede. Diese halte unsere Bilder von „Wirklichkeit und Erfahrung" offen, indem sie unsere Existenz neu orientiert. So auch mit dem Symbol ‚Reich Gottes'. Es symbolisiert äußerste Bezüge und benennt Grenzen des Ausdrucks. Religiös zu reden, betreibe die Neuausrichtung „durch einen Prozess der Desorientierung hindurch, der jede unserer Bemühungen, aus unserer Erfahrung ein geschlossenes System zu machen, das Moment eines ‚Noch Mehr' einführt". Ironisches Sich-heraushalten oder skeptische Einstellung seien hier ausgeschlossen, und religiöse Rede könne auch „nie völlig in politische oder moralische Rede übersetzt werden". Nicht supranaturalistisch sei dieses ‚Noch Mehr', vielmehr „die menschliche Wirklichkeit in ihrer möglichen Ganzheit", wie sich an Jesu Gleichnissen und Sprüchen zeigt. In ihnen bricht nach Ricoeur Unerhörtes „*in* unserer Rede und *in* unserer Erfahrung" auf. Nachgerade „exemplarisch" sei der „Fall des Gleichnisses", weil es „narrative Struktur, metaphorischen Prozess und Grenzausdruck" vereinige. Dadurch stelle es „eine Kurzfassung der Nennung Gottes dar" und erinnere „an die allererste Verwurzelung der Sprache des Glaubens in der Erzählung", mache den „dichterischen Charakter" dieser Sprache sichtbar und liefere „die Matrize der theologischen Sprache selbst, insofern diese die Analogie und die Negation in der *via eminentiae* (Gott ist wie …, Gott ist nicht …)" verbinde.[22]

Die Konsequenzen aus dem Gesagten markieren für *P. Ricoeur* die „Konflikte der Interpretationen". M.a.W. interpretieren Menschen allgemein ihr Reden und erhalten zusätzlich im religiösen Kontext „symbolische Ausdrucksweisen", welche zu denken geben.[23] Religiösem Reden wohnt damit eine eigene Dynamik inne, welcher einer „Unvergleichlichkeit" unterliegt, was wiederum der ‚analogia entis' geschuldet ist. D.h. die „poetische Darstellung des Unbedingten" kann nie als absolut gleichgesetzt werden mit dem im symbolischen Ausdruck Gemeinten. Göttliches Sein bleibt unverfügbar. Einsehbar und erkennbar sind dafür prägnante Symbole wie die Redefigur vom ‚Reich Gottes'. An dieser Stelle ist der maßgebliche Einfluss Ricoeurs auf die Entwicklung des hermeneutischen Diskurses zu betonen, mit dem er besonders die Vielfalt des Zugangs zu biblischen Texten an ihrem Erzähl- und Ereignischarakter festmachte. Insofern diese Gott nennen, hat sich ihnen Ricoeur selbst als „Hörer christlicher Verkündigung" ausgesetzt.[24] Die religionskritische Note, die Ricoeur dabei einbrachte, ist nun mit Blick auf

22 *Paul Ricoeur* (2005) 173

23 *Ricoeurs* Schlüsselsatz lautet „Le symbole donne à penser", in früher Version in Études, Juli-August 1959, 60–75, Zugang auf https://esprit.presse.fr/article/ricoeur-paul/le-symbole-donne-a-penser-26944. Zum Einfluss Ricoeurs auf die neuere Sakramentenlehre vgl. u.a. *Wolfgang W. Müller* in: *Edmund Arens* (2012) 125–148, 130f. Der Autor sieht im Symboldiskurs einer sakramentalen Anthropologie „die raumzeitliche, sprachliche, ästhetische, soziale wie psychosomatische Dimension menschlichen Lebens" einbezogen. „Ein Symbol gibt dann nicht nur zu denken, sondern motiviert und leitet zugleich menschliches Handeln." (131)

24 *Paul Ricoeur* (2005) 155. Zur Transzendenz der Symbole und der Sprache sowie dem Religiösen jenseits konfessioneller Einschränkungen vgl. *Daniel Frey* (2013) 290 u. 293ff.

religiöse Texte und ihre Wirksamkeit darum bedeutsam, weil ihre Symbolik einer Machtkritik bedarf, wie dies *Gerd Theissen* an Ricoeurs ‚Konflikt der Interpretationen' verdeutlicht hat: „Symbole transformieren Absolutheitsansprüche in den Verzicht auf Macht."[25] Unabdingbar ist also eine biblisch-hermeneutische Religionskritik, insofern das Potential der Textlektüre in der Verbindung des *Erkennens von Wahrheit im Text* und der *Transformation des Textsinnes* in eine lebensdienliche Haltung ohne Machtansprüche besteht.

Schließlich betrachtet *Richard Brinkmann* das Verhältnis und die ‚Logik' literarischer und religiöser Sprache. In theologischer und religiöser Sprache nutze man die „Aushilfe von Paradoxien", wo „eigentlich Unsagbares ins Wort gebracht werden soll". Immer gehe es um „Verstehen von Rede, die obzwar an geschichtliche Situationen gebunden, gleichwohl an die Gegenwart ‚Ansprüche' stellt und daher auf ihr Was und Wie und ihre Legitimität geprüft werden muss". Wie sich bei diesem hermeneutischen Verfahren auf dem Hintergrund des Strukturalismus zeigt, lassen sich literarische und religiöse Texte kaum unterscheiden. Letztere können rein als „Ansammlung und Schatzkammer humaner Weisheiten" rezipiert werden. Gläubig aufgenommen werden Texte der Offenbarung durch ein „Gemüt, das, indem es sie aufnimmt, mehr in ihnen begreift als Berichte von Geschehenem und mehr als Dichtungen, als nur ästhetische Gebilde mit mehr oder weniger immanenten und auf das Immanente bezogenem Wahrheitsgehalt". Herausfordernd werden dann „poetische Gebilde" geradezu in den Verhältnissen, in denen sich religiöse Sprache im Gegenüber zur Literatur im Prozess der „Säkularisierung" sieht. Geschichtlich betrachtet musste sich eine religiöse Erfahrung je in Sprachformen ‚entäußern', „die nicht unabhängig von den Kulturen waren, in deren geläufigen Ereignisarten jene Erfahrungen entstanden und ins Bewusstsein drängten, nicht unabhängig von den Philosophien und Denkmodellen", denen sie sich gegenübersahen und in deren Begriffsbeständen sie sich ausdrückten. Dichtung selbst, so *R. Brinkmann*, wolle nicht Kitsch und „niemals simple Glaubenspropaganda sein". Hier gehe es um „sachangemessene Sprache …, die ‚religiös' im engeren Sinne nur vergleichsweise selten genannt werden kann, nur in einigen poetischen und nichtpoetischen Genera, und in anderen allenfalls in besonderen Passagen". Auch könne nicht abgesehen werden von der „Usurpation des Religiösen durch die ästhetische Realität in der neueren Dichtung". Für *Brinkmann* erhebt moderne Literatur einen „neuen Wirklichkeitsanspruch". Mit dem Begriff der ‚Realisation', was ‚Verleiblichung' bedeute, fokussiert diese auf das „Sich-Entäußern bis zur

25 *Gerd Theissen* (2013) 272

Unkenntlichkeit ihrer ‚reinen', ‚orthodoxen' Gestalt in konkrete Wirklichkeit der menschlichen Geschichte und Geschichten, wobei dann doch noch Reste überlieferter Sprache vorausgesetzt werden". Damit sind „Dichtung wie Theologie ... auf verbindliche, nicht nur partikulare und nicht nur wissenschaftliche Deutung menschlicher Wirklichkeit gerichtet". Und es bleibt die Notwendigkeit klarer „Unterscheidung der Sach- und Sprachbereiche"!

## Vom Erfühlen der Wirklichkeit

Wie nun *A. J. Heschel* feststellte, ist das Gefühl für das Unsagbare ein Gespür. In der Annäherung an die Transzendenz erfüllt es „uns eher mit Scheu". Dies bestätigt sich, wenn man auf die in der römisch-katholischen Liturgie verwendete Sprache blickt. Ihren Gebeten eignet eine spezifische Sprödigkeit. Sie ‚machen' nicht viel Worte, sind von ihrem Charakter her mehr Kunstsprache und in vielen Fällen nicht auf Anhieb verständlich. Die Schwerfälligkeit dogmatischer Begriffe überwiegt meist, wo doch biblische Bilder bereichernder sind und Nähe zur Lebenswirklichkeit herstellen können. Darum gilt als Ziel liturgischer Sprache, den Glauben in ‚bewohnbare' Worte zu kleiden. Dazu verhilft die ästhetische Dimension des Gottesdienstes, die *Alois Müller* als ‚Fühlung' bezeichnete.[26] Durch Fühlung ereignet sich im liturgischen Geschehen (bestenfalls) ein eigentlich kunstvolles Annähern an die Transzendenz. Bereits in jedem Kunst-Akt – nicht nur der spezifischen ‚actio' einer Liturgie – geschieht derartige ‚Fühlung'. Kunst entsteht aus dem Erfühlen der Umstände, in denen sich Leben zeigt und verwirklicht; damit also aus jeder Wirklichkeit, mit welcher Kunst in Kontakt kommt – sei es beim Malen von Bildern, beim Komponieren eines musikalischen Werkes, beim Improvisieren einer Jazz-Combo und nicht zuletzt beim Niederschreiben von Eindrücken und dem Erarbeiten von Romanen und Erzählungen. Mehr aber als auf Tuchfühlung gehen mit der begegnenden Wirklichkeit kann künstlerischer Ausdruck nicht, will er nicht dem Vorwurf ausgesetzt sein, er manipuliere und instrumentalisiere die allgemeine Sicht auf die Dinge zu eigenen Zwecken der Propaganda. Das Schreiben als In-Worte-Fassen, die Dichtung besonders, ist mit Lebenswirklichkeit verbunden. Beide verknüpfen das, was ihnen begegnet, durch ihre Einfühlung. Ob Prosa oder Dichtung, das Schreiben ist eingenommen vom andauernden, angespannten bis erfüllten Schweigen der Dinge und wagt mit weichem oder hartem Zu-

26 Vgl. *Alois Müller* (1989)

griff der geschriebenen Worte das Enthüllen von Dingen und Geschehnissen. Sind die Lesenden oder Hörenden davon angesprochen, haben sich Autorinnen oder Autoren nicht etwa aus der Wirklichkeit davongestohlen. Dichtung lässt sich von dieser herausfordern. In fiktionaler Gestalt rückt sie erzählend, essayistisch oder poetisch gleichsam dem Gehör auf den Pelz und provoziert zur Stellungnahme.

Kunst wirkt darum aus dem Erfühlen von allem heraus, was ist, nachdem sie selbst an der Gestalt der Dinge, von Geschehnissen und Lebewesen interessiert ist. Davon sieht sie sich unmittelbar eingenommen. Die Sprachkunst selbst erzeugt dabei gesteigerte Aufmerksamkeit und bringt im Gestalten ihrer Texte Lebenserfahrungen, Beglückendes und Erschreckendes, Faszinierendes und Erschütterndes ins Bewusstsein. Darin gleicht sie religiöser Erfahrung und ihrem Ausdruck in den Riten in Vergangenheit und Gegenwart. Doch hat Kunst dem religiösen Ausdruck voraus, dass sie immer in Distanz zu Geschehnissen gehen kann und muss. Sie ist weniger Botschafterin als dass sie in Wort und Bild ihren eigenen Gehalt an Lebenserfahrungen darstellt, was selbstredend provozierend wirken kann. Wie etwa dem ehemaligen Ministrant *Christoph Schlingensief* ein „magischer Versprecher" unterläuft, indem ihm die Bitte vor der Kommunion ‚… aber sprich nur ein Wort, so wird meine Seele gesund' in Erinnerung kommt, geschieht dem Künstler ein Rückbezug auf seine Kindheit.[27] Als Aufreger in der Kunstwelt wurde der an Krebs Erkrankte gegenüber Gott „fast aggressiv", da er von diesem mehr lebendige Farben verlangte: „Gott wird von mir als Künstler anerkannt, aber auch infrage gestellt – als einer, der seine Pinsel nicht genug pflegt und vor allen Dingen die Farben vertrocknen lässt. Ich verstehe nicht, wieso das göttliche System nicht für seine Kunst in Haftung tritt. Das macht mich fast aggressiv. Gott muss doch Interesse haben herauszukriegen, was auf der Erde eigentlich abgeht." Dem Papst hätte er gerne die Meinung gesagt und war „hochgradig" daran interessiert, dass sich christliches Denken „in seiner Reinheit" ausdrücke. Dies ist eine pointierte Aufforderung an die Welt religiösen Ausdrucks, Leben und Denken bis an die Grenzen auszuloten. Literarische Stimmen tun dies heute vermehrt auf der Suche nach Heimat „jenseits unserer Erfahrungsterritorien".[28] Dem muss hier ein weiterer Gedankengang folgen, der die theologischen Perspektiven auf literarische Texte erörtert.

27 Vgl. *Johannes Hoff* (02.11.2016) und das Zitat „Vertrocknete Farben" auf https://www.kath.ch/newsd/vertrocknete-farben/ (05.05.2009)

28 *Michael Braun* (2016) 543. Zur Ritualisierung der Dichtung bei Stefan George vgl. *Daniel Hoffmann* (2002) 13–38, 27

## 1.2 Theologische Perspektiven auf literarische Texte

Aus theologischer Perspektive beschäftigte sich *Mirja Kutzer* mit literarischen Texten und sagt von der Dichtung, dass diese „um ihren Beitrag zur Interpretation der Welt" kämpft.[29] Mit dem Verlust der Transzendenz in der Moderne gebe es „keine *wahre* Interpretation der Welt" mehr, weder durch die Religion, noch durch den Positivismus, noch durch die Dichtung, „der die romantische Möglichkeit zur Transzendenz genommen" werde. Alles werde vieldeutig, was die Menschen veranlasst, „wie seinerzeit in der Religion heute in den Büchern nach dem zu suchen, ‚was ihr Leben mit den Adern des großen Lebens verbände in einer zauberhaften Transfusion lebendigen Blutes. Sie suchen in den Büchern, was sie einst vor den rauchenden Altären suchten, einst in dämmernden von Sehnsucht nach oben gerissenen Kirchen'". Der Dichter ist „zur gesuchten Verbindung des Lebens fähig". Und weiter mit *Hugo von Hofmannsthal* gesagt: Der Dichter „sieht und fühlt; sein Erkennen hat die Betonung des Fühlens, sein Fühlen die Scharfsichtigkeit des Erkennens". Indem der Dichter die Welt der Bezüge schaffe und sie aus sich entlasse, „gleiche er dem Priester und sonstigen Berechtigten, die im Mittelalter das christliche Symbolsystem gebildet hätten". Er sehe sich „den auf ihn einstürmenden Eindrücken einer immer unüberschaubarer werdenden Welt ausgesetzt".

Im 20. Jahrhundert folgten Sprachkritik und Metaphysikkritik in Dichtung und Philosophie und in jüngerer Zeit die Klärung der Fragen nach einer Literaturtheologie. Dazu nahm *M. Kutzer* die These von *Harold Bloom* und *Richard Rorty* auf, dass poetische Texte als ‚heilige' Texte gelesen werden können. Sie sind dann fähig, „unser Leben zu beeinflussen, zur Identitätsfindung beizutragen, eine Beziehung zum Autor herzustellen und Gemeinschaft zu bilden". Entlastet vom Vorwurf der Lüge gerate Dichtung in eine Rolle, in der sie wie im antiken Griechenland oder in der Kunstreligion der Romantik quasi-religiöse Funktionen einnehme. Dichtung heute lebe vom „Bewusstsein, dass unser Zugriff zur Wirklichkeit immer ein perspektivischer ist". Das Wesen der Dichtung ist es also, die Wirklichkeit mit anderen Augen zu sehen. Wie kompatibel das literarische und das christliche Verständnis der Wirklichkeit ist, muss nach *Kutzer* weitergefragt werden. Sie erläutert: „Die biblischen Texte haben insofern einen Hang zum Poetischen, als es ihnen kaum je dar-

29 *Mirja Kutzer* (2006) 56f. Folg. Zit. Einzelbelege 69f., 72f. mit Verweis auf *Hugo von Hoffmannsthal*: Der Dichter und diese Zeit, 73, 175ff., 179, 180, 180f. Kutzers Analysen ergänzen Paul Ricoeur, vgl. oben Anm. 23

um geht, Gegebenheiten im heutigen historischen Sinn zu beschreiben, sondern gemachte Erfahrungen so darzustellen, dass die Hörer/Leser ihren Ort in der Welt finden können." Haben fiktionale Texte „Welten zu entwerfen, die nicht ohne Wirkungen auf unsere Aneignung der Wirklichkeit bleiben, so ist die biblisch-religiöse Sprache generell auf Applikation, auf die Umsetzung im Leben der Rezipienten ausgerichtet". Wie *Rorty* sehe auch *Paul Ricoeur* eine „offenbarende Qualität poetischer Texte". Den Texten der Bibel gemeinsam sei, „dass sie Gott auf vielfältige Weise ‚nennen'. Diese Nennung Gottes unterscheidet die biblischen Texte von den allgemein dichterischen." Und mit *Ricoeur*: „Diese Besonderheit hebt keines der Charakteristika der Dichtung auf. Sie fügt vielmehr den allgemeinen Zügen der Dichtung die Verbindung eines Ur-Bezugspunktes – Gott – hinzu, der die Texte zugleich koordiniert und sich ihnen entzieht. Berührt durch den ‚Namen' Gottes, erfährt die dichterische Sprache eine Sinnverwandlung, auf deren Einkreisung es ankommt."

Drei Beispiele fiktionaler Texte in der Bibel[30] sind für *M. Kutzer* die *Schöpfungserzählungen*, in welchen der Schöpfungsglaube als Organisation eines Weltverhältnisses gesehen werden kann. Dann das *Buch Ijob*, in welchem der Zweifel durchgespielt wird, und schließlich die metaphorische Beschreibung und Umwertung der Werte durch die *Gleichnisse Jesu*. An solchen Textformen erkennt man, wie sich die Sprachwerdung des Glaubens vollzieht. Sie „nennen einerseits Gott und machen ihn vorstellbar. Anderseits ermöglichen sie, den Menschen, die Welt und sich selbst zu verstehen". Biblische Texte eröffneten „nicht nur Imaginationsräume, in die hinein sich der Mensch entwerfen und neue Möglichkeiten der Weltdeutung und des Handelns entwickeln kann. Sondern sie machen diese formale Struktur, die sie mit allgemeinen poetischen Texten teilen, auch thematisch und geben ihr eine weitergehende Bestimmung". In dem sie nach Bedeutung suchen, Bestehendes überschreiten „und sei es durch das Spielerische des Fiktionalen hindurch", vermitteln sie „eine Zielorientierung …, die das Leben begründen und tragen kann". Gott selbst aber könne nicht eingeholt werden, womit die „Transzendenz Gottes inhaltlich noch einmal die Pluralität der Weltdeutungen" begründet. Nicht unwesentlich auch für die sprachliche Gestaltung von Gottesdiensten

30 *Mirja Kutzer* a. a. O. 206–255, 255 u. 257, ebd. Anm. 272 mit Verweis darauf, dass dies christologisch im Kenosis-Prinzip grundgelegt ist und den interreligiösen Dialog ebenso eröffnet wie fordert, aufgezeigt bei *Bertram Stubenrauch* (1995) bes. 51–65. Vgl. zusätzl. ebd. 318, 320, 321, 322 f. Zur Theologie, die den „Konflikt der Interpretationen" zu provozieren hat vgl. *Mirja Kutzer* a. a. O. 316–340: 4.3. Die Welt lesen ebd. 318. Folg. Zit. 320, 321, 322 f.

ist der Verweis dieser Autorin auf *Nostra aetate* (NA 1): „Indem die biblischen Texte in ihrem metaphorisch-poetischen Charakter eine begrenzte Perspektivität gestalten, schreiben sie auch jeder begrifflich-dogmatischen Rede eine Perspektivität ein, sodass das Dogma seinem Wesen nach dialogisch ist." So stellt sich die Frage, welche Rolle theologisches Denken im Verhältnis zur Literatur einnimmt.

## Theologie provoziert Interpretationen

Dazu gibt *Mirja Kutzer* als Kernthese ihrer Forschung zu bedenken, dass die Theologie den Konflikt der Interpretationen zu provozieren hat und die Texte für die Geschichte offenhalten müsse, statt sie auf den Begriff zu reduzieren. Solches Reduzieren nämlich habe „die Tendenz, sie in überzeitliche Abstraktion hinein aufzulösen … Dass Jesus für die Verheißung des Reiches die sprachliche Form der Fiktionserzählung wählt, läuft dem entgegen … Jesus fasst in den Gleichnissen die Wirkungen des Reiches konkret, damit gleichzeitig fragmentarisch, Dies entspricht der Fragmentarität seines historischen Auftretens, das unter den Bedingungen dieser Welt ans Kreuz führen musste und Fragment bleiben musste". Nun stehen nach *Kutzer* Poesie und christliche Offenbarung Seite an Seite „als Widerstand gegen das Bestehende wie als Hoffnung auf das Mögliche". Die religiösen Texte gehen dabei „in ihrem Appellcharakter, der ein praktischer und gemeinschaftsbezogener ist, … über poetische Texte hinaus". Darin liege auch die Gefährdung dieser Texte. Die Interpretation mache „anfällig für die Vereinnahmung zur Sicherung des Status quo und für das Streben nach Macht. Werden die Texte auf den Begriff gebracht, löst sich ihre Widerständigkeit auf". Dichtung ist dagegen „nicht unmittelbar pragmatischen Zwängen unterworfen". Damit hat Theologie „ihre Schwester in der Dichtung, die unablässig andere Möglichkeiten auslotet und im Spiel erprobt, auch und gerade dann, wenn sie Wirklichkeit im Spiel beschreiben möchte, Leid und Gewalt aufdeckt oder Möglichkeiten von Heilung und Erlösung inauguriert. Dieser Widerstand der Dichtung ist nicht in eine unpolitisch verstandene Ästhetik aufzulösen".

*Mirja Kutzer* zeichnet schließlich an Bertold Brechts *Die Heilige Johanna der Schlachthöfe* nach, „wie und warum systematisch-theologische Reflexion von einem dichterischen Zugriff auf Welt lernen kann und soll".[31] Im

31 *Mirja Kutzer* a. a. O. 323–340, 324, 340. Die Studie enthält weder Hinweise auf P. Handke noch auf K. Marti. Nur am Rand werden M. Walser und D. Sölle erwähnt.

Zeitabstand zur Entstehung des Werkes sowie auch nach der Aufnahme der Theologie der Befreiung in das systematische Denken liegen die wichtigsten Gründe, sich mit Brecht zu befassen. Dieser zeige in die *Heilige Johanna* „die Vielfalt der Zeitanalyse" durch die Thematisierung marktwirtschaftlich begründeter „Verhaltensweisen und Mechanismen, die dem Kapitalismus inhärent und nach wie vor wirksam sind". *Kutzer* führt in ihrer Analyse des Brecht-Stücks vier Linien an, an welchen ihr theologisches Interesse anknüpfen kann: dem Leid als Möglichkeitsverlust, den Profiteuren zwischen struktureller und individueller Schuld, der Religion als stabilisierender Ideologie, der Zeitgenossenschaft. Ihre Studie endet mit dem Appell an die Theologie zur Zeitgenossenschaft: „Es ist dieser Appell, der von den Wirkstrukturen der biblischen Texte ausgeht und Theologie zur geschichtlichen Verantwortung ruft. Es ist ebenso dieser Appell, der die Beschäftigung von Theologie mit der Dichtung ihrer Zeit sinnvoll werden lässt".

Blickt man auf diesem Hintergrund auf jüngere Debatten um die Gottesrede in der deutschen Literatur, können an Beispielen der Schriftsteller *Martin Walser* und *Peter Handke* weitere Möglichkeiten der Dichtung beleuchtet werden, die diese bei ihrer ‚Fühlung' der Lebewesen, der mannigfaltigen Dinge und Geschehnisse anwendet. Beide Schriftsteller haben dabei aus ihrem biografischen Kontext die Möglichkeiten des schreibenden Nachdenkens über ihre religiösen Affinitäten stark ausgereizt. Das gibt einigen Anlass zu fragen, inwieweit diese beiden Autoren wie aber auch weitere Impulse neuerer Lyrik für die Spracharbeit im Kontext von Verkündigung und Liturgie unseres Sprachraumes sensibler machen können.

## 2 Zu Martin Walsers Gottvermissen und Peter Handkes Liturgiebild

In seiner Bekenntnisschrift „Über Rechtfertigung, eine Versuchung"[32] legte der Schriftsteller *Martin Walser* den Finger auf den für ihn sensiblen Punkt – dass ihm nämlich Gott fehle. Nachweisbar scheinen ihm auch Worte zum Gotteslob zu fehlen. Das hat seine spezifisch literarischen Gründe, wie er nicht zuletzt in Darlegungen über seinen „Umgang mit Unsäglichem" im Rahmen des Lucerne Festival 2012 zum Thema „Glaube"[33] erläuterte.

Für uns interessant ist hier sein vielzitierter Hinweis auf die Gebetssprache, der sich im Roman „Halbzeit" in den Notizen von Anselm Kristleins Frau Lissa findet: *„Mein Leben ist in der Gebetssprache nicht mehr unterzubringen … Ich habe Gott mit diesen Formeln geerbt, aber jetzt verliere ich ihn durch diese Formeln … Die leiseste, unhörbarste Stimme in mir ist meine Gebetsstimme. Traut sie sich nicht, lauter zu sein, oder hat sie nicht mehr Kraft?"*

Auch wiederholt hier *Walser* aus einem Gespräch, Gott sei nicht tot, er fehle, und hält sprachphilosophisch fest: *„Mir fällt ein, was mir fehlt: das ist die Grundlage der Schriftstellerei. Das ist auch die Grundlage der Religion, das ist die Grundlage unserer Sprache: weil wir etwas nicht haben, haben wir Sprache. Wenn wir Gott hätten, hätten wir kein Wort dafür. Nur für den Mangel braucht man Wörter."* Ganz Literat kann *Walser* darum meisterhaft wenn auch kryptisch formulieren: *„Gott ist die Höhle in jedem, in der die Dunkelheit Platz hat, die zu uns gehört …"*

Schließlich hob *Walser* bei genannter Veranstaltung hervor, wie menschliches Staunen einen Ansatz zum Glauben vermittelt: *„Aber es gibt Zustände, in denen die Abwesenheit von Rechtfertigung weniger spürbar ist. Das Erlebnis, dass etwas schön ist. Etwas schön zu finden, ist mehr als ein Ersatz für das, was fehlt. Es ist eine mich übersteigende Fähigkeit, dass ich etwas schön finden kann. Nie bist du so wenig allein, wie wenn du etwas schön findest. Solange du etwas schön findest, bist du erlöst. Erlöst von dir. Und nachher, als Gewesenes, bleibt Sehnsucht. Das ist der Mangel in Reinkultur. Sehnsucht ist der körperliche Ausdruck für das, was uns fehlt. Also leichthin gesagt: Wenn es Gott gäbe, gäbe es*

32 Hamburg 2012. Zur Diskussion vgl. Beiträge in Hermeneutische Blätter (2014/1) und *Jan-Heiner Tück* (Hg.) (2013) und (2012)

33 *Martin Walser* (NZZ 28.08.2012) Folg. Zit. aus *Christoph Gellner* (2012) 84–118. Zit. ebd. 88 aus *Martin Walser*, Halbzeit. Roman, Frankfurt 1973, 320f. bzw. ebd. 91 aus *Karl-Josef Kuschel* (1985) 140–154, 146f. und Gellner a.a.O. 93 aus *Martin Walser*: Meßmers Gedanken. Frankfurt 1992, 95

*keine Sehnsucht. Und Luther sagt ganz genau, dass eine Sehnsucht, wenn sie nur groß genug ist, schon nach Erfüllung schmeckt.*"

Dass hier Walsers Gottvermissen eine Antwort im philosophischen Momentum des Staunens und der menschlichen Sehnsucht findet, ist in skeptischer und atheistisch gestimmter Zeit ein glaubwürdiger Hinweis auf eine existentielle Suche – und ein Wink mehr, sich sprachlich mit diesem Gottvermissen auseinanderzusetzen.

## 2.1 Martin Walsers Suchen

Nun verhält sich *Martin Walser* in seinem Werk gegenüber religiöser Sprache nicht neutral. Die Diskussion darüber zeigt uns ein Bild, in welchem allgemein des Autors Gottvermissen und seine Verzweiflung darüber starkes Gewicht erhalten hat. Soweit ich sehen kann, finden sich dann bei *Walser* keine direkten Impulse für eine zeitgemäße Sprache in Gottesdiensten. Zwar „geht (es) ihm um Religion als einem Lebensglück, das dem Menschen dienen *kann*"[34]. Wie sie dies in konkret liturgischer Ausgestaltung tut, kann *Walser* in seinem literarischen Sprachspiel offenlassen. So verleiht er in seinen Bekenntnisschriften vor allem der Sehnsucht nach Antworten auf seinen Gottes-Mangel Ausdruck. Darin finde ich höchstens eine Negativ-Folie zur bestehenden Sprache in Gottesdiensten und Ritualen.

Beim Aufeinandertreffen von Literatur und Gottesdienst könnten dennoch Hinweise erfolgen, die auf den Charakter liturgischer Sprache heute eingehend konstruktive Varianten vermittelten. Insofern wäre der Dichtung mehr als bisher zuzumuten, wie ein kritischer Leser betonte: „Dass Gott tot ist, meint … immerhin, dass er keinen *corpus* mehr besitzt, während das vielleicht zu Unrecht melancholische Bewusstsein angesichts einer Welt, die für diesen quasi-korporalen Gott unfähig geworden ist (oder vielleicht immer schon war) endlich zulassen mag, dass Gott selbst – nicht nur sein Sohn – aufersteht: *pro nobis – in nobis. Wenn Gott jene Wirklichkeit bezeichnet, die aus dem Mangel des Unmöglichen kommt, wenn dieser Mangel aber nur dann einer ist, wenn er auch erfahren wird, wenn wir jedoch niemals mit diesem Mangel anfangen, sondern ihm ausgesetzt werden müssen – womöglich durch die ‚Dichtung' – dann sind wir nicht, sondern werden erst Glaubende, und dann ist Gott nicht einfach, sondern sein ‚Sein ist im Werden'.*"[35] So bleibt es der Freiheit der

34 So *Katrin Messner, in: Tück J.-H.* (2013) 96

35 So *Hartmut von Sass* (2014) 127–138, 138

Literat*innen gezollt, sich weniger um die konkrete Liturgiesprache zu bemühen als ihrer eigenen Welt- und Gottes-Sicht Ausdruck zu geben.

*Martin Walsers* Werk reflektiert also deutlich mehr seine persönlichen Annäherungen an religiöse Sinnwelten – beginnend mit dem Abschied aus dem geschlossenen Glaubensmilieu, in welches er hineingeboren wurde, bis ihn seine Novelle *„Mein Jenseits"* unbändig dazu gedrängt, seinem Glauben und Nicht-Glauben eine literarische Sprache zu geben. Darin fasziniert dieser Sprachkünstler, der u.a. auch aus den Schriften des Aurelius Augustinus schöpft und das Gespräch über die religiöse Sinnsuche einer skeptischen Generation in immer neuen Anläufen befeuert. Daher ist *Walser* ernst zu nehmen, aber ebenso kritisch auf seinen Zugang zum religiösen Glaubensvollzug zu befragen.

*Rainer Bucher* etwa konstatierte an *Walsers* Novelle die darin verborgene Not: „Bei aller Walserschen Leichtigkeit und Formulierfreude: Es geht um eine existentielle Glaubensnot, es steckt hinter all dem viel ‚blutiger' Ernst. Und dies vielleicht gerade, weil Walser einen Schritt nicht wirklich tut, den Schritt von der Frage ‚Wie glauben?' zur Frage ‚Was glauben'? Dies ist vielleicht gerade deshalb so, weil *Walser* die Priorität zwischen diesen beiden Fragen nicht umkehrt. Denn genau diese Umkehrung wäre der notwendige Schritt aus der Perspektive des christlichen Glaubens." Dies zeige sich in Markus 9,24 als „klassischer Formulierung für der Christen Lage vor dem Glauben … Christlicher Glauben ist konkret, situativ, nicht abstrakt, idealistisch … Glaube ist ein Inkarnationsphänomen … Philosophisch gesprochen: Glauben ist ein pragmatisches Phänomen: Seine Wahrheit erweist sich in dem, was an Handlungen aus ihm folgt. Als Hoffnung aber ist er in der Spannung von Vertrauen und Zweifel, von glauben wollen, glauben können und Unglauben. Diese Spannung ist nicht primär eine kognitive, sondern eine existentielle, denn das Erhoffte ist ebenso groß wie unwahrscheinlich in den skeptischen Augen der Welt. Christlicher Glaube setzt diese Hoffnung in Jesus, der aber nicht zuerst sich selbst, sondern Gott und sein Reich verkündet hat … Christlich ist *das* Glauben und ist *der* Glauben weder Besitz noch gar Leistung, ist er weder herstellbar noch steht er einfach zur Verfügung: Er ist Geschenk. Aber wenn er seine Wirkungen entfaltet, dann ist alles möglich, zumindest ab und zu. Dann kommt die Welt ins Tanzen, müssen die Dämonen weichen und werden Tote lebendig."[36] Mit einem anderen Grenzgänger

36 *Rainer Bucher* in: *Michael Felder* (2012) 128 ff. Dagegen *Michael Felder* im Vorwort ebd. 11–13, 12 f. „Mein Jenseits" sage mehr als ‚ich glaube'. Bekenntnisse seien ein Zugeben … das sei keine Theologenerwartung. Bekenntnisse und Hingabe seien frei. Folg. Zit.

zwischen Literatur und Theologie aber, mit *Arnold Stadler* ist *Martin Walser* zu danken, weil er ihm zeigt, „wie schön es ist, über die Menschen und ihr Glaubenwollen zu schreiben" – im Zusammenhang der Frage nach literarischer Anregung für die liturgische Spracharbeit ist das bereits viel.

## 2.2 Peter Handkes literarisch-liturgisches Sprachprogramm

Im Vergleich zu Martin Walser trägt dagegen *Peter Handkes* Sprachprogramm eminent religiös gefärbte Züge, geprägt durch ein spezifisches Bild, das sich dieser Autor in seinen älteren und jüngeren Erfahrungen von unterschiedlichsten Gottesdiensten macht. Zwar antwortete *Handke* in einem Gespräch nicht auf die Frage, ob er ein religiöser Autor sei.[37] Das Religiöse könne man nur streifen, meinte er: *„Wenn jemand nur sagt, er sei religiös, geht mir das auf die Nerven. Wenn er nicht erzählt, was das ist. Das Erzählen ist das Entscheidende. Wenn ich an der heiligen Messe teilnehme, ist das für mich ein Reinigungsmoment sondergleichen. Wenn ich die Worte der Heiligen Schrift höre, die Lesung, die Apostelbriefe, die Evangelien, die Wandlung miterlebe, die Kommunion und den Segen am Schluss ‚Gehet hin in Frieden!', dann denke ich, dass ich an den Gottesdienst glaube. Ich weiß nicht, ob ich an Gott glaube, aber an den Gottesdienst glaube ich. Die Eucharistie ist für mich spannender, die Tränen, die Freude, die man dabei empfindet, sind wahrhaftiger als die offizielle Religion. Ich weiß, ich habe, wenn ich das sage, eine Schattenlinie übersprungen, aber dazu stehe ich."* Hinsichtlich der alten oder der neuen Liturgie habe er keine Ideologie: *„Das Geheimnis des Glaubens, wie es nach der Wandlung heißt, kann man auch erleben, wenn der Priester einem zugewendet ist. Ich kann schon verstehen, wenn es einigen leidtut, dass die Unnahbarkeit des Vermittlers verschwunden ist. Das ist ein Paradox: der unnahbare Vermittler. Aber er bleibt ja auch unnahbar, wenn er sich der Gemeinde zuwendet."*

Diese öffentlichen Äußerungen *Handkes* kontrastieren zu seinen literarischen, wie die eingehende Diskussion um seinen Standort im Spannungsfeld von Theologie und Literaturwissenschaft aufgezeigt hat.[38] Inwiefern sich

ebd. 227–236 aus dem Postludium von *Arnold Stadler*: Denn der Unglaube ist auch nur ein Glaube. Marginalien aus der Grenzgegend von Schriftstellerei und Theologie in Anbetracht von Martin Walsers 85. Geburtstag, 234

37 Handke im Interview (DIE ZEIT 48/2010, editiert 08.09.2013)

38 Vgl. Beiträge in *Jan-Heiner Tück / Andreas Bieringer* (Hg.) (2014) sowie *Andreas Bieringer* in: *Alfred Bodenheimer / Jan-Heiner Tück* (Hg.) (2014) vorab 147 f.

daraus Folgerungen für eine zeitgemäße liturgische Sprache ziehen lassen, interessiert uns hier. *Handkes* Aussagen, „an den Gottesdienst zu glauben“, die empfundenen Tränen und Freuden während der für ihn spannenderen Eucharistie als „wahrhaftiger als die offizielle Religion“ zu erklären, fassen sein persönliches, teilweise sehr intimes und schillernd wirkendes Liturgiebild in Worte. Dieser Autor glaubt nämlich zumindest nicht an den volkssprachlichen Gottesdienst, wie er seit dem Vatikanum II weltweit von den Völkern und ihren Kulturen mitgeprägt wird. Näher liegen ihm der aus seiner Kindheit bekannte lateinische Ritus, nun aber vorrangig die Riten anderer, ostkirchlicher Prägung. Gewichtig genug liest sich darum seine Miniatur aus dem Jahre 2003, die hier wiedergegeben sein will, da sie ein doch in der Gegenwart weit verbreitetes Verhalten auch beim liturgieaffinen Autor *Peter Handke* offenbart.[39]

*„Abendmahl“? Als ich, lange nach meiner 1. Kommunion, endlich von mir selber geschubst (oder von etwas, das mehr war als ich selber), kommunizieren ging, nach einer etwa dreißigjährigen Epoche ohne Hostie, war das eher eine Art Morgenmahl für mich – etwas wie ein Gewecktwerden, für einen anderen Tag, für eine andere Zeit. Zugleich gab es dabei die alte Scheu vor der Eucharistie – als ob ich diese nicht verdiente – diese Scheu war aber nicht mehr verkleinert oder verdorben durch die Scham, die ich beim Kommunionsgang als Kind oder Halbwüchsiger erlebt habe – es war eine Art erhabener, auch belustigter, oder erheiterter, spielerischer Scheu. Und zu dem erhaben-heiteren Spiel gehörte eben auch, dass ich mit anderen zu jenem ‚Mahl der Anderen Zeit‘ ging, dass ich in Gemeinschaft war; dass so Gemeinschaft erst, wie flüchtig auch immer, geschaffen wurde, so flüchtig wie beständig; eine der wenigen Gemeinschaften, die mir möglich wurden. Aber immerhin. Meine Dankbarkeit bleibt, und täglich vermisse ich das ‚mich zu DIR hinmahlzeiten‘ im Sinn von Celans ‚hinüberdunkeln zu dir‘. Nur leider hat der Katholizismus so viel, durch seine Hohen Kommissare, Übles angerichtet, mit Kriegsunterstützung, etc., dass ich das ‚Liebesmahl‘ inzwischen auch und mehr bei jenen Riten finde (oder aufsuche), welche die Römische Kirche nur zum Schein ‚brüderliche‘ nennt.“*

Es ist bemerkenswert, dass *P. Handke* hier wie *A. J. Heschel*[40] die Scheu vor dem Unsagbaren sichtbar macht. Letztlich jedoch ist *Handke* ein liturgi-

39 Ebd. 17: *Peter Handke*: Wie ein Gewecktwerden für einen anderen Tag. Zur Scham vermerkte Handke (2016) 222: „‚Wenn du dich nicht schämst, dann tu, was du willst‘ (Koranische Überlieferung). Und der Kommentar dazu: ‚Die Scham ist ein Teil des Glaubens‘. Und heute? Die Scham hat nicht überlebt.“

40 Vgl. *Abraham. J. Heschel* (1980/2000) 79

scher Grenzgänger, steht zwischen den Welten der West- und Ostkirchen und vermisst eine konstantere Gemeinschaft. Nun machte die literarische und theologische Expertise verschiedentlich auf die religiösen Aspekte in *Handkes* Werk aufmerksam. Dies soll hier mit knappem Fokus auf die Sprache in der Liturgie weiter diskutiert werden.

## Auf der Suche nach Selbstfindung – durch Sprache

Durch die Sprache finden Menschen zu sich selbst. Die Türen dazu öffneten sich bei *Handke* lebensgeschichtlich in hoher Nähe zu den lateinischen Riten der katholischen Messfeier. Er lernte daran sein Sprachprogramm: „Es ist der herbe Charme des Rituals, der Liturgie, von Handke immer neu evoziert, angemutet, als Raum aufgesucht, als Leitmotiv in die Textur des Lebens und Schreibens eingebunden."[41] Es ist darum mehr das Atmosphärische ritueller Vollzüge, aus der dieser Autor gleichsam physiologische Zusammenhänge für sein Schreiben herausdestilliert. So sei *Handke* „ein großer Übender, der in Existenz und Schreiben religiöse Motive umbesetzt …, zitiert, zum Leuchten bringt, einlöst, verwirklicht, distanziert beleuchtet, verfremdend aufnimmt, absorbiert, anverwandelt und bisweilen sich auch von ihnen berühren, bewegen, verwandeln lässt, sie in seinen Lebensgestus, sein Ahnen und Empfinden, sein Weltverhalten und -deuten aufnimmt. Eine ständige Ambivalenz, zwischen Anziehung und Abstoßung, Aufnahme und Abwehr, bis in den unsteten Lebensstil hinein."

Weist damit Literatur wie diese nicht auf eine massive Leerstelle im zeitgenössisch (deutschsprachigen) Lebensgefühl, einem unsteten inneren Schrei nach mehr Gelassenheit, nach Dankbarkeit zum Beispiel auch für die Gnade später Geburt? Auch in der Abwehr der realexistierenden liturgischen Lebenswelt treibt *Handke* gelegentlich in „Überzeichnungen, Längen, Selbststilisierungen, die sein Werk oft schwer zugänglich machen", wie *Elmar Salmann* kritisiert. Freilich rührt *Handke* mit seinem Sinn für die aktuell menschliche Religiosität an die für liturgisches Feiern ebenso eminente Frage Gottes: *„Die Frage Gottes in mir: ‚Warum bist du nicht da?'"*.[42] Der Autor lässt Gott fragen,

41 *Elmar Salmann OSB* in: *J.-H. Tück / A. Bieringer* (2014) 21–28, 21. Folgende Zit. 26 u. 28

42 Ebd. mit Zitat aus *Peter Handke*: Gestern unterwegs. Aufzeichnungen November 1987 – Juli 1990, Frankfurt a. M. 2007, 4000.

warum Menschen nicht da sind. Sind sie ortlos geworden, umherirrend, weil immer wieder neu nicht bei sich selbst angekommen?

Die ins Inwendige ziehende Frage weckt in mir assoziativ die kontrastierende Erinnerung an die *‚Rede des toten Christus vom Weltgebäude herab, dass kein Gott sei'*. In *Jean Pauls* Text eines erschütternden Albtraums fragen die erschreckten Menschen Christus nach Gott. Christus antwortet ihnen: „Wir sind alle Waisen, ich und ihr, wir sind ohne Vater". Nach seinem Erwachen aus dem Traum aber – so endet der Text *Jean Pauls* – greift spürbare Erleichterung Platz: „Meine Seele weinte vor Freude, dass sie wieder Gott anbeten konnte. Und die Freude und das Weinen und der Glaube an ihn waren das Gebet … Und von der ganzen Natur um mich flossen friedliche Töne aus, wie von fernen Abendglocken".[43]

Ähnlich und doch deutlich unsicherer zeigt sich *Peter Handke* auf seiner Suche nach Selbst- und Glaubensfindung, wie er beim Anhören des Slawischen seiner Vorfahren in einer Messe „eine Freudigkeit" verspürt, „die aber nur herauskonnte durch Gesellschaft, zum Beispiel durch diese".[44] Solche Wahrnehmung geht auf die vom Autor vermissten strengen Rituale römisch-katholischer Prägung vor dem Vatikanum II zurück, die er in lateinischer Sprache und Form wie unter einer Käseglocke von Erinnerungen fixiert – als ob über das Gefüge der Vergegenwärtigung gar der Aktual-Präsenz Jesu Christi im jeweiligen Hier und Jetzt der einzelnen Feier nolens volens verfügt werden könne. Ereignet sich doch in allen Sprachen der Welt Christi Gegenwart im Brotbrechen weiter.[45]

In seinem steten Vorandrängen hält *Handke* später u. a. seine Kindheitserinnerung an den Tabernakel fest: „Dieses sogenannte ‚Allerheiligste' war mir das *„Allerwirklichste*"[46]. Hier zeigt sich ein literarischer Grenzgänger, der sich sensibel Zentralorten in Kirchenräumen und liturgischem Geschehen annähert. Offen bleibt aber, inwieweit solche ‚Fühlung' des „Allerwirklichsten" ein mitnehmendes Hier und Jetzt, die Nähe göttlicher Zuwendung am Rande rasant vorüberrauschender Lebenswelten benennen will. Später wird er – sich nochmals erinnernd – notieren: „Alles wird sterben, was wir Menschen uns je so ausgedacht haben – aus Not, aus Zorn, aus Wunsch, aber

43 *Jean Paul Richter*: Siebenkäs – Kapitel 47

44 *J.-H. Tück / A. Bieringer* (2014) 10 aus *Peter Handke*: Mein Jahr in der Niemandsbucht 1994

45 Vgl. *Stephan Schmid-Keiser* (2016) 662/667

46 *Peter Handke* (1996) 66 und ders. (2000) 350

der Gottesgedanke, das einzige *nicht* Ausgedachte und Auszudenkende, ist unsterblich, wird nicht sterben".

## Literarische Liturgie-Sprache?

In der Diskussion um *Handkes* Werk gelangen nicht wenige Stellen in den Blick, die das Geschehen katholischer Liturgien berühren. Nennt er den für ihn wichtigsten Akteur, den Priester oder den Liturgen, sieht er diesen als Übersetzer und wünscht sich ihn in einem „Liebesverhältnis zur Sprache".[47] Ein gewisser Widerspruch liegt dabei darin, dass *Handke* in seiner „Affinität zur katholischen Liturgie" mehr die „bunte Welt vorkonziliarer Gottesdienste"[48] beschreibt als die in der Vielfalt von Volkssprachen gefeierten aktuellen Liturgien. Im literarischen Echo auf die liturgische Erlebniswelt haben *P. Handke* oder auch *A. Stadler* ihre Sprache geschult.[49] Es ist darum nicht wenig, wenn zum Diskurs um Poesie und Liturgie gesagt werden kann, dass beide „zunächst *Realisierungen* bzw. *Konkretisierungen* von Leben, Sprache und Ritus in ihrer ganzen Zirkularität" sind. In ihnen „geschieht eine *Metamorphose* zwischen Wort und Realität, bis das in ihnen verdichtete Leben *präsent*, ja zur *Realpräsenz* wird".[50] Dass dabei *Handke* und *Stadler* ihre akzentuiert persönliche Sicht auf das liturgische Geschehen einbringen, ist die eine Seite der literarischen Medaille. Anderseits wird dabei die Sendungs-Dynamik, die dem gottesdienstlichen Ritual inhärent ist, aus den Augen verloren. Denn auch zu einer Eucharistiefeier finden sich Menschen ein, die sich hier und jetzt versammeln und schließlich neu gestärkt – Ite, missa est! – in ihren Alltag ausgesandt werden wollen. Diesem Urvollzug des sich Ver-Sammelns, der Sammlung und der erneuten Sendung in die Welt- und Zeitsituation werden literarische Überhöhungen in ihrer gelegentlich verengten Fokussierung auf die rituellen Abläufe zu wenig gerecht.

Einer Literatur, die sich sprachlich in die Nähe der Liturgie bewegt, muss damit die Frage gestellt werden, inwieweit sie selbst eine kryptische Litur-

47 So *Erich Garhammer* in: *Michael Meyer-Blanck* (Hg.) (2012) 121–138, 132

48 *Andreas Bieringer* in: *J.-H. Tück / A. Bieringer* (Hg.) (2014) 85–100, 86, 87

49 Zu Arnold Stadler, der die Liturgiesprache kritisch betrachtet, vgl. *Erich Garhammer* in: *M. Meyer-Blanck* (2012) Banalisierung der Liturgiesprache, 125–132 und *Erich Garhammer*: „Epiphanie der Stille". Die Geburt der Sprache aus dem Geist der Liturgie bei Arnold Stadler und Hanns-Josef Ortheil in *A. Bodenheimer / J.-H. Tück* (Hg.) (2014) 128–143, 129ff. Vgl. ders. (2019/2) 39–41

50 *A. Bieringer* in: *J.-H. Tück / A. Bieringer* (Hg.) (2014) 89f.

gie erschaffen will. Dahin tendiert eine Passage bei *Handke*, auf welche *Alex Stock* aufmerksam macht: „Gerade höre ich wieder die geheime tagtägliche Liturgie, die, in einem unheimlichen Singsang, ununterbrochen (man muss nur zuhören können), unter der Weltoberfläche tönt: Liturgie aus einer Katakombenwelt, selbstbewusster, brutaler, wilder als jede tatsächlich geltende Liturgie, kaschemmenhaft und feierlich, als Grundton aller Existenz."[51] *Handke* führt bekanntermaßen eine einsame Existenz und sucht nach dem Grundton unter der Weltoberfläche. Entlang seiner Vorstellung von Liturgie nimmt er seine Lebensgeschichte mit, reflektiert Wiederholungen von biblischen Erfahrungen, reiht sie ein durch typologisches Verfahren.

So sehe ich *P. Handke* mehr als Beobachter denn als Teilnehmer, der unter versammelten Gläubigen seinem Glauben Ausdruck verleiht. Zum Hall-Raum der Liturgie hingezogen, feiert er kaum (mehr) mit. Ein Schauspieler erlebt zwar in *„Der Große Fall"* besondere Freude aus einer Messe, in welcher er als einziger neben dem Priester anwesend war, weiß danach aber nicht, ob er die erfahrene „Reinigung" einer anderen „Zeremonie" oder der „Messe" zuschreiben konnte: „Vielleicht, vielleicht nicht."[52] Derart liturgische Poesie reflektiert die der Gegenwart eingezeichnete Vereinzelung und eine weit verbreitete Ambivalenz gegenüber tradierten rituellen Vollzügen. Sie lässt Übergänge und Schwellen hörbar werden, wie *Jakob Deibl OSB* an *Handkes* weitgreifender „Wiederholung" feststellt.[53] Dies hat wohl damit zu tun, dass dieser Autor sich immer neu der Lebenswirklichkeit mitsamt seinen alten Geschichten und der immer wieder aufdrängenden Dynamik des Aufbruchs zuwendet. Ob dieser Eindruck berechtigt ist, wo doch der verschollene Bruder Worte der Fürbitte findet: „Mögen wir uns eines Tages alle wiederfinden, in der geschmückten Osternachtskalesche, auf der Fahrt zur Hochzeit mit dem Neunten König im Neunten Land – erhöre, Gott, meine Bitte!"?

Nicht unerwähnt sei hier, dass man nach der Debatte um den Literaturnobelpreis für den Autor *Peter Handke* von diesem deutliche Worte der Entschuldigung für seine unverständlichen Positionen im Balkankonflikt schmerzlich vermisst hat. Wie dieses Unvermögen zu verstehen ist, hat seine Gründe in der literarischen Welt dieses Ausnahmeautors des 20. Jahrhunderts.

51 Aus *P. Handke*: *Die Geschichte des Bleistifts,* Frankfurt, 1985, 59 f., zit. bei *Alex Stock* in *J.-H. Tück / A. Bieringer* (Hg.) (2014) 108

52 *Peter Handke* (2011) 189

53 *Jakob Deibl OSB* in: *J.-H. Tück / A. Bieringer* (Hg.) (2014) 155 f., 172 (Gebet des verschollenen Bruders). Vgl. die Literatur-Kritik von *Benjamin Henrichs* (03.10.1986)

Wie *Christoph Gellner* darauf hinweist, dass *Handke* dem Überhandnehmen medial vermittelter Bilder und Meinungen „eine Sprache des Heiligen, die Beschwörung von Zusammenhang und Ganzheit" entgegensetzt[54], kann diese Tendenz auch die starrköpfigen Positionen dieses Autors zum Balkankonflikt bestimmt haben. Es zeigt sich dies auch darin, dass *Handke* seine vergangenen und gegenwärtigen Erinnerungen und Empfindungen in Bildern erscheinen lässt, die wie Träume und Illusionen wirken. Als eine eigentliche „Liturgie des Behaltens" vollzieht sich sein „aufmerksames, beteiligtes Sehen, das immer wieder als die Grundlage des Schreibens schlechthin ausgestellt wird".[55]

So sieht man sich einer Literaten-Religion gegenüber, die zeitgenössischer Gespaltenheit von Innen und Außen im Lebensgefühl eine persönlich fast fotografisch genaue Wirklichkeits-Abbildung entgegensetzt. Solche Abbildung von Realitäten eignet weniger dem liturgischen Sprachspiel. *Handke* nähert sich ihm dennoch auf seine Art an. Auf seinen Fahrten im Pendelzug zwischen ‚Außen' und ‚Innen' wendet er mit gesteigerter Aufmerksamkeit den Blick nach innen, „in sensibler Zeitgenossenschaft", wie *Erich Kock* vermerkt: „Dieser Autor weiß das bis zum Überdruss entwickelte, wesenlose, banalisierte, nichtige Dasein des Tagesmenschen, die Reste einer ins Unterbewusste abgesunkenen Moralität und Religiosität in den Blick zu nehmen und genauso den schwer namhaft zu machenden Zwang einer sozialen Atmosphäre, die auf Selbstentfremdung hinausläuft und den Einzelnen in ein Labyrinth undurchschaubarer Lebensvollzüge versetzt".[56] Die Wahrnehmungen *Handkes* zeigen ebenso, dass er an sich selbst den Zwang zur Vereinzelung in einer komplex gewordenen Welt spürt.

Ähnlich schon war es in seiner Erzählung „*Die Angst des Tormanns beim Elfmeter*". Ein starrer Zustand, in den schließlich der ehemalige Tormann und Monteur Josef Bloch gerät und nicht mehr weiterweiß, bis dem anderen Tormann in der Arena der Ball beim Elfmeterschießen – zum Glück! – direkt in die Hände fällt. Ist es *Handkes* eigene Suche nach Sinn, ist es seine teilweise schwere Kost, die aus dem Wortschatz älterer katholischer Religiosität schöpft, die ihn umtreibt? Hat er endgültig von der zwanghaften religiösen Erziehung seiner frühen Tage Abschied genommen? *Egon Kappelari* liest die Religionskritik *Handkes* als Sprachkritik und sieht sogar „eine strukturelle Pa-

54 *Christoph Gellner* zu Peter Handkes 75. Geburtstag (06.12.2017)

55 So analysiert durch *Anna Estermann* in: *J.-H. Tück/ A. Bieringer* (Hg.) (2014) 187. Vgl. ebenso *Lukas Pallitsch* (04.11.2019)

56 *Erich Kock* in: *J.-H. Tück / A. Bieringer* (2014) 206

rallele zwischen Handkes Erzählen und der Vergegenwärtigung von Heilsgeschehen in der Heiligen Schrift und im Sakrament der Eucharistie".[57] Liturgisches Geschehen kann für die Literatur interessant sein, denn sie nimmt das Exercitium der Sprache auf sich, bewegt die Sprachfeile zum Herausarbeiten der Wirklichkeiten auf vielen Ebenen. Umso interessanter, wie *Peter Handke* in jüngerer Zeit vermehrt Eingebungen und Passagen ins Spiel bringt, die das liturgische Sprachspiel inspirieren können. Es lohnt sich trotz Kritik an politischen Zerrbildern dieses Autors, dessen jüngere liturgische Sprachwelt in eine Übersicht zu bringen.

### Der späte Peter Handke – von Gottesdienst und Liturgie inspiriert

Bei Dichterinnen und Dichtern gehen wir in eine sensible Seh- und Hörschule. Ihnen eigen ist meist ein nahezu seismografisches Erspüren der Welt. Diese Qualität pflegt in herausragender Weise *Peter Handke*. In seinen ‚*Zeichen und Anflüge von der Peripherie*' taucht der Autor noch dichter ein in sein eigenes Leben, in Vergangenheit und Gegenwart – naturnah, wirklichkeitsnah, selbst das sensibel beschreibend, was ihn selbst überrascht. An seinen Beobachtungen interessieren uns die Brückenschläge in die unterschiedlichsten Wirklichkeiten der Religion, besonders der Welt des Gottesdienstes und der Liturgie. *Handke* zeigt sich dabei zunehmend als „literarischer Theologe".[58] Bei allen seinen Aussagen lässt sich auf eine meditative Weise mit offenen Augen und Ohren ausdrücklich ausruhen. Dies zeigt die Abfolge seiner dichten, ‚literarisch-religiös' geprägten Umschreibungen aus den Jahren 2007 bis 2015.

### Wie sich ‚Religion' bei Peter Handke beschrieben zeigt[59]

57 *Egon Kappelari*: Verwandlung und Bergung der Dinge in Gefahr. Religiöse Dimensionen im Werk Peter Handkes, in: *J.-H. Tück / A. Bieringer* (2014) 227

58 Taxierung durch *Christoph Schulte* (2017) 33 verweisend auf P. Handke (2016). https://de.wikipedia.org/wiki/Peter_Handke führt Stichworte wie ‚Religion' / ‚Spiritualität' / ‚Gottesdienst' / ‚Liturgie', ebenso ist die Diskussion durch Jan-Heiner Tück und Christoph Gellner nicht abgebildet.

59 *Peter Handke* (2016). Folg. Seitenverweise im Text

Was sein Schreiben betrifft, ist dieses kunstvoll einnehmend und nähert sich der ‚Religion' an: „Die Kunst umspielt das Geheimnis (: Religion)" (44). So zum Beispiel: „Warte nicht im tiefen Winter / Auf die ‚Rückkehr des Lichts'./ Warte nicht auf Lichtmeß. / Jetzt ist das Licht. / Jetzt ist das Lichtmeßfest" (128). *Handke* will unterscheiden: „Unterscheide zwischen vorherrschender Religion, herrschender Religion, Herrschaftsreligion, und Religion als Herrschaft. Und die herrschende Religion jetzt?: die der mörderischen Eunuchen" (134). Und: „Einzig Jesus Christus hat eine reale Vision von der Zusammengehörigkeit aller Menschen, von *nosotros*, gehabt; Jesus war der einzig wahre Politiker" (95). Drastisch hingegen eine Bemerkung, die insofern ungerecht ist, als dass dem Christentum gegenüber dieser Vorwurf auch gemacht werden kann: „All den unbarmherzigen Asiaten würde das Christentum nicht schaden" (120). Bei der Diskussion darüber würde *Handke* vielleicht in Abwandlung zentraler Verse der Gerichtsrede Jesu (Mt 25,31–46, 40 u. 45) antworten und zeigen, dass ihm als Autor die Welt zum Sakrament geworden ist: „Was ihr dem geringsten der Dinge getan habt, das habt ihr der Welt getan. Was ihr dem geringsten der Dinge angetan habt, das habt ihr der Welt angetan" (183). Und er fragt weiter, wie er es immer wieder im Fragemodus tut: „‚Warum studierst du die Religionen?' – ‚Um etwas von meinem Inneren zu begreifen'" (190).

Überraschend wirkt die Kadenz zum Triduum Sacrum, mit welcher *Handke* offenbart, wie er seine religiöse Sozialisation nicht abschütteln kann und diese (zumindest) privat weiterlebt: „Gründonnerstagmorgen: das Gartentor weit öffnen und einen Wildfremden einladen zur Fußwaschung. ‚Ist ER so tief gestiegen, / So muss ich ewig liegen / Vor meines Nächsten Fuß'" (192 f.). Und: „Karfreitag, drei Uhr Nachmittag: ‚Jetzt! – …' Und dieses ‚Jetzt! – Und …' ist etwas Grundanderes als Ernst Meisters Klage ‚Das bringt mich um, das Jetzt, und Jetzt, und Jetzt'. Ist etwas Grundanderes? – So oder so: das große ‚Jetzt! – Und'. (Karfreitag, drei Uhr Nachmittag)" (193). Weiter zum „Karsamstag: Lebensgefühl ist Weggefühl / Vorspurbild / Horizontsicht / Daseinsgefühl. – Daseinsgefühl? Dawerdensempfindung / Dawerdensdurchdrungenheit" (193). Der Autor nimmt sich selber mit in seinem theologischen Reflektieren: „Der Beiname des Gottes, der mir am stärksten, und zugleich am stillsten einleuchtet: nicht ‚der Allwissende', nicht ‚der Allerbarmer', und schon gar nicht ‚der Allmächtige', sondern ‚der Gerechte' (auch deswegen, weil ich zeitweise so himmelschreiend ungerecht bin)" (228). Und wie ein aufklärerischer Moralist: „‚Metanoeite! Μετανοεῖτε! Denkt um!' (Johannes der Täufer) – Aber: Wo kein Denken je stattgefunden hat – wie gibt's da ein *Um*denken?" (240).

Wesentlich ist ihm: „‚Das Reich Gottes ist nahe‘: gilt immer noch“ (247). Im Umgang mit biblischer Sprache setzt er auf Zartheit: „Statt ‚alttestamentarische Wucht‘ besteh auf der ‚alttestamentarischen Zartheit‘, der ‚unvergleichlichen‘ (nicht nur in der Erzählung vom Kind Samuel und von Ruth und Booz, von Tobias und dem Engel)“ (366). Im Umgang mit religiösem Brauchtum ebenso: „‚Das nächste Mal: nicht den Esel und das Rind vergessen, damit sie das königliche Kind wärmen‘ (Bemerkung, geschrieben ins Handbuch der Kapelle, vor der alljährlichen Weihnachtskrippe, Niemandsbucht)“ (422). Der Unfähigkeit zur Verehrung wirft er geradezu seine Fragen hin: „Kommt all das Sektentum, besonders das heutige, nicht aus einer Unfähigkeit zur Verehrung? – Der Verehrung wessen? Des Ganzen – des allgegenwärtigen offenbaren Geheimnisses. Sekten(un)wesen als Bedenk- und Gedenkschwäche? Daher die Vergötzung von Einzelheiten, von willkürlichen Teilen, ohne den großen Anteil? Die fundamentale Lieblosigkeit all der Sekten – und von daher deren fundamentalistische Feindseligkeit gegen das Grenzenlose? Das lieblose ständige Sichabgrenzen, Begrenzen, Grenzen-durch-die-freien-Lüfte-Ziehen, als Gegenteil der aufs Grenzenlose zielenden Phantasie und Erfindung?“ (420).

## Peter Handke beobachtet zeitkritisch

Zuerst lauten *Handkes* Worte fast jesuanisch und dann zugleich pessimistisch: „Keiner hört mehr auf's Echo. Jeder hört nur seine eigene Stimme. Wer aber seine eigene Stimme nicht mehr hören will, der wird gerettet werden. Und wer auf das Echo hört, der wird andere retten. Und ein Paradies wird nimmer sein auf Erden“ (118). Und später das aktuelle Fragen nach der Gnade der Geburt: „‚Die Gnade der späten Geburt‘? Nein, die Gnade der Anderswo-Geburt, ‚Gnade‘?“ (159). Im Ausschauen nach Stille und Sprachlosigkeit: „‚Stiller Ort‘. Das Lärmen des Pöbels wird zu Volksgemurmel gefiltert“ (168). Und: „In der Sprachlosigkeit die Sprache wiederfinden am ‚Stillen Ort‘, ja. Und wie? In Form eines Ausrufs. ‚Ah! Oh! Ach! Herrje!‘“ (190).

Der spätere Einwurf lässt aufhorchen: „Immer wieder: Ich bin nicht zu politisieren“ (297), wo *Handke* politisch markant auffordern kann: „Versenk dich! Hitler hat sich in nichts versenkt –“ (212) oder auch sozialkritisch: „‚Folge des Gottes Glanzlinie!‘ – ‚Und inzwischen soll mein Kind betteln gehen?!'" (322).[60] Sein eigenes Sich-Versenken führt ihn zur These: „Es muß etwas geben, was es nicht gibt. Es muß? Es muß" (214). Dietrich Bonhoeffers Hinweis, dass es einen Gott nicht geben kann, den es wie den Bildschirm vor mir einfach so gibt, wird hier durch *Handkes* nicht-religiöse Sprache weitergetrieben, ebenso wie in einer von späteren Eintragungen: „Es muß einen geben, der mehr ist als ich, der unendlich größer ist als ich, denn ich allein kann mich nie und nimmer genug erbarmen. Es gibt in mir nur den Aufruf dazu, und die Notwendigkeit" (257). Wer dieser eine ‚unendlich größer als ich' ist, sagt Handke nicht. Dafür dreht er die Formel des Erbarmens ‚Jesus, erbarme dich meiner' um in einen notwendigen Aufruf aus dem Inneren, sich der anderen (oder nur sich selber?) genug zu erbarmen. Noch deutlicher wird *Handke* zu diesem Thema: „Erbarmen ist nichts Individuelles – es übersteigt das Individuum – sowohl den, der sich erbarmt, als auch den ‚Erbarmten'. Ein jedes Erbarmen ist All-Erbarmen? Ein jeder Sicherbarmender ist der Allerbarmer rahmân wa rahîm" (270). Es ist der (sic!) Allerbarmer, den Handke als männliches Wesen anspricht!

Dem eigenen Werkzeug, dem Schreiben und Lesen, zugetan, kann dieser Autor, schreiben: „Enthusiasmus verlangt, geteilt zu werden. Und geteilt werden kann er aber nur, in meinem Fall, durch Form-, durch Spracharbeit" (239). So wird ihm das: „Lesen: die sieben (7) Sakramente in einem" (290). Und nimmt die optionale Sicht der Evangelien auf: „Auch Idealisieren kann eine Weise von Realisieren sein – im Sinn der Evangelien" (291). Denn es geht ihm um „Ergriffenheit als eine Art Begeisterung: eine tiefere, eine vertiefte" (295) und um: „Das Kleid der Freude … Ja, die Freude ist ein Gewand, ein inneres Kleid, das zarteste aller Gewebe. Und ich ließ mich im Gewand der Freude ins Innerste sinken und erblickte das Licht der Welt, den Sinn ohne Sinn" (380). Immer neu sucht er nach einer Erbarmens-Haltung und beobachtet: „Immer wieder Mitgefühl/Erbarmen. Eine ‚Welle von Mitgefühl', ja, die gibt es. Aber eine ‚Welle des Erbarmens'?" (385).

### Handkes Fragen zu gottesdienstlicher Wirklichkeit

60 Zu den „politischen Parteinahmen" für Slowenien, die in Handkes frühem Werk als Subtexte mitschwingen vgl. *Fabjan Hafner* (2008) 124 4. u. ö. Sprachpolitisch für das Südslawische einstehend (ebd. 148) od. „Kindheitswörter" (ebd. 220 ff.). Trotz seines Willens auf Verständigung und Versöhnung muss er „im Alltag erleben, dass er manchmal einen Sprachmittler nötig hätte" (ebd. 314) Im Fazit: „Die Engführung von Religiösem und Slowenischem ist bei Handke häufig. Dadurch wird auch auf den bewahrenden Einfluss des traditionellen Katholizismus für die Erhaltung des Slowenischen in Kärnten verwiesen und auf die Wichtigkeit von Wallfahrtsorten in Slowenien für die überwiegend ländlich geprägte Volksgruppe, die Städte möglichst mied." (ebd. 258)

Mehrere dieser als *‚Zeichen und Anflüge von der Peripherie'* bezeichneten Skizzen des späten *Handke* tangieren seinen Bezug zur gottesdienstlichen Wirklichkeit – dies oft im Fragemodus und meist in Zitate gebracht, als ob ihm Fragen und Aussagen zugespielt werden. Chronologisch aneinandergereiht konturiert sich das Liturgiebild eines Zeitgenossen, das sich nicht – es wäre unangemessen – systematisieren lässt.

„Mehr an Gebet ist nicht in mir als ein zeitweiliges ‚Gott, wie schön!'? (45), auch als Ausruf markant: „‚Mach mich aufschauen! Lass mich aufschauen!' (Gebet, fast)" (63); in alternativer Bitte: „Anderes Vaterunser: ‚Meine tägliche Unschuld gib mir heute'" (84). In persönlich akzentuierter Gebets-Sprache: „‚Entziffere Dich, Erdreich!' (Gebet) – ‚Vater, erlöse mich von deinem freudlosen Lachen!' (Gebet) – ‚Zeig mir Krankem von ferne ein Krankenhaus, und ich werde auf der Stelle gesund!' (Gebet)" (89). *Handke* bittet, auf der Stelle gesund zu werden – erinnernd an die Wirkung der jesuanischen Heil-Gesten, erinnernd aber auch an den Schluss der Hauptmanns-Bitte, welche die Gläubigen vor dem Empfang der Kommunion in die sogenannte ‚aemulatio' aufnehmen ‚… so wird meine Seele gesund'. Man erfährt bei *Handke*, was ihn trägt: „Mein täglicher Augenblick Gottesdienst: des Anderen innezuwerden, sowohl in seiner Anwesenheit wie in seiner Abwesenheit" (98) und wie der Autor seine Spurensuche ausweitet: „Gott existiert nur während des Gottesdienstes. Was heißt ‚nur'?" (98)!

Die Aussagen werden deutlicher, was die Wirkung und Stellung der Liturgie für die Poesie darstellt: „Ein Dichter braucht die Liturgie. ‚Er war ein Dichter und brauchte die Liturgie'" (102); in mystische Versenkung greifend: „‚Gott, schau mit mir = Gott, schau aus mir!?'" (103); Folgerungen ziehend: „An der Folge des Gottesdienstes haben wir die Gegenwart. Treue dem Augenblick: Frömmigkeitsideal" (104). Ein anregender Gebets-Vorschlag liest sich so: „Gebet für die Sterbestunde, pro hora mortis: ‚Gib, daß ich spüre, was das Leben war! Was die Liebe war! Wie ich gelebt und was ich geliebt habe!'" (109). Erneut ins Mystische gewendet: „Wenn der Gott in mir erwacht – ja, was dann?" (115).

Der aktualisierende Rückbezug auf eine Schlüsselstelle des Zweiten Testaments (Lk 24) provoziert in Form und Inhalt: „Damals in Emmaus haben wir einander erkannt an unserem Brotbrechen" (131). Kein Wort davon, dass Jesus mit seinem Brotbrechen die zwei Ehemaligen aus seiner Gruppe zum Erkennen brachte, dafür jetzt die Drei einvernehmlich und egalitär das Brot brechen. *Handke* führt seine Feder – beim Umschreiben des zentralen Liturgie-Geschehens – im Interesse erhöhter (magisch aufgeladener?) Aufmerksamkeit für die ihn berührende Wirklichkeit: „Dank der Messe, der Liturgie: Es wird, was ist" (132). Was aber ist es, was da wird? Der Dichter bleibt rätselhaft und mahnend zugleich, weil ihm etwas besonders am Herzen liegt: „Das ‚Tut das zu meinem Gedächtnis!' in der Liturgie: Aufruf zur höchsten Sorgfalt" (146). Darum auch die Bitte: „‚Mach mich zittern' (Gebet)" (150) und „Vergiß nicht, dass deine Seele in ihrem Grund beständig betrübt ist auf den Tod. Oder doch: Vergiß es!" (151). Bleibt dies eine Mahnung, sich vom ursprünglichen Satz Jesu in seiner Passion zu verabschieden – ‚Meine Seele ist betrübt bis an den Tod. Bleibet hier und wachet mit mir' (Mt 26,38 par Mk 14,34)? Bleibt doch eher der einsame Gang eines Schriftstellers, wie zur Zeit seiner Kindheit: „‚Geheimnis des Glaubens' (nach der Wandlung – der Transsubstantiation), und darin inbegriffen: Geheimnis des Lassens; und das Bild dazu: Noch lange nach der Messe mit Wandlung und Kommunion geht das Kind auf der sonntäglichen Dorfstraße weiter mit wie all die Zeit zuvor in der Kirche gefalteten Händen im Nebel heimwärts" (154)

Indem *Handke* das volle Leben anspricht, formuliert er „Eine Hl. Geist-Litanei: ‚Geist der Freude – komm über uns! Geist der Liebe – komm über uns! Geist des Erbarmens – komm über uns! Geist der Ruhe – komm über uns! Geist der Anderen Zeit – komm über uns! Geist der Trauer – beschwer unsre Lider!" (160); und geht mit biblischem Blick nahe an den Alltag: „‚Das Wunder der Brotvermehrung'? Das Wunder des Brots" (180). Rätselhaft wird der Autor bei seiner gewohnten Wortsuche: „Verb zum Ritual: ‚Es läßt (macht) besinnen'. Und Innehalten als das Ursprungsritual? Der Ursprung des Rituals? ‚Spring den Ursprung!'" (196); dann deutlicher das Bange-Sein Verstorbener aufnehmend: „‚Uns ist bange, aber wir verzagen nicht' (Grabinschrift)" (196). In Annäherung an religiöse Ausdrucksformen fragt *Handke*: „Vom Dankgebet zum Bittgebet: Steigerung des Religiösen?" (213). Mit literarischem Auge interpretiert er „Das Evangelium von heute: ‚Jesus erbarmt sich der Menge' (Fest der Anna, der Mutter Mariä)" (216) und verweist auf das Verhalten Jesu, ohne direkt bei diesem Fest zu bleiben; womit *Handke* mehr Interesse für Jesus gegenüber der Menge (Mt 14,14) zeigt als für dessen Familie. Die Spannweite seines Lobes verdichtet den Eindruck eines stark sensibilisierten Lebensgefühls: „Gelobt sei alles, was mich aufblicken lässt, aber auch alles, was mich den Blick senken lässt. Und gelobt sei, was mich bestürzt, von Zeit zu Zeit!" (221).

Zentral sind für diesen zeitgenössischen Autor rituelle Wohltaten: „Eine der Wohltaten der Heiligen Messe: ich sitze ordentlich; ich stehe, zum Beispiel beim Lesen des Evangeliums, ordentlich auf; ich setze mich bei der Predigt ordentlich nieder; ich kniee bei der Wandlung ordentlich hin; ich reihe mich beim Gehen hin zum Empfangen des ‚corpus Christi' ordentlich ein in die anderen Empfänger, ich kehre danach auf einem ordentlichen Umweg zurück in die Bank" (245) – wobei *Handkes* eindrückliche Zeichnung offenbart, wie sein Vordermann in der Messfeier sich verhält: „Hände des im Stehen dem Evangelium zuhörenden Messbesuchers, ineinander am Rücken, Picardie" (Legende 275). Auch ihm passt die vielfach diskutierte Vaterunser-Bitte nicht: „‚Und führe uns nicht in Versuchung': Wie passt das ins Vaterunser? Ein Gott, der ‚in Versuchung führt'? (282). Dennoch will er „‚Gehen bis zum ersten Stern'. Und in der Eucharistiefeier bleiben bis zum letzten Segen" (289), will in seiner Spracharbeit vorwärts schreiten: „‚Ad maiorem Dei gloriam' (zur größeren Ehre Gottes): Übersetzung des ‚Sinnlosen', eines anscheinend sinnlosen Tuns in ein anderes Idiom, ein grundanderes" (293) und betet am Morgen: „‚Meine tägliche Auferstehung gib mir heute'(Morgengebet)" (314) und notiert später: „‚Nicht mein Wille geschehe, sondern der Deine' (Evangelium): Große Wahrheit, übertragbare – es gibt den Anderen Willen, so wie die Andere Zeit (*Todos los santos*)" (318) – ein Sich-Ausstrecken-in-die-andere Welt. Seine Sprache hilft ihm zu sagen: „Ein Gedicht, und sei es nur eine Zeile, nimmt mich mit: im Wortsinn: Unversehens kurvt aus meinem Innern ein unsichtbar-luftiges Fahrzeug daher – eine Art Bus – ein ‚*Omnibus*' (und dazu singt Van Morrison ‚When will I ever learn to live in God?')" (322). Der Dichter erfährt sich mitgenommen von Morrison, dem Sänger und Musiker, der Folk, Blues und Jazz zusammenbrachte.

*Handke* fordert dann auf zu unterscheiden und moniert im Blick auf Religion und Kunst seine Sicht religiös-kultureller Vielfalt: „Unterscheide Religion und Poesie (Kunst) – Die Religion: ‚Sanctificetur nomen tuum!' (Geheiligt werde Dein Name) – Die Poesie: ‚Multiplicetur nomen tuum!' (Vervielfacht [vervielfältigt] werde Dein Name!')" (345), und das christliche Grundgebet doch nicht ganz als Störfaktor nehmen kann: „Das muss man nicht hören. Nicht einmal das ‚Vaterunser' muss man hören. Oder doch?" (350). Zur ‚höchsten Sorgfalt' gegenüber dem zentralen Akt in der Messfeier hatte er aufgerufen. Nun wird man dieses Grundgebet im Sinne *Handkes* neu hörend vollziehen. So lässt viel später die Notiz aus dem Jahre 2015 vermuten, dass Peter Handke wieder einmal im Gottesdienst war: „Der Moment von Musik gestern am Sonntag (‚1-Takt-Musik'): das Geräusch, ein einziges, kurzes, aber mächtiges, beim Sicherheben der Leute während der Messe zum Glaubensbekenntnis" (380)? *Gerhard Melzer* hat zu *Handkes* Äußerungen zur Musik bemerkt, diese seien im „Tenor ... kritisch bis ablehnend, wo sie auf kanonisierte musikalische Ausdrucksformen Bezug nehmen, zustimmend bis begeistert, wo sie unverstellte, ‚authentische' Hörerlebnisse zur Sprache bringen".[61] Und sein wahrnehmendes Ohr verbindet sich mit dem Nachvollzug ritueller Ansage: „,Tut das zu meinem Gedächtnis!' – Und zum Gedächtnis meines toten Bruders lege ich die ersten reifen Äpfel des Jahres mit den Stengeln nach oben aus, wie er es mich ‚gelehrt' hat" (382). *Handke* nimmt das zentrale Spende-Deute-Wort Jesu auf und verwandelt es in ein privates – dennoch nicht privatisierendes –, denn im Mitvollzug des Jesus-Wortes geht dieses ein in das aktuelle Erinnern an seinen Bruder, der ihn diese Geste mit den ‚reifen Äpfeln des Jahres' gelehrt hatte. Insgesamt ist dies eine wunderliche Adaption des rituellen Grundaktes, in welchem der Durchgang vom Leben (das einen lehrt), durch den Tod (der einen ereilt) in die Auferstehung (die einem geschieht) vergegenwärtigt wird.

Nochmals fragt sich *Handke* „Gibt es denn das?: Das ‚Erbarme dich meiner!' nicht als Bitt-, sondern als Dankgebet? Ja, das gibt es" (391), und erklärt wiederum ausgreifend: „Der weiteste der Horizonte: der Horizont der Dankbarkeit. Aber was ist zuerst? Der Aufblick der Dankbarkeit oder das Aufscheinen des Horizonts? Oder ist beides gleichzeitig?" (396). Weiterkommen will der Schriftsteller erneut mit dem Innehalten: „Das Gebet des Innehaltens. – Nichts sonst als gebetsweises Innehalten? – Nichts sonst. Und weiter dann?" (413) sowie der Bitte: „,Adveniat regnum tuum!' – Aber ist das Reich nicht schon gekommen? Wenn auch auf ganz verschiedene Weise? Und als ganz anderes Reich?" (414). Und spannt über sich den Wahrnehmungsbogen: „Das Gebet des Aufsichübergehenlassens – zum Beispiel des Wehens der Blätter in den Baumkronen, auch wenn es die letzten sind, die gar spärlichen – gerade wenn es die letzten sind" (416) wie auch ein „Erster stiller Ausruf am Morgen: ‚Heilig, heilig, heilig!' (Picardie), Der Fokus von *Peter Handke* ist eigentümlich persönlich bis stark selbstbezogen: ‚Meine tägliche Auferstehung gib mir heute!'" (416). Beim Überdenken und Nachvollziehen dieser Anflüge und Zeichen vom Rande wird einem bewusst, dass hier ein Autor neue, zudem religiöse Sprache verwendet, die einnehmend berühren kann, aber auch seine Grenzen – es kann nicht besser gesagt sein – ‚vor der Baumschattenwand nachts' findet.

## Im Brückenschlag zur islamischen Glaubenswelt

61 *Gerhard Melzer* in: ders. (Hg.) (2003) 95. Handkes „Wahrnehmung von Musik und musikähnlichen Phänomenen erscheint durchwegs solcher Hellhörigkeit verpflichtet" (96). Seine Vorlieben scheine für ihn die Popmusik der 60er und 70er Jahre zu sein. Diese sieht er (mit Van Morrison) wie ‚ein Murmeln im Vorübergehen' und entwickelt seine Art ‚Musik der Teilnahme' (97 mit Anm.7 u. 8)

Das Bestreben *Handkes*, sich religiösen Glaubenswelten zu öffnen, hat damit zu tun, dass ihm in Anlehnung an Johann Wolfgang v. Goethe bedeutsam scheint, „das Herkömmliche lebendig zu erhalten“[62]. Wie sich *Handke* solcher Quellen bedient, ist ihm stark daran gelegen, in Beziehung zu kommen mit dem Göttlichen: „Der Gott als Barmherziger, gar ‚Allerbarmer‘ (Islam) schweigt? Soll schweigen? ‚Schweig still, Barmherziger! – Schweig dich anwesend!‘“ (159). Wiederum wichtig das Unterscheiden: „Von den Psalmen zu den Suren: ‚Sprecherwechsel von Mensch zu Gott‘ (Angelika Neuwirth)“ (186). Erneut kommt er zum ‚Innehalten‘: „‚Der Verstand macht fragen, die Gottesfurcht macht beim Fragen innehalten‘ (Koranische Überlieferung)“ (214) und verwehrt sich weiterem Nachfragen, denn: „‚Gott verschwieg einige Dinge aus Barmherzigkeit. Also fragt nicht danach‘ (Koranische Überlieferung)“ (216). Aufmerksam gegenüber ungerechten Praktiken setzt er sein Wörterbuch ein: „Das Wort für ‚steinigen‘ fehlt in meinem (dicken) arabischen Wörterbuch“ (219); eine weitere Begründung dazu folgt gleich: „‚Wer das Rechte verschweigt, ist ein taubstummer Teufel‘ (Koranische Überlieferung)“ (219). Derselben Überlieferung entnimmt *Handke* in Annäherung an das Geheimnis Gottes mit den Menschen: „‚Wenn Ich ihn, Meinen Diener, liebe, so bin Ich sein Hören, mit dem er hört, sein Sehen, mit dem er sieht, seine Hand, mit der er zupackt, sein Fuß, mit dem er schreitet‘ (Koranische Überlieferung, 38. Hadith)“ (235). Dies erinnert an eine andere Bekenntnis-Wendung aus dem 4. Jahrhundert mit unbekannter Quelle: „Christus hat keine Hände, nur unsere Hände, um seine Arbeit heute zu tun. / Er hat keine Füße, nur unsere Füße, um Menschen auf seinen Weg zu führen. / Christus hat keine Lippen, nur unser Lippen, um Menschen von ihm zu erzählen. / Er hat keine Hilfe, nur unser Hilfe, um Menschen an seine Seite zu bringen.“ Im Unterschied zur koranischen Überlieferung ist hier Christus, der nicht mehr unter den Menschen weilende, die Hauptfigur, der sich Menschen in seiner Nachfolge zugesellen. Man spürt die Unterschiede im ‚Sprecherwechsel‘ (Neuwirth) der koranisch bzw. biblisch Denkenden. Beiden ist das menschliche Vor-das-Geheimnis-Treten gemeinsam: „‚Die Anrufung ist das Mark der Anbetung … sie schafft die Gegenwart des Herzens vor Gott‘ (Al-Ghazālī)“ (290).

62 „Andere werden von wichtigen Dingen Nachricht gegeben haben; indessen ich in meinem beschränkten Kreise das Herkömmliche lebendig zu erhalten bemüht bin“ (J. W. v. Goethe an den Herzog Carl August, 19. Febr. 1814) notiert *Peter Handke* (2016) 6 als Eingangszitat.

Die islamische Glaubenswelt steht im Gegensatz zur politischen weniger im Blickfeld der Gegenwart, dennoch ist der kritischen Anfrage von *Stefan Weidner* beizupflichten, der im Blick nicht nur auf *Handkes* Brückenschläge einen echten Dialog unter den mystischen Traditionen fordert: „Dass die Inspiration durch sufische Texte und Weltbegegnungsweisen die Literatur bereichert, wusste eben nicht nur Goethe. An die westlichen Anhänger des Sufismus … wie an den … feuilletonistischen Sufismus der Kultur, müsste man jedoch andere Fragen stellen: Findet hier noch ein echter Dialog mit der mystischen Tradition statt oder dient diese nur dazu, den eigenen labilen Seelenhaushalt auszuschmücken oder auch zu stabilisieren, ohne ansonsten ernsthafte Konsequenzen für Lebensführung und Weltsicht zu zeitigen?“[63] Solcherart Anfragen hätten sich alle religiösen Tradition zu stellen.

63 Vgl. *Stefan Weidner* (16.12.2018)

# 3 Liturgische Sprache, die das Mitfeiern heute ermöglicht

Literarische Sprache deckt auf und hellt auf. Sie lässt vieles bis alles zu: Vom Staunen bis zur Verstörung, von Erschütterung bis zum Aufleuchten letzter Hoffnung. Allem, dem sie begegnet, gibt sie in unterschiedlichsten Formen Gestalt. Manchmal gut verständlich, manchmal eher rätselhaft. Dies kann nach dem – zugegeben etwas kurzen – Durchgang durch literarische Texte von *M. Walser* und *P. Handke* bilanziert werden. Was die Arbeit an liturgischer Sprache daraus gewinnen kann, ist zumindest eines: das Ringen um das Wort und seine Verständlichkeit. Der Literatur-Diskurs hat darin einen Vorsprung und beweist in seiner eigenen ‚Authentizität', dass es kein letztgültig objektiv-richtiges Schreiben gibt, dafür ein Schreiben und Sprechen, das verständlich genug die Lebenswelt des Beschriebenen aufnimmt und in die aktuelle Welt hineinsprechen lässt. Die religiöse und liturgische Sprache kann sich daran ein Beispiel nehmen, wo sie sich auf ihrer Ebene und ‚Logik'[64] authentisch neu ausrichtet und ebenso darum ringt, eine Sprache zu finden, die den Mitvollzug der Feiern des Glaubens kulturell nah bei den Teilnehmenden und ihrem vielfältigen Umfeld ermöglicht. Es ist darum von einigem Belang, die Charakteristiken des liturgischen Sprachspiels näher zu umschreiben und die Besonderheiten der Zielsprachen und der Zielgruppen einzubeziehen.

Von jeher hat liturgische Sprache zum Ziel, spirituelle Inhalte zu Gehör zu bringen. Damit dies auch im christlichen Glaubensvollzug auf verständliche Weise gelingt, sollte sie mehrere Kriterien erfüllen. Programmatisch lässt sich sagen, dass die Sprache in Gottesdiensten sowohl geisterfüllt wie authentisch, sowohl kontemplativ Schweigen einbeziehend und zulassend wie auch bildhaft gestaltet werden will. Ebenso spricht sie Erfahrungen an und klingt mit Symbolhandlungen zusammen – nicht zuletzt mitgetragen von Gesang und Musik. Insgesamt führt sie hin zur inneren Uhr der jeweiligen Kultur. Sie ist also, wenn immer möglich sensibel abgestimmt auf das gottesdienstliche Feiern der Menschen an ihrem Ort. Diese Eigenheiten liturgischer Sprache müssen sich freilich an leitenden Kriterien einer allen gemeinsamen liturgischen

64 Vgl. *R. Brinkmann* in: CGG 2 (1981) 106–122

Sprache messen lassen, wie sie *Gunda Brüske* formuliert hat.[65] Eine solche müsste „auf alle extremen Formulierungen und starke Emotionen verzichten, denn es wird wohl immer jemand anwesend sein, den gerade ganz anderes bewegt. Liturgische Sprache muss deshalb natürlich und schlicht sein, aber weder exaltiert noch unterkühlt, und schon gleich gar nicht langweilig". Auch müsse sie „vom Inhalt der Feier ausgehen".

Man kann in diesem Zusammenhang der Kritik an der ‚Wut des Verstehens' in der Liturgie einiges abgewinnen.[66] Die Kritik hat jedoch ihre Grenze dort, wo Gottes Wort, wenn auch als fremdes, hörbar verständlich werden soll. Wie die Sprache der Gebärden schlicht sein soll, so auch die Gebetssprache verständlich. Es genügt darum nicht, nur philosophisch vom ‚Verschwinden des Körpers' zu reden. Man mag den Analysen von *Michel Foucault, Jacques Derrida* oder *Roland Barthes* von der ‚Entmystifizierung' und dem Ideal eines vergangenen Kult-Verständnisses das Wort sprechen. Dass liturgische Sprache ein ritualisiertes Sprechen beinhaltet, das eingeübt sein will, ist demnach nicht zu bestreiten. Über die soziologischen Aspekte dieses Sprechens muss aber weiter nachgedacht werden, wo eine problematische Ekklesiologie zur Ursache unangemessener Hindernisse wird.

## 3.1 Ekklesiologisch-klerikale Hindernisse

Theologisch brisant nämlich ist die biblische Sicht auf den Leib Christi und ihre Folgen für die Organisation sowohl der Kirchenstrukturen als auch deren sichtbare Ausgestaltung in Gottesdiensten. Dass an ihnen klerikale Auswüchse sichtbar werden, beweist die Geschichte bis in die Gegenwart. Und bis in die liturgische Gewandung lässt sich das bedauerliche Faktum erkennen, wie *Benedikt Kranemann* feststellt: „Liturgische Gewänder können in ihrer Gestaltung und Verwendung unheilige Hierarchien und Standesdenken sichtbar machen."[67] Diese werden nicht zuletzt wirksam aufgrund ungeklärter Einstellungen im Rollenverhalten von Liturgievorsitzenden, die sich bis in wenig gendergerechte Sprechakte auswirken. Dies alles steht im Kontrast zur Wiederentdeckung der Feiern des Glaubens im Vatikanum II, mit welcher dem

65 *Gunda Brüske* (2003) Pkt. 2 Liturgische Sprache ist die gemeinschaftlicher Feier entsprechende religiöse Sprache 233 ff., 235

66 *Johannes Hoff* (2000/3). Vgl. ähnlich ders. (1999) 140 f.

67 *Benedikt Kranemann* (2018) 245–247. Wo Klerikalismus gegen aktive Teilnahme des Volkes Gottes steht, zeigen sich „zwei sich widersprechende Kirchenbilder", 245 f.

*gemeinsamen* Vollzug der gottesdienstlichen Handlungen eine grundlegende Rolle zugeschrieben wurde – dies aber in der Fortsetzung der Liturgiereform zu wenig Beachtung erhielt. Denn nach Erarbeitung der Liturgiekonstitution und der damit verbundenen Einführung der Volkssprache war es *Yves Congar*, der 1967 programmatisch über die christliche Gemeinschaft als integrales Subjekt der liturgischen Aktion[68] reflektierte. Demnach erfolgte in der karolingischen Epoche der Umschlag vom ehemals *korporativen* Verständnis der liturgischen Versammlung zur Kirchenschau, die in der Rolle des – allein Christus repräsentierenden – Priesters gipfelte. In der Folge fokussierte die spätere Entwicklung, definitiv seit dem Tridentinum, auf die alleinige (auch sprachlich definierte) Konsekrationsvollmacht des Liturgievorsitzenden. Congar zielte auf die Geschichte der Ekklesiologie „sous l'angle du destin du schème corpus-caput, corps-tête". Das Schicksal des Bezugspaars „Körper/Leib-Haupt" lag für Congar darin, dass der Begriff „caput" oft den Begriff „corpus" absorbiert habe. Darum seine Frage auf dem Hintergrund des Konzils: „Peut-être a-t-on commencé de surmonter cet abus séculaire?"

Ein über Jahrhunderte bestehendes Missverhältnis bzw. Gefälle hatte demnach auch die Sprechakte der Feiern des Glaubens einseitig bestimmt. Es steht außer Frage, dass dies auch sprachliche Einseitigkeiten hervorbrachte. Dagegen entfaltet sich im Ensemble aller Faktoren und Mitfeiernden eines Gottesdienstes ein liturgischer Dialog, und daraus kann sich der Kontakt mit dem letzten und transzendenten Subjekt der liturgischen Aktion, mit Jesus Christus entfalten. Auf ihn ausgerichtet vollzieht sich das Beten in der Versammlung und im gemeinsamen Ritus, der getragen vom göttlichen Geist *von allen* einzelnen Gliedern des Leibes Christi *vollzogen wird*. Das bedeutet: Wo die Versammlung inklusive deren Leitung nicht auf „Empfang" eingestellt ist, entfaltet sich auch nicht die Atmosphäre christlicher Liturgie, die mit dem Zweiten Vatikanum definitiv aus dem Dornröschenschlaf der Privatheit gerissen wurde. Mit wichtigen Folgen für die in den Feiern verwendete Sprache, ihre Form und ihren Stil. Zumindest nicht wegzuwischen ist der Eindruck eines weiterhin monarchisch anmutenden Christo-Monismus, wenn Mitfeiernde im Kirchenraum sich nicht mitgenommen fühlen, weil sie sich einem Kreis von Aristokraten, gar einem überhöhten Selbstverständnis als ‚Stellvertreter Christi' und einer Sondersprache gegenübersehen. Für die in der Liturgie verwendete (Volks)Sprache bedeutet dies, dass jeder mitfeiernden Person im liturgischen ‚Wir' Platz gemacht wird, sie angesprochen sein will und in unverstellte Verbindung zu Christus als dem Haupt bzw.

68 *Yves Congar* in: *J.-P. Jossua / Y. Congar* (1967) 276

der Mitte des Geschehens treten kann. Einer dominanten Liturgiesprache ist darum durch sensible Sprechakte die Spitze zu brechen.

Eine weitere Wahrnehmung gilt es näher zu betrachten. Denn der Präsenz der Mitfeiernden, die sich zu einer Liturgie versammeln, wird im philosophischen und literarischen Diskurs viel zu wenig Gewicht beigemessen. Entsprechende Einlassungen schildern mehr Einzelerlebnisse, gehen aber wenig auf die am Ort Versammelten ein. Dies kann nicht allein der anderen ‚Logik' literarischer Sichtweise geschuldet bleiben. Und jene, die sich – in noch so kleiner Gruppe – versammeln, verdienen es, Gottesdienste in verständlicher und angemessener Sprache mitfeiern zu können. Gelingt dies in Beachtung der Regeln der Kunst liturgischer Präsenz und Performance, sind auch mehr Feier-Dialekte in den unterschiedlichen Kultursprachen möglich. Dagegen pressen nicht wenige Einwürfe aus Literatur und Theologie gegenüber der neuen volkssprachlichen Liturgien die Lebendigkeit des Mitfeierns in der Volkssprache in ein Prokrustesbett – die Klage über einen epochalen Sprachverlust erscheint damit überspannt.

## 3.2 „Freiheit für den Augenblick"

Gleichwohl bleibt der Umgang mit der Sprache in den Feiern des Glaubens eine große Herausforderung.[69] Sie braucht keine Sondersprache zu bleiben und hat ihr Ziel darin, hinweisend auf die Zeichen der Nähe Gottes in der liturgischen Aktion zu wirken, diese nicht zerredend, sondern diese zum Leuchten bringend. Sie bräuchte darum bis in den liturgischen Sprach-Rahmen hinein eine Leichtigkeit, gar heiterer Gelassenheit zum Anlass von Feiern mit Kindern und Familien, besonderer Gelegenheiten wie dem Osterlachen und durchaus auch zur Fastnachtszeit! Denn das Lachen sei „eine geistige Überlebensstrategie", meint *Karl-Josef Kuschel*: „Der Witz schafft Koexistenz mit einer Welt, unter deren Widersprüchen wir leiden, ohne sie ändern zu können. Er reduziert Angst, ohne sie völlig zu beseitigen, Verbotenes auszusprechen, ohne mit den herrschenden Strukturen der Welt zu brechen, Entspannung zu liefern, ohne alles zu vergleichgültigen. Der Witz bringt die Diskrepanz von Realität und Fiktion scharf zum Leuchten. Er kann die Rolle sein, in die man schlüpft, um anderen ungefährdet die Wahrheit zu sagen.

69 Vgl. u. a. *Anton Rotzetter* (2002). Zur Anwendung siehe unten die Ausführungen zum Impulsband ‚der gottes*dienst*'

Lachend lässt sich der autoritäre Ernst einer Gruppe oder Gesellschaft unterlaufen und verschafft uns Freiheit für den Augenblick.“[70]

Diese Freiheit des Augenblicks verlangt darum auch im öffentlichen wie im liturgischen Raum nach Improvisation, einer Gestaltungskraft, die dann ebenfalls plurale Sprachmöglichkeiten, gar einen die Transzendenz ansprechenden ‚Sprachwitz' zulässt. Die Alternative dazu ist eine lieblose Langeweile, gar zynische Verhärtung, die nicht nur dem Geschehen liturgischer Handlungen und Worte die Glaubwürdigkeit nehmen kann. Hätte *Navid Kermani* im Oktober 2015 in seiner Friedenspreisrede solche Freiheit des Augenblicks nicht genutzt, hätte seiner Rede eine spezifische Würze gefehlt. Stattdessen wechselte er auf die Ebene eines religiösen Sprechaktes und riskierte vorab aus Solidarität mit vom Syrienkrieg betroffenen Bekannten ein Gebet, das der Situation der Betroffenen angemessen war. Damit markierte ein Muslim in atheistisch gestimmter Zeit und Umgebung eine glaubwürdige Stellungnahme zu konstruktiver Toleranz, der es um die Freiheit des Augenblicks ebenso geht wie um die Vielfalt an Möglichkeiten, durch Sprache eine gemeinsam empfundene Ohnmacht auszudrücken.[71] In ähnlicher Weise mitempfindend, begann für die Lyrikerin *Nelly Sachs* alles mit der Sehnsucht: *„Alles beginnt mit der Sehnsucht,/ immer ist im Herzen Raum für mehr, / für Schöneres, für Größeres. / Das ist des Menschen Größe und Not: / Sehnsucht nach Stille, / nach Freundschaft und Liebe. / Und wo Sehnsucht sich erfüllt, / dort bricht sie noch stärker auf. / Fing nicht auch deine Menschwerdung, Gott, / mit dieser Sehnsucht nach dem Menschen an? / So lass nun unsere Sehnsucht damit anfangen, / Dich zu suchen, / und lass sie damit enden, / Dich gefunden zu haben.“*[72] Hier ist eine in ein Gebet gefasste Bewegung der Sehnsucht zu erkennen – anders als beim Gott vermissenden *Martin Walser*. Die jüdische Dichterin, von der noch näher die Rede sein wird, war von Gottes Sehnsucht nach den Menschen eingenommen und wusste sich auf diese Weise dem Unsagbaren nahe.

70 *Karl-Josef Kuschel* (28.11.2018) und *Bibel heute* (1992/3) Nie soll Jesus gelacht haben? Spuren des Humors Jesu, mit frappant ‚entlarvenden' Gleichnis-Skizzen von Sieger Köder

71 Vgl. *Michael Schüssler* (21.10.2015) und *Wolfgang Beck* (15.12.2015)

72 Vielzitiertes Gedicht von *Nelly Sachs* mit Bezug auf Eli. Ein Mysterienspiel vom Leiden Israels in dies. (1962) 82. Vgl. u. a. zu Nelly Sachs *Beatrice Eichmann-Leutenegger* (1983) 63: „Am Schicksal ihres jüdischen Volkes, dem Nelly Sachs in wahrhaft schöpferischer Verzweiflung die Grabschrift gesetzt hat, wuchs sie weit über ihr früheres lyrisches Werk hinaus.“ Und *Dorothee Sölle* in dies. $^{2}$1993, 213–217

Liturgisches Beten tut dies in ähnlicher Weise mittels einer Fülle an Ausdrucksmöglichkeiten, von Trauer und Angst, Ohnmacht und Befreiung bis zu Freude, Lob und Dank. Finde ich dafür angemessene Worte und färbe diese mit einem Gegenwartsbezug, kann der lyrische Zugang zur Transzendenz inspirierend sein. Darum ist hier vorerst zu diskutieren, inwieweit lyrisch-spirituelle Texte liturgische Sprache bereichern können.

# 4 Dem Unsagbaren die Stimme leihen – Lyrik als Weg zu sensibler Liturgiesprache

Das verstärkte Bedürfnis nach zeitgenössischer Färbung der Sprache im Gottesdienst spiegelt sich in der Welt der Lyrik wider. Im Blick auf neuere Lyrik fällt auf, wie sich diese daran wagt, im prekären Daseinsgefühl ihre Grenzen entsprechend auszuloten.[73] Sie gerät dabei ins Spannungsfeld zwischen Glauben und Daseinsangst, wie *Mario Andreotti* skizziert: „Eine Literatur, die sich dem Christentum verpflichtet fühlt, möchte unsere Welt als einen von Gott durchwalteten Kosmos zeigen, in der es zwar Sünde und Schuld, aber ebenso sehr Gnade, Vergebung und Heil gibt. Das aber – sagen wir es offen – entspricht nicht der Wirklichkeitserfahrung des heutigen Menschen. Zu sehr muss er erleben, dass sich seine Existenz in ihrer Vielschichtigkeit kaum mehr deuten, geschweige denn auf ein einfaches Heilsschema bringen lässt … Der Mensch als *creatura Dei*, der sich Gott persönlich zuwendet, der sich ihm gegenüber individuell verantwortlich weiß: Das Bild will nicht mehr passen!" Nicht die christliche Dichtung an sich sei heute tot, aber eine ‚etikettierte', von der Tradition her kommende[74] – womit sich die Frage stellt, welche Lyrik heute neue Impulse setzt.

So bewegt sich beispielsweise die jüngere geistliche Lyrik von *Christian Lehnert* oder *Elazar Benyoëtz*[75] in einem spannungsreichen Feld der Daseins-Fühlung. Überaus klar, gar heiter-entlarvend der Letztere: „*Theologisch / käme kein Mensch / auf Gott / Theologie – / die einzige Wissenschaft, / die ihren Gott / nicht kennt.*" In ähnlichen tiefgründigen Aphorismen deutet *Benyoëtz* das Daseinsgefühl und den Standort von Menschen, die um eine neue geistliche Sprache ringen. Für ihn ist klar: *Rom wie Jerusalem / sind nur noch / über Auschwitz zu erreichen* und sieht als Dichter, was geschieht: „Das Gedicht kehrt zum Gebet zurück. Das Gebet – Ursprung, Abgrund, erste Regung."

73 Vgl. die Anmerkungen zum Verhältnis von Verkündigung und Literatur bei *Georg Langenhorst* (2004)

74 *Mario Andreotti* (2011) 97, 99. Er kenne wenige sogenannte „christliche" Gedichte, „die den metaphysischen Zweifel zu einem existentiellen machen, die christlichen Glauben mit menschlichem Sein elementar verbinden". Eines sei vielleicht Werner Bergengruens „Der Engel spricht", erwähnt werden ebenso Kurt Martis Leichenreden.

75 Vgl. *Christoph Gellner* zu *Ch. Lehnert* (21.06.2017) und *René Dausner* (26.10.2018). Zit. aus *Elazar Benyoëtz*: Scheinhellig. Variationen über ein verlorenes Thema, Wien 2009, 134 bei *Fabian Brand* (2017) 554. Folg. Zit. *Elazar Benyoëtz* (2005) 17, 16

„Das Wort kommt zur Sprache, wird mündig. Mit dem Gedicht erfüllt sich das Wort: *Es ist die Sprache, / die überzeugt, nicht der Glaube*". Für die Spracharbeit des Lyrikers stellt der Aphoristiker sein Axiom auf, das theologisch nicht besser ausgedrückt sein könnte: „Gott lässt sich nicht auf den Reim bringen, und das ist von großer Bedeutung."

Aus anders gefärbter Sicht kommentiert *Lehnert* die Sprachhandlungen der Liturgie. So verweist *Christoph Gellner* auf dessen Standpunkt: „Wann immer ich einen Gottesdienst besuche, empfinde ich nach wenigen Minuten eine sonderbare innere Gespaltenheit: Enttäuschung mischt sich mit einer Beseelung, die einem Heimweh gleicht. Ich singe die alten Lieder, die mich teils tief berühren, teils museal befremden, ich bete mit den vorgesprochenen Worten, die mich fortnehmen in ihren Fluss oder mich kopfschüttelnd allein lassen mit ihren stilistischen Missgriffen, hohlem Pathos (…) Die Gebete höre ich vollgepackt mit abgegriffenen Metaphern und jener unsäglichen Leier von ‚Lass uns …', ‚Gib uns …' ‚Guter Gott …', die kaum noch erträglich ist (…) Aber das ist nur die eine Seite. Gleichzeitig (und sie ist eben besonders merkwürdig, die Gleichzeitigkeit) bin ich hineingenommen in einen Raum, der mich selbst weit überragt. Ich habe das Gefühl, zu flirren in einem grellen Licht oder zu brummen in einer tiefen Resonanz, deren Grund mir nicht erkennbar ist, oder zu vibrieren in einem schweren Rhythmus oder zu Tagträumen, leichthin zu schweben … Unabhängig von allem, was ich wahrnehme, oder besser: durch alles hindurch, was ich wahrnehme, ist eine andere Aktivität am Werk. Ein Agens, das ich nicht identifizieren kann, erfasst mich (…) Es verändert sich die Art meiner Anwesenheit. Sie wird fester und zugleich durchlässiger." Und: „damit ich letztlich nicht nur ängstlich schweigen kann, brauche ich den Schutz von Formeln (…), von alten Bildern, welche der Sprache ein kultisches Gewand anlegen, sie heiligen und schützen (…) Wer von einem Gottesdienst ‚Verständlichkeit' fordert, begibt sich gefährlich an den Rand der Idolatrie."[76] Hier fällt auf, wie die Wahrnehmungen *Lehnerts* deutlich mit jenen von *Martin Walser* und *Peter Handke* korrespondieren. Letzterem scheint *Lehnert* näher zu sein, indem er ebenfalls eine wesentlich andere als die aktuelle Liturgiewelt fordert und „merkwürdig gleichzeitig" den „Schutz von Formeln" sucht, gar barer Verständlichkeit im Gottesdienst ausgesprochen skeptisch gegenübersteht.

76 *Christoph Gellner* ebd. mit Verweis auf *Christian Lehnert*: Der Gott in einer Nuss. Fliegende Blätter von Kult und Gebet, Berlin 2017, 15–17, 19 bzw. 41 u. 136.

## 4.1 Lyrisch-spirituelle Texte als Anregung für liturgische Sprache

Lyrische Texte können spirituelle Wirkung entfalten und die Suche nach neuer Sprache für die Feiern des Glaubens beleben. Als nicht-biblische Eigen-Texte werden sie gelegentlich in Predigten rezitiert, wodurch die spezifische Welterfahrung der Dichtung im gottesdienstlichen Feiern präsent wird. Nun kommt in liturgischen Gebets-Texten wie Hymnen und Psalmen ‚Unsagbares' zur Sprache, geprägt von eigener Poesie, sodass Anregungen aus literarischen Kontexten an Bedeutung gewinnen. Wobei nochmals deutlich wird, wie sich unterschiedliche Sprachspiele zueinander verhalten. Sowohl das literarische wie auch das biblische und liturgische Sprechen sind nicht etwa naturwissenschaftlich ausgerichtet. Sie sind in ihren Kontexten vielfach von mythischer, epischer und poetischer Natur. Darum auch geht es bei der Ausformung liturgischer Sprache um Fingerspitzengefühl und „Spracharbeit", zu welcher der Literaturkritiker und Übersetzer *Philippe Jaccottet* u. a. meint: „Das Dunkle ist Atem; Gott ist Atem. Man kann seiner nicht habhaft werden. Dichtung ist die von diesem Atem genährte und getragene Sprache, daher ihre Macht über uns". – „Gott, Innen des Worts, Atem. Wer das Wort handhabt, ist Gott näher, hat also die Pflicht, das Wort zu achten, weil es den Atem trägt, anstatt ihn zu verbergen, ihn erstarren oder verlöschen zu lassen".[77] Mit anderen Worten wird das aus Atem geschenkte Ursprungs-Wort hörbar in Metaphern und Klang. Die von einer Dichterin erspürte und gefühlte Wirklichkeit kommt zur Sprache, ein Kaleidoskop von Stimmen, die die eigene Wahrnehmung ausdrücken. Umso mehr interessiert hier Lyrik, die eine sensible Spracharbeit für den Rahmen von Gottesdiensten inspirieren kann. Dabei ist Theologie in dieser Begegnung mit der Lyrik aufgerufen zu Zeitgenossenschaft bzw. geschichtlicher Verantwortung – ohne darüber zu vergessen, dass die Funktion einer dichterischen Metapher darin besteht, Gott zwar „vorstellbar" zu machen, „ohne ihn (begrifflich) festzulegen" oder gar zu „vereinnahmen".[78]

77 *Alex Stock* (2010) zit. 116f. aus *Philippe Jaccottet* (1995) 29, 32. Diese Passagen rühren an die Wirklichkeit, die ich selbst (ohne Kenntnis um Jaccottets Worte) vor gut 20 Jahren niederschreiben durfte: *„Im Anfang war die Stimme, das Wort zu bilden. Aus Atem geboren bewirkte sie alles."* (aus einer Besinnung zu Joh 1,1–18.) Meine eigene Auseinandersetzung mit Rose Ausländers Lyrik bestätigt die hier zitierten Aussagen von Jaccottet zu „Gott, Innen des Worts, Atem", der laut dem Sohar ‚inneren Sprache'.

78 Vgl. *Mirja Kutzer* (2006) 121–125, 125. Zur Vereinnahmung des Religiösen in der Dichtung vgl. *Daniel Hoffmann* (2002) 27 sowie dessen Feststellungen: „Die beiden

Eine Auswahl lyrischer Texte wird zeigen, wie diese aufgrund ihrer spirituellen Qualität Anstöße für die Spracharbeit an liturgischen Texten vermitteln können. Der vorliegenden Studie entsprechend interessiert uns der Transzendenzbezug, d. h. wie durch lyrische Sprache ‚Gott' zur Sprache kommen kann, welche Befindlichkeiten angesprochen, welche existenziellen Wahrheiten wie Ungewissheit, Hoffnung gegen alle Hoffnung, Schuldzusammenhänge aber auch Befreiung und Dankbarkeit ausgedrückt sind – kurz: wie Lyrik in einigen Fällen Brücken zu gottesdienstlichem Feiern schlagen lässt. Dass es dabei um nicht wenig geht, zeigt eine Notiz von *Kurt Marti*: „Zerfall – Wo Gott kein Fest mehr wird, hat er aufgehört, Alltag zu sein".[79] Und weil die tiefen Einschnitte in der religiösen Wahrnehmung, die sich mit der Auslöschung jüdischer Lebenswelten der europäischen Kulturwelt eingeprägt haben, herausfordernd bleiben, will dieser Dichtung hier ein besonderes Augenmerk geschenkt sein.

## 4.2 Jüdische Dichtung – dem Leben verpflichtet

Es gehört zur Eigenheit jüdischer Dichtung, dass sie aus biblischen und liturgischen Quellen ihre eigentliche Lebenskraft geschöpft und dies inmitten antisemitischer und lebensfeindlicher Kontexte durchgetragen hat. *Daniel Hoffmann*[80] hält darum mit Hinweis auf einen Brief des Rabbi Schapira von 1943 aus dem KZ zum Verhältnis von jüdischer Liturgie und Poesie fest, dass

Welten des dichterischen und des gläubigen Sprechens sind im 20. Jahrhundert in ein zwiespältiges Verhältnis zueinander geraten." (ebd. 30)

79 *Kurt Marti* (1979) 41. Dass Gebetsworte in erster Linie nicht poetischer Natur sind, es „keiner besonderen räumlichen Umstände" bedarf, „um die Worte der Liturgie zu sprechen, sondern nur der rechten Zeit", erläutert in jüdischer Textur *Daniel Hoffmann* (2002) 42 f. Dies schränkt die Suche nach Texten ein, die in die Nähe liturgischer Spracharbeit bzw. sie inspirierend gerückt werden können. Angaben zu den Quellen waren nicht immer möglich. Dass es um Arbeit an der Sprache geht, hielt *Wilhelm Gössmann* auf dem Hintergrund des „Verhältnisses der allgemeinen Menschengeschichte zur Heilsgeschichte" fest: „Die Intention des menschlichen Lebens ist nicht von selbst da. Sie muss erarbeitet werden, dass sie in die Richtung der Heilsgeschichte kommt. Dieses geistige Aufarbeiten ist das eigentliche Feld heutigen sakralen Sprechens." ders. (1965) VI. Der Sakrale Sprachzusammenhang: Bild, Rhythmus, Intention 68–87, 86.

80 Vgl. *Daniel Hoffmann* (2002) 39–75, 39, 74, 75. Zur hymnisch geformten Poesie vgl. ders.(2005) 71–105: „Das Geheimnis zwischen Stimme und Mensch – Karl Wolfskehl Übersetzungen hebräischer Dichtung des Mittelalters". Hoffmann taxiert Wolfskehl als „sensiblen Sprachkünstler" (105).

die „liturgischen Worte auch für Zeiten der ‚Gottesfinsternis' ihre Bedeutung bewahren können, weil sie – wie jede liturgische Formel – eine unausschöpfliche hermeneutische Kraft besitzen, um dem ratlosen und verzweifelten Menschen zu Hilfe zu kommen …" Als in hymnische Form verfasste Gebets-Poesie kontrastiert ihre Ästhetik zur christlichen. Denn in dieser bewältigen nach *Franz Rosenzweig* „Kunst und Kreuz … Widerstände …, auf die das menschliche Leben in der Welt trifft". Jüdische Ästhetik aber konkurriere „nicht mit der weltlichen Kunst, sondern grenzt sich gegen sie ab", weil sie „immer zuerst nach der Realität, die von dem Bild ersetzt oder verdeckt wird", sucht. Ihre Dichtung sei dem Leben und nicht der Kunst verpflichtet, „weil die Heiligen Schriften weder Gleichnis der Welt noch Gleichnis Gottes sind, sondern das Wort, das Gott an die Welt gerichtet hat". Immer mache „der Bund die Mitte jüdischer Existenz" aus, zu dem ihre „Liturgische Poesie … bestimmt und aufgefordert ist zurückzugelangen". Diese Bemerkung gibt christlichen Augen bzw. Ohren einen Stachel mit, wo sie auf das Kreuz fixiert bleiben und den Bundeswillen bzw. die Treue Gottes (emuna) ausblenden.

In solcher Perspektive schrieb zum Beispiel *Else Lasker-Schüler* (1869–1945), die „ihrem dichterischen Potential eine religiöse Dimension verschaffen"[81] wollte. In expressionistischen Worten formulierte sie ein Gebet in persönlicher Gedichtsprache: *Gebet* (Meinem teuren Halbbruder, dem blauen Reiter) / *Ich suche allerlanden eine Stadt, / Die einen Engel vor der Pforte hat. / Ich trage seinen großen Flügel / Gebrochen schwer am Schulterblatt / Und in der Stirne seinen Stern als Siegel. // Und wandle immer in die Nacht … / Ich habe Liebe in die Welt gebracht, – / Daß blau zu blühen jedes Herz vermag, / Und hab ein Leben müde mich gewacht, / In Gott gehüllt den dunklen Atemschlag. // O Gott, schließ um mich deinen Mantel fest; / Ich weiß, ich bin im Kugelglas der Rest, / Und wenn der letzte Mensch die Welt vergießt, / Du mich nicht wieder aus der Allmacht läßt / Und sich ein neuer Erdball um mich schließt.*

Die Dichterin findet Worte für ihre Suche *allerlanden* nach einer Stadt. Ein Engel soll davorstehen, dessen große Flügel die Dichterin selbst trägt – gebrochen schwer am Schulterblatt. Steht sie Aug' in Auge mit ihm, der *in der Stirne seinen Stern als Siegel* hat? Und wessen Stern denn – für sie, die *immer* in die Nacht wandelt? Wer hat hier Liebe in die Welt gebracht, wo-

81 Ders. (2002) Kap. III: Else Lasker-Schülers Neudichtung des Gottesbuches, 77–107, 85. Nachfolgendes Gedicht auf https://de.wikisource.org/wiki/Gebet_(Lasker-Schüler) aus *Else-Lasker Schüler*: Gesammelte Gedichte, Leipzig 1917, 217. Zur Einordnung der Farbe *Blau* als „Fähigkeit der Dichtung, mit dem Unvergänglichen, Schöpferischen umzugehen" – für Lasker-Schüler „Gottes Lieblingsfarbe" vgl. *Heidrun Loeper* (01.01.2014)

durch blau *jedes* Herz blühen und damit aufgeklart, heller, gar befreit sein kann? Die Verszeilen haben ihren ‚Sitz im Leben' in akzentuiert jüdischer Existenz – sind äußerster Wachsamkeit verpflichtet – *hab ein Leben müde mich gewacht, / In Gott gehüllt den dunklen Atemschlag.* Kein Anlass, dies zu verdrängen. Vielmehr weckt die letzte Strophe eine Ahnung von Gott, die sich die Dichterin als *Rest im Kugelglas* erbittet – umschlossen von seinem *Mantel*, wiederaufgenommen in die *Allmacht* und umschlossen von einem *neuen Erdball.* Ein suchender Glaube nach dem verlorenen Gott zeigt sich bei *Lasker-Schüler*, für welche Gott „weniger ein toter oder ermordeter Gott, denn ein verlorener (ist), der mit hoher religiöser Musikalität gesucht und aufgerufen wird".[82]

Der Verlust von Gottes Nähe und das damit verbundene starke Erleben verlorener Ansprechbarkeit, führte die Autorin zum expressionistischen Ausdruck ihres religiös-gefärbten Schmerzes. Allein schon dieses Gedicht vermag als eher seltenes Beispiel bis in die Gegenwart des 21. Jahrhunderts die Suche nach Sinn und Transzendenz zu vermitteln und dem Sehnen nach Beheimatung auf einer verwandelten Erde Sprache zu leihen. Die Wirkung solcher Lyrik lässt sich durch vertiefte Beschäftigung mit ihr erfahren. Dies wird in zweckrationaler Umgebung der modernen Gegenwart zur besonderen Herausforderung. Es kann darum nur empfohlen werden, sich durch ein eigentliches lyrisches Meditieren inspirieren zu lassen – und sein eigenes Sprachempfinden im Blick auf die Spracharbeit in gottesdienstlichen Kontexten weiter zu schärfen.

82 Vgl. *Eva Lezzi* in: in *A. Bodenheimer / J.-H. Tück* (Hg.) (2014) 12–33, 16. Für Lasker-Schülers Glauben zählte „allein die geistige Berufung Israels, ein heiliges Volk zu sein", und ihr radikales Bekenntnis: „Ich bin nicht Hebräerin der Hebräer willen, aber – Gottes willen!", bemerkte *Jürgen P. Wallmann* ($^3$1978) 522.

# 5 Lyrisch meditieren – Inspirationen für christliche Gottesdienste

In ausdrucksstarker Lyrik verarbeiteten weitere Autorinnen ihre erfahrene Ausgrenzung und Verfolgung und hinterließen der Nachwelt Werke, die zur Meditation einladen. So eröffnete etwa *Josef Sudbrack* beispielhaft einen meditierenden Zugang zur Welt der Dichtung.[83] An einem prägnanten Drei-Zeiler der Jüdin *Nelly Sachs (1891–1970)* zeigte er die Würde des Wortes auf, die das eigenständige persönliche Zeugnis der Dichterin auszeichnet, ohne dieses christlich zu vereinnahmen.

*Meine Liebe floss in dein Martyrium / durchbrach den Tod / Wir leben in der Auferstehung* – Ein „anstrengender Dialog“ mit solchen Versen sei nötig, meinte *Sudbrack*, vor allem mit den Erfahrungen eines einzelnen Menschen, wo denn hier nach dem Sinn des Gemeinten zu fragen sei: „Tod als Liebesromanze oder als Brutalität des Verreckens? Liebe als verbindendes Gefühl oder als personaler Entschluss? Auferstehung als Frühlingserlebnis, als revolutionärer Trotz oder als Kraft der Liebe?“ Dem dichterischen Bekenntnis könne hier beim Lesen nicht die eigene Sehnsucht übergestülpt werden. Wer das Gedicht hört, müsse sich vor der Situation *Nelly Sachs'* und „der Einmaligkeit des Geheimnisses von Leid und Auferstehung“ beugen. Allgemeingültig sei dann ein Gedicht, weil es auf „Verleiblichung in einem konkreten, lebendigen Menschen“ beruhe.

Der Wirkung solcher Poesie kann man sich nicht entziehen. Sie geht über die Eigenerfahrung einer Autorin hinaus. Denn der Austausch des Schreib-Erlebnisses mit demjenigen des Lesens bzw. Hörens eröffnet ein neues Feld der Kommunikation darüber, was den daran Beteiligten selbst an ‚Wahr-Nehmen‘ geschieht. In solch ‚lauschende‘ Ausrichtung hinein führt die Dichterin in ihrer Sammlung „In den Wohnungen des Todes“[84] mit einem Gedicht, „das wie eine Insel des Trostes herausragt, inmitten der Zerstörung, welche die übrigen Gedichte eindringlich beschwören, eine Ahnung von überzeitlicher Hoffnung aufscheinen läßt“: *„Ehe es wächst, lasse ich euch es erlauschen“*

83 *Josef Sudbrack* (1976) nachfolgend 7–25 zu Nelly Sachs: 20, 22, 23 u. hinführend zum Drei-Zeiler ders. (1975). Zum Begriff ‚Verleiblichung‘ bei Sudbrack vgl. das Stichwort ‚Realisation‘ bei R. Brinkmann, in: CGG 2 (1981) 106–122

84 Hier und folg. nach *Beatrice Eichmann-Leutenegger* (1983) – zur Ohr-Metapher vgl. besonders das Gedicht *„Wenn die Propheten einbrächen“* in: *Nelly Sachs* (1961), 92

*(Jes 42, 9) // Lange haben wir das Lauschen verlernt! / Hatte Er uns gepflanzt einst zu lauschen / Wie Dünengras gepflanzt, am ewigen Meer, / Wollten wir wachsen auf feisten Triften, / Wie Salat im Hausgarten stehn. / Wenn wir auch Geschäfte haben, / Die weit fort führen / Von Seinem Licht, / Wenn wir auch das Wasser aus Röhren trinken, / Und es erst sterbend naht / Unserem ewig dürstenden Mund / Wenn wir auch auf einer Straße schreiten, / Darunter die Erde zum Schweigen gebracht wurde / Von einem Pflaster, / Verkaufen dürfen wir nicht unser Ohr, / O, nicht unser Ohr dürfen wir verkaufen. / Auch auf dem Markte, / Im Errechnen des Staubes, / Tat manch einer schnell einen Sprung / Auf der Sehnsucht Seil, / Weil er etwas hörte, / Aus dem Staube heraus tat er den Sprung / Und sättigte sein Ohr. // Preßt, o preßt an der Zerstörung Tag / An die Erde das lauschende Ohr, / Und ihr werdet hören, durch den Schlaf hindurch / Werdet ihr hören / Wie im Tode / Das Leben beginnt."*

Man sei versucht, meint die Interpretin *Beatrice Eichmann-Leutenegger*, dieses Gedicht in christlicher Deutung „in den Kontext österlicher Hoffnung zu rücken. Aus einem fast unfassbaren Schmerz heraus wagt hier die Dichterin den Glauben an das keimende Leben, das im Tode beginnt, während der Mensch vom Schlaf befangen dahindämmert – von einem todesähnlichen Schlaf gelähmt. Es ist jene menschliche Existenzweise, die uns allen immer wieder wie ein Gewicht anhaftet, in der wir nichts vermögen und keine heilsame Perspektive erahnen können." Das empfindsame Ohr allein lasse nach *Nelly Sachs* „jene leisen Regungen erspüren, die uns – und dies ist das kühne Paradox der Dichterin – gerade ‚an der Zerstörung Tag' eine Neuwerdung verheißen". Es füge sich in ihre naturmystische Betrachtungsweise ein, „daß der Mensch sein Ohr an die Erde pressen und nicht das Auge zum Himmel heben soll, um Heil zu erfahren. Die Erlösung offenbart sich ihm im Erdreich, nicht in der Weite des Universums allein. Steine und Sterne: sie bedeuten Nelly Sachs gleichviel, beide enthalten Paradies und Urzeit …". Auf diesem Hintergrund wird deutlich, dass sich das Erlebnis lyrischer Meditation im ‚dankbaren' Entgegen-Nehmen der Gedicht-Aussage – der nach *Ricoeur* „lebendigen Metapher"[85] – ereignet. Dasselbe bewahrheitet sich auf eine herausfordernde Art in der Lyrik von *Rose Ausländer*, der hier näher nachgegangen werden soll. Eine vorschnelle Vereinnahmung ihres Zugangs zur Wirklichkeit wird dabei ihrem Werk nicht gerecht werden, da sie sich notgedrungen auf eine neue Suchbewegung jenseits religiös-dogmatischer Fixierungen begab.

85 Vgl. Die Diskussion bei *Mirja Kutzer* (2006) Sonderfall Lyrik? 121–124 und 124 4.

## 5.1 Rose Ausländer: Dem Wort verpflichtet schuf sie ihre Welt neu

Erst spät nach den Schrecken der Shoah wurde *Rose Ausländer* (1901–1988) in breiteren Kreisen wahrgenommen. Mit ihr war eine Dichtung entstanden, in welcher das Suchen nach neuem Wort inmitten erzwungener Gettoisierung und notvollem Schweigen zentral wurde.[86] „Als der Tod schwieg, war es ein schallendes Schweigen", wie unnachahmlich die Dichterin ihre Erinnerung an die Zeit im Kellergetto im Gedicht[87] festhielt: *Manche haben sich gerettet // Aus der Nacht / krochen Hände / ziegelrot vom Blut / der Ermordeten // Es war ein schallendes Schauspiel / ein Bild aus Brand / Feuermusik. / Dann schwieg der Tod / Er schwieg // Es war ein schallendes Schweigen / Zwischen den Zweigen / lächelten Sterne // Die Geretteten warten im Hafen / Gescheiterte Schiffe liegen / Sie gleichen Wiegen / ohne Mutter und Kind*

Bei *Rose Ausländer* seien Sprechen und Schweigen, so *Maria Kłańska* als „Gegensätze hochgewertet und in einer Harmonie überwunden". Gleichzeitig übernehme sie „aus der jüdischen Tradition die Überzeugung von dem hohen, ja dem höchsten Wert des Wortes, das … am Anfang der Welt stand, vor der Schöpfung da war". Für die Dichterin „war das Wort sogar früher als Gott". Auch konnte sie in schwierigster Zeit nicht anders, als Gottes Schweigen ihr Wort entgegenstellen: *Sein hohes Schweigen // Und jedes Lächeln wurde Leid, / selbst die Madonnen blicken trübe / auf ihren Rahmen in die Zeit, und auf den Sohn, dass er uns liebe. // Doch seine Ohren wurden Erz, / an dem die Rufenden zerschellen, / die lechzend strömen an sein Herz, / wie an das Ufer müde Wellen. // Und alle Worte wurden Weh. / Da steigt aus ihm ein hohes Schweigen, vor dem sich stumme Engel jäh / und überwältigt tief verneigen.* Die erschütternde Gottverlassenheit zu überwinden, verhalf ihr das Wort, mit dem sie sich zunehmend verschwisterte, um ihm zu helfen und – ohne paradox zu sein – den alten Gott zu verabschieden, wie sie 1977 im Gedicht *Respekt* ausspricht: *Ich habe keinen Respekt / vor dem Wort Gott // Habe großen Respekt / vor dem Wort / das mich erschuf / damit ich Gott helfe / die Welt zu erschaffen.*[88] Ihr, der es die Sprache und die Welt ihrer Kindheit und Heimat zerschlagen hatte, ermangelte es später nicht an neuem *Glauben*, den sie 1978

86 Dazu vgl. *Maria Kłańska* in: *Hartmut Eggert / Janusz Golec* (Hg.) (1999) 133–158, 136 f. Zur Einordnung des Werkes vgl. *Christoph Gellner* (2001)

87 Zit. v. *Renate Wiggershaus* in: *Ausländer Rose* Materialien (1991) 100 f.

88 *Sein hohes Schweigen* aus *Rose Ausländer*: Der Regenbogen. Gedichte (2012) 21. *Respekt* aus *Rose Ausländer* GW Bd. 5 (1984) 41

wiederum am *Wunder der Worte* festmachte: … */ Ich glaube an die Wunder / der Worte / die in der Welt wirken / und die Welt erschaffen // Ich glaube / an dich / Lebensbruder.*

## Constantin Brunners Philosophie verschrieben

Nur schon diese Zeilen erschließen den Horizont der Sprachschöpfungen *Rose Ausländers*. Hier nun ist zu verdeutlichen, ob und wie sich ihre Dichtung zu religiös-geprägter Sprache verhält. *Ausländer* selbst war nämlich der im Kreis um *Constantin Brunner* betriebenen Philosophie eng verbunden. Jene setzte in einer Zeit hoher Aversion und Hass gegen das Judentum eigentliche *kosmo-ontologische* Akzente, sodass Menschen wie sie, die der jüdischen Kulturwelt eher am Rande verbunden waren, eine persönliche Wandlung ihrer spirituellen Identität eingehen konnten. Wenn darum von einem Gottesbegriff bei *Rose Ausländer* gesprochen werden kann, ist dieser von einer kosmischen, den Gott des Lebens und der Liebe insgesamt besingenden Spiritualität erfüllt wie das Gedicht *Amor Dei* zeigt: *Er ist der Leib, in dessen Innenraum / wir ruhn und rollen ohne Unterlass. / Er ist die Erde, und er ist der Baum / sein Mund, die Grille und das Gras. / Er ist der Wellenschaum, der Himmelssaum, / der Äther und der Dinge Ebenmaß. // Er ist der Geist, aus dem sich jedes Ding / mit Atem, Schauer, Licht und Leben regt, der dein Entzücken, deine Pein / in seinen glanzgetränkten Augen trägt, / der deine Lust dein Ja, dein Nein / in seine grenzenlose Liebe legt.*[89]

Gott erscheint in den Augen dieser Dichterin als „unpersonale Größe", als „Geist, der der menschlichen Erkenntnis durch die Natur und vor allem durch die Sprache zugänglich ist". Philosophische Kategorien beeinflussten sie, so Brunners relatives bzw. absolutes Denken und das Analogon. Im relativen Denken, das dem praktischen Verstand zugeordnet ist, verwirft Brunner das Vorhandensein von Raum und Zeit, sodass das „Erleben des unmittelbaren Hier und Jetzt"[90] ermöglicht wird. Bis in die alltägliche Wahrnehmungsebene setzt sich dann Ausländers mystischer Zugang zur Natur fort und sieht

89 Datiert auf 1922/1923 u. zit. v. *Gerhard Reiter* in: *Ausländer Rose* Materialien (1991) 159. Folgendes Zit. aus *Maria Kłańska* (1999) 138

90 So *G. Reiter* ebd. 170, der zudem festhält, dass solches Denken im Kontrast zu jüdischer Mystik (172 f.) steht, mehr dem ‚Alles fließt' eines Heraklit zugewandt (173), zudem die „Wiederkehr der Existenz" – ob durch „‚ganz absurden Aberglauben'" einer „Seelenwanderung" oder „‚vernunftwidrige' Glaubenswahrheiten Gott und Unsterblichkeit" (174) – ausschließt, aber auch Ähnlichkeiten mit dem „Präexistentialismus" Platons,

sich davon bis in ihr Innerstes bewegt. Damit folgt sie dem platonischen „sum ergo cogitur“[91], wie *Gerhard Reiter* hinsichtlich des Absoluten bemerkt, in welchem sich die Naturlyrik der Dichterin bewege. Angetönt sind zudem fernöstliche Einflüsse, wobei *Rose Ausländers* erste Beheimatung im jüdischen Denken keine dogmatischen Färbungen kannte. Diese Einflüsse mussten sich markant mit naiven Ausdeutungen des christlichen Grundgedankens göttlicher Gnade reiben, von welcher sich Menschen in billiger Weise aufgehoben erfahren.[92] Nicht so *Ausländer*, die, über ihr ganzes Leben gesehen, einen unbeirrt eigenen Glauben an das Wort entwickelte. Mit diesem eng verknüpft ist der Atem und das menschliche Atmen überhaupt, an welchem sie sowohl die zentrale Grundkategorie allgemeiner Existenz als auch ihr eigenes Arbeiten am Wort festmachte.

## Überhaupt noch atmen können

Überhaupt noch atmen zu können, kristallisierte sich für sie zur unbedingten Zuflucht nach den Erfahrungen des Schreckens und des Verlustes ihrer Freunde. Im späteren Werk bekam das Atmen die Rolle einer präsentischen Zukunft, die sie vererbt bekam: *Mein Atem // In meinen Tiefträumen / weint die Erde / Blut // Sterne lächeln / in meinen Augen // Kommen Menschen mit vielfarbenen Fragen / Geht zu Sokrates / antworte ich // Die Vergangenheit / hat mich gedichtet / ich habe / die Zukunft geerbt // Mein Atem heißt / jetzt.* In allem schlägt (s)ein ‚Luftherz‘: *Atem // Wir leben / von Atem zu Atem // In allen Pflanzen und Tieren / schlägt sein Luftherz // Wir / an sein Dasein gebunden / gehen ein mit ihm / in den Atem der Erde* [93]

*Rose Ausländer* findet damit zu ihrer einheitsmystischen Grundfigur, die einen Hauch jener kosmischen Spiritualität in sich trägt, wie sie *Teilhard de Chardin* vertrat. Darin verband dieser seine Liebe zu Jesus mit den Kräften,

dem „buddhistischen Denken“ (176) und der Ausrichtung Constantin Brunners an vedischem und taoistischem Weltbild (184 4.) zeigt.

91 Ebd. 182

92 Zu fast gleicher Zeit unterscheidet D. Bonhoeffer die billige von der teuren Gnade, welche letztere sich erst in der Nachfolge Christi bewährt und darin bewahrt ist. Dazu *Dietrich Bonhoeffer* über die teure Gnade bzw. den Ruf in die Nachfolge in ders. ([10]1971) 13–27, 28–52. Dazu auch *Gunter M. Prüller-Jagenteufel* (2006) 75–88, 82 u. Anm. 13 zur billigen Gnade, die Bonhoeffer „vehement ablehnt“

93 *Rose Ausländer* in: GW 5, 96 u. 237

„die die Erde wachsen lassen".[94] Dieser Schau steht die Erlebniswelt *Ausländers* dennoch entgegen. Sie findet ihr Zuhause in den Zwischenräumen *der* Wörter, aus denen Geheimnisse in lebendiger Sprache reden, nicht zuletzt in den Träumen. Bis dorthin sieht sie sich von den äußeren Erfahrungen im harten Lebensspiel bedrängt. Und wo sie dem „Atemwort" nahekommt, sucht sie schließlich nach dessen Ursprung, nach *dem* Wort. Wie selbstverständlich schließt sie sich mit einem verkürzten Zitat aus dem Johannesprolog (Joh 1,1ab) der Tradition jüdisch-christlicher Gottesrede an und findet ihre Hilfe im Wort, das ihr von Gott gegeben und sie darin wohnen lässt: *Das Wort // „Am Anfang / war das Wort / und das Wort / war bei Gott" // Und Gott gab uns / das Wort / und wir wohnen / im Wort // Und das Wort ist unser Traum / und der Traum ist / unser Leben* [95]

Wie sie sich bereits dem Wort verschwistert hat, „um Gott zu helfen / die Welt zu erschaffen", vertraut sie sich hier wie ein Kind, den ersten Worten an. Denn wo Kinder ihre ersten Worte stammeln, konstruieren sie ihre Welt, suchen und finden, irren und träumen ihre (für sie) neue Welt. In ihrer dichterischen Sprache würde *Ausländer* ergänzen: Sie atmen sich die Kreaturen zusammen, lernen zu leben, zu leiden und zu lieben, lernen ebenfalls ‚mit dem Herzen' hinter die Fassaden der gemachten Welt zu sehen[96] oder hören die Erde im Atemwort tönen: *Musik I // Aus welchem Instrument / tönt ihr Takt /*

94 Vgl. *Pierre Teilhard de Chardin* (1961) 13–42. Im Abschnitt ‚Kommunion' (29–34) finden sich auf die ‚Erde' bezogenen Sätze: „Wer leidenschaftlich Jesus verborgen in den Kräften liebt, die die Erde wachsen lassen, den wir die Erde mütterlich in ihren Riesenarmen emporheben, und sie wird ihn das Angesicht Gottes schauen lassen." (31) „Wer leidenschaftlich Jesus verborgen in den Kräften geliebt hat, die die Erde sterben lassen, den wird die Erde sterbend in ihre Riesenarme schließen, und mit ihr wird er im Schoße Gottes aufwachen." (34) Vgl. *Christoph Benke* (2004) 26–36, ‚Christus in der Materie' 28–32, 36: „Teilhards Schau der Welt als Hostie ist die Antwort auf die von ihm gestellte, bleibend aktuelle Frage nach der Möglichkeit einer Kommunion mit Gott durch die Erde."

95 *Rose Ausländer* in: GW 6, 140. Die Lyrikerin fordert auf zur Suche nach der Formel des Lebens und zum Mitspielen „im harten Lebensspiel": *Die Formel // Kennst du / die algebraische Formel vom Leben // Engel beherrschen sie / die Luft weiß auch Bescheid // Die Sonne strahlt ihr Herz / in Deine Hand // Der Himmel legt dir / Sterne auf die Stirn / dein Nachtgebet // Du bist jung / so lang du liebst / und alt wie trockener Gips / wenn du die Hoffnung aufgibst // Vergiss das Grab / das sich nach dir sehnt / und spiele mit / im harten Lebensspiel*, so in dies.: GW 5, 240

96 Vgl. den Eröffnungsvers zum Zweiten Fastensonntag Lesejahr B aus Ps 27 „Mein Herz denkt an dein Wort: Sucht mein Angesicht!" Das Herz ist für den Hebräer das Organ des Denkens. Gedicht ‚Musik I' aus: *Rose Ausländer* GW 5, 82

*an unser Ohr // Musik sind wir / ihre Stimme / schwingt / in uns // Hör die Erde tönen / im Atemwort*

## Kein Ausblenden der Realität

Folge ich an dieser Stelle *Gerhard Reiter* in seiner „vorsichtigen Annäherung" an das „eigenwillige Zeichensystem" *Ausländers*[97], kann aus der lyrischen Meditation der Gedankenwelt dieser Dichterin die harte Realität ihrer Erfahrungen nicht ausgeblendet bleiben. Solche subsumierte *Constantin Brunner* und mit ihm *Ausländer* unter die Kategorie des Analogon, dem „Nicht-Denken", das sich nicht zuletzt in Massenwahn, Kriegshetze, Terror und Pogromen niederschlägt. Unnachahmlich fasst die Dichterin die Ambivalenz menschlichen Tuns in ihre Worte zu diesem *Doppelspiel // Wir verwalten / die Erde // verwandeln sie / in Gärten Worte Scheiterhaufen // Dieses Doppelspiel / Blumenworte / Kriegsgestammel* [98], und kann nur mehr in aller Namen werben: *Werben // Die großen Worte / sind verlorengegangen // Es heißt / mit winzigen Wörtern / werben / um Frieden und Liebe // im Namen der Religionen / im Namen der Ermordeten / im Namen der Lebenden / die leben wollen / im Gold und Grün / unsrer Erde* Ihr Werben wird ergänzt durch ihre Bitte um den Blick auf das Bild unserer Zeit, wobei offen bleibt, von wem sie diesen Einblick erbittet: *Gib mir // Gib mir / den Blick / auf das Bild / unsrer Zeit // Gib mir / Worte / es nachzubilden // Worte / stark / wie der Atem / der Erde*[99]

Mehr und Mehr sah sich die Dichterin „im unendlichen Wandel" und dem Menschsein im ‚Jetzt' verpflichtet: *Im Wandel // Was du noch nicht warst / wirst du einmal sein / nichts bleibt dir erspart / im unendlichen Wandel // Sei / was du jetzt bist / ein Mensch* [100].Und dies wiederum beinhaltet, sich satt zu träumen an Geschichten und Geheimnissen und sich ‚wegschweigen' zu lassen, weil *Nichts bleibt wie es ist // Ich träume mich satt / an Geschichten / und Geheimnissen // Unendlicher Kreis aus Sternen / ich frage sie / nach Ursprung Sinn und Ziel / sie schweigen mich weg // Den Orten die ich besuche / gebe ich neue Namen / nach den Wundern / die sie mir offenbaren // Nichts bleibt wie es*

97 *G. Reiter* in: *Ausländer Rose* Materialien (1991) 193 bzw. 191

98 *R. Ausländer* in: GW 5, 26. Folg. Zit. ebd. 78. *M. Kłańska* (1999) sieht das irdische Dasein durch die Dichterin bejaht. Damit es sich „ungehindert" entwickle, müsse man darin „in einer neuen, von jeder Verunreinigung befreiten Sprache werben" 147 f.

99 *R. Ausländer* in: GW 5, 45

100 *R. Ausländer* in: GW 6, 168

*ist / es verwandelt sich / und mich* [101]. Auch diese Sichtweise spiegelt die Ruhe- und Rastlosigkeit, die *Rose Ausländers* Biografie eingeschrieben war.

## Rose Ausländers Wortschöpfungen als Inspiration für Sprache in der Liturgie?

Die gottesdienstliche Sprachwelt ist als eigenes Sprachspiel angewiesen auf achtsamen Umgang mit dem Wort. Solcher Umgang, der sich im Falle der Liturgie nahe biblischer Quellen weiß, kann nur gewinnen, wenn er sich von der poetischen Zugangsweise zur Wirklichkeit inspirieren lässt. Angeregt durch die Poesie *Rose Ausländers* und verknüpft mit dem Bruder-Klausen-Gebet kann etwa in christlicher Diktion vor dem Kommuniongang gebetet werden: „Wir suchen nach Worten, Dich zu nennen. Unverfügbar bist Du, in deinem Sohn uns Menschen nahegekommen, gleichgeworden wie wir. Wir suchen, eins zu sein mit Dir und bitten: *Mein Herr und mein Gott, nimm alles von mir, was mich hindert zu dir. Mein Herr und mein Gott, gib alles mir, was mich führet zu dir. Mein Herr und mein Gott, o nimm mich mir, und gib mich ganz zu eigen dir.*"

Oder es lässt sich als ein Gebetsanfang ausdrücken: „Weite und Höhe, die uns umfangen, kommen von dir, Gott unseres Lebens." In solcher Diktion mögen neuere Gebetsweisen länger schon praktiziert werden. Unter dem Eindruck der Dichtung *Rose Ausländers* erhält nun die oben erwähnte „Freiheit für den Augenblick" *(K.-J. Kuschel)* eine zusätzliche Dimension. *Ausländer* selbst hat nach einer für sie persönlich notwendigen Einstellung zur Realität der Transzendenz gesucht und ihre Suche in etlichen Beispielen unter Beweis gestellt. Dies anzuerkennen, ist in einer atheistisch und skeptisch gestimmten Zeit nicht wenig und kann nebst der Gebetssprache auch die Predigtsprache bis in intergenerationelle Gottesdienste befruchten. Die folgende Auswahl, die ich als anschlussfähige Impulse zur Inspiration christlicher Gottesdienste erkenne, stammt aus den unterschiedlichen Lebenslagen *Rose Ausländers.*[102] Die dichterischen Worte sollen möglichst vollständig wirken, weshalb die ausgewählten Gedichte in ganzer Länge wiedergegeben sind.

101 *R. Ausländer* in: GW 6, 339

102 Quellen-Angaben finden sich je unter den Siegeln GG für *Rose Ausländer*: Gesammelt Gedichte ($^3$1978) und in den erwähnten Ausgaben des Gesamtwerks (GW). Unterstreichungen heben die für die Gebets- und Liturgie-Sprache von mir vorgeschlagenen Impulse hervor.

## Inspirationen für christliche Gottesdienste

Da musste für *Rose Ausländer* das zentrale jüdische PASSAH-FEST erst noch wieder auferstehen, bei welchem der legendäre *Baal-Schem-Tow* die Leute im Umgang mit Gott lehrte: *Wenn // Wenn wir auferstehen / von allen Übeln / ohne Fäulnisgeruch / im Osterwort des Baal-Schem // wenn nicht unsere Übel auferstehen / und wir den unsterblichen / Bruder Kain begraben // wenn Moses wieder das Angstmeer / glättet / und wir Verschiedenen / auferstehen / unser Brot backen / in der Sonnenoase / Schlaf aus dem / Sternquell schöpfen // wenn wir einkehren / in unser zukünftiges Erbe / im Osterwort des Baal-Schem // wenn // feiern wir Passah / das auferstandene Fest* (GG, 199).

Und wie selbstverständlich wird der Name ‚Herr' im STOSSGEBET verwendet, wo ihr Truppen im Transit begegnen! *Transit // In der Schlacht / geschlagen / Truppen im Transit // Wir strecken die Waffen / Nimm uns gefangen / Herr / in den Frieden* (GG, 200).

Nicht besser auszudrücken ist die Weisung der Dichterin zur ‚GUTEN ALTEN ZEIT': *Zeit // „Die gute alte Zeit!" Die Zeit ist weder gut noch alt, noch jung, noch böse. Die Zeit ist nicht. Wir sind die Zeit, gut, böse, jung, alt. Unser Ungemach und Unrecht schieben wir der Zeit in die Schuhe, die sie nicht hat, weil sie keine Füße hat, weil sie nicht existiert. Sie ist unser Sündenbock, die arme, zeitlose Zeit.* (GG, 223) Mitten in die Gegenwart und damit zeitlos kann sie formulieren: *Wiederkäuer // Im übersättigten / Hungerjahrhundert // kaue ich die Legende / Frieden / und werde nicht satt // Kann nicht verdauen / die Kriege sie liegen / mir wie Steine im Magen / Grabsteine // Der Frieden / liegt mir am Herzen / ich kaue / kaue / das wiederholte Wort / und werde nicht / satt* (GG 260)

Nach allem, was ihr und ihrem Volk widerfuhr, allem was ihnen die Sprache verschlug, wagt *Ausländer* ihr persönliches BEKENNTNIS ohne dogmatische Färbung. Ein Bekenntnis zum umfassenden Leben und „allen Worten / die mich erschaffen": *Bekenntnis // Ich bekenne mich // zur Erde und ihren / gefährlichen Geheimnissen // zu Regen und Schnee / Baum und Berg / zur mütterlichen mörderischen / Sonne zum Wasser und / seiner Flucht // zu Milch und Brot / zur Poesie / die das Märchen vom Menschen / spinnt // zum Menschen // bekenne ich mich / mit allen Worten / die mich erschaffen* (GG, 293).

Wenn sie VOR DEM SCHÖPFER STEHEND dessen „weißen Atem" hört, kann die Dichterin mit ihrem Zentralmotiv die Szenerie spirituell in die kosmische Ebene aufgehen lassen, ohne den Boden unter den Füßen zu verlieren: *Jungfernjoch II // Diese Schöpfung / aus blauem Weiß // Berge Täler // Du stehst / vor dem Schöpfer // hörst / seinen weißen Atem / Du hältst / den Atem an* (GG 415).

Da kann die Faszination einer Honigwabe zur Veranschaulichung des großen Themas ‚Verwandlung' einladen: *Honigwabe // Einziehn / in die Bienenmusik // Im Wabenschloss / summen / die leuchtenden Kammern // Hörst du das Echo / des Honigmilchlieds // Salomo sang es / als du ein Traum warst / im Luftschloss // Trink das verwandelte Blumengeheimnis* (GG 459). Steht die Zeit noch so unter anderen Sternen, die kosmische Utopie der Dichterin, die sich trotz allem dem Leben verschreibt, bleibt ausgerichtet auf ihren Stern und sucht darin für alle die (noch) mögliche Verbindung zwischen der Erde und dem Himmel mit seiner Lichtkraft: *Lichtkraft // Aus dem Himmel / eine Erde machen / aus der Erde / einen Himmel // wo jeder / aus seiner Lichtkraft / einen Stern ziehen kann* (GG 465).

Fast wie ein Kindermärchen, wo alles langsam, unendlich langsam vorankommt – so liest sich ein Gedicht, das als knapper Dialog zweier Menschen und einer ‚Schnecke' in einem Gottesdienst mit Familien seinen Platz finden wird: *Die Schnecke // Eine Schnecke / wandert in ihrem Haus / durch die Welt // Du sagst zu mir / lass uns wandern / wir haben kein Haus // Die Schnecke meine Freundin / wird uns aufnehmen / in ihrem Haus / antworte ich // Wir wandern zur Schnecke (GG 472).* Die Heimatlosigkeit *Rose Ausländers* war umfassend. Gleichzeitig fand sie Worte, die von ihrem Urvertrauen in die Schöpfung erzählen.

Und im Kontrast dazu vom ermüdenden Schatten, der nicht übersprungen werden kann, mit welchem man sich in seinen eigenen ‚Verschattungen' auseinandersetzen muss: *Mein Schatten I // Ich habe einmal / an meinen Schatten geglaubt // Oft ging er mir voran / flog manchmal / dem Himmel zu / ich brauchte ihm nur zu folgen / um erlöst zu sein / schien es // Jetzt ermüdet er mich / und ich nehm es ihm übel / dass er mir nachsteigt / wenn mich die Sonne begleitet (GG 475).* Dass die Menschen Angst empfinden, weiß diese Dichterin nur zu gut. Sie kann ihre inneren Kräfte feinfühlig einschätzen und fragt: Wer schlägt dir die ‚Abelfurcht' aus dem Kopf: *Wer schlägt // Atemspiel / in deinem Leib // Uhren schlagen / tot / deine Stunden // Wer schlägt / an dein Gewissen / Abelfurcht // Wer schlägt dir / diese Angst / aus dem Kopf* (GG 490).[103]

Ihr Segen gilt jedem Land, ihr Fluch dem Krieg. Sie bleibt skeptisch, ob es genügend Friedfertige gibt. Sie war eine Dichterin, die der Utopie eines uni-

103 Die Auseinandersetzung mit der ‚Abelfurcht' des Kain, die an dessen Gewissen appelliert, hat *Leopold Szondi* in seiner Schicksalsanalyse aufgenommen. Vgl. zur Einschätzung destruktiver und konstruktiver ‚Kainiten' ders. (1969) sowie (1973). Theoretische Beiträge in ders. (1968). Ebenso anregend ein Gespräch von *Alfred A. Häsler* mit *Leopold Szondi* (1975/10)

versalen Friedens nachhing und gleichwohl Bodenhaftung wahrte: *Segnen // Ich möchte euch segnen / aber ich verfluche / eure Kriege / Siege und Niederlagen // und das Wort „Feind" / für ein Land / wo Millionen Menschen leben / wie in eurem Land // Ich segne die wenigen Friedfertigen / oder sind es viele und nur / Wenige machen Kriege, Krüppel / machen mich zum Feind / der Kriege // Ich segne / jedes Land* (GW 5,31). Noch wartet aber der Dornbusch und die nicht eingelösten Hoffnungen: *Der Dornbusch // Mit dem Dornbusch / warten // Götter blühn auf / verwelken / wie Kirschbäume / im Spiel der Jahreszeiten // Der Dornbusch / wartet / auf die Flamme / die nicht verbrennt* (GW 5,40).[104]

Weiterhin ruhelos sucht sie nach einem (UTOPISCHEN) ORT „ohne Streit ohne Hass": *Ein Märchen // Ein Mensch wandert / von Land zu Land / von Stadt zu Stadt // Er sucht einen Ort / ohne Streit ohne Hass // Ruhelos / wandert er / durch die Welt / und sucht // ein Märchen* (GW 5,65).

Die aufgeschobene Sintflut lässt Raum für die „FLÜCHTIGE FRIEDENSBRÜCKE", an welcher die Freigesprochenen teilhaben – mit ihren Augen zeitverbunden und in kleinen Gruppen, Mensch an Mensch: *Regenbogen II // Die Sintflut / aufgeschoben // An der Regengrenze / die Wölbung / an der alle Farben / teilhaben // An denen wir / Freigesprochene / teilhaben // Über die flüchtige / Friedensbrücke / gehen unsere Augen / zeitverbunden // Mensch an Mensch an Mensch* (GW 5,68).

Im „ATEMSPIEL MIT DEM TOD" umarmt sie kindlich-spielerisch den Glauben daran, „alles sei wie es sein soll": *Spielen I // Lasst uns spielen / ehe der Lebenstraum einschläft // Lasst uns / einen Schneemann kneten / der uns verlacht // die hochnasigen Erwachsenen / an der Nase führen // zum Mondmann fliegen / mit ihm unser Spiel treiben // Lasst uns ein Weilchen den Glauben umarmen / alles sei / wie es sein soll // im Atemspiel / mit dem Tod* (GW 5,70).

Indes mahnt die Dichterin die gemeinsam mit ihr reisenden Freunde mitten im Geschehen einer ZERRISSENEN, UNGETEILTEN WELT: *Gemeinsam // Vergesset nicht / Freunde / wir reisen gemeinsam // besteigen Berge / pflücken Himbeeren / lassen uns tragen / von den vier Winden // Vergesset nicht / es ist unsre / gemeinsame Welt / die ungeteilte / auch die geteilte // die uns aufblühen lässt / die uns vernichtet / diese zerrissene / ungeteilte Erde / auf der wir / gemeinsam reisen* (GW 5,73).

Und es fragt sich, woher wir kommen, wohin wir gehen? Aus Wurzeln, die aus Luft sind, ist die Metapher, die *Rose Ausländer* wiederholt verwendet. In ihrem steten Unterwegssein lebt sie die EXISTENZ EINER UMHERZIEHEN-

104 Vgl. zu den uneingelösten Hoffnungen die Notiz von *Max Horkheimer* und *Theodor W. Adorno* (1969) 5

den Aramäerin, die sich bis in die Gegenwart danach sehnt, sich an einem Ort verwurzeln zu können[105]: *Ungestalt // Alle Gestalten / kommen / aus der Ungestalt // Ihre Wurzeln / sind aus Luft // In ihr verwurzelt / atmen / alle Gestalten / luftigen / Zusammenhang* (GW 5,74).

Umso deutlicher die markante Aufforderung zur Gestaltung des eigenen Lebens: *Noch bist du da // Wirf deine Angst / in die Luft // Bald / ist deine Zeit um / bald / wächst der Himmel / unter dem Gras / fallen deine Träume / ins Nirgends // Noch / duftet die Nelke / singt die Drossel / noch darfst du lieben / Worte verschenken / noch bist du da // Sei was du bist / Gib was du hast* (GW 5,86).

Worauf *Rose Ausländer* setzt und wie sie dabei abwägt, „was wäre, wenn es Gott gäbe", konfrontiert mit ihrem suchenden Glauben: *Gäbe es // Gäbe es dich / Gott der Liebe / wir lebten noch heute / im Eden / Volk an Volk / du an du // Gäb es dich nicht / o Liebesgott / wir wären nicht / nichts wäre* (GW 5,133).

In dieser utopisch gefärbten Hoffnung auf den „Liebesgott" weiß sie sich jüdischem wie christlichem Denken verbunden: *Warum // Sie machen Krieg und / fragen uns nicht // Sie streuen uns / Sand in die Augen // Wir fragen // warum Menschen frieren und / hungern müssen / warum unsere Brüder / verbluten müssen // warum wir den „Feind" aus Menschen / ermorden müssen // warum wir nicht leben dürfen / friedlich und heiter / in Liebe zum Nächsten / wie es geschrieben steht / im Alten und Neuen / Testament* (GW 5,148).

Da wirkt ihre Aufforderung zum Gespräch in der Welt wie eine Gewissenserforschung für eine säkulare Zeit: *Nicht bewährt // Wir haben uns noch / viel zu sagen / ehe wir uns verschweigen / dass wir uns nicht / bewährt haben / im Weltgespräch* (GW 5,198).

Und vor der Unendlichkeit des „endlosen Raums" distanziert sie sich dezidiert vom „kleinlichen Gott": *Als wäre // Gott / sagt der Mensch / als wäre er / ein Richter / säße im siebten Himmel / seine Aufgabe / Menschen zu verurteilen / oder zu belohnen // Dieser kleinliche Gott / vom Menschen erschaffen // Als wäre nicht / der Mensch / ein Pünktchen auf Erden / die Erde ein Pünktchen / im endlosen Raum / unter unendlichen Welten / die der Mensch / sich nicht einmal / vorstellen kann* (GW 5,215).

Ihr Lebenswille bleibt groß: *Ich verzichte nicht // Ich verzichte / nicht / auf Blumen und Musik / auf meinen Zorn / über das Hungern Tausender / auf das Lächeln eines Menschen / auf harte und zarte Worte / auf das Da-Sein / in*

105 Vgl. *Deborah Feldmann* (NZZ 20.02.2019). Man will in der Gegenwart vermehrt in eigener Herkunft und Prägung verwurzelt bleiben, kommt aber nicht darum herum, allen anderen ihre religiöse Pluralität zugestehen zu müssen. Vgl. *Isolde Charim* (2018)

*einer unfassbaren Welt // Ich verzichte gern / auf den Tod / der nicht / auf mich verzichtet* (GW 5,221).

Und ebenso ihr Lebensmut, zu dem sie sich beim Lesen der „Schrift des Verborgenen" aufgefordert sieht und der Stimme, die sagt: *So soll es sein // Im Gedankenlicht / les ich die Schrift des Verborgenen / gehe den weltweiten Weg / zu unterirdischen Flüssen // Ich stoße mich wund / an Steinen / und muss mit Raubtieren / kämpfen // So soll es sein / sagt die Stimme / der ich gehorche* (GW 5,251).[106] Sie hat ihr Leben geträumt und, dass Gott im Schlaf alles träumt und schafft. *Rose Ausländer* zeigt ihren urmenschlichen Glauben an die in den Träumen verborgene Lebenskraft: *Träumen // Ich kann nicht schlafen / aber / ich habe mein Leben geträumt // Ich träume dass Gott im Schlaf / alles träumt und schafft // Ich bin geblendet / von Strahlenkörpern / die ich nicht verstehe // Ich verstehe nur / dass ich leben möchte / und sterben muss* (GW 5,259).

Die Dichterin sieht die Zukunft bedroht, weil sie das atomare Ende befürchtet und setzt doch ein einsames Fragezeichen: *Zukunft // Was erwartest du / von der Zukunft // Noch ein paar Kriege / den Giftneid der Länder / salbungsvolle Gespräche / das Pathos der Politiker / die Nichtbeantwortung deiner Fragen / woher wohin / den Sekundenbruchteil / des himmelweiten Pilzes / der alles begräbt // oder Frieden?* (GW 5,266). Beim „Engel in dir" findet sie Ermutigung: *Der Engel in dir // Der Engel in dir / freut sich über dein / Licht // weint über deine Finsternis // Aus seinen Flügeln rauschen / Liebesworte / Gedichte Liebkosungen // Er bewacht / deinen Weg / Lenk deinen Schritt / engelwärts* (GW 5,306). Markant bleibt, wie sich *Ausländer* ihrer Kindheit erinnert: *Kinderklavier // Gebt mir / mein Kinderklavier // Der Kuckuck ruft aus dem Wald / alles neu macht der Mai / lang ist es her // Nur eine Minute // Ich bin ein Kind geblieben / mein Kuckuck ruft aus dem Wald / alles neu macht mein Mai / die Mutter singt / „lang ist es her" // Mit zwei Fingern / begleite ich sie / auf dem Kinderklavier* (GW 5,307).

Ob es ihre Erfahrung mystischer Nacht ist? In welcher der Mensch alle Bedrängnisse auf sich lasten spürt und an seine Grenzen stößt, schließlich seinen Atem loslässt, bis die Last selbst sich wandelt in einen neuen Morgen? Wem diese Erfahrung nicht fremd ist, wird diese Zeilen oft meditieren: *Hoffnung V // Was tun wenn die Nacht / sich dir in die Arme wirft / Sturm sich in ihre / Arme wirft // Leere / weit wie die Welt // Weltweites Auge aller Sterne / geschlossen / Wind hält in Atem / die Nacht // Halte den Atem an / bis die Nacht / dich in die Arme legt / dem Morgen* (GW 5,312).

106 Das religiöse Grundmotiv der ‚Stimme' ist unüberhörbar.

Dem Kreislauf des Abschiebens von SCHULD AUF DIE ANDERN stemmt sich die Dichterin entgegen und weist auf das Wunder, das „wartet auf uns“: *Das Wunder wartet // Wir warten / auf Wunder // sprechen uns frei / von Schuld // sprechen die andern / schuldig // Wir lassen uns treiben / vom Wind / er lässt uns fallen / Das Wunder / wartet auf uns* (GW 6,13).

So richtet sich ihr BLICK NACH AUSSEN WIE NACH INNEN: *In dir // Über dir / Sonne Mond und Sterne // Hinter ihnen / unendliche Welten // Hinter dir / was deine Augen sehen // In dir / alles Sichtbare / und / das unendlich Unsichtbare* (GW 6,50). Der lyrische Text versetzt in die Situation, wo Gebetsbänder (Tefillim) nicht schützen und der Schutzengel im Ölgarten jederzeit schläft. Es wird hier nicht an die Situation Jesu am Ölberg (Lk 22, 44) mit dem Erscheinen eines Engels Gottes erinnert.

Vielmehr wird jener hinter der Blutgrenze gedacht, DIE KEINEN SCHUTZENGEL HATTEN. Hier ‚blüht‘ endlich doch noch der Dichterin eine Verbindung mit den Ermordeten in der Zeit der Shoa: *Schutzengel // Gebetbänder schützen / nicht / Im Ölgarten schläft / der Schutzengel / tagtäglich / nachtnächtlich // Hinter der Blutgrenze / blühen / begrabene Namen* (GW 6,77).

Ob sie vor ihrem Dasein existierte, das weiß sie und LEHNT PRÄEXISTENZ WIE WEITEREXISTENZ NICHT AB, denn sie kennt „Augenblicke aus Ewigkeit“: *Aber ich weiß // War ich ein Falter / vor meiner Geburt / ein Baum oder / ein Stern // Ich habe es vergessen // Aber ich weiß / dass ich war / und sein werde // Augenblicke aus Ewigkeit* (GW 6,83).

Das A und O für *Rose Ausländer* ist es, das LEBEN UNERMÜDLICH ZU LEBEN mit allen Sinnen und in alle Dimensionen durch zahllose Aufenthalte bis ins Nichts[107]: *Wir leben // Ohren hören / die Welt sprechen / weinen und lachen // Augen sehen die / Wirklichkeit / brennen // Wir schlafen die Finsternis / träumen das Licht // Unermüdlich / zahllose Aufenthalte / bis ins Nichts // Wir leben / das Leben* (GW 6,89).

Die Dichterin findet ebenso KRITISCHE WORTE zu grenzenloser Gedanken- und Handlungsfreiheit. Diese Zeilen sind übertragbar in Zeiten, da Macht- und Kindsmissbrauch, übergriffige Gewalt und nicht bewältigte Gefühls- und Willenskräfte in Gesellschaft und Kirchen sichtbar werden: *Nimm dich in acht // Du bist der Gefangene / deiner Gedanken // Die Welt in dir / kennt keine Grenzen // Deine Füße sind wund / vom Suchen der richtigen / Richtung // Nimm dich in acht / vor dem Willen / der dich zu einem / Spielzeug macht / das ein Kind zerbricht* (GW 6,156).

107 Vgl. Zit. bei *Renate Wiggershaus* in: *Ausländer Rose* Materialien (1991) 100f.

Vollständig dem Dasein verpflichtet, blendet die Dichterin die Realität nicht aus und ist SKEPTISCH GEGENÜBER ENGELN UND EINEM DEN KOSMOS STEUERNDEN WILLEN: *Auf Erden // Im unendlichen / Blau oder Grau / Himmel genannt / halten sich (heißt es) Engel auf / und der Wille der / Sternen und Erde zu kreisen befiehlt // Dorthin (sagt man) kommen die guten Seelen / wenn sie den Körper verlassen // Es soll dort tausendmal schöner sein / als auf Erden // Aber meine Seele / (Gott weiß ob sie gut ist) / möchte doch lieber hier / leben / bei Feinden Freunden und Fremden / zahllosen Ungerechtigkeiten / und weltenschaffenden Worten* (GW 6,174).

Sie reklamiert gegenüber hartherzigen Verteidigern der Vernunft die FREIHEIT DER POESIE, ihren Worten nicht fremden Sinn überzustülpen: *Lasst uns // Lasst uns sein / was wir sind // Poeten // Lasst uns / unsern Wortwillen / unsere Gesinnung // Gebt unsern Worten / nicht / euren Sinn // Lasst uns / in unserem Zeitnichts / traurig oder selig sein // ihr hart-herzigen / Verteidiger der Vernunft* (GW 6,187).

Und suche ich bei *Ausländer* ihren BEZUG ZUR TRANSZENDENZ, findet sich dieser im „Allgeist", vom biblischen Ursprungspaar Adam und Eva an alle mit dabei im „Wir" wie „Bäume mit Wurzeln aus Sternen": *Wir // Wo bist du / Vater Adam // Wir / vergänglich und ewig / aus dem Nichts / gewachsen / Bäume mit / Wurzeln aus Sternen // Geschlecht an Geschlecht / vom Evahauch / eine Wassergemeinschaft / luftliebkost / Wir / Geist aus dem / Allgeist* (GW 6,200). Ihr ‚Vater unser'[108] enthält kein ‚Geheiligt werde dein Name'! Denn nach dem Einbrechen der Katastrophe, die für die Dichterin damit begann, dass der gelbe Stern Menschen „an die Stirn genagelt" wurde, formulierte sie ihre bittere Anklage und die Frage, wie es mit „erstickter Stimme" noch möglich ist, „Vater unser" zu sagen.

Die ABWENDUNG VON DIESEM VATER gipfelt im drastischen Zuruf: *„Spiel weiter den Vater / im kinderlosen / luftleeren Himmel"*. Dieses Wort ‚luftleer' markiert das absolute Kontrastwort zu allen Atem-Worten bei dieser unvergesslichen Poetin: *Vater unser // Vater unser / nimm zurück deinen Namen / Wir wagen nicht / Kinder zu sein // Wie / mit erstickter Stimme / Vater unser sagen // Zitronenstern / an die Stirne genagelt // Lachte irr der Mond / Trabant unserer Träume / lachte der tote Clown / der uns einen Salto versprach // Vater unser / wir geben dir zurück / deinen Namen / Spiel weiter den Vater / im kinderlosen / luftleeren Himmel* (GW 6,274).

108 „Wie tief die Vorstellung von Gott als liebendem Vater in der jüdischen Tradition verwurzelt ist", zeigt *Esther Kobel* auf in dies. (2017) 4. Vgl. bereits *Clemens Thoma* (1997)

In den von ihr erlebten Zeiten sah *Rose Ausländer*, wie sie – Juden und Christen – MIT CHRISTUS DAS WASSER TEILTEN und gemeinsam *„am Hunger hängen"* blieben. Obwohl als Religionsgruppe je auf sich allein gestellt, sahen sie sich dem Hunger-Schicksal gemeinsam ausgesetzt:: *Gemeinsam // Regen hat uns getauft / kein andrer // Wir haben mit Christus geteilt / das Wasser / es schwamm mit uns allen / durch den unterirdischen Strom // Am Strand aßen wir / Sand und Sonne / und teilten mit Christus / das Wasser // Gemeinsam hungerten wir und / blieben am Hunger / hängen* (GW 6,282).

Die TRAUER UM DIE TOTE MUTTER hält lange an. Sie hatte ihr die Erde geschenkt und als Erbe den Himmel. Kaum ein Protest, mehr ein kühles Festhalten, der an den Ausspruch Ijobs erinnert: „Ich bin nackt von meiner Mutter Leibe gekommen, nackt werde ich wieder dahinfahren. Der HERR hat's gegeben, der HERR hat's genommen; der Name des HERRN sei gelobt." (Ijob 1,21): *Der Himmel // Meine Mutter / schenkte mir die Erde // und hat mir / den Himmel vermacht / der mir die Mutter / gab / und nahm* (GW 6,314).

Die Religiosität *Ausländers* sieht keine Menschwerdung des von ihr selbst geglaubten Gottes vor. Für sie ist JESUS ALS PRÄEXISTENTER BEREITS AUFERSTANDEN! Dies kann als ihre Grenzziehung zur christlichen Tradition verstanden werden, aber auch als Hoffnungsstrang, den sich die Dichterin erhalten will: *Auferstehung // Vor seiner Geburt / war Jesus / auferstanden // Sterben gilt / nicht / für Gott und / seine Kinder // Wir Auferstandene / vor unserer Geburt* (GW 6,319).

So muss die Dichterin auf der Flucht „nach einer Osterinsel" eine „neue List" erfinden, „WIE EIN MENSCH / DEM ANDERN HELFEN KANN": *Erfinden // Hast du eine / neue Legende erfunden / dass Frieden / die Welt umarmt // Lebst du nicht / von Krieg zu Krieg / von Angst zu Angst // immer wieder / auf der Flucht / nach einer Osterinsel // Traum / die wunderbare / Himmelsgabe // aber auch deine Freude / hat einen Schatten / erfinde eine neue List: / wie ein Mensch / dem andern helfen kann* (GW 6,327).

In ihren Augen meint Freiheit – „ich bin frei", weshalb sie dazu aufruft, ABSCHIED ZU NEHMEN VON VORGESCHRIEBENEN GEBETEN, was uns an die „Freiheit für den Augenblick" in liturgischen Momenten erinnert: *Freiheit // Freiheit / wenn sie dich zwingen / ihr Leben zu leben // vorgeschriebene Gebete / zu lallen / an den Götzen eines Namens // Das befohlene Glück / sag Amen / oder nimm Abschied // Die bestellten Worte / ich bin frei* (GW 6,331).

Sie selbst wartet auf die GEBURT DES SIEBENTEN TAGES, auf den „Ruhepunkt / Frieden", und fragt nach dem, „der dem Schöpfer zusah", einer unbekannten Person. Der von religiöser Konvention freie Ton der Dichterin markiert Ruhelosigkeit auf metaphysischer wie alltäglicher Ebene: *Ruhepunkt // Wo war der / der dem Schöpfer zusah / sechs Tage / mit ihm ruhte / am Sabbat // sind sechs Tage / vorbei // Keine Ruhesekunde // Wann wird / der siebente Tag / geboren // Ruhepunkt / Frieden* (GW 8,11).

Entsprechend ihrer Naturmystik ist ihre Verbundenheit mit Bäumen eine religiöse: *Die Bäume // Immer sind es Bäume / die mich verzaubern // Aus ihrem Wurzelwerk schöpfe ich / die Kraft für mein Lied // Ihr Laub flüstert mir / grüne Geschichten // Jeder Baum ein Gebet / das den Himmel beschwört // Grün die Farbe der Gnade / Grün die Farbe des Glücks* (GW 8,25).

Eine von Bibel und Talmud geprägte Bildwelt erweckt eine Stimmung voller Erwartung. Im ersten Garten „unter dem Baum / Fata Morgana / warten bis der Apfel fällt", „nur Erwartung". Doch kein Gold, „ein Kamel geht durchs Nadelöhr"[109]. Dies ist als kontrastreiche Bildgebung zu lesen im endlosen Warten, abwärtsgerichtet bis zu den „Müttern", die „leere Wiegen" schaukeln! Eine erschütternde Situation absurder Erwartung, ein endloses Warten „auf den Messias / namens Godot"? Der Dichterin muss die Uraufführung des markant absurden Theaters „Warten auf Godot" von Samuel Beckett im Jahre 1953 in Paris bekannt gewesen sein: *Waiting for Godot // Schlangenbeschwörung / unter dem Baum / Fata Morgana / warten bis der Apfel fällt / schürft der Engel die // Feuerflügel // Kein Siegerkranz nur / Erwartung nicht Gold ein / Kamel geht durchs Nadelöhr // Abwärts in den evakuierten / Himmel Lager aus Sternstroh / Milchstraße ohne Milch schaukeln / Mütter leere Wiegen // Durch ein Nadelöhr in den / Himmel ohne Heil die Mütter / wo sind die Kinder / warten auf den / Messias / namens Godot* (GW 8,67).

Keine Gleichheit unter den Menschen „auf der gleichen Kugel". Aus „Begierde und Blut" sprießt ein unpersönliches Was, das „Unersättliche" als unbestimmtes Gefühl. Ein „Es" ist dafür besorgt, eine Macht, die „Kirchen Tempel Moscheen in den Himmel wachsen" lässt. Und was der Himmel tut, sagt die Dichterin in religionskritischer Diktion: *Das Unersättliche // Wir Ungleiche / auf der gleichen Kugel // Da sprießt aus Begierde / und Blut / das Unersättliche / nenn es Tod oder Leben // Es wird dafür gesorgt / dass Kirchen Tempel Moscheen / in den Himmel wachsen // Der Himmel staunt / über soviel Liebe / aus Stein* (GW 8,80 f.).

109 Im babylonischen Talmud geht es im „Nadelöhr-Aphorismus" um „undenkbare Gedanken", „wie sie in Träumen vorkommen können. Dort heißt es über die Bedeutung von Träumen: „Sie zeigen weder eine Palme aus Gold noch einen Elefanten, der durch ein Nadelöhr gehen kann". Vgl. Talmud: bBer 55b; bBM 38b und zum Nadelöhr: MidrHL 5,2; Pes.r. 15 gemäß Eintrag auf https://de.wikipedia.org/wiki/Gleichnis_vom_Nadelöhr

Dafür hält die Dichterin an ihrer SPIRITUELLEN VERBUNDENHEIT MIT DEM KREATIVEN NICHTS fest – „und sieh, es ist schön" – und nimmt so die Berührung „diesseits und jenseits" wahr, wie auch die Angst hinter „heiterer Maske": „Mein Gott sagst du / als wüsstest du seinen Namen / der zu dir spricht und / schweigt". Rose Ausländers eigene Religiosität drückt hier das Schweigen vor dem Mysterium des Daseins und des Verbunden-Seins mit dem Unergründlichen, Unverfügbaren aus: *Verbunden // Immer verbunden / mit dem Nichts / aus dem du heraufblühst / und sieh es ist schön / und sieh die Angst / hinter der heiteren Maske / das geliebte Gesicht / das stets lebendig / verbunden mit dem Nichts / diesseits und jenseits // Mein Gott sagst du / als wüsstest du seinen Namen / der zu dir spricht und / schweigt* (GW 8,112).

Sie lebte im Weltenbrand und erlebte wie „DER GLAUBE ERSTICKT". Ihr Aufruf hallt nach in Zeiten, wo das Gedenken an Vergangenes mehr sein muss als Erinnern und Vergessen, wo weiterhin viele sagen: „Vergiss es, wir haben's schon lange vergessen. Das Erinnern bringt's nicht – wir leben heute!" Welch' zynische Formel angesichts der unendlich vielen Tränengläser: *Rauchzeit // In dieser Rauchzeit / ist der Glaube erstickt // Zünde eine Gedenkkerze an / im Tränenglas* (GW 8,160).

*Rose Ausländer* will ihren einen Ort finden, wo man atmen und träumen kann, „dass die Menschen gut sind", der MENSCHHEITSTRAUM SEIT DEN SCHÖPFUNGSTAGEN, wo biblisch gesehen alles gut war: *Suchen I // Ich suche / eine Insel / wo man atmen kann / und träumen / dass die Menschen gut sind* (GW 8,223). Und sie vermisst den unentbehrlichen Anfang und fragt (so das letzte Gedicht aus dem Nachlassband) wie alle den ‚Unbeschreibbaren' danach, wie denn alles begonnen hat und hält fest, dass er schläft und doch immer wach ist: *Unentbehrlicher Anfang // Seit drei Ewigkeiten / suche ich dich / Unbeschreibbarer // Du schläfst / zwischen Erde und Himmel / und bist doch immer / wach / ein unentbehrlicher / Anfang* (GW 8,231).

In dieser Auswahl an Gedichten begegnen uns Kontraste zur Wirklichkeit sowie tieferschürfende Auslotungen religiöser Erfahrungen, die zum Welt- und Gottesbild *Rose Ausländers* finden lassen. Jedenfalls schrieb diese Dichterin ihre Texte vielfach kontrastierend zu ihrer Umwelt und bewegte ihre Worte dynamisch weiter, sodass wir Lesenden mit ihr den Horizont erahnen können, auf welchen sie sich zubewegte. Gedichte zu schreiben war für sie ein existentielles Muss, sie entstanden aus prägenden Erfahrungen ihrer Lebenszeit und ließen sie die ‚letzten Fragen' an sich selbst stellen: *Wer bin ich // Wenn ich verzweifelt bin / schreib ich Gedichte // Bin ich fröhlich / schreiben sich Gedichte / in mich // Wer bin ich / wenn ich nicht / schrei-*

*be* (GG. 441) Auf ihre Weise regen gerade solche Texte an, mit der Sprache in Gottesdiensten weniger abstrakt und lieblos umzugehen und vermehrt die vielschichtigen Gefühle der Mitfeiernden sorgfältig und konkret zu berücksichtigen.

## 5.2 Hilde Domin: Ausgespannt zwischen Wort und Wort Auf der Suche nach Wahrhaftigkeit

Liturgisches Sprechen darf nach *Erentrud Kraft* „nicht überladen, pathetisch oder sentimental werden, gar unverständlich", wovor schon Paulus gewarnt habe (1 Kor 14,6 ff.), und verdeutlicht dies an der klaren Sprache der Dichterin *Hilde Domin* (1909–2006): *Lyrik // das Nichtwort / ausgespannt / zwischen / Wort und Wort.*[110] Lyrik ist für sie als ‚Nichtwort' zu verstehen, welches aus einer eigentlichen Wahrnehmungs-Spanne zur Wirklichkeit eine neue Sicht entfaltet. Anders gesagt hebt dieses vorher nicht gehörte Wort als ‚Nichtwort' den Grenzbereich zwischen allgemein ausgesprochenen Worten hervor und eröffnet eine neue Ebene, die als poetisches Ausbalancieren bezeichnet werden kann. Wie *Domin* selbst dazu bemerkte, ging es ihr darum, „eine Tugend" zu machen „aus der Unvollendbarkeit des Wort, ihm sein angeborenes *Nichtwort*, seine unbeleuchtete Seite bewusst" zuzugestehen. Auf diese Weise nähere man sich „einem archaischen Zustand …, wo Ja und Nein, Wort und Gegenwort noch nicht geschieden sind".[111]

In ihrer eigenen Existenz musste sie solches Ausbalancieren wagen und zu ihrem Selbststand finden, musste gar diese Qualität als Exilierte wie auch im persönlichen Umfeld erkämpfen. Kaum anders zu verstehen ist das Ende eines ihrer Schlüssel-Gedichte. Darin bittet sie darum, dass wir „stets von neuem / zu uns selbst / entlassen werden": *Bitte // Wir werden eingetaucht / und mit den Wassern der Sintflut gewaschen, / Wir werden durchnässt / bis auf die Herzhaut. // Der Wunsch nach der Landschaft / diesseits der Tränengrenze / taugt nicht, / der Wunsch, den Blütenfrühling zu halten, / der Wunsch, verschont*

110 *Hilde Domin* HDGG (1987) 227 und *S. u. E. Kraft* (1999) 18 f. Zur biografischen und inhaltlichen Einordnung des Werkes vgl. *Beatrice Eichmann-Leutenegger* (2009). Domin schrieb ihre Gedichte nicht zuletzt auf dem Hintergrund ihrer vom Ehepartner dominierten „privaten Tragödie" (ebd. 231). Dieser Aspekt wird ausgeblendet u. a. bei *Christa Weiss* (24.07.1987 / 21.11.2012), nicht aber im aufschlussreiche Band von *Harald Vogel / Michael Gans* ($^4$2004) 46–266, 49 f.

111 Zit. aus Hilde Domins Frankfurter Poetik-Vorlesungen (Ausschnitte) in: *Harald Vogel / Michael Gans*, ebd. 257–264, 261

*zu bleiben / taugt nicht. // Es taugt die Bitte / dass bei Sonnenaufgang die Taube / den Zweig vom Ölbaum bringe. / Dass die Frucht so bunt wie die Blume sei, dass noch die Blätter der Rose am Boden / eine leuchtende Krone bilden. // Und dass wir aus der Flut, / dass wir aus der Löwengrube und dem feurigen Ofen / immer versehrter und immer heiler / stets von neuem / zu uns selbst / entlassen werden. (HDGG 117)*[112]

Wenn diese Gedichtzeilen am Ende auf ihren Höhepunkt gelangen, wird die Hoffnung auf die Befreiung aus Verwundungen und auf stärkende Heilung zentral, welche auch das private Leben dieser Dichterin aus der Zeit der Shoah erfüllte. Was sie in prekärer Verbindung zu ihrem Mann erlitten haben muss, war gleichzeitig verquickt mit dem Blick auf eine von ihr erhoffte Welt. Der Text ist gleichsam eine erste Zusammenfassung der Existenz Hilde Domins in der Zeit ihres Exils und einer damit notwendig verbundenen kargen Dicht-Kunst. Sie reflektierte über sich selbst und darüber, in welche Sprache sie das Erleben der Ausgrenzung jüdischer Existenz fassen und die unstete Suche nach innerer und äußerer Balance integrieren konnte. Darum war die Vorbereitung auf die Rückkehr nach Deutschland so wichtig.

In ihren ‚Liedern zur Ermutigung' kann nachgespürt werden, wie sich *Hilde Domin* kurz vor dieser Rückkehr verlorenes Vertrauen in die Sprache und in die Lebenswelt zurückgewinnen musste. Sie, der die Heimat verloren gegangen war und in der Fremde nur unstete Aufnahme gefunden hatte, musste die Rückkehr als erneut befremdendes Gefühl erfahren. Als ‚neue' Fremde in der einstigen Heimat setzte sie mit leisen Andeutungen an die biblische Bildwelt ambivalente Akzente und suchte erneut nach ihre Balance. Aus der eigenen Hilflosigkeit stieg dennoch ‚die Taube auf', Sinnbild für den nicht ungefährdeten Neuanfang. Wie eine Selbstbeschwörung zeichnete sie ‚ein kleines Zeichen in die Luft', wo ‚aus Nichts' Neues beginnt. Ohne eine transzendente Kraft zu erwähnen, setzen die hier wiedergegebenen Lieder spirituelle Akzente kraftvoller Hoffnung:[113]

*Lieder zur Ermutigung I // Unsere Kissen sind naß / von den Tränen / verstörter Träume. // Aber wieder steigt / aus unseren leeren / hilflosen Händen / die Taube auf.*

*II // Lange wurdest du um die türelosen / Mauern der Stadt gejagt. // Du fliegst und streust / die verwirrten Namen der Dinge / hinter dich. // Vertrauen,*

112 Dazu *Beatrice Eichmann-Leutenegger* (2006) 67 f. und *Thomas Brose* (2005) 68 f.

113 Vgl. die Einordnungen durch *Harald Vogel / Michael Gans* (⁴2004) 74 4f. und 192–199 mit Quellenangabe (HDGG 221f.) und weiterer Sekundärliteratur.

*dieses schwerste / ABC. // Ich mache ein kleines Zeichen / in die Luft, / unsichtbar, / wo die neue Stadt beginnt, / Jerusalem / die goldene, / aus Nichts.*

## Inspirationen für christliche Gottesdienste

Auch im Werk *Hilde Domins* finden sich inspirierende Ansätze für eine die menschliche Daseinsweise ernstnehmende liturgische Sprache. So kann wie in einem Kaleidoskop DIE WELT DER HEILIGEN die Vielfalt widerspiegeln, die diese Dichterin im Grenzbereich von Judentum und Christentum poetisch zur Darstellung bringt. Sie schaut mit den Heiligen auf „den unsichtbaren Kreis / um den Ziehbrunnen, in dem wir uns drehn wie in einem Gefängnis". Es ist der Blick auf die Kränkung des Kain: „Der Bruder wird nie / das Feuer wie Abel richten / und doch immer gekränkt sein."[114] *Domin* mutet bei diesem Heraustreten aus engen Kreisen schließlich „Kinderhänden" aktives Mittun zu, „hinter schweren Türen das Wunder" anfassen zu können. Was Kindern heilig ist, soll kein dogmatisches Denken verhindern oder gar hierarchische Systeme missbrauchen: *Die Heiligen // Die Heiligen in den Kapellen / wollen begraben werden, ganz nackt, / in Särgen aus Kistenholz / und wo niemand sie findet: in einem Weizenfeld / oder bei einem Apfelbaum / dem sie blühen helfen / als ein Krumen Erde … // Sie verstehen zu leiden, / das haben sie bewiesen. / Sie haben für einen Augenblick / ihr eigenes Schwergewicht überwunden … // Doch sie sind müde / auf den Podesten zu stehn / und uns anzuhören. / Sie sind wund vom Willen zu helfen, / wund, Rammbock vor dem Beter zu sein, / der erschrickt / wenn das Gebet ihm gewährt wird, / weil Annehmen / so viel schwerer ist als Bitten / und weil jeder die Gabe nur sieht / die auf dem erwarteten Teller gereicht wird. / Weil jeder doch immer von Neuem / in den eigenen Schatten tritt, / der ihn schmerzt … / Sie sind müde / Vikare des Unmöglichen auf Erden / zu sein, des gestern Möglichen. / Sie möchten Brennholz / in einem Herdfeuer sein / und die Milch der Kinder wärmen / wie der silberne Stamm einer Ulme. // Sie sind müde, aber sie bleiben, der Kinder wegen. / Sie behalten den goldenen Reif auf dem Kopf, / den goldenen Reif, / der wichtiger ist als die Milch. / Denn wir essen Brot, aber wir leben von Glanz. / Wenn die Lichter angehn / vor dem Gold, / zerlaufen die Herzen der Kinder / und beginnen zu leuchten / vor den Altären. / Und darum gehen sie nicht: / damit es eine Tür gibt, / eine schwere Tür / für Kinderhände, / hinter der das Wunder / angefasst werden kann.* (HDGG 40, 42 f.)

114 Vgl. zur Figur des Kain unsere Anm. 102

Um erneut ihre Balance zu finden, drängt die Dichterin nach Antwort: „Wie kann ich … das Gleichgewicht halten / der anderen Schale, / in der die Welt liegt // eine Nuss aus Blei?“ Und möchte den Weg finden, wie sie „mit Lachen oder mit Tränen“ dieses Gleichgewicht halten kann; sucht nach einer Welt im Lot mit „der anderen Schale“. Die andere Schale, in der die Welt liegt, ist die über die Dichterin hinausgewachsene mit ihrem nusskleinen, aber bleischweren Gewicht: *Gegengewicht // Wie kann ich / in meinem blauesten Kleid / und riefe ich alle die blühenden Zweige / und alle Nachtigallen zu Hilfe // wie kann ich mit Lachen oder mit Tränen / das Gleichgewicht halten / der anderen Schale / in der die Welt liegt // eine Nuss aus Blei?* (HDGG 81) Mehr von Urvertrauen getragen verwendete *Dag Hammarskjöld* die Metapher von der Schale des Lebens direkter: *Bald naht die Nacht – – / Jeder Tag der erste. – Jeder Tag ein Leben. / Jeden Morgen soll die Schale unseres Lebens hingehalten werden, um aufzunehmen, zu tragen und zurückzugeben. Leer hinreichen – denn was vorher war, soll sich nur spiegeln in ihrer Klarheit, ihrer Form, ihrer Weite.*[115]

Da ist bei *Hilde Domin* Abschied und Glaube zugleich, der – so ihre Hoffnung – als „goldenes Seil“ dem Notrufer „heilig geschuldet“ ist: *Notrufer // In mir ist immer / Abschied: / Wie ein Ertrinkender / dessen Kleider / von Meerwasser schwer sind / seine letzte Liebe / einer kleinen Wolke schenkt. // In mir ist immer / Glaube, / als sei das goldene Seil / wer es auch auswirft / dem Notrufer / heilig / geschuldet.* (HDGG 83)

Ihre von Furcht erfüllte Existenz stößt auf Zuspruch der Natur und Kreatur: *Fürchte dich nicht // Die Rose sagt: / Fürchte dich nicht / meine Blätter sind heute / ganz stabil / Kein Windstoß wird mich / vor deinen Augen / entblößen // Der Baum / atmet Vertrauen / und will dass ich mich anlehne. / Er sei bestimmt / nicht angehackt. // Das Vogelei / auf der Astgabel / hält das Versprechen / der kleinen weißen Balance. / Es ruht stille im Wind / bis den bangen Augen im Dotter / ein Federbalg wächst, // der auf den Zweig fliegt / und singt.* (HDGG 85). Die Dichterin erlangt so die Aussicht auf unerschütterliches Vertrauen: *Ich setzte den Fuß in die Luft, und sie trug.* (HDGG 111)

115 Eintrag 1957 in *Dag Hammarskjöld* ([8]1973) 80 f. Ähnlich biografisch verortet der Gedanke bei *Silja Walter*: „Jeder, der Gott zu suchen beginnt, muss durch eine Purificatio, durch eine Reinigung hindurch, sodass er sich selber wie fremd wird. Er fühlt sich wie fremd bei sich, kann gewisse Dinge gar nicht mehr tun, hat kein Interesse mehr. Es verändert ihn. Das ist eine Vorbereitung in das neue Leben hinein. Damit es einfallen kann, muss man erst eine leere Schale werden. Das Verstummen meines Schreibens hatte diese Funktion: Sie läuterte“ in dies. (2008/05) 46

Und sie kennt SCHWERSTE WEGE: *Die schwersten Wege // Die schwersten Wege / werden alleine gegangen, / die Enttäuschung, der Verlust, / das Opfer, / sind einsam. / Selbst der Tote der jedem Ruf antwortet / und sich keiner Bitte versagt / steht uns nicht bei / und sieht zu / ob wir es vermögen. / Die Hände der Lebenden die sich ausstrecken / ohne uns zu erreichen / sind wie die Äste der Bäume im Winter. / Alle Vögel schweigen. / Man hört nur den eigenen Schritt / und den Schritt den der Fuß / noch nicht gegangen ist aber gehen wird. / Stehenbleiben und sich Umdrehn / hilft nicht. Es muss / gegangen sein. // Nimm eine Kerze in die Hand / wie in den Katakomben, / das kleine Licht atmet kaum. / Und doch, wenn du lange gegangen bist, / bleibt das Wunder nicht aus, / weil das Wunder immer geschieht, und weil wir ohne die Gnade / nicht leben können: / die Kerze wird hell vom freien Atem des Tags, / du bläst sie lächelnd aus / wenn du in die Sonne trittst / und unter den blühenden Gärten / die Stadt vor dir liegt, / und in deinem Hause / dir der Tisch weiß gedeckt ist. / Und die verlierbaren Lebenden / und die unverlierbaren Toten / dir das Brot brechen und den Wein reichen – und du ihre Stimmen wieder hörst / ganz nahe / bei deinem Herzen.* (HDGG 118 f).

Nirgends ist die Poetin amtlich eingetragen, weder einer Kirche noch einer Stadt zugehörig, immer unterwegs und fühlt sich doch EIGENARTIG GEBORGEN: *Geborgenheit // Morgens in der weißen / Geborgenheit einer Badewanne / ohne Wasser / denke ich an den Baumstamm / in dem ich liegen möchte, / glatt, hell, kantenlos, / als sei ich in ihm zuhause / wie eine Dryade. / Niemand wird mich in / einem Baumstamm / oder in der Wanne / begraben wollen, / auf einem Friedhof / den ich wähle, / weil ihn die Abendsonne trifft, / aber zu dessen Sprengel / ich, die Weggezogene, / die nirgends Eingetragene, / in keiner Kirche, in keiner Stadt, / der die Briefe von Land zu Land / nachgeschickt werden, / nicht / gehöre.* (HDGG 135).

Mit dem GEBETSRUF des Psalm-Vers 22,22 „befrei mich aus dem Rachen des Löwen" rufen *Domins* Worte: *Salva nos // 1 / Heute rufen wir / heute nennen wir. / Eine Stimme / die ein Wort sagt / das Widerfahrene // mit etwas Luft die in uns aufsteigt / mit nichts als unserm Atem / Vokale und Konsonanten / zu einem Wort fügend / einem Namen // es zähmt / das Unzähmbare / es zwingt / einen Herzschlag lang / unser Ding zu sein. // 2 / Dies ist unsere Freiheit / die richtigen Namen nennend / furchtlos / mit der kleinen Stimme // einander rufend / mit der kleinen Stimme / das Verschlingende beim Namen nennen / mit nichts als unserem Atem //* salva nos ex ore leonis */ den Rachen offen halten / in dem zu wohnen / nicht unsere Wahl ist.* (HDGG 239 f.)

Dieses Gedicht ist der unsteten Zeit geschuldet, der die Dichterin durch ihre Exilierung und lange Migration ausgesetzt war.[116] In ihren Zeilen ist die spirituelle Kraft des Widerstandes zu spüren, die sie weit in die Nachkriegszeit begleitete. Als „Tote aufs Wasser gelegt" sieht sie sich „unnützer als Treibholz" im Fluss der Zeit durch die Nacht in den Tag gleiten: *Nacht // Man hat mich Tote aufs Wasser gelegt / ich fahre die Flüsse hinunter // die Rhône, den Rhein, den Guadalquivir, / den Haifisch in den Tropen. // Am Meer die Särge. / Ich ohne Münzen zwischen den Zähnen // ich treibe in meinem Bett / an den barmherzigen // Bewahrern / geliebter Toter vorbei, // überzählig, / unnützer als Treibholz, // in den Tag.* (HDGG 246 f.)

Angesichts eines immer wieder durchbrechendem Antisemitismus schreibt sie ein zeitlos-mahnendes Gedicht: *Anstandsregel für allerwärts // Man spuckt dir ins Gesicht / zieh eine Wolke um dich / sage es regne. // Ein regennasses Gesicht / ist gesellschaftsfähig / selbst ein verweintes. // Der Misshandelte / sei unbefangen / dass ihm vergeben werde. // Sicher wusste das jeder / Jude / im Dritten Reich. // Nur die Gehängten / hingen da / ärgerlich anzusehen // und wurden geprügelt / Sterbende / für ihr Sterben.* (HDGG 263)

Solcher Anfeindung ausgesetzt und im Gegenwind stehend empfiehlt sie schließlich: Nicht müde werden und dem Wunder die Hand hinhalten. Dazu formulierte die Dichterin in ihrer Römerberg-Rede 1978: Das Wunder bestehe darin, „nicht im Stich zu lassen. Sich nicht und andere nicht. Und nicht im Stich gelassen zu werden. Das ist die Mindest-Utopie, ohne die es sich nicht lohnt, Mensch zu sein."[117] *Nicht müde werden // Nicht müde werden / sondern dem Wunder / leise / wie einem Vogel / die Hand hinhalten.* (HDGG 294)

Auf solche feinfühlige Art gelangt ihr Wort in enge Beziehung zu Dingen, zum gegenseitig wärmenden Dasein insgesamt: *Wort und Ding // Wort und Ding / lagen eng aufeinander / die gleiche Körperwärme / bei Ding und Wort* (HDGG 299). In dieser Perspektive will sie „für das unbenutzte Vokabular der Erinnerung" Raum schaffen: *Linke Kopfhälfte // In dieser kleinen Halbkugel / auf der mein Haar grau wird / wohnen die Wörter / dies Wörternest // Meine Hand / nimmt das Nest in die Hand // Die rechte sagt man / ist leer von Worten // Auslauf für das unbenutzte / Vokabular / der Erinnerung* (HDGG 317). Wie der rechten Gehirnhälfte noch zur Schaffenszeit der Dichterin die Kreativität

116 „Vor allem in ihrem Fall" war es eine „Sprachodyssee", notierte *Beatrice Eichmann-Leutenegger* (1983) 84.

117 *Hilde Domin* in: GE 395–406, 406. Als Handschrift zit. in: *Harald Vogel / Michael Gans* ($^4$2004) 46

zugeordnet wurde[118], lud *Domin* ein zur Selbstreflexion und aktivem Erinnern, statt die vergangenen Schrecken zu verdrängen. Das Aufarbeiten der Vergangenheit erhielt bei ihr den Charakter vertiefter Vergegenwärtigung, die mehr ist als flüchtiges Erinnern und Vergessen, weil gerade die in der Vergangenheit erfahrenen Geschehnisse der Aufarbeitung in jeder Gesellschaft bedürfen.

Und in einem Anti-Portrait zum Bild der Göttin von Sais lässt sie ihre SPIRITUELLE AUSRICHTUNG durchschimmern, wo das verborgene göttliche Antlitz zum Du-Sagen einlädt: *Das Bild zu Sais* / Anti-Portrait // *Dein Gesicht ist / in jedem Jahrhundert das gleiche // dein Gesicht / nur im Dunkel kenntlich // Wir sehen es mit den Fingerspitzen / wir berühren dein Haar // Bei Tage bist du vermummt / wie ein Beduinenweib / oder eine Karnevalsmaske / Seit Jahrhunderten siehst du uns an / und erlaubst / dass wir Du zu dir sagen* (HDGG 322).

*Hilde Domin* vermittelt in wenigen Worten starke Impulse zu der von ihr ersehnten, notwendig neuen SCHÖPFUNG. Wenn im nächsten Gedicht von Sehnsucht, Erde, dem Bodensuchen und der „Pflanze Mensch" die Rede ist, weckt dies die biblische Assoziation an die Erdlinge, die aus Erde vom Ackerboden und mit Lebensatem geschaffenen Menschen, die erst dadurch zu lebendigen Wesen wurden (Gen 1,7), zur Pflanze Mensch: *Sehnsucht // Die Sehnsucht / lässt die Erde durch die Finger rinnen / alle Erde dieser Erde / Boden suchend / für die Pflanze Mensch* (HDGG 337). Diese hier in starker Verdichtung angelegte Bewegung kann zu einer weiteren liturgisch-poetischen Performance anregen, so unter Einsatz einer Handvoll Erde und begleitet von wenigen Tönen einer Klangschale – zum Beispiel anlässlich einer Gedenkstunde. Oder beim Hören der Schöpfungsgeschichte in der Osternacht, wo die Menschen neue Hoffnung schöpfen – wie auch als wiederholbar gestalteter Refrain im Zusammenhang einer Erntedankfeier.

An DAS EINST ERLEBTE ERINNERN muss die Dichterin dort, wo dieses im Bruch totalen Vergessens wegschwindet. Es ist ihr Statement in einer Art von Litanei, in welchem sie das Grauen vergangener Tage vor das innere Auge bringt. Es sind Zeilen, die den Nachfahren nochmals bewusst machen, dass die Decke der Konventionen dünn ist und sich Ähnliches wiederholt in Zeiten globaler Migrationen – „es muss aufgehoben werden" im Gedächtnis der Menschheit: *Graue Zeiten // 1 / Es muß aufgehoben werden / als komme es aus grauen Zeiten // Menschen wie wir wir unter ihnen, / fuhren auf Schiffen hin und her / und konnten nirgends landen // Menschen wie wir wir unter ihnen, /*

118 Vgl. Hinweise auf enge Verflechtung beider Gehirnhälften auf https://ch.galileo.tv/science/die-einteilung-in-rechte-und-linke-gehirnhaelfte-ist-ueberholt/ (09.03.2019)

*durften nicht bleiben / und konnten nicht gehen // Menschen wie wir wir unter ihnen, / grüßten unsere Freunde nicht / und wurden nicht gegrüßt // Menschen wie wir wir unter ihnen / standen an fremden Küsten / um Verzeihung bittend daß es uns gab // Menschen wie wir wir unter ihnen, wurden bewahrt // Menschen wie wir wir unter ihnen / Menschen wie ihr ihr unter ihnen / jeder // kann ausgezogen werden / und nackt gemacht / die nackten Menschenpuppen // nackter als Tierleiber / unter den Kleidern / der Leib der Opfer // Ausgezogen / die noch morgens die Schalen um sich haben / weiße Körper // Glück hatte wer nur / gestoßen wurde / von Pol zu Pol // Die grauen Zeiten / ich spreche von den grauen Zeiten / als ich jünger war als ihr jetzt // 2 / Die grauen Zeiten / von denen nichts uns trennt als / zwanzig Jahre // Die Köpfe der Zeitungen / das Rot und das Schwarz / unter dem Wort „Deutsch" // ich sah es schon einmal / Zwanzig Jahre: / Montag viel Dienstags nichts / zwischen // uns und den grauen Zeiten // 3 / Manchmal sehe ich dich // von wilden Tieren zerrissen // von Menschentieren // Wir lachen vielleicht // Deine Angst die ich nie sah / diese Angst / ich sehe euch // 4 / Dich / und den / und den / Menschen wie ihr / ihr unter ihnen / Menschen wie wir / wir unter ihnen / Nackte Menschenpuppen / die heute noch die Schalen um sich haben // Die Köpfe der Zeitungen / das Rot und das Schwarz / unter dem Worte „Deutsch" / Die Toten stehen neben den Kiosken / und sehen mit großen Augen / die Köpfe der Zeitungen an / den schwarz und rot gedruckten Haß / unter dem Worte „Deutsch" / Die Toten fürchten sich // Dies ist ein Land / in dem die Toten sich fürchten* (HDGG 340–344).[119]

Ihrem Gedicht ‚Ecce homo' wird oft größere Aufmerksamkeit geschenkt. Denn *Hilde Domin* gelang mit diesen Zeilen ein Bekenntnis zum Humanum, das jüdischem Denken eingeschrieben ist. Bevor jedoch das Gedicht christlicher Vereinnahmung verfällt, wozu von seinen Worten her lediglich mit dem von Pilatus gesprochenen Wort ‚Ecce Homo' Anlass gegeben sein kann, ist sorgfältig den acht Zeilen nachzugehen.[120] *Ecce Homo // Weniger als die Hoffnung auf ihn / das ist der Mensch / einarmig / immer // Nur der gekreuzigte /*

119 Am 20.05.1966 in: Die ZEIT Nr. 21/1966 mit Hinweis auf Deutsche National-Zeitung und Soldatenzeitung (Aufl. ca. 94 000)

120 Vereinnahmende Tendenzen in der christlichen Lektüre der Gedichte Domins sind latent dort vorhanden, wo sie jüdischem Dichten nach Auschwitz das Eigene der Wahrnehmungen von damals Betroffenen wegnehmen. So zitiert zwar *Christoph Gellner* einen Brief von Hilde Domin an Nelly Sachs „Den Juden" sei „häufiger und krasser die Rolle des Ecce homo zugefallen, aufgedrängt worden, als anderen." So ders. (2001) 206. Neuerdings auch auf https://eulemagazin.de/nur-seinen-schrei-nehmen-wir-ihm-noch-ab/. Wenig überzeugen kann *Georg Langenhorst* (2004) (II) 14 f. Die Annäherung jüdischen

*beide Arme / weit offen / der Hier-Bin-Ich* (HDGG 345). Offenbleiben muss, wann diesem Gedicht im Entstehungsprozess der Titel gegeben wurde. Die Aussage hebt an mit der Feststellung, was der Mensch sei, nämlich weniger als die Hoffnung auf ihn selbst. Er ist demnach nicht größer als er von sich selbst erhoffen kann – negativ ausgedrückt in seinem Geltungsdrang etwa erstreben möchte. Die Dichterin selbst erkennt, dass das Menschsein unvollständig bleibt: „das ist der Mensch / einarmig / immer". Sie sieht konkret den Mensch vor sich stellt dazu in Kontrast die nächste Feststellung: „Nur der gekreuzigte / beide Arme / weit offen / der Hier-Bin-Ich". Gewiss war es laut Joh 19,5 Pilatus, der zum Ecce Homo aufforderte. Wie aber der Blick auf den Menschen, den einarmigen, gelenkt wird, verwebt sich das Bild zum Hier-Bin-Ich (Ex 3,14). Die wenige Hoffnung des Einarmigen wird konfrontiert mit dem gekreuzigten Menschen, der beide Arme offen hat und seit mosaischer Zeit verbunden ist mit der Stimme am Sinai. Deshalb geht es in diesem Text in erster Linie um die Beziehung des transzendenten Geheimnisses zum Menschen, wie sie jüdischem Glauben mitgegeben wurde. Dass der historische Jesus vollkommen diesen Glauben verkörperte, umschreibt die Dichterin allein aus ihrem Verstehens-Horizont und gestaltet derart ihre Hommage an den Gekreuzigten. Darum lautet hier die entscheidende Frage: Solidarisiert sich die christliche Leserschaft mit dem jüdischen Blick *Hilde Domins* auf dieses göttliche Geheimnis oder wendet sie sich irritiert ab vor dem Ärgernis eines gekreuzigten, ja zerrissenen Gottes?

Die Auseinandersetzung mit der eben angesprochenen Thematik ruft nach der Frage, in welcher Intention, die aus ihren wechselhaften Exilerfahrungen schöpfende säkulare Jüdin Hilde Domin ihre Texte schrieb. Eine Spur dazu zeigt ihr inhaltsreicher AUFRUF ‚ABEL STEH AUF', der mit einem provozierenden, unsterblichen Wunsch endet – „das Feuer das brennt auf der Erde / soll das Feuer von Abel sein / und am Schwanz der Raketen / sollen die Feuer von Abel sein/".[121] Die Schriftstellerin nährt ihr Denken aus biblischer Erinnerung und dem Konflikt zwischen Kain und Abel, um ihre Friedensbotschaft in die Gegenwart zu tragen. Man wird dazu im Gespräch kontrastreich an Jesus erinnernd dessen verstörende Worte aufnehmen (Lk 12, 49: „Ich bin gekommen, um auf der Erde ein Feuer zu entzünden, und

und christlichen Denkens verlangt stets nach Bewahrheitung im direkten Gespräch. Ungenügend bleibt es, aus nur einem Blickwinkel die je andere Bildwelt zu ‚bespielen'.

121 *Harald Vogel / Michael Gans* sehen dieses Gedicht als eines der politischen der 70er Jahre ([4]2004) 84 4f. Zur weiteren Interpretation vgl. ebd. 220–231 mit Quellenangabe (HDGG 364 4.) sowie die Korrespondenzgedichte mit dem ‚Abel-Thema' Rose Ausländers ebd. 230 f.

ich wollte, es stünde schon in hellen Flammen"): *Abel steh auf // Abel steh auf / es muß neu gespielt werden / täglich muß es neu gespielt werden / täglich muß die Antwort noch vor uns sein / die Antwort muß ja sein können / wenn du nicht aufstehst Abel / wie soll die Antwort / diese einzig wichtige Antwort / sich je verändern / wir können alle Kirchen schließen / und alle Gesetzbücher abschaffen / in allen Sprachen der Erde / wenn du nur aufstehst / und es rückgängig machst / die erste falsche Antwort / auf die einzige Frage / auf die es ankommt / steh auf / damit Kain sagt / damit er es sagen kann / Ich bin dein Hüter / Bruder / wie sollte ich nicht dein Hüter sein / Täglich steh auf / damit wir es vor uns haben / dies Ja ich bin hier / ich dein Bruder / Damit die Kinder Abels / sich nicht mehr fürchten / weil Kain nicht Kain wird / Ich schreibe dies / ich ein Kind Abels / und fürchte mich täglich / vor der Antwort / die Luft in meiner Lunge wird weniger / wie ich auf die Antwort warte // Abel steh auf / damit es anders anfängt / zwischen uns allen // Die Feuer die brennen / das Feuer das brennt auf der Erde / soll das Feuer von Abel sein // Und am Schwanz der Raketen / sollen die Feuer von Abel sein* (HDGG 364 f.).

Als Kind Abels sah denn auch diese Dichterin die Poeten als „die geeignetsten, das Geschehen vom Geopferten her zu begreifen und begreifbar zu machen".[122] Hier trifft sie sich mit den ideengeschichtlichen Impulsen *René Girards*, der 2005 im Gespräch auf die jüdische Bibel und die Evangelien setzte.[123] Die Menschen müssten besser miteinander auskommen. Doch Rezepte dazu gäbe es keine: „Darum beginnen die Evangelien mit dem Reich Gottes, dem Angebot dieses Reichs, und mit dem Versuch, die Menschen von der Notwendigkeit des Verzichts auf Rache zu überzeugen". Und kritisch: „Nötig wäre, dass wir die theologische Lesart durch eine anthropologische ergänzen, welche die Schriften auf menschlicher Eben verständlich macht" – dies aber wehrten die Leute ab und es „ist dies das wahre Unbewusste, der eigentliche Abwehrmechanismus – diese Weigerung, unsere eigene Gewalttätigkeit zu erkennen. Insbesondere im nationalen und internationalen Diskurs, wo es immer eine andere Partei gibt, die man beleidigen, verleumden und zum Sündenbock machen kann."

Auf solchem Hintergrund interessiert uns als nächstes das Werk *Dorothee Sölles* als Dichterin in gottbedürftiger Zeit. Zudem hat diese Zeitgenossin der eben zu Wort gekommenen Dichterinnen mitgeholfen, der Poesie eine konkrete Sprache zu geben, die religiös Suchenden entgegenkam und jüdisch-

122 So mit Bezug auf autobiografische Äußerungen Domins die Erläuterungen von *Volker Weymann* (2006) 210 f.

123 *Robert Rogue Harrison / René Girard* (NZZ 09.03.2019) 45

christlichem Denken und Handeln neue Wege wies. Beim Nachforschen in ihrer Gedankenwelt zeigt sich neben ähnlichen Wahrnehmungen, die wir bei den erwähnten Autorinnen jüdischer Herkunft beobachten konnten, die engagierte Sprachkunst einer Germanistin und Theologin, die von einer Haltung ausging, die sich nicht zuletzt gesellschaftlicher und kirchlicher Wirkung verschrieb.

## 5.3 Dorothee Sölle: Von der Theopoesie in engagierter Sprachkunst

*Dorothee Sölles* (1929–2003) Sprachkunst kann im Blick auf die Verständlichkeit heutiger Gottesdienstsprache spezifische Anstöße geben.[124] Zunächst interessieren uns Eckpunkte ihrer Sichtweise auf die Sprache im Gewand von Gebet und Poesie, weil sie darin ein neues, zeitgenössisches Sprechen *zu* und *mit* Gott einzukleiden begann. Mit ihrem Ernstnehmen der religiösen Erfahrung machte die Theologin besonders auf das Beten als Sprechakt aufmerksam. Gleichzeitig zeigte die durch sie mitbegründete Praxis des Politischen Nachtgebets, dass gottesdienstliche Sprechakte durch eine sensibilisierte Performance auch zu politischer Wirkung finden können.[125] Im Unterschied etwa zur römisch-katholischen Praxis, wo die neu betonte aktive Teilnahme aller zum Gottesdienst Versammelten durch eine Liturgiereform eine Akkulturation der Gebetsprache nötig machte, machte die von *Sölle* vertretene Sicht und Praxis über ihre evangelische Kirche hinaus bewusst, dass Gottesdienste mit ihren Sprechakten weiterführende Impulse setzen und so zum politischen Mitwirken in Kirche und Gesellschaft einladen.

Beide Konfessionen standen fast gleichzeitig vor der Herausforderung, ihre Feierformen näher an die Welterfahrung der Mitfeiernden zu rücken und Abschied zu nehmen von Gottesdiensten, in denen die Akteure nicht selten in einer von Ritualismus und männlicher Gebetskultur geprägten Eigenwelt verharrten. Über die Grenzen der christlichen Konfessionen hinaus haben sodann Frauen wie *Dorothee Sölle* oder Männer wie *Huub Oosterhuis* ihren konstruktiven Beitrag zu einer neuen spirituellen Sprachkultur geleistet.

124 Als informative Übersicht über Leben und Werk vgl. https://www.dorothee-soelle.de/
125 *Anselm Weyer* (2016.)

## Sichtweisen Dorothee Sölles zu Gebet und Poesie

Sowohl biblisch wie religionskritisch äußerte sich *Dorothee Sölle* 1967 zum Beten: „Beten heißt zunächst, im Haus einer Religion wohnen."[126] Sie ging aus von der Feststellung des Paulus, dass *wir* nicht *wissen*, was *wir* beten *sollen* (Röm 8,26) und vermerkte, dass es „ohne Zweifel … die Kontaktfreudigen aller Zeiten" wissen, die Glaubenden hingegen nicht, „sie haben keine Gebete parat, Paulus gibt das einfach zu". Wer es nun aber wisse, der habe ein Dach überm Kopf, festgelegte Zeiten, vorgeschriebene Himmelsrichtungen und die Haltung des Körpers, „die nur hier gebrauchten Gesten, die heiligen ausgesonderten Worte". In ihrem erzählend-konkreten Stil fuhr *Sölle* fort: „Religion als das den Menschen bergende Haus, als das Dach, an dem Väter gebaut haben, das Enkel schützen wird, ist nicht mehr. Der in diesem Haus vermittelbare Kontakt ist für Paulus unmöglich geworden, er weiß nicht mehr, was er beten soll, wie sich's gebührt". Kein Zufall, dass die ersten Christen von ihrer Umgebung als Gottlose (atheoi) bezeichnet worden seien. Ihre Art, Gott zu verehren, habe unfromm gewirkt.

Hier finden sich *markante Erläuterungen des theologischen Konzepts* der ursprünglich als Germanistin bekannt gewordenen Autorin. Im Rückblick auf ihr Werk zeigt sich die klare Ausrichtung an konkreten Erfahrungen des Betens und eines von der Bibel inspirierten Glaubensvollzugs. Denn an diesem Paulus-Wort wurde ihr deutlich, dass mit Christus „dieses Zeitalter der Religionen, die wissen, was sie beten sollen, zu Ende" sei. Jesus stelle den Menschen auf die Straße. Und diesen Menschen beschreibe Luther mit einem Bildwort aus den Psalmen als „den einsamen Vogel auf dem Dach … ‚ich aber allein …, also zwischen der Welt Leben und dem ewigen Leben einsam im Glauben schwebe'". In den Augen *Sölles* ist in diesem Bild – nicht im Himmel und nicht in der Welt – „die urchristliche Erfahrung, dass das Haus der Religion den Menschen nicht mehr behütet, aufbewahrt". Der

126 *Dorothee Sölle*: Wir wissen nicht, was wir beten sollen, in dies. (1967/1968) 103 ff. Weitere Zit. 107, 108 f., 110, 111, 112, 113, 114. Vgl. ebd. 231–239 ähnliche Gedanken in Sölles Theologie für Nichttheologen (1966) mit ihrer konstruktiven Kritik am Gebet: „… nicht die Grenzsituation ist der Ort des Gebets, sondern das Inland des Lebens" (ebd. 232). Der alte „Missbrauch des Gebets" bestehe darin, „sich selber retten – und für andere beten, Worte zu einem Höheren anstelle der Taten für die neben uns" (233). An Jesus erkannte sie einen profanen, nicht-kultischen Zug. Sein Gott brauche nicht, wie die religiös-theistische Welterfahrung meine, „fromm vergegenwärtigt zu werden – er *ist* gegenwärtig". (234) Und über Jesus: „*Er* wollte ein anderes Beten." (ebd.) Beten bedeute „im Gespräch mit Gott leben" (235) und die Voraussetzung des Gebets sei, dass „Gott hört" (238).

Mensch sei nach Luther „in Schwebe", in einem „Zwischenzustand" und dieses Schweben nenne Luther Glauben. Und da es in Jesu Verkündigung „keine kultischen Handlungen mehr" gebe, begegne Gott „dem Menschen nicht mehr im Haus der Religion". *Was* denn nach dem Paulus-Wort inhaltlich beim Beten aufgenommen werden solle, deutete *Dorothee Sölle* darum pointiert und selbstkritisch auf die betende Person bezogen: „Sich-beten meint sich zur Sprache bringen. Worin wir versagen. Gerade weil wir so ausgezeichnet wissen, *um* was wir beten sollen, wissen wir nicht, *was* wir beten sollen. Wir wissen nicht, uns zu sagen. Aber sind wir wirklich der Inhalt des Betens? … Gießen wir damit nicht Wasser auf die Mühle eines naiven Egoismus? Aber wenn ich mich Gott sage, so doch nur in meiner *Welt!* Sich-Gott-Sagen heißt gerade nicht eine Privatbeziehung zu Gott unterhalten, sondern Gott seine Welt sagen. Darum braucht Paulus den Plural – *wir* wissen es nicht!"

Wie *Sölle* dann *eine eigentliche Poetologie des Betens* entfaltet, hält sie sich an das Beten Jesu, der vor allem lehrte, „uns selbst zu beten. Im Vaterunser kommen wir selbst zur Sprache, wir, deren Vater weit fort ist, im Himmel, wir, die den Namen, das Reich und den Willen Gottes brauchen, aber nicht bei uns haben, wir die Hungrigen, Schuldigen, Versuchten … Das Vaterunser versucht, *uns* zu sagen". Und in Abgrenzung des Betens Jesu von der Mystik eines *Johannes Tauler* verdeutlicht sie schlicht: „Der wirkliche Mensch kommt im Gebet zur Sprache." So werde „sich Jesus nicht los in Gott, sondern hält sich aus vor Gott". Die Sprache fehle beim Beten, weil wir mit Paulus nicht wissen, *wie* wir uns sagen, d.h. wie uns als Menschen selbst ausdrücken. Denn: „In wie vielen Gebeten sagen wir nicht uns, sondern ein Bild von uns, eingefärbt, gereinigter von Wünschen, erhabener über Hoffnungen." Da beginne die eigentliche Schwierigkeit, „wo die Welterfahrung, die uns prägt, zur Sprache gebracht werden will". *Sölles* offenes Reflektieren verdichtete die Erfahrungen der Gegenwart: „Mangel an Wörtern, Unehrlichkeit, Unmöglichkeit sich anzunehmen, Ambivalenz des Wirklichen, Anspruchslosigkeit – dies alles ist: wir wissen nicht, uns zu sagen". Das aber ist für diese Autorin als Klage des Paulus zu verstehen, dem die Sprache fehlt – nicht das „Verständigungsmittel, sondern Verständigung". Poetologisch an diesen Gedanken ist die Art und Weise, das Beten im Unterschied etwa zu *Martin Walser* oder *Peter Handke* in eine Sprachkunst einzubetten, die sich biblischen Metaphern und Erfahrungen aussetzt und sich davon ‚nähren' lässt.

Ihre Gedanken sind zudem dort *anthropologisch akzentuiert,* wo sie auf dem Hintergrund *Hölderlins* und *Heideggers* das Paulus-Wort neu übersetzt in: „Wir sind kein Gespräch". Damit hob *Sölle* hervor, dass Beten „eine Versammlung von Sprechen und Hören" ist. Unser ganzes Leben bestehe aus

„Antwortversagen und Antwortversuchen, aus Nicht-beten, das heißt Resignieren, und aus Beten, das heißt Klagen". Folgerichtig kann solches Beten in ihren Augen „nicht nur bestimmte Zeiten und Wörter umfassen: Auch wer nicht die Hände faltet, kann beten. Beten heißt Gott antwortgebend *leben*, ... etwas, was das Ganze in Wachen und Schlafen, Arbeiten und Spielen bestimmt". Und weil das Paulus-Wort ein Gebet *„ist"*, übernehme dieses „die Armut des Religionslosen, der kein Haus hat, die Armut des Sprachlosen, dem die Wörter fehlen, die Armut des Danklosen, dem die Glaubenserfahrungen nicht innerer Besitz sind, die Armut des Ratlosen, den die Ambivalenz seiner Realität unaufheblich verwirrt zurücklässt". Wie *Sölle* endlich feststellt, dass sich die „Grenze zwischen Glauben und Unglauben" verwischt hat, fragt sie noch: „Wie werden wir ein Gespräch? Woher lernen wir beten?" und antwortet darauf mit Deuterojesaja 65, 24 als einem „Versprechen", einer „Ansage Gottes": „Und soll geschehen, *ehe* sie rufen; will ich antworten, *wenn* sie noch reden; will ich hören."

Als weitere Eckpunkte lesen sich *Beiträge zur religiösen Erfahrung*, mit welchen *Dorothee Sölle* die theologischen Diskurse über Religion und Glauben über ihre eigene Kirche hinaus gehörig aufmischte. Die Debatten machten sichtbar, wie das Aussprechen religiöser Erfahrungen sowohl für Individuen wie einzelne Kollektive, Gemeinden oder Pfarreien, nicht selbstverständlich war. *Sölle* selbst gelang es erst, unbefangener religiös zu sprechen, als sie durch ein Interview mit einem holländischen Fernsehteam dazu angestoßen worden war. Sie folgerte, dass die Sprache der Religion nur dort lebendig wird, wo sie aus Erfahrung auf Erfahrung hin spreche. Alle, die glauben, würden ein wenig hinken, „wie Jakob, nachdem er mit dem Engel gekämpft hat. Sie sind schon einmal gestorben."[127] Dies könne man niemandem wünschen. Die Erfahrung des Glaubens sei aber ebenso wenig ersetzbar wie die Erfahrung der physischen Liebe. Und an der Geschichte Elias am Horeb (1 Kön 19) konnte *Sölle* dessen Hinreise in die Gottesbegegnung und die Rückreise in die Welt als aufeinander folgende Elemente im Vollzug eines Glaubenswegs hervorheben. In den Worten der Reise gesprochen sei „Gott ... der äußerste für den Menschen erreichbare Punkt der Entäußerung, die wir auf dem Weg vom Ego zum Selbst erreichen können. Der biblische Gott ist die tiefste Regression, die wir brauchen, und zugleich der Prozess wachsender Gerechtigkeit, er steht für das Sich-fallen-Lassen *und* die Anspannung, für die geöffneten Hände *und* für die geballte Faust." Diese Schau floss ein in das Schreiben ihrer

127 Vgl. ‚Erfahrung nannte man früher Seele' in dies. (1975) 39–50, 40 und dies. Es muss doch mehr als alles geben (1992) 64–74

Texte, die eben diesem Prozess wachsender Gerechtigkeit aufhelfen wollten – der nicht allein durch Individuen sondern im Verbund und in Gemeinschaft mit vielen innerhalb und außerhalb der Kirchen sich anbahnen musste. Doch musste sie ebenfalls konstatieren, dass uns die „selbstverständliche Realität einer Gemeinschaft" fehle wie auch „Sprache, in der Wahrheit für alle sagbar wird; Gesten, die nicht nur für winzige Gruppen wichtig und praktikabel sind, sondern die allgemeine Gültigkeit haben".[128]

In einem ihrer letzten Beiträge betonte *Dorothee Sölle*, „dass für das *Weiterleben der Religion des armen Schluckers aus Nazareth* eine neue und andere Sprache nottut".[129] Nochmals schaute sie auf das Jahr 1960 zurück, als sie sich der Frage *Martin Bubers* stellen musste: *„Theo-logie, wie machen Sie das eigentlich? Es gibt doch keinen Logos von Gott!"* So wurde ihre an Paulus gewonnene Aussage, dass wir im Blick auf das Beten „kein Gespräch" seien, erneut virulent. Entsprechend schrieb sie: „Lebendige Religion hat immer andere Sprachmodi hervorgebracht, die sich den narrativen Formen der Erzählung annähern oder dem Gebet. Wenn Gott, nach einem Satz von Meister Eckart ‚das Allermitteilsamste' ist (…), dann ist es unumgänglich, die Sprache zu suchen, die in der Lage ist, Gott mit anderen zu teilen". Eine Lackmus-Probe zur Theopoesie als ihrem Thema zeigte sie am Exempel eines anonymen Gedichts, das *Reiner Kunze* zugeschrieben worden war. *Sölle* empfahl den Text weniger lesend, besser sprechend zu Gehör zu bringen: *Mein einziges Korn / Ich halte ein Samenkorn in der Hand. / Mein einziges Korn. // Sie sagen, ich soll das Korn in die Erde legen. / Ich muss mein Korn schützen, / mein einziges Korn. / Ich habe nie erlebt, dass es Frühling gibt. // Sie sagen, es wächst neues Leben aus dem Korn. / Ich verliere mein Korn, / mein einziges Korn. / Ich habe nie erlebt,*

128 Dies. (1975) Abschnitte ‚Elia am Horeb' 77–90, 90 und Psalm 139 ebd. 155–164, 161f. Zur Gegenüberstellung von Liebe und Gerechtigkeit vgl. aus jüdischer Perspektive begründete Aussage *Dorothee Sölles* vom 22.02.1995: „Im Zweifelsfall hat die Gerechtigkeit Vorrang. Die Gerechtigkeit kann allerdings die Liebe nicht ausschließen. Gerechtigkeit als Name Gottes, so verstehe ich das, ist eigentlich das Geschenk des jüdischen Volkes an die Menschheit. Was für eine ‚komische' Idee, Gott mit dem Armen zu verbinden! Auf jeder zweiten Seite der Bibel finden Sie die Armen oder Kranken oder die zu Heilenden, also eben diese spezielle Vorliebe Gottes für die Armen und für die Gerechtigkeit." Dies. (1995) 9.

129 *Dorothee Sölle* (2001/7–8) 11–14. Die Anfrage Bubers ließ sie fragen: „Warum hat sich im Abendland, in Distanz von der jüdischen Denkweise, nur Theologie entwickelt, nicht aber eine ernstgenommene Theopoesie? (ebd. 11) In ( ) setzte die Autorin den Editor *Quint* (o. J.) 197. Weitere Zit. *Dorothee Sölle* ebd. 12, 13, 14. Bubers Impuls tat seine Wirkung u. a. bis in die Gedicht-Zeilen: Theologie – / aber was umhimmelswillen / macht ihr denn da? *Dorothee Sölle* (1979) 20.

*dass es Frühling gibt. // Sie sagen, ich muss mein Korn riskieren, / mein einziges Korn. / Aber ich habe nie Frühling erlebt. / Mein Geliebter sagt: Es gibt Frühling! / Ich lege mein Korn in die Erde.* Diese Zeilen sah *Sölle* nicht von ‚poetischer Autonomie' geprägt, eher der Vormoderne angehörend, aber „als Lebensmittel" in einer Zeit wichtig, wo „vielleicht" Theologie und Poesie beide an derselben Krankheit sterben würden. Beide Ausdrucksweisen seien heimatvertrieben, gälten als irrelevant. Ihren späten Pessimismus verband sie mit erneuter Kritik an einer „Sprachwelt, die vom Konsumismus im Sinne Pasolinis beherrscht wird". Im „bittersten Satz des Gedichts", dem „nie erlebten Frühling" drückt sich nach *Sölle* das Wissen aus, das in einem weiteren Wort Paulus ansprach: „Du Tor, was du säst, wird nicht lebendig gemacht, wenn es nicht zuvor stirbt" (1 Kor 15,36), Triumphalismus habe … in unserer Weltzeit – keinen Ort. Die Theopoesie dieses Gedichts halte den Widerspruch – ‚ich habe nie Frühling erlebt' und ‚es gibt Frühling' aus. Schließlich sieht die Autorin in diesem schlichten Gedicht dessen eschatologischen Charakter. Diesseits und Jenseits seien darin verbunden, was tatsächlich etwas bedeute wie: ‚Ich lege mein Korn in die Erde …'. Im Reflex auf frühere Gedanken schließt die Autorin den Kreis mit der von *Hölderlin* verwendeten Metapher ‚Dichterisch wohnet der Mensch'. Es gelte „eine andere Sprache miteinander zu teilen" und zu sehen, dass „Poesie dieserart verteilt, was ist". *Sölle* hatte in einem ihrer zentralen Beiträge, auf den sie hier nicht direkt Bezug nimmt, mit ähnlichen Worten ihren werkgeschichtlichen Umgang mit der Poesie und dem Gebet gedeutet, welche beide (uns) „mit unseren Wünschen verbinden".[130]

Die aus der Germanistik schöpfende Theologin inspirierte auf eigene poetische Weise dazu, *alles, was ist,* in konkretem Denken, Fühlen und Beten zu teilen. Als eine Hinführung dazu liest sich aus dem Fundus ihres Nachdenkens über Gott folgender Gedankengang: „Nichts kann uns scheiden von der Liebe Gottes, heißt es im Römerbrief (8,35 f). Diese tiefste Gewissheit erfahren wir nicht, wenn wir uns wie Kinder in den Mantel Gottes wickeln wollen und dann beim Erwachsenwerden glauben, ihn nicht mehr zu benötigen. Es ist zu kalt auf dieser Welt, als dass wir meinen könnten, es ließe sich ohne diesen Mantel leben. Die Gnade wärmt uns, aber sie hilft uns zugleich, am

130 Theologie und Poesie seien nämlich beide „heimatvertrieben", gab sie zu bedenken in dies. ($^{2}$1993) 198. Vgl. die kritische Auseinandersetzung durch *Hans-Jürgen Benedict* in: *Helga Kuhlmann* (Hg.) (2007) 272–288 mit Hinweis auf Sölles Aussage „Das Christentum setzt voraus, dass alle Menschen Dichter sind, nämlich beten können" (278). Dies hinwiederum setzte eine allgemeinverständlichere Sprache in Gottesdiensten voraus.

Mantel Gottes mitzustricken."[131] Die Kälte, welche *Dorothee Sölle* auf dieser Welt empfand, verband sich mit ihrem Zorn gegenüber dem atheistischen Satz ‚Wir können nichts tun'. Ihre spezifische Sicht ließ sie Texte und Gebete schreiben, die „ein kleines poetisches Credo feministischer Theologie" ergeben, wie aber auch verschattet sind von Traurigkeiten: „... *Zwei traurigkeiten soll es geben / eine der welt und die führt zum tod / eine gottes und sie führt zum leben / ich weiß sie nicht zu unterscheiden*".

Wenige ihrer Gedichte würden deswegen bleiben, „weil sie in ihren Texten häufig über Gott redet, belehrt, reflektiert, anstatt, wie es ihrem mystischen Ansatz entspricht, in Gott zu reden", strich *Hans-Jürgen Benedict* hervor. *Sölle* befand sich auf diesem Hintergrund weniger in der Komfortzone in sich selbst verschlossener Theologie als im offenen Protest gegen das Elend der Welt, wo sie den Menschen das Aussprechen von Klage und Zweifel aber auch das Wünschen-Lernen vermitteln wollte. Ihr eigenes Glauben-Lernen war somit verbunden mit dem eigenen Sprechen-Lernen, weil „es notwendig ist, das Gehäuse unserer vorgegebenen Sprache zu transzendieren".[132] Ihrer „Theopoesie des Betens" eingebrannt war eine radikale Ehrlichkeit inmitten der Widersprüche ihrer Gegenwart. Für sie war es wichtig, „im Beten weniger ohnmächtig, sondern immer selbstmächtiger zu werden und zugleich die Liebe zu Gott über alles zu stellen, was Menschen sich wünschen und woran sie leiden ...". Konkretisiert hat sie diese Dynamik in etlichen ihrer Texte und Gedichte, welche die Spracharbeit an christlichen Gottesdiensten exemplarisch inspirieren können.

## Inspirationen für christliche Gottesdienste

Die Kraft des Politischen Nachtgebetes entwickelte sich im Rhythmus von Information, Meditation, Gebet und Ansprachen sowie Vorschlägen zur Aktion. Eines der von *Sölle* mitgeprägten GEBETE etwa paraphrasierte den Psalm 120 und wurde im Wechsel gebetet: *Wir rufen zum Herrn in der Ratlosigkeit, und er erhört uns. // (Alle:) / Du gibst die Hoffnung nicht auf für uns alle, / lass uns hoffen und nüchtern sein. / Rette uns vor denen, die Lügen verbreiten, / vor den*

131 *Dorothee Sölle* (1992) 7–20, 20. Im Mitstricken am Mantel Gottes rückt sie in die Nachbarschaft Rose Ausländers, deren *„großer Respekt vor dem Wort / das mich erschuf"* dazu verhalf, Gott zu helfen, *„die Welt zu erschaffen"* – dazu oben unsere Anm. 87. Folg. Zit. *Hans-Jürg Benedict* a. a. O. 279 f. u. 284

132 Dies. (1973) 182 und *Ulrike Wagner-Rau* in: *Helga Kuhlmann* (Hg.) (2007) 291

*falschen Informanten. // (Alle:) / Du gibst die Hoffnung nicht auf … // Was kann die falsche Zunge tun, / und was kann sie anrichten? / Sie ist wie scharfe Pfeile eines Starken, / wie Feuer im Wacholdertal; / die Erde versetzt sie in Brand. // (Alle:) / Du gibst die Hoffnung nicht auf … // Ach, dass wir zu den Fremdlingen zählen, / noch Minderheit sind in unserem Land! // (Alle:) / Du gibst die Hoffnung nicht auf … // Es wird unserer Seele so lang, / zu wohnen bei denen, die den Frieden hassen. / Wir suchen den Frieden, / aber wenn wir zu reden beginnen, / beginnen sie Krieg. // (Alle:) / Du gibst die Hoffnung nicht auf … // Vaterunser*[133]. Rückt hier die aktuelle Gegenwart in dieses Beten, berührt einem sein zeitloser Inhalt und das Dennoch der Zusage göttlicher Hoffnung.

Als sich dann die Schriftstellerin in Gottesdiensten gemeinsam mit weiteren Frauen anderer Gottes-Anreden bediente, erfuhr sie einigen Widerstand, hatte jedoch *Johannes Paul I* auf ihrer Seite mit seiner Äußerung, dass „Gott mindestens ebenso Mutter wie Vater sei". Und wo in einem geistlichen Lied *Johann Sebastian Bachs* die „Macht des Herren" angesprochen ist, „der schließlich ‚Vater' genannt wird" bedeutete ihr dieses Zu-Gott-Vater-Sagen, „Leben und Tod nicht einer vitalistischen Zufälligkeit zu überlassen – vom technologischen Zwang ganz zu schweigen".[134] Vielmehr näherte sie sich mystischem Beten und sprach Gott auch an mit *„Du stilles Geschrei"*. In ihrem Kyrie fand sie sich in nächster Nähe zur liturgischen Sprache: *Herr wir bringen vor dich alle unsere angst / die angst alt zu werden und die angst vor dem tod … / herr erbarme dich // Christus wir bringen unsere traurigkeit zu dir / unsere müde milde verzweiflung / über die ausrottung unserer geschwister der tiere und pflanzen … / christus erbarme dich // Gott du dunkler grund allen lebens / wir bringen uns selber vor dich / dass du uns auffängst wenn wir fallen … / herr erbarme dich*[135].

Den Kampf Jakobs mit Gott fasst Sölle in ein Gebet, das ausgeht von persönlicher Erfahrung, sich steigert im Verlangen nach und im Kämpfen mit Gott bis zum Erlangen des Namens, auf den jede und jeder von uns wartet: Gebet zu Gen 32, 23–33 // *Jede von uns hat einen engel / laß uns ihn erkennen / auch wenn er als blutgieriger dämon / kommt / jeder von uns hat*

133 *Dorothee Sölle / Fulbert Steffensky* (Hg.) (o. J.) 31f. und 139f.

134 *Dorothee Sölle* (1992) 33 u. 37 und dies. in: GW Bd. 6, (2007) 241–379: „Wir leben seit 1989 in einer vereinheitlicht globalisierten Wirtschaftsordnung der Technokratie, die eine absoluter Verfügung über Raum, Zeit und Schöpfung beansprucht und herstellt. Die Maschine, getrieben von dem Zwang, mehr zu produzieren, läuft, von technologischen Erfolgen unvorstellbaren Ausmaßes bestätigt". (241)

135 *Dorothee Sölle* in: GW Bd. 8 (2008) 116. Folg. Zit. 160f., 204 4., 209, 211, 34 4., 234, 292f.

*einen engel / der auf uns wartet / laß uns nicht vorbeirasen am jabbok / und die furt versäumen / Auf uns wartet ein engel // Jeder von uns kämpft mit gott / laß uns dazu stehen / auch wenn wir geschlagen werden / und verrenkt / jede von uns kämpft um gott / der darauf wartet / gebraucht zu werden // Auf uns wartet ein kampf // Jede von uns wird gesegnet / laß uns daran glauben / auch wenn wir aufgeben wollen / gib uns die dreistigkeit mehr zu verlangen / mach uns hungrig nach dir / lehr uns beten ich laß dich nicht / das kann doch nicht alles sein / Auf uns wartet ein segen // Jeder von uns hat einen geheimen namen / er ist in gottes hände geschrieben / die uns lieben lesen ihn / eines tagen wird man uns nennen / land der versöhnung / bank die ihren schuldnern vergibt / brunnenbauerin in der wüste / Auf uns wartet gottes name.*

Bei den Menschen findet die Autorin inständiges FRAGEN NACH GOTT, bis es nicht mehr weitergeht – aber auch inständiges Nachfragen Gottes selbst nach Erhörung durch uns: *Eines anderen tages // Wir fragen dich oft / warum gerade ich warum gerade mir / wo steckst du bloß gott / der es gut mit uns meinen soll / bist du beschäftigt / warum kümmerst du dich nicht // Du fragst uns immer / hast du mich nicht gesehen / hast du mich nicht gehört als ich schrie / warst du beschäftigt / warum kümmerst du dich nicht um mich // Eines tages hören wir auf zu fragen / wir werden bitter und zynisch / gott hat mir nicht geholfen / alles kommt wie es kommt / wir kleinen leute / wir sind ohne macht // Du fragst weiter / hast du mich nicht gesehen / hast du mich nicht gehört als ich schrie / nimm mich doch an wie ich bin / das mit der macht wird sich schon finden // Eines anderen tages / werden wir dich hören / starren nicht mehr nach oben / warten nicht auf zauberer / nehmen dich an christus / wie du bist / öffnen die tür / an die du lang gepocht hast / und lassen dich herein ausländer / dich aidskranken / dich alte nutzlose frau.*

Gewohnheit, Erfolg, Unglück sind Merkmale menschlicher Existenz, die der Dichterin Anlass geben, Gott um einen neuen Geist zu BITTEN und ihn zu LOBEN: *Ohne zu lügen // schaffe in mir gott ein neues herz / das alte gehorcht der gewohnheit / schaff mir neue augen / die alten sind behext vom erfolg / schaff mir neue ohren / die alten registrieren nur unglück / und eine neue liebe zu den bäumen / statt der voller trauer / eine neue zunge gib mir / statt der gewaltverseuchten / die ich gut beherrsche / mein herz erstickt an der ohnmacht / aller die deine fremdlinge lieben / schaffe in mir gott ein neues herz // und gib mir einen neuen geist / dass ich dich loben kann / ohne zu lügen / mit tränen in den augen / wenns denn sein muss / aber ohne zu lügen.* Loben ohne zu lügen ist der ehrlichen Beterin nicht so einfach möglich, sie hält sich an die Hoffnung, dass das Gesicht der Erde aus Gottes vielfältiger Kraft, seiner Geistin, erneuert wird. Aus dem Geist, der lebendig macht in Christus, den Befreier aus der Resignation.

Ein Beten um die Kraft der Umkehr, die uns in der Sorge um das vielfältige Leben auf dieser Erde weiterhelfen kann: Renovabis faciem terrae / *Gott deine geistin erneuert das gesicht der erde / erneuere auch unser herz / und gib uns den geist der klarheit und des mutes / denn das gesetz des geistes / der uns lebendig macht in christus / hat uns befreit von dem gesetz der resignation // Lehre uns / wie wir mit der kraft des windes und der sonne leben und andere geschöpfe leben lassen / lehre uns / die kraft der kleinen leute zu spüren / und keine angst mehr zu haben / wenn wir widersprechen und widerhandeln / dem luxus auf kosten aller anderen geschöpfe / lehre uns / die immer größere freude / beim lebendigwerden in deiner lebendigen welt / weil wir unser ende nicht fürchten // Gott deine geistin erneuert das gesicht der erde / erneuere auch unser herz / und lass uns wieder miteinander leben / lehr uns zu teilen statt zu resignieren / das wasser und die luft / die energie und die vorräte / zeig uns dass die erde dir gehört / und darum schön ist.*

Verdichtung fand solches Beten im Rahmen gemeinsamer Feiern in Bekenntnissen des Glaubens. Der Erinnerung eingeprägt hat sich ein erstes Bekenntnis aus der Frühzeit des Politischen Nachtgebets, welches – in damals überraschender Art formuliert – die Situation in Gesellschaft und Kirchen mit ins Gebet nahm. Es wurde zu einem politischen Statement, verlieh aber auch dem persönlichen Glaubensvollzug eine neue Erdung, weil mit solchem Beten klar wurde, dass sich niemand aus seiner Verantwortung für die Erde stehlen kann. *Ich glaube an Gott / der die Welt nicht fertig geschaffen hat / wie ein Ding das immer so bleiben muss / der nicht nach ewigen Gesetzen regiert / die unabänderlich gelten / nicht nach natürlichen Ordnungen / von Armen und Reichen / Sachverständigen und Uniformierten / Herrschenden und Ausgelieferten // Ich glaube an Gott / der den Widerspruch des Lebendigen will / und die Veränderung aller Zustände / durch unsere Arbeit / durch unsere Politik // ich glaube an Jesus Christus / der recht hatte als er / „ein einzelner, der nichts machen kann" / genau wie wir / an der Veränderung aller Zustände arbeitete / und darüber zugrunde ging / an ihm messend erkenne ich / wie unsere Intelligenz verkrüppelt / unsere Phantasie erstickt / unsere Anstrengung vertan ist / weil wir nicht leben wie er lebte // jeden Tag habe ich Angst / dass er umsonst gestorben ist / weil er in unseren Kirchen verscharrt ist / weil wir seine Revolution verraten haben / in Gehorsam und Angst / vor den Behörden // ich glaube an Jesus Christus / der aufersteht in unser Leben / dass wir frei werden / von Vorurteilen und Anmaßung / von Angst und Haß / und seine Revolution weitertreiben / auf sein Reich hin // ich glaube an den Geist / der mit Jesus in die Welt gekommen ist / an die Gemeinschaft aller Völker / und unsere Verantwortung für das / was aus unserer Erde wird / ein Tal voll Jammer Hunger und Gewalt / oder die Stadt Gottes / Ich glaube an den gerechten Frieden / der herstellbar ist / an die Möglichkeit eines sinnvollen Lebens / für alle Menschen / an die Zukunft dieser Welt Gottes // Amen.* Es sind starke Paukenschläge, welche den Duktus dieses Bekenntnisses voranbringen – hin zum Mitwirken an der Schöpfung, hin zu mehr Solidarität, mehr Fantasie – getragen aber auch von der Angst, Jesus sei umsonst gestorben. Doch die Auferstehung Jesu in unser Leben vermittelt die Befreiung von solcher Angst. Schließlich ist der Text getragen vom Glauben an den Geist und unsere Verantwortung für die Zukunft dieser Erde, der Welt Gottes.

Gut zwei Jahrzehnte später betet Dorothee Sölle am Kirchentag in Stuttgart EIN WEITERES BEKENNTNIS: *Credo für die erde // Ich glaube an gottes gute schöpfung die erde / sie ist heilig / gestern heute und morgen // Taste sie nicht an / sie gehört nicht dir / und keinem konzern / wir besitzen sie nicht wie ein ding / das man kauft benutzt und wegwirft / sie gehört einem anderen // Was könnten wir von Gott wissen / ohne sie unsere mutter / wie könnten wir von gott reden / ohne die blumen, die gott loben / ohne den wind und das wasser / die im rauschen von ihm erzählen / wie könnten wir gott lieben / ohne von unserer mutter / das hüten zu lernen und das bewahren // Ich glaube an gottes gute schöpfung, die erde / sie ist für alle da, nicht nur für die reichen / sie ist heilig / jedes einzelne blatt / das meer und das land / das licht und die finsternis / das geborenwerden und das sterben / alle singen das lied der erde // Lasst uns nicht einen tag leben / und sie vergessen / wir wollen ihren rhythmus bewahren / und ihr glück leuchten lassen / sie beschützen vor habsucht und herrschsucht / weil sie heilig ist / können wir suchtfrei werden / weil sie heilig ist / lernen wir das heilen // Ich glaube an gottes gute schöpfung die erde / sie ist heilig / gestern heute und morgen.* Die Beterin bekennt ihren Glauben in einer Sprache, die aufnimmt, was ihr in ihrer Zeitstunde begegnet. Dies hindert sie nicht, klagende Töne anzustimmen und ethisierende Aussagen einzuflechten. Der Kairos einer gebrochenen Moderne holte die Schriftstellerin ein im Kontrast zu einer Theologie, die Gott als den ganz Anderen entworfen hatte. Die Haltung der Beterin galt der verstärkten Sorge für die heilige Erde, Gottes guter Schöpfung, und den Verpflichtungen der Menschen ihr gegenüber. Dieses Credo prägt ein mahnender und lehrhafter Ton, verankert in einer Weltsicht, welche die Mutter Erde mystisch und pan-en-theistisch betrachtet.

Ähnlich mystisch vollzieht sich *Dorothee Sölles* Beten dort, wo es FÜRBITTEND DEN BLICK AUF GOTT RICHTET und gleichzeitig Menschen mit ihrer Welt konfrontiert, wie aber auch einlädt zum Spiel mit Gott: *Deine leuchtende stimme // Gott lass uns jeden tag dein licht erblicken / lass uns nicht weglaufen vor deinem licht / und nur den verkehr das büro und das fernsehen sehen / gib uns augen für dein licht am morgen / für dein licht im november / für dein licht in den augen einer katze // Gott lass uns jeden tag dein licht anschauen / lass uns nicht deine welt benutzen / wie touristen eine landschaft als fotoobjekt / wie schnellfahrer eine autobahn / wie männer oft eine frau benutzen / lehr uns dich in allen dingen zu lieben // Gott lass uns jeden tag auch heute dein licht sehen / lass uns nicht uns selber verzwecken / und nur das notwendige das ernste tun / spiel mit uns gott und lass uns mit dir spielen / wie der wind auf dem wasser spielt im licht / wie das staunen und die neugier / auf dem gesicht des neunjährigen spielen / und die frühlingsblüten am straßenrand / zusammengekehrt vom wind / gott lass uns jeden tag auch heute dein licht sehen / in einer kleinen pfütze am weg // Gott lass uns jeden tag deine stimme hören / wie sie uns ruft es werde / komm heraus aus der arche / nimm dein Bett und geh / siehe ich stehe vor der tür / lass uns keinen tag in unserem leben / nur trivial funktionieren / keinen tag in unserem leben sein / ohne deine leuchtende stimme / ohne dein drängendes licht.*

Von etlichen Anfragen herausgefordert fand die Schriftstellerin auch ZU VERHALTENEM LOBEN[136], wählte prophetisch anmutende Worte, lernte von den Bäumen: *Vom baum lernen / der jeden tag neu / sommers und winters / nichts erklärt / niemanden überzeugt / nichts herstellt // Einmal werden die bäume die lehrer sein / das wasser wird trinkbar / und das lob so leise / wie der wind an einem septembermorgen.* Und kleidete ethisch-spirituelle Vorsätze in eine neue religiöse Sprache: *Jetzt habe ich mir vorgenommen / jeden tag drei sachen zum loben zu finden // Dies ist eine geistlich-politische übung / von hohem gebrauchswert // Sie verbindet mich / mit den müttern und vätern des glaubens / desselben kontraktes / sie lehren mich sehen / auszumachen was alles sehr gut ist / ich stelle essen bereit / für die immer hungrigen toten*

Ins Zentrum christlichen Glaubens zielten die drängenden FRAGEN NACH DER AUFERSTEHUNG: *Über auferstehung // Sie fragen mich nach der auferstehung / sicher sicher gehört hab ich davon / dass ein mensch dem tod nicht mehr entgegenrast / dass der tod hinter einem sein kann / weil vor einem die liebe ist / dass die angst hinter einem sein kann / die angst verlassen zu bleiben / weil man selber gehört hab ich davon / so ganz wird dass nichts da ist / das fortgehen könnte für immer // Ach fragt nicht nach der auferstehung / ein märchen aus uralten zeiten / das kommt dir schnell aus dem sinn / ich höre denen zu / die mich austrocknen und kleinmachen / ich richte mich ein / auf die langsame gewöhnung ans totsein / in der geheizten wohnung / den großen stein vor der tür // Ach frag du mich nach der auferstehung / ach hör nicht auf mich zu fragen.* Die Autorin kann es nicht zulassen, nicht mehr von der Auferstehung zu sprechen und sich hinter dem großen Stein einzurichten, der die Abschottung in eine märchenhaften Welt

136 Folg. aus *Dorothee Sölle*: fliegen lernen (1979) 4, 7, 21, 35, 37, 77

mit dem Rückzug in die Privatsache Glauben markiert. Vielmehr sieht sie das Leben als ein Geflecht von Beziehungen weit über das Private hinaus .

Deshalb kann sie UM DIE GABEN DER TRÄNEN UND DER SPRACHE bitten, um Werte, welche nicht nur die von Depression eingeholten Menschen für sich erbeten: *Gib mir die gabe der tränen gott / gib mir die gabe der sprache // Führ mich aus dem lügenhaus / wasch meine erziehung ab / befreie mich von meiner mutter tochter / nimm meinen schutzwall ein / schleif meine intelligente burg // Gib mir die gabe der tränen gott / gib mir die gabe der sprache // Reinige mich vom verschweigen / gib mir die wörter den neben mir zu erreichen / erinnere mich an die tränen der kleinen studentin in göttingen / wie kann ich reden wenn ich vergessen habe wie man weint / mach mich naß / versteck mich nicht mehr // Gib mir die gabe der tränen gott / gib mir die gabe der sprache // Zerschlage den hochmut mach mich einfach / laß mich wasser sein das man trinken kann / wie kann ich reden wenn meine tränen nur für mich sind / nimm mir das private eigentum und den wunsch danach / gib und ich lerne geben // Gib mir die gabe der tränen gott / gib mir die gabe der sprache / gib mir das wasser des lebens.* Stoßgebeten gleichend treibt die Autorin ihre Bitten voran, die ein von Härte und Sprachlosigkeit geprägtes Dasein vor Gott ins Wort heben und zum Zeugnis menschlichen Durstes nach Leben werden lassen.

EINANDER NICHT VERLOREN GEHEN, ist ein existentieller Wunsch, der in *Sölles* poetischer Annäherung mitten ins Leben greift. Verdrängen lassen sich Wünsche nicht. Sie sind durchwirkt von Geschichten, die das Leben schreibt – bis zur „geschichte von einem / der gründlicher wünschte als wir": *„Wir gehen uns nicht verloren" / sagte ernst bloch zu mir an der haustür / neben der kleinen zypresse / jahre vor seinem tod // Mit den wünschen ist es so / manche fliegen nur so ins ziel / manche stolpern und kriechen / viele sterben zu früh / und kommen zum sperrmüll / manche rennen davon / verlassen vater und mutter / und rufen wohl nachts einmal an / von der zelle / dann wachen wir auf und wissen / da war noch was // Mit der religion ist es so / ein haus in das wünsche kommen dürfen / bekleidet oder nackt / nennen wir eine kirche / ein buch mit rufen wie / komm doch reinige mich führe uns / nennen wir ein gebetbuch / ein andenken an die gestorbenen / und ihre lebenden wünsche / nennen wir kommunion / die geschichte von einem / der gründlicher wünschte als wir / nennen wir das evangelium.*

Der vorliegende Text lädt dazu ein, in einer spielerischen Performance die Hintergründigkeit menschlichen Wünschens nachzuvollziehen und den Lebensraum Kirche in eine vom Ursprung her gründlicher gewünschte Optik zu rücken. Buchstäblich von der Erde aus geht die Blickrichtung der Glaubenssuche dieser immer konkret denkenden Autorin angesichts der Angst vor dem Erkalten der Zivilisation im Rückzug auf sich allein und sie bittet, aus ihrer TRAUER UND ANGST herauszukommen: *Schaffe in mir gott ein herz ohne angst / ist nicht die erde dageblieben unter der eiszeit / konnte sie auch emigrieren / ist sie geblieben hat sie gewartet // ich möchte dass meine liebe wächst / wie die erde unter dem eis / die sich bewegt und dort bleibt / die sich zurücknimmt und kleinmacht / und bleibt / länger als jeder winter // mit dir singen möchte ich wieder / nicht nur zuhören oder mich ganz vergessen in tönen / ich möchte mit dir gedächtnis haben / und den morgen land den wir noch brauchen // Es wird kälter wenn du allein für dich ißt / wenn du allein trinkst / wenn du dich zudeckst / mit trauer // Schaffe in mir gott die erde.*

*Dorothee Sölle* schenkte der Zeitschrift NEUE WEGE anlässlich des 75. Geburtstags dieses Organs der Religiös-sozialen Vereinigung und der Christen für den Sozialismus zwei Gedichte. Diese widerspiegeln im Konzentrat das politische und spirituelle Profil der Schriftstellerin. In den Augen der Redaktion stellte sich die Autorin damit der „wachsenden Entfremdung in der Gesellschaft und in uns selbst“[137]: *Die Ernährungsstörungen nehmen zu // Eine flasche cola enthält mehr zucker / als meine großmutter im monat zu sich nahm / Die übersättigung unter der wir leiden wird aufgebaut / um den hunger nach speise umzubauen / in das bedürfnis nach etwas besonderem / Nicht hungrig und nicht satt / stecke ich etwas in mich hinein // Eine tageszeitung enthält mehr halblügen / als meine großmutter im monat zu sich nahm / Die übersättigung mit allem schrecklichen / an dem wir eh nichts ändern können / wird aufgebaut um den hunger nach gerechtigkeit umzubauen / in das bedürfnis nach etwas besonderem / Nicht traurig und nicht erfreut / lese ich etwas in mich hinein // Ein satz aus dem morgenprogramm enthält mehr geschwätz / als meine großmutter im monat zu sich nahm / Die übersättigung an einer sprache die nichts sagt / wird aufgebaut um die teilnahme zugrundzurichten / und unsern wunsch mit worten jemand zu berühren / lächerlich zu machen // Nicht ernst und nicht spielend / rede ich etwas aus mir heraus // In diesen zeiten ein mensch zu werden / ist etwa so möglich / daß ein kamel durch ein nadelöhr geht.* Das biblische Bild, mit welchem die Schriftstellerin diese Zeilen abrundet, lässt die Engpässe erahnen, denen sich das Bemühen um Menschwerdung in dieser Zeit gegenübersieht und konfrontiert ist mit einer Sprache, die nichts sagt. Die Ernährung und der spirituelle Hunger liegen einander so nahe, wie die Gaben auf dem Altar in die Hände genommen dem Geber aller Gaben in schlichtem Gestus entgegengehalten werden.

137 Redaktionelle Bemerkung zu *Dorothee Sölle* (1981) 241 u. 242 sowie dies. (1982) 33

Darum berührt ein weiteres Gedicht, das mit feiner Ironie eine zeitlose Medienkritik formuliert und das der Menschen und Gottes Glück zusammensieht: *Alternatives Fernsehen // Der alte mann auf dem bildschirm hat gesungen / zittrig und laut / und vermutlich auch früher nicht sauber / außerdem hatte er fast keine zähne mehr / ein bergarbeiter mit staublunge / natürlich sprach er dialekt und falsche grammatik / und warum sollte er auch / seine beste seite der kamera zeigen // wenn gott seinen fernseher anstellt / sieht er solche alten leute / sie singen / zittrig und laut / und die kamera des heiligen geistes / zeigt die würde der leute / und macht gott sagen / das ist sehr schön // später / wenn wir das bestehende fernsehen abgeschafft haben / und die haut alternder frauen ansehen dürfen / und die wimpern die überm weinen verloren gegangen sind / uns nicht angst machen / wenn wir die arbeit respektieren / und die arbeiter sichtbar geworden sind / und singen / zittrig und laut // dann werden wir / wirkliche menschen sehen / und darüber glücklich sein / wie gott.* Man würde sich neu wundern, wenn in unseren Gottesdiensten solche Texte bei der Gabenbereitung eingestreut würden. Theopoesie kann aus dem vollen Leben schöpfen und nimmt hinein in die stärkende Wandlung. Lieblos Gottesdienste zu feiern endete dort, wo die Gefühle der Mitfeiernden mit ins Geschehen genommen sind.

In der Kirche, die eine Scheune ist, in Grandchamp am Neuenburgersee, findet *Dorothee Sölle* auf ihrer Suche, das Beten zu lernen, zur Kontemplation, zur Kraft des Windes, zum weiteren Kampf für die Verhungernden und die alte Erde, zu interreligiöser Begegnung im Gesang: *Das gebet des windes in grandchamp / Der wind stöhnt um das dach der alten scheune / wir singen und schweigen / das beten zu lernen / der wind stört mich beim schweigen / kannst du nicht still sein / fahr ich ihn an / sieh doch die frommen frauen / und weißt du nichts von christus / der uns gelehrt hat / für die verhungernden einzutreten // Der wind heult um das dach der alten scheune / die eine kirche ist / das beten zu lernen / es ist nicht der wind der stört beim schweigen / hör mir doch zu / lacht er und schlägt sich gegen das dach / lass es doch sausen dein ich / und weißt du nichts vom tao / das uns gelehrt hat / nicht gegen den wind zu leben // Der wind singt um das dach der alten scheune, die eine art heimat wird / das beten zu lernen / endlich bin ich so still geworden / dass ich den wind beten höre / um die alte erde / ihre dächer und ihre antennen / dass nicht nur unsere der menschen musik da sei / singt er die ganze nacht / sein wüstes hallelujah / für die die wir vergessen // Mach uns demütig bruder wind / mach uns zornig / wenn du uns beten hilfst / so hilf auch kämpfen / sing vom tao und sing von christus.*[138] Lange Mo-

138 *Dorothea Sölle* (1984) 10 und Bilder auf https://www.grandchamp.org/ Folg. Zit. ebd. 58, 69, 137, 156, 165

mente der Hinreise zum Stillwerden, eine Handreichung zum Beten-Lernen, dargeboten aus einer Scheune – man wünschte uns Menschen mehr solcher Erfahrungen. Die engagierte Autorin lebte sie als Erfahrung von Kampf und Kontemplation, die sie an ihre Grenzen brachte und zum Fragen veranlasste: *Zu viel post // Jeder brief ist eine leere hand / immer mehr leere hände kreisen mich ein / in der nacht fang ich an zu verbrennen / all die leeren hände / die werden leere augen / und starren mich an / es nützt nichts briefe zu verbrennen / sie kommen wieder // Kann ich denn brot vermehren / und mit meinen zwei fischen / viele sattmachen/ das große genug fangen gehen / das große mehr / das die kinder rufen / beim schaukeln // Wie werd ich denn / ein brief christi.* Die persönliche Identifikation mit der biblischen Situation, wo Brot und Fische verteilt werden sollen, führt zu *Sölles* Glaubensfrage: Wie werde ich ein Brief Christi? Es ist eine für sie entscheidende Frage, ohne dabei in missionarischen Übereifer zu verfallen.

Und in diesem Briefverkehr ist IHRE MUTTER, DIE BIBEL, streng: *Mystik und gegenmystik // Manchmal wünsche ich mir / die reine übertragung der gedanken / ohne telegramme und nachrichten / die über mehrere leute gehen / den brieflosen brief / und das schweigen das keine worte braucht / das sein ohne medium // Aber meine mutter die bibel ist streng / gott belehrt sie mich / und von gott ist die rede / wenn ich ohne vermittlung sein will / spricht nur in boten / ist fleisch geworden / krebsanfällig / der zeit unterworfen / gott sagt die tradition / ist nicht nackt // Zum trost / und gegen kirchenverdummung / sagt meine mutter noch / gott hat viele kleider.*

Der Dichterin hat es DIE SPRACHE VERSCHLAGEN, als sie sich von ihr verlassen fühlte und schrieb: *Meine sprache hat mich verlassen / sie ging aus dem haus / zum briefkasten / und kam nicht wieder // Jetzt wünsche ich ohne zu beten / jetzt hasse ich ohne zu fluchen / jetzt liebe ich ohne gedichte zu machen // Es ist alles wie immer / nur kälter.* Und weiterhin werden frühmorgens bei jedem Wetter Nachrichten unter die Leute gebracht. Warum dabei Gott zu einem Backofen voll Liebe wurde, kleidet die Autorin als wie eine Predigtwürze in ihr Gedicht: *Der ofen / Als jacob klein war, hat er zeitungen ausgetragen / sie lagen im korb vorn am fahrrad / im winter war es früh dunkel und regnete / einmal stürzte jacob mit dem rad / der korb fiel um und die abendausgaben / lagen naß und verdreckt auf dem boden // Jacob war elf und es war sein erster job / er muss zuhause angerufen haben konnte aber nicht sprechen / dann kam sein Vater sie hoben die nassen Papiere auf / zuhause hat vater sagt jacob sie einzeln aufgefaltet / und auf den ofen gelegt zum trocknen / er hat mich ganz fest umarmt sagt jacob / er hat nie gesagt dass es nicht wichtig sei / alles wurde warm und trocken / dann fuhren wir zusammen im auto / und mit schwung warf er die getrockneten zei-*

*tungen / in die offenen loggien der vorstadthäuser // Als jacob diese geschichte erzählte / konnte ich den geruch von naßem dreckigen zeitungspapier das trocknet / nicht aus der nase kriegen / außerdem fiel mir martin luther ein / der gott einen ofen voll liebe nannte / daran hab ich eigentlich selten gezweifelt / nur daß ich oft nicht wußte / wo der ofen stand.*

Die Gemütsstimmung einer Frau aufnehmend, stellt sich die christliche Schriftstellerin schonungslos der in der Gegenwart weit verbreiteten KIRCHENERFAHRUNG[139]: *Die trauer in sheilas stimme / Sheila erzählt mir daß sie / am ostersonntag mal wieder zur kirche ging / sie wollte wissen denk ich mir / ob wir gründe haben / an auferstehung zu glauben / aus dem tod in dem wir jetzt sind // Ihre methode war einfach / sie las keinen alten text vor / sie paßte nicht sonderlich auf / sie fragte die teilnehmer einfach / wie denn die andere welt aussehen sollte // Das schlimmste sagt sheila war nicht das lange schweigen / man hat den leuten das reden so lange verboten / das schreckliche war was dann kam / an liebe und solchem gerede / da war keine vision sagte sheila / sie hatten nichts konkretes zu wünschen // meinst du nicht werfe ich ein / dass es nur ein sprachproblem war / aber das ist es doch sagt sie bestürzt / ohne vision das volk gottes ohne sprache // Und wenn mich etwas tröstet / in diesem gespräch nach ostern / und vor der ausgießung des geistes / dann war es die trauer in sheilas stimme / und der schmerz in ihren augen.* Die Sprachlosigkeit der Menschen in Gottesdiensten hat ihre Ursachen, die nicht erst heute mit Begriffen wie ‚Wortdurchfall' oder ‚nichtssagende Worthülsen' benannt werden. Dagegen aber, dass den Menschen konkretes Wünschen und eine Vision in trostloser Zeit fehlen, dagegen erhob *Dorothee Sölle* ihren leisen Protest, stand zu ihrem Mitgefühl und entwarf das Bild einer neuen Zeit. So wird der nachdenkliche, oft lehrhafte Ton dieser in Kirche und Gesellschaft engagierten Autorin aufgewogen mit einer Ansage, die leichtfüssig in prophetischen Worten auf das Lob Gottes einstimmt: Zeitansage / Es kommt eine zeit / da wird man den sommer gottes kommen sehen / die waffenhändler machen bankrott / die autos füllen die schrotthalden / und wir pflanzen jede einen baum // Es kommt eine zeit / da haben alle genug zu tun / und bauen die gärten chemiefrei wieder auf / in den arbeitsämtern wirst du / ältere leute summen und pfeifen hören // Es kommt eine zeit / da werden wir viel zu lachen haben / und gott wenig zum weinen / die engel spielen klarinette / und die frösche quaken die halbe nacht // Und weil wir nicht wissen / wann sie beginnt / helfen wir jetzt schon / allen engeln und fröschen / beim lobe gottes.

139 Folgende zwei Gedichte von *Dorothea Sölle* fanden sich im Publik-Forum Kalender 2012, April bzw. Juli.

## 5.4 Liturgisch geprägte Sprache und liturgische Präsenz

Inwieweit sich liturgisch geprägte Sprache vom Weg literarischen Meditierens bereichern lässt, bleibt nach den bisherigen Ausführungen zur spirituellen Lyrik offen. Ambivalent zeigt sie sich, weil sie vermehrt besonderer Hinführung bedarf. Denn offensichtlich kann lyrisch geprägte Sprache das Aussprechen des Lobes Gottes verdichtet ausdrücken. So sensibilisiert beispielsweise die Poesie *Christian Lehnerts* für eine Sprachgestaltung, welche sich mit der erwarteten liturgischen Präsenz der Mitfeiernden verbinden lässt. Und dafür müsste nach Lehnert nicht die Verständlichkeit der Sprache das wichtigste Kriterium sein.[140] Zwar macht es die sehr individuelle Diktion seiner Poesie nicht leicht, diese in den gemeinschaftlichen Ausdruck eines Gottesdienstes aufzunehmen: „Dieser Christ spricht als Vereinzelter in einer Sprache, deren Verweigerung sie spröde macht und die doch nur als lyrische möglich ist. Sie kann nur von einem Publikum aus einzelnen, in geduldiger Arbeit erschlossen und angeeignet werden“ – bemerkte *Gerhard Kaiser*. Die Anregungen Lehnerts haben dennoch größere Bedeutung für die Praxis christlicher Gottesdienste, wie hier näher betrachtet werden soll.

### Im Spannungsfeld von ‚Ich‘ – ‚Wir‘, Heimat – Fremde, Leere – Offenheit

Gottesdienste, soviel sollte als Basis gelten, öffnen Räume religiöser Kommunikation. Diese erfolgt über Menschen, die sich mit ihren Körpern, Gesten und Stimmen darin bewegen – mithin liturgisch präsent sind. Derart wenden sie sich hin zum Transzendenten durch ihr Beten, durch die Verkündigung biblischer Erzählung und im gemeinsamen Feiern. Derart wird ein liturgisches Ensemble erkennbar, wo sich die Mitfeiernden auf ihre Weise einbezogen erfahren – auch solche, die sich als Zaungäste mit einigem Respekt darüber ein Bild verschaffen möchten. Denn frei bleibt jede und jeder, auch als Dichterin oder Dichter, sich darauf einzulassen.

Dies gilt ebenso für alle, die durch ihre Achtsamkeit im rituellen Vollzug von Gottesdiensten die Begegnung mit Gottes Gegenwart suchen. Näher hin vermag dieser Begegnung die liturgisch geprägte Sprache Raum zu geben. Sie

140 Vgl. unsere Anm. 75 zu Lehnerts Bedürfnis nach Schutz durch Formeln, alten Bildern wie aber auch seiner Skepsis gegenüber zu großer Verständlichkeit von Gottesdiensten. Folg. Zit. *Gerhard Kaiser* in ders. Spätlese (2008) 173 u. ders. (2008) 87–98

braucht dazu in ihrem Modus nicht zu kühl zu bleiben oder zu nüchternsachlich. Ihr Ziel sollte das Mitfeiern aller Anwesenden sein. Wird man mit dem Motto ‚Weniger ist mehr' gut verfahren? Die Zugänge *Christian Lehnerts* lassen darauf schließen und zeigen sich in einer Einstellung, die weniger auf den triumphalen Gestus ‚Ad maiorem Dei gloriam' aus ist, vielmehr auf die Verborgenheit eines ‚Deus semper minor' setzt. *Lehnert* entzieht sich dem einfachen Gebrauch des Wortes ‚Gott' und steht ein für eine achtsame Sprache in Gottesdiensten. Selbst erkennt er die Not „verkommener Routinen einer binnenkirchlichen Sprache"[141] und findet sich beim liturgischen Beten dennoch im „Fluss von Formulierungen". Durch alles hindurch sei eine andere Aktivität am Werk: „Ein Agens, das ich nicht identifizieren kann ... Ich bin nur sein Stoff, sein Schwingungskörper". Als Beter am Altar zögert er und verharrt dort in „Furcht vor dem Geheimnis Gottes". In der Spannung um die Anrede Gottes als ‚Vater' sieht er diese Metapher als „so tief wie unscharf ... ambivalent und dicht".

Nun bewegt sich *Lehnert* hauptsächlich innerhalb des Rahmens evangelisch-lutherischer Gottesdienste. Sein Statement verweist auf die dort geltende liturgische Rollenteilung. Es komme darin zur Spannung zwischen ‚Ich' und ‚Wir'. Anspruchsvoll klingt sein Grundsatz: „Wenn ich öffentlich bete, dann vollziehe ich eine poetische Handlung." Die Sprache im Gebet konstituiere dabei dreierlei – implizit „einen Ausdruck meiner selbst, eine Vorstellung von einem ‚Wir' und ein Gottesbild". Der Hörer überprüfe dies unwillkürlich. In dieser „anthropologischen Grundsituation" lebe die Gebetssprache des Liturgen von Empathie. *Lehnert* erwartet vom liturgischen Beten, dass es im ‚Wir' gesprochen reflektiert und nicht vereinnahmend geschehe. Theologisch gesprochen geht es ihm um die ‚unsichtbare Kirche', um die Realisierung der Gemeinde als Subjekt der Gebete. Diesem Vorgang unterordnet sich sein Postulat: „Die erste Aufgabe des Betenden ist nicht das Sprechen, sondern das Hören". Er selbst bringe „im Gebet Wirklichkeit kreativ" hervor. Liegt dieser Sicht nicht das Konzept eines Glaubens zugrunde, der aus einer Art exklusivem Hören seine Kraft bezieht und im Kontrast zu verkrusteter Liturgiesprache zum Sprachereignis von literarisch herausragenden Personen

141 *Christian Lehnert*: Ins Offene. Über Poesie und Gebet, in ders. (Hg.) (2014) 17–25, 17, 18, 20–24. Vgl. auch *Georg Langenhorst* (2009) 260 ff. u. bilanzierend „Literarische Gottesrede heute" mit Betonung, dass theologische Gottesrede nachkritisch, affirmativ sein und die „zunehmende Eigenverantwortlichkeit und dynamische Identitätsentfaltung ernstnehmen" müsse (ebd. 298 f.). Langenhorst sieht bei Lehnert und Andreas Knapp einen ‚religious turn', der im Gegensatz zum ‚neuen Atheismus' „Variationen einer neuen Offenheit" markiere. So ders. (2015) 306

wird? Zumindest ein Votum von *Andreas Maier*, der selten mehr in einen Gottesdienst ging, lässt darauf schließen: „Der liebe Gott will, dass ich in der Gemeinschaft der Gläubigen sei, und das bin ich ja auch, aber nicht in der Gemeinschaft der Gesellschaft, und deshalb gehe ich nur sehr selten in einen Gottesdienst."[142] Es ist dieselbe ‚unsichtbare Kirche', von der *Lehnert* spricht und Maier noch provokanter in Kontrast zur Gesellschaft bringt.

Damit zeigt sich eine weitere Spannung zwischen einer Sprache, die beheimaten soll und gleichzeitig „die verstörende Kraft der Transzendenz" nicht ausschließt. Im öffentlichen Gebet schließlich manifestiert sich nach *Christian Lehnert* eine dritte Spannung, indem dieses sowohl „eine Spur vergangener Gottesereignisse" wie auch „Gefäß, Stätte von Erwartung und Verheißung" sei. *Lehnert* zieht aus all dem den Schluss, dass der christliche Kult heute nichts mehr beweisen müsse, er sei zu nichts mehr nutze, ein „Taugenichtstun: die gebetete Liturgie. Oder eben: Freiheit im Angesicht Gottes." „Der Gläubige muss hinaus, für sich und gefährdet, auf eine Begegnung zu, die völlig offen ist und unkalkulierbar in den Folgen. Was treibt diese Bewegung hinein ‚in die dunkle Nacht' und von dort her auf uns zu? Nichts, was es gibt. Nichts, was sich sagen lässt". Und so suche das öffentliche Gebet „vorsichtig, im Raum einer Gemeinde einen Weg ins Offene – wie das Gedicht". Die Position *Lehnerts* lässt den Schluss zu: Es muss möglich bleiben, öffentlich zu beten und dabei eine Sprache zu finden, welche Echoräume gelebter Wirklichkeit bildet – und wenn dies Räume sind für das Ausdrücken von Skepsis, Unsicherheit und einer menschlich nie abgeschlossenen Glaubenssuche. Es geht also nicht zuletzt um diese religiöse Kommunikation und eine entsprechend ‚Bespielung' ihrer Räume.

## Sprache verbindet sich mit liturgischer Präsenz

Das Ziel des Mitfeierns von Gottesdiensten vor Augen, steht liturgisch geprägte Sprache heute im Gegenwind vielfältigster Erwartungen. Ihre Nüchternheit und Formelhaftigkeit kann in der Routine zur Erstarrung führen. Umso mehr muss sich das Sprechen dieser Sprache auf das Gesamt liturgischer Präsenz öffnen. Sie braucht weniger die Form von ausufernden Kommentaren beim Vollzug eines nächsten Ritual-Schritts, wie dies vielerorts nicht sehr

142 Zit. bei *Georg Langenhorst* (2009) 299. Vgl. zur Grundlegung einer Theologie im ‚Sprachereignis' den Überblick und zur Rolle des Theologen *Ernst Fuchs* in paulinisch-lutherischer Tradition https://de.wikipedia.org/wiki/Sprachereignis (15.04.2019)

zielführend festzustellen ist, als vielmehr eine sorgfältige Hinführung in das Zusammenspiel aller Mitfeiernden im Gottesdienst und die spirituelle Einstellung einfühlsamer Zurückhaltung.

M. a. W. ist die liturgische Präsenz, von welcher *Chr. Lehnert* im Gespräch mit dem Tänzer und geistlichen Choreografen *Manfred Schnelle* hört, eine von Empathie und Gestik geprägte Haltung, die es einzuüben gelte.[143] Die aus vorhomerischer Zeit bekannten Choreuten hatten sich, wie *Schnelle* betont, bereits im getanzten Reigen bewegt, „waren Vermittler des Logos, des Musikalischen und der Bewegung". Zur Natur des Gottesdienstes gehörten diese in ihren Wechselwirkungen untereinander – Bewegung, Gesang und Verkündigung des Wortes: „Die stimmige Geste tritt zum Wortsinn und zur Klanggestalt". Würde die Sprache nicht auch das Rhythmische, die Gesetze der Dynamik und des Musikalischen beachten, könne sie ihre Wirkung nicht gänzlich entfalten. Auf Traditionen und Erneuerungen angesprochen meint *Schnelle*: „Das Eigentliche, der Kern einer gottesdienstlichen Handlung wird stets unter den Bedingungen der Gegenwart wirklich und wahr, im Präsens – und das betrifft den Reichtum der lebendigen Erinnerung ebenso wie heutige Neugestaltungen. Hier und jetzt sind wir da und stehen vor Gott!"

Wird in diesem Sinne der Raum religiöser Kommunikation bespielt, kann es gelingen, die liturgische Präsenz aller Mitfeiernden ernster zu nehmen. Alles in allem durch weniger Worte – dafür von Bibel und Lebenserfahrung geprägter Sprache. Mehr Raum für den Nachklang von Wort und Musik braucht das Gottesdienstfeiern heute, mit welchem der Weg des Glaubens nicht den Versammelten aufgedrängt, sondern als Wagnis im prekären Dasein zugemutet wird.

## 5.5 Vom Aufbrechen verkrusteter Liturgiesprache heute

Diesem Wagnis – nämlich auf Gott hin zu denken, der sich in Liebe *und* Leiden offenbaren möge – hat sich *Ottmar Fuchs* gestellt.[144] Mit einem gewich-

143 *Christian Lehnert / Manfred Schnelle* (2016) Bd. 2 Impulse für Liturgie und Gottesdienst, 18 f., 19, 21

144 Vgl. *Ottmar Fuchs* (2014) 161–194: 5. Verschärfung des Gerichts. Folg. Zit. 163, 166, 167, 183 und zur Lobpreisrede auf Gott ebd. 219–221, Volltext 222–225. Dass sich in einer Lobpreisrede die Agape ausspricht, arbeitet heraus *Hans-Christoph Askani* (2013) 305. Philosophische Notizen zum Gotteslob bei *Joachim Hake* (2004) 4–9. Die bei *O. Fuchs* dominierende Schöpfungstheologie mündet in eine liturgisch gefärbte Lobpreisrede, die den Vergleich mit dem liturgischen Denken *Franz Rosenzweigs* nicht scheuen

tigen Schlüsselsatz zur Problematik liturgisch geprägter Sprache verstärkte er den Eindruck von Schriftstellern wie *M. Walser*, *P. Handke* oder *Chr. Lehnert*: „Religiöser Glaube ist offensichtlich nicht mehr fähig, die nach wie vor starke Sehnsucht der Liebe, dass geliebte Menschen nicht einfach mehr sind, aufzunehmen, zu tragen und dieser Sehnsucht die Möglichkeit einer Verbalisierung und damit eine Verobjektivierung zu geben, der man Glauben zu schenken vermag." Es resultiert dann aber für *O. Fuchs* aus „der Dynamik der Schau Gottes" ein Bild vom Himmel als neuer Schöpfung. Diese ist passagenhaft. „Die Kategorie des Alternativ-Binären zwischen Gut und Böse fällt zurück zugunsten einer neu aufbrechenden Kategorie der Freiheit, im Crescendo der Liebe, die das Crescendo permanenter Freiheitsschübe enthält, im einen Crescendo, in der die je zukünftige Differenz zum Vorhergehenden viel tiefere Freiheitsmöglichkeiten schenkt und schärfer ist als die Differenz zwischen Gut und Böse. Wo Wahrheit, Leben, Freiheit, Liebe und Unendlichkeit zusammenfallen, reicht kein Wort aus, um die Spannung eines solchen Himmels auszudrücken, gegen alle Vorstellungen, er könne an irgendeinem Punkt ‚langweilig' sein. Es ist die unwahrscheinliche Steigerung, jedes Mal zu einem Qualitätssprung des zum nochmals Schöneren und Wunderbareren, im Sinn einer sich steigernden Qualität, die immer auch in das Schweigen unaussprechlicher Doxologie mündet."

Nun geht es *O. Fuchs* beim ‚verschärften' Gericht nicht um Drohung, sondern um Warnung, um Reueschmerz als dem eigentlichen Schmerz, der in diesem Gericht empfunden werden muss – ein Warnlicht also statt eine bodenlos erschreckende Drohbotschaft. Dies unterstreicht er mit einem Doxologion, einem Versuch, in biblisch geprägter Sprache eine Lobpreisrede auf Gott zu wagen. Als Rede ist sie vom Autor persönlich gemeint und gleichzeitig eine dichte Zusammenfassung seines Nachdenkens über den zerrissenen Gott in den Brüchen der Welt. Den auf vier Seiten reichende Lobpreis trägt dabei ein starker Bekenntnischarakter und könnte mit wenigen musikalischen Unterbrechungen in einer Wortgottesfeier aufgenommen werden. *Ottmar Fuchs* verfasste dieses Doxologion bzw. die Lobpreisung/Verherrlichung „mit einem Seitenblick auf den Ambrosianischen Lobgesang", dem Te Deum. Dem Text dieses Theologen eignet eine große Dankbarkeit, die

muss. Vgl. dazu *Daniel Hoffmann* (2002) 58–63: Die liturgische Erneuerung des Schöpfungswerkes. Einen Lobpreis Gottes in erneuerter liturgischer Sprache fanden *S. u. E. Kraft* (1999) 26 f. im ‚Gebet im Dunkel des Wartens' –ursprünglich im Advent 1985 für die anglikanische Liturgiegruppe ‚Women in Theology' geschrieben.

sich fast in Worten überschlägt und damit dem von ihm angesprochenen „Schweigen unaussprechlicher Doxologie“ entgegenläuft.

Im Vergleich dazu ist ein „Lobpreis Gottes in erneuerter liturgischer Sprache“ schlichter, der am 18. April 1986 in der Kathedrale von Canterbury in einer ‚Liturgie der Hoffnung‘ gebetet wurde: *Gebet im Dunkel des Wartens // Für die Dunkelheit des Wartens, / des Nichtwissens, was auf uns zukommt, / des Bereitseins in Ruhe und Aufmerksamkeit, / preisen wir Dich, o Gott, / denn Dunkelheit und Licht / sind vor Dir gleich. // Für die Dunkelheit des Schweigens, / für den Schrecken, wortlos zu sein, / und den größeren Schrecken, / keine Worte zu brauchen, / preisen wir Dich, o Gott, / denn Dunkelheit und Licht / sind vor Dir gleich. // Für die Dunkelheit des Liebens, / in der wir sicher sind, wenn wir uns ausliefern, / wenn wir jede Verteidigung aufgeben / und unser Verlangen nicht mehr zurückhalten, / preisen wir Dich, o Gott, / denn Dunkelheit und Licht / sind vor Dir gleich. // Für die Dunkelheit der Entscheidung, / in der Du uns eine Zeit gibst, / zu sprechen, zu handeln, zu verändern, / wo wir nicht wissen, / was wir in Bewegung gesetzt haben, / und dennoch das Wagnis auf uns nehmen müssen, / preisen wir Dich, o Gott, / denn Dunkelheit und Licht / sind vor Dir gleich. // Für die Dunkelheit der Hoffnung / in einer Welt, die nach Dir verlangt, / für das Stöhnen und Ringen der ganzen Schöpfung / nach Gerechtigkeit und Freiheit / preisen wir Dich, o Gott, / denn Dunkelheit und Licht / sind vor Dir gleich.* Dieses Gebet öffnet und schenkt den Versammelten Räume für das Preisen Gottes inmitten der Beschränkungen menschlicher Lebenswelt. Es lässt sich besonders in die Nachtstunden des Gründonnerstags auf den Karfreitag mitnehmen.

## 5.6 Zeugnisse zeitgenössischen Sprechens zu Gott

Zeitgenössisches Sprechen *von* und *zu* Gott findet sich auch außerhalb liturgischer Praxis und zeigt dort ihre von Einzelstimmen geprägte Färbung. Ob literarisch ausgedehnter oder in Tagebucheinträgen auffindbar, ihre Anstöße können der Spracharbeit an Gottesdiensten weiterhelfen. Für das Werk *Silja Walters*, das uns noch beschäftigen wird, trifft dies in anders gewichtetem Ausmaß zu als für die hier folgenden Zeugnisse, in denen uns die Anreden Gottes interessieren.

## Der Stille auf der Spur

Keine ausgebaute Morgenandacht ist ein knappes Gedicht von *Peter Handke.* Vielmehr zeugt es vom literarischen Beten eines Einsamen: *An den Morgen / Aufgewacht vor dem morgenhellen Himmel: / Über die noch dunklen Dächer / Treibt aus den Kaminen schon langsamer Rauch / Die Vögel: Sine fine dicentes / Und alle Lieben leben.*[145] Unmittelbar daran anschließend liegt es nahe, an das wenig beachtete Werk von *Robert Lax* (1915–2000) zu erinnern.[146] Wie dieser vor Jahren periodisch als Gast im Luzerner Priesterseminar ein und aus ging, strahlte er einfachste Schlichtheit aus, zeigte sich als Gegenüber von tiefer Menschlichkeit geprägt, erfahren im Aushalten existenzieller Armut und gleichzeitig weltoffen. Etliche seiner literarischen Zeugnisse rücken in den Grenzbereich von Wort und Musik und wirken in ihrer zur Meditation hinführenden leisen und unaufdringlichen Dynamik. R. Lax entwickelte sie auf seiner von buddhistischer Spiritualität beeinflussten „mystischen Suche". Sie verhilft dazu, eine unaufdringliche Gebetskultur zu entfalten, die sowohl der Betrachtung der Natur wie der politischen Geschehnisse gleichsam in schweigender Einstimmung auf liturgisches Geschehen den Vorzug gibt. So hielt die Schriftstellerin *Irène Bourquin* fest: „Lax' Haltung: den Frieden wachsen lassen, bei sich selbst beginnend, Keime legen: ‚peace / ful // spir / it // com / mu / ni / cates // peace'. Dächten, lebten alle so, gäbe es keine Kriegsbrände zu ersticken. Da diese aber weltweit an vielen Orten lodern, wurde der stille Philosoph auch zum unnachgiebigen Friedenssucher … Der Dichter selbst fand Frieden in einer Vita contemplativa, auf der griechischen Insel Patmos und auf einer Zeit-Insel, denn er, der Stille und bewußt Langsame, verweigerte sich jahrzehntelang dem Lärm und der Hetze. Konzentriertes Da-Sein im Augenblick: ‚bring // peace // to // the // mo / ment // let // the // mo / ment // bring // peace // to // you'". Der Suche nach dem Licht verhilft die kontemplative Haltung dieses eindrücklichen und humorvollen „Eremits unserer Zeit", dessen Lächeln in der direkten Begegnung einnehmend war: *Manchmal glaube ich, es ist wie mit sellerie-stengeln, die im dunkeln wachsen.*

145 *Peter Handke* (1980) 121

146 *Max Josef Schuster* (11.01.2019). Eingehender die Beiträge von *Irène Bourquin*, die nach einem Besuch in Patmos schreibt: „Lax ist in der reformiert-jüdischen Tradition aufgewachsen, später zum Katholizismus konvertiert, hat sich mit altindischen Lehren und Zen-Buddhismus befaßt … Ein Lyriker zwischen PC und Zen, ein 80jähriger Philosoph und Gottsucher, der Schritt hält mit der Zeit, während er ewigen Werten nachsinnt", in dies. (1995) 243. Folg. Zit. dies. (2001) 200 u. dies. (1999) 102 f., 102. Zu Person und Werk dies. (1999) 249 und dies. (2000) 211 f. sowie *Engelbert Groß* (2006) 128 f.

*Stengel, die zum lichte drängen. Mein warten auf dich ist wie eine pflanze, die dem licht entgegenwächst. Weicht nicht von ihrer bahn. Kein wind kann sie drehen. Ich warte & weiß, dass ich warte.*

## Ein Diplomat, der betet

Der Einfachheit als Leitidee verschrieb sich der Diplomat, Dichter und Beter *Dag Hammarskjöld* (1905–1961): *Einfachheit / Einfachheit heißt, / die Wirklichkeit nicht in Beziehung auf uns zu erleben, / sondern in ihrer heiligen Unabhängigkeit. // Einfachheit heißt / sehen, urteilen und handeln / von dem Punkt her, in welchem wir in uns selber ruhen. // Wie vieles fällt da weg! / Und wie fällt alles andere in die rechte Lage! // Im Zentrum unseres Wesens ruhend, begegnen wir einer Welt, in der alles auf gleiche Art in sich ruht. // Dadurch wird der Baum zu einem Mysterium, / die Wolke zu einer Offenbarung / und der Mensch zu einem Kosmos, / dessen Reichtum wir nur zu einem Bruchteil erfassen. // Für den Einfachen ist das Leben einfach, / aber es öffnet ein Buch, in welchem wir / nie über die ersten Buchstaben hinauskommen.*[147]

Am Morgen schon sah *Hammarskjöld* den Tag und die bald nahende Nacht vor sich: *Bald naht die Nacht – – / Jeder Tag der erste. – Jeder Tag ein Leben. / Jeden Morgen soll die Schale unseres Lebens hingehalten werden, um aufzunehmen, zu tragen und zurückzugeben. / Leer hinreichen – denn was vorher war, soll sich nur spiegeln in ihrer Klarheit, ihrer Form, ihrer Weite.* Der christlichen Spiritualität verbunden notierte der welterfahrene Politiker Gebete, die sich als Bereicherung liturgisch geprägter Sprache anbieten. In intimer Anrede richtet er sein Bittgebet an sein transzendentes Du und verhilft Mitbetenden bis in existentielle Entscheidungen hinein zu berührender Selbsterkenntnis: *Du, der über uns ist, / Du, der einer von uns ist, / Du, der ist – auch in uns; / dass alle dich sehen – auch in mir, / dass ich den Weg bereite für dich, / dass ich danke für alles, was mir widerfuhr. / Dass ich dabei nicht vergesse der anderen Not. / Behalte mich in deiner Liebe, / so wie du willst, dass andere bleiben in der meinen. / Möchte sich alles in diesem meinem Wesen / zu deiner Ehre wenden, / und möchte ich nie verzweifeln. / Denn ich bin unter deiner Hand, / und alle Kraft und Güte sind in dir. // Gib mir einen reinen Sinn – / dass ich dich erblicke, /*

147 Zit. bei *Paul Konrad Kurz* (1965) 198. ‚Bald naht die Nacht' aus ders. ($^{8}$1973) 80 f. ‚Du, der über uns ist' ebd. 57 f. Die letzten vier Zeilen finden sich als Vierzeiler im Schweizer KG 191.3. ‚Geheiligt werde dein Name' ebd. 78. Zu Hammarskjöld als modernem Mystiker eingehend *Bernhard Maurer* (2001) 420–434

*einen demütigen Sinn – / dass ich dich höre, / einen liebenden Sinn – / dass ich dir diene, / einen gläubigen Sinn – dass ich in dir bleibe.* Als Friedensbitte lassen sich die folgenden Zeilen in Gottesdiensten integral nach dem Beten des Vaterunser vor der anschließenden Zusage des Friedens aufnehmen: „Geheiligt werde dein Name, / *nicht der meine,* / Dein Reich komme, / *nicht das meine,* / Dein Wille geschehe / *nicht der meine,* / Gib uns Frieden mit Dir / Frieden mit den Menschen / Frieden mit uns selbst / und befreie uns von Angst."

## Neudichtungen des Magnificat

Auf eine *Neudichtung des Magnificat* durch *Elisabeth Bernet* machte Anton Rotzetter aufmerksam.[148] Darin verknüpfen sich im konkret gelebten Glaubensfeld die Aussagen ‚Gott heißt Erbarmen' und ‚Mensch heißt Erbarmen' zu einer Mensch und Gott verbindenden Vision. Diese Neudichtung empfiehlt sich im Rahmen zeitgenössischer Gottesdienste, die einer neuen marianischen Spiritualität verpflichtet sind: *Magnificat / Ich tanze und springe / die Umkehr der Dinge / ist da / die Rettung ist nah // das Harte wird weich / das Arme wird reich / das Müde und Tote lebendig / das Große wird klein / das Grobe wird fein / und alles Zerstörte beständig // jubelt ihr Kleinen / gehört ist das Weinen / der Armen / Gott heißt Erbarmen // ich tanze und springe / die Umkehr der Dinge / ist da / die Rettung ist nah // jedes Kind wird gehört / jede Waffe zerstört / und kein Tier fürchtet sich vor den Menschen / der Folterer backt Brot / der Tyrann lindert Not / alle Länder öffnen die Grenzen // jubelt ihr Kleinen / gehört ist das Weinen / der Armen / Mensch heißt Erbarmen // ich tanze und springe / die Umkehr der Dinge / ist da / die Rettung ist nah // der Soldat füttert Tauben / der Minister pflanzt Trauben / jede Träne wird Wasser des Lebens / jeder Hunger gestillt / jeder Traum wird erfüllt / und keiner sehnt sich vergebens // jubelt ihr Kleinen / gehört ist das Weinen / der Armen / Gott heißt Erbarmen // ich tanze und springe / die Umkehr der Dinge / ist da / die Rettung ist nah // Lachen und Licht / fällt auf jedes Gesicht / kein Geringes braucht sich mehr zu schämen / alles Sanfte besteht / jeder Kummer vergeht / Gott selbst trocknet all unsere Tränen // jubelt ihr Kleinen / gehört ist das Weinen / der Armen / Mensch heißt Erbarmen // ich tanze und springe / die Umkehr der Dinge / ist da / die Rettung ist nah // Gott senkt sein Liebeslied in meinen Schoß // so bin ich groß.* Die Sprachmelodie dieses Textes erinnert an die nachhaltig starken „Impulse der Erneuerung"

148 Vgl. ders. am 24.09.2010

aus der Feder folgender Autorin, die ihr eigenes Magnificat in der zurückliegenden Zeit eines expressiv feministischen Aufbruchs niederschrieb.

*Christa Peikert-Flaspöhler* (* 1927) hat als Trägerin des ‚Gottespoetinnen Preises' der Hanna-Strack-Stiftung Dichtung geschaffen, die in den Augen ihrer Interpretin *Beatrice Eichmann-Leutenegger* beides enthalten, „lyrischen Anspruch" und „gebethaften Impuls".[149] Ihre Anreden Gottes, die stets auf ein ‚Du' hin sprechen lässt, werden begleitet von einer neuen Sprache, welche die für Menschen der Gegenwart „nahezu unüberwindlichen" dogmatischen Hindernisse christlichen Glaubens überbrückt. Dies bezeugt sie als Autorin, die menschennah und genährt aus vertieftem Nachdenken und der Verankerung in biblischer Tradition ihr *Glaubensbekenntnis* formuliert: *Der andere Gott // Ich glaube, dass du ganz anders bist, Gott, als wir denken; / dass du dich niemals festschreiben lässt / in eine Gestalt, in ein Bild. // Ich glaube an dich, heilige Kraft, / die Mutter und Vater für uns ist in Weisheit und Güte; / und dass uns Leiden und Not nicht trennen von dir; // Ich glaube, dass du Erde und Himmel geboren hast, / das Weltall mit Sonnen- und Planetensystemen, / und dass du weiter Leben schenkst, / auch wenn wir es nicht sehen. // Ich glaube an Jesus von Nazaret, / den Menschen deiner Liebe, / der aus dir und in dir lebte und lebt, / deinen Sohn, unseren Bruder; / Maria hat ihn, innig vereint mit dir, geboren; / in Liebe und Treue zu dir und zu uns Menschen / ist er am Kreuz gestorben; / er wurde begraben und du hast ihn aus dem Tod geweckt / in unvergängliches Leben mit dir. // Ich glaube an den heiligen Geist, / die Schöpferin Liebe; / ich glaube, dass du unsere christlichen Kirchen / verwandeln und heiligen willst, / dass du unsere offenen Herzen erwartest, / damit die Erde bewohnbar bleibt. // Ich glaube, dass du uns bedingungslos annimmst als Kinder, / ob Frau oder Mann, ob schwarz oder weiß, ob arm oder reich; / ich glaube, dass du die Schuld vergibst, //*

149 Vgl. *Beatrice Eichmann-Leutenegger* (1997) 109 und dies. (2000) 340–343. Die klare Wortwahl der streitbaren Lyrikerin wurde missverstanden, wie sie die an Weihnachten erfahrene Schwierigkeit ansprach. Es seien durch „die christliche Festlegung der Jungfrau Maria, des Jesus Christus, ‚wahrer Mensch und wahrer Gott' … so vielen Christen und Christinnen nahezu unüberwindliche Glaubenshindernisse in den Weg gelegt" worden. Auch ihr sei es länger so ergangen, „weil in den christlichen Gemeinden äußerst selten erklärende Verkündigung des Symbolgehalts der Weihnachtsgeschichte erfolgt". So *Christa Peikert-Flasphöler* (2000) 757 ff., 759. Vgl. Wortmeldung *Kurt Regli* (2001) 40 und die Stellungnahme der Schweizerischen Bischofskonferenz ebd. 38. Das Präsidium der SBK argumentierte lehramtlich und reagierte einzig auf die im Text der Lyrikerin benannten „Glaubenshindernisse", ohne zu beachten, dass die Autorin vorsichtig von „nahezu"(!) unüberwindlichen Hindernissen geschrieben hatte. Folg. Glaubensbekenntnis der Autorin auf www.wir-sind-kirche.at/liturgische-texte/der-ganz-andere-gott (24.05.2010)

*Ich glaube, dass du uns durch den Tunnel des Todes / ins Leben und in die Freude rufst für immer. / Amen.*

Deutliche und im Vergleich zur Neudichtung von *E. Bernet* expressivere feministische Worte fand die Lyrikerin *Ch. Peikert* in ihrem zweiteiligen *Magnificat im 20. Jahrhundert* und greift in ihrer Anrede Gottes auf biblische Traditionen zurück*: Eurem Herrn / Ihr Herren der Kirche / Ihr Herren der Welt / singe ich kein Lied / das Lob für Euren Manngott / allmächtig / soll mich nicht länger ersticken // ich will meine Würde / wurzelnd im Schoß der Liebe / nicht als Hure verkaufen. / ich will mein Heil / nicht verschachern / damit ihr ungestört weiterregieren könnt / und mich ans Verdienstkreuz hängt / für den gewohnten Gehorsam. // die heilige Weisheit / den zärtlichen Urgrund / die Schöpferin Liebe / die Quelle des Heiles / die ewige Kraft / den heiligen Atem / bete ich an // ich singe dem Leben / das strömt, nicht mauert / ich traue der Liebe / die freigibt, nicht fesselt / ich danke der Güte / die aufbäumt, nicht kleinhält // Du Heilige-Heiliger tust an mir / was die Selbst-Herrlichen verhindern wollen: / Du lässt mich* schöpferisch / *leben / alles, was Du mir gibst / darf* voll kommen / *werden // deshalb / erschüttern mich Freude und Glück / deshalb / leuchtest Du in unsern Gesichtern //* II *// Du nimmst den Mächtigen die Masken ab / und löst den stolzen Hofstatt auf / die Unterdrückten atmen frei / in Deiner Liebe / und richten sich zu voller Würde auf / Du pflanzt den reichen Hunger ein / den Hungernden teilst Du dich endlos mit / in allen guten Gaben / Du Heiliger, Du Heilige / vereinst in Dir die Ohnmacht mit der Macht / umarmst verletzlich unsre Leiden, unsre Schuld / schaffst schmerzvoll / überquellend Leben / im Gebären // Du, jeden Namen sprengend und / auf tausend Namen wartend / erschließt uns sterblichen Menschen / Dein Herz / der Tod, ein Verwandler / muss dienend uns leiten / in die Vollendung der Liebe*[150]

Wie hier den Mächtigen die Masken abgenommen werden, leuchtet das angesprochene *Du Heilige-Heiliger … Du in unseren Gesichtern.* Die transzendierende Dynamik solcher Sprache forderte den Umbruch zu einem ausdrücklich anderen Sprechen zu Gott. Dies dokumentiert nicht nur die

150 Hier u. folg. aus *Christa Peikert-Flaspöhler* (1992) 45 f., 124 und dies. (1993) 81, 142. Vgl. www.hanna-strack.de/wp/wp-content/uploads/2011/11/PeikFlLAUDATIO.doc mit Passage aus Laudatio von Sr. Michaela Bank (Berlin) zur Übergabe des ‚Gottespoetinnen Preises': „Sie stellen uns Bilder von Gott vor Augen, in denen Frauen ihre religiösen Erfahrungen, ihre Deutungen der letzten Wirklichkeiten ausdrücken können; sie helfen Bilder neu zu entziffern und versuchen die hin und wieder durchkommenden Frauengeschichten der Bibel an die Oberfläche zu holen. Sie besingen Gottes Geist als weiblich-göttliche Ursprungskraft und verbinden damit die Sehnsucht, einen Weg aus der Sprachlosigkeit zu suchen."

Wortwahl in einer weiblich formulierten Paraphrase des christlichen Schlüsselgebets: *das andere Gesicht Gottes // unsere Mutter / im Leben und Sterben / dein Name werde entbunden / deine fruchtbare Liebe ist unser Reich / darin deine Fülle zur Welt kommt / ohne Ende / das tägliche Brot und den täglichen Hunger / hilf uns zu teilen / ermögliche uns die Ver-Suchung / Freiheit und Liebe; / denn die HERRschaft ist das Übel; // aber dir gehören Geburt und Leben und / Wandlung / endlos // Amen*

Der Autorin liegt daran, nie mehr sprachlos sein zu wollen. Sie will ihrer Bibellektüre entlang *ent-decken*, wie Frauengestalten ihre Beziehung zum Göttlichen gestaltet haben. Sie schält Erfahrungen von Frauen heraus wie jener, die Jesus die Füße wusch: *Neue Mahl-Zeit // mann hat ihren Namen / begraben / die Totgeschwiegene ent-deckt / den Gerechten / die neue Mahl-Zeit / sie schöpft aus sich / das kostbare Naß / um Jeschuas Füße zu tränken / hüllt sie zärtlich / in lebende Seide / und salbt / die wunde Zukunft / beim Abschiedsmahl / tut er ein gleiches*

Die schlesische Lyrikerin spricht Gott eigenständig an mit *ruach* und bittet um *Mut zum Unmut* in sprachlos machender Umgebung: *ruach, komm // ruach, komm auf unsere Zungen / löse Furcht und banges Schweigen / gib uns Mut zum Unmut ein / niemals mehr / wollen wir sprachlos sein // ruach, komm ins unsere Augen / löse Film und blindes Glauben / gib uns Mut zum Sehen ein / niemals mehr / wollen wir lichtlos sein // ruach, treibe unseren Willen / wecke Zorn und schenke Atem / gib uns Mut zum Werden ein / niemals mehr / wollen wir harmlos sein // ruach, küsse unsere Hände / stärke Kraft und Zärtlichkeiten / gib uns Mut zum Handeln ein / niemals mehr / wollen wir machtlos sein // ruach, heile allen Mangel / eine Körper, Geist und Seele / gib uns Mut zur Freundschaft ein / niemals mehr / wollen wir gottlos sein*

Ihre eigene Überzeugung umschrieb *Ch. Peikert*: „Wenn wir Frauen uns lösen aus Enge und Erstarrung, uns er-lösen lassen von der Weisheit, von der Rûach, ermöglichen wir gleichzeitig Männern Schritte aus den festgeschriebenen, einseitigen Rollen … das Wagnis des Neuwerdens, die Ent-deckung belebender, befreiender Gottesfülle, Aufbruch zum Reich Gottes. Reich Gottes? Das noch unbekannte, ersehnte Dasein, in dem endgültig die Liebe gewinnt".[151] Es ist solcherart Herauslösen aus starrer dogmatischer Sprache, welches die Lyrikerin zum Ausdruck bringt, und der Gestalt Jesu in seinen weitgehend vergessenen Taten und Worten ein auf die Transzendenz hin transparentes Gesicht gibt: *Danke, Jesus, dein Gesicht // danke, von Mensch zu Mensch dein Gesicht / danke, dein Lächeln bricht / Fremde entzwei / wo wir*

151 Dies. (1999) 17. Folg. ebd. 81

*dich suchen, bist du dabei // du kennst die Blumen, das Gras und das Korn / du fühlst die Freude, die Not und den Zorn // du kennst die Bäume, den Staub und den Tau / du liebst die Kinder, den Mann und die Frau / du kennst die Tiere, das Licht und den See / du schmeckst die Wüste, den Wein und das Weh // du spürst die Armut, die Schuld und den Neid / du weißt um Freundschaft, Gewalt und den Streit // du teilst die Hoffnung, das Wort und das Brot / du schreist in Ängsten, in Folter und Tod // du liebst die Liebe vertraust wie ein Kind / du zeigst uns allen, dass Himmel beginnt // danke, von Mensch zu Mensch dein Gesicht / danke, dein Lächeln bricht / Fremde entzwei / wo wir dich suchen, bist du dabei*

## Psalmen eines Exilierten

Der in der Geschichte des Sprechens zu Gott hervorragende Ort der Psalmen hat mit den *Psalmen* des Exiliraners *SAID* (1947–2021) eine neue weitende Dimension erhalten. Diese Texte zeugen von persönlicher Auseinandersetzung mit dem Beten als Kulturgut, ebenso sprachstark wie spirituell bewegend. Der Autor verstand sich soziologisch als Muslim[152] und kleidete seine eigene spirituelle Suche in die Sprachform der Psalmen. Konsequent hielt er die Gebets-Anrede *‚herr'* durch und hob sich darin von einer anderen konsequenten Haltung ab, diese Anrede nicht mehr gebrauchen zu wollen. In SAIDs Psalmen klingt zudem seine kritische Haltung gegenüber dem Regime in seiner Heimat mit. Sie ließ ihn um die Kraft der Reflexion bitten und darum, dass fremdbestimmte Einengungen überwunden werden. Exemplarisch etwa sind diese Spannungen in folgenden zwei SAID-Psalmen zu spüren, die beide ein Bild des *‚herrn'* zeichnen, der sich selbst in einer Art Exil befindet.

*herr / gib mir die kraft zu reflektieren und zu verklären / denn ich suche dich / mit meinem fleisch mit meiner trauer / und wenn du zurückkommst aus der fremde / mit einem zerschlissenen gedächtnis / so sprich / ich flehe dich an oh herr / in der sprache der mütter / die auf ihre kinder warten.* Der hier betet, erinnert sich seiner Muttersprache und fordert sie von seinem transzendenten Gegenüber. Und um neue Horizonte bittend, sucht er nach jemandem, der ihn bedingungslos anhört: *verscheuche / oh herr / die tagespropheten / die mich nur zähmen wollen / schaffe die gesetze ab / das stumpfe handwerk der gesättigten*

152 Hier u. folg. eingehende Auseinandersetzung mit SAID bei *Christoph Gellner* in: *Alfred Bodenheimer / Jan-Heiner Tück* (Hg.) (2014) 211–228, 213, 216, 217. Zit. Psalmen aus *SAID* ($^3$2010) 59, 62 u. 11 sowie der von der Redaktion feinschwarz erbetene Psalm zum Jahresanfang 2019 auf https://www.feinschwarz.net/said-psalm/

*/ und führe mich in eine landschaft / die meine zerrissenheit lindert / die mich anhört / ohne loyalität zu fordern.*

Generell brechen solche Zeilen die „überkommene Gebetstradition“ ab, wie *Christoph Gellner* bemerkt hat. Ihr formaler und inhaltlicher Spannungsbogen reicht von Gebet zum Schrei, zum Gedicht und zum „Hadern mit Gott“: „Zornig, fordernd und klagend, nachdenklich und zweifelnd richtet sich der 99-fache Anruf dieser Psalmgedichte an keinen explizit muslimischen, christlichen oder jüdischen ‚herrn‘.“ Diese Qualität macht sie nicht unbedingt geeignet für liturgisches Sprechen. Weil dieses Beten ein eigentliches Ins-Gebet-Nehmen des Angesprochenen ist, weckt es die Erinnerung an die biblischen Erfahrungen der Frühzeit im gleichen Kulturraum. Haben nicht die Protagonisten der Frühzeit wie Abraham, Isaak und Jakob mit dem Transzendenten gerungen? SAIDs Texte vermögen das heutige Ringen um Gott existenziell glaubwürdig zur Sprache zu bringen. Zwei weitere Beispiele aus diesen *Psalmen* bilden den Abschluss vorliegender Zeugnisse zeitgenössischen Sprechens zu Gott. Sie lesen sich als schillernder Kontrast zur nachfolgend geschilderten Gebetswelt von *Silja Walter*, und bestärken das Anliegen nach konkreter und unverbrauchter Sprache im Sprechen zu Gott.

*herr / lass mich eine wasserlache sein / die deinen himmel spiegelt / und deine gebete murmelt / damit mich auch die zikaden verstehen / erscheine oh herr / selbst wenn du keine wahl hast / als den steilen weg des blutes / und nimm die flüchtlinge auf / weil jede flucht in deinem auge endet / selbst wenn der flüchtende in seiner not dich vergisst / denn nur wer an dir zweifelt / sucht dich.*

Und als Gebet zum Jahresanfang 2019: *herr / höre mein geschrei mein gebet mein gedicht / erhöre mich / auf daß ich wieder ungehorsam werde / lehre mir genügsamkeit / damit ich meiner freiheit dienen kann / auf daß sie die demut gebiere / ohne die ich mich nicht wehren kann / gegen die selbstliebe und den überfluß / gegen die unkluge vernunft / die uns blind macht für das leid anderer / und taub für das eigene gebrechen. / siehe herr / wir sind am ende / wir schenken den handys glauben / und gehorchen unseren habgierigen händen / wir haben längst die schamgrenze erreicht / und sind bieder geworden / es ist zeit / oh herr / daß du erscheinst / erscheine und zerschlage unseren schönen schein / damit wir den dingen zuhören / bis sie wieder von sich erzählen / gehe mit deinem schwert zwischen uns / und führe alles zusammen / was wir in unserer hybris entzweit haben / und verjage die wechsler abermals aus dem tempel / siehe / sie sind wieder salonfähig / und predigen in schönen worten / erscheine barfüßig und sprich in der sprache der durstenden / für unsere tauben ohren / auf daß wir das schweigen wiedererlernen / und schwindelgefühl uns dann erfaßt / herr / verjage auch die falschen propheten / die sich in unserem herzen eingerichtet haben / lehre uns niemandem untertan zu sein / um uns treu zu bleiben / denn wir wollen dir näherkommen / und schaff die gottesbeschützer ab / die das trennende betonen / in deinem und im namen der silberlinge / und sich täglich vermehren / siehe herr / ich bin wütend / dein schwert ist bald von nöten*

Nach diesem Durchgang durch Zeugnisse zeitgenössischen Sprechens zu Gott soll im nächsten Schritt *Silja Walters* Werk ins Zentrum rücken – einer Stimme der Gegenwart, die ihre biografischen Schlüsselerfahrungen hineinfließen ließ in ihr Reden über und zu Gott. Silja Walter kann wohl als jene Person gelten, welche dem Erzählen von Gott ihre sehr persönliche Note gab sowie zur Neufassung gottesdienstlicher Texte Wesentliches beigetragen hat.

## 5.7 Silja Walter: Das Ewige in der Zeit

Mit ihrem Werk hat *Silja Walter* (1919–2011) bei der Neufindung religiöser und liturgischer Sprache bedeutsame Wege beschritten. Sie verhalf dazu, das Erleben gottesdienstlicher Feiern nach dem Zweiten Vatikanum aus Routine und Verkrustung herauszuführen. Entlang ihrer Autobiografie und einem vertieften Ausloten der Sprachwelt von Schwester Maria Hedwig soll hier versucht werden, Weg und Denkart einer schreibenden Nonne zu skizzieren. Leitendes Interesse dieser Skizzen ist kein ausgewachsener Kommentar, sondern ein Einblick in eine Gebetswelt, in der die Selbsterfahrung einer Christin sich vom persönlichen Glaubensvollzug kaum abhebt – sich nachgerade beim Schreiben vollzieht. Bis in ihre letzten Jahre gab sie dazu einer breiteren Öffentlichkeit zu verstehen: „Ich bin nur eine Nonne, die schreibt. Ich glaube, darum schreibe ich.“[153] Methodisch halten wir uns an ihre Lebensbeschreibung, die Zugänge in Räume öffnet, in denen Reflexionen, Selbst- und Glaubenszeugnisse in teilweise dichterischer Sprache aufeinander folgen. Über ihre Autobiografie gelingt ein unbelasteter Zugang in die zwar nicht chronologisch, dafür motivisch ausgerichteten und gleichzeitig ineinanderlaufenden Themenstränge.

Die Ausnahme-Autorin gegenwärtiger religiöser Sprache erzählt von der *Grunderfahrung des Ewigen in der Zeit* und daraus resultierend vom *Hineingezogen-Werden in die Realisierung monastischer Existenz.* Auf ihrer länge-

153 Dies. (2008/05) 46. Von ihren teilweise hohen Ansprüchen berichten informative Portraits von *Pia Reinacher* (TA 23.04.1999) und *Helene Arnet* (TA 29.04.2004). Als 91-jährige fragt sie fiktiv vom Himmel her: Willst du auch mal 91 Jahre alt werden? https://gott.net/erlesen/himmlische-post-1-teil/silja-walter.html

ren Suche nach der eigenen Mitte entdeckt sie *ihre eigene Heilsgeschichte* und findet ihre Triebfedern vor allem in der *Bibel sowie benediktinisch geprägter Feier der Liturgie.* Ihr Weg prägt zudem eine ökumenische Note, indem sie Gottesdienste und Mysterienspiele in einer Sprache mitgestaltete, die von gemeinsamer Öffnung zur Transzendenz zeugen.

## Autobiografisches Glaubenszeugnis als Schlüssel

Gleich zu Beginn unterlegte sie ihrer Biografie als markanten Beweggrund *das Ewige in der Zeit.* Sie sei mit dem Eintritt ins Kloster „aus der Tyrannei der Dinge" der sechs Tage herausgekommen und habe seither versucht, „teilzunehmen an dem, was ewig ist in der Zeit"[154]. Das Leitmotiv stammte vom jüdischen Theologen *A. J. Heschel* aus dessen Nachdenken über den Schabbat. Diesem Denken nahe, sah sie das „Christus-Mysterium" als ihr Zentrum und präzisierte ihre Identität im Glauben: „Ich denke mir, es geht im Christentum darum, sich vom Heilswerk Gottes persönlich angesprochen zu hören und sich im universalen Heils-Spiel, das in der Genesis begann, selber als miteinbezogen seine christliche Identität zu erfahren und zu bekennen" (SWB 12).

Auf dem Weg dahin suchte *S. Walter* „die Bedrängnis mit Gott loszuwerden" (SWB 19), spürte (in „Monika tanzt") dem Tanz nach und erfuhr, wie dabei Gott mitten im Weg stand – unsichtbar und zugleich wirklich: „Nichts außer Gott kann so unsäglich tonlos unsichtbar und wirklich sein, als sei alle Umwelt aufgelöst und unendlich weit weggewichen" (SWB 20) – und fragte

154 Hier u. folg. *Silja Walter* SWB ($^{2}$2009) 56, 11, variiert 140, 175, 201. Vgl. den Kontext bei *Abraham J. Heschel*, der von der „Tyrannei der Dinge des Raumes" (!) spricht in: ders. (2001) 9 f. „Die Bedeutung des Sabbat ist, die Zeit zu feiern und nicht den Raum. Sechs Tage der Woche leben wir unter der Tyrannei der Dinge des Raumes; am Sabbat versuchen wir, uns einzustimmen auf die Heiligung der Zeit. An diesem Tag sind wir aufgerufen, Anteil zu nehmen an dem, was ewig ist in der Zeit, uns vom Geschaffenen dem Geheimnis der Schöpfung selbst zuzuwenden, von der Welt der Schöpfung zur Schöpfung der Welt." Präzisierend und auf das Leben Silja Walters zutreffend ders. ebd. 4 f.: „Das höhere Ziel geistigen Lebens ist nicht, eine Fülle von Wissen als Besitz zu erwerben, sondern heilige Augenblicke zu erleben. Bei einer religiösen Erfahrung z. B. drängt sich dem Menschen nicht ein Ding auf, sondern eine geistige Präsenz. Was in der Seele haften bleibt, ist der Augenblick der Erkenntnis, nicht aber der Ort, wo diese sich ereignet hat. Ein Augenblick der Erkenntnis ist ein Schatz, der uns über die Begrenztheit der gemessenen Zeit hinausführt. Geistiges Leben gerät in Verfall, wenn wir kein Gefühl mehr für die Größe dessen haben, was ewig ist in der Zeit".

schließlich, was sie von ihrer „Not der Gottesfrage" befreie (SWB 22). Ihrer Bedrängnis folgte die Verwirrung („Die Irre"), in der sie etwa ihre erste Liebe wie einen „räuberischen Überfall" erfuhr und „gegen Einbruch und Besitzrecht einer fremden Macht" protestierte (SWB 30 ff.), bis sie dem Gefühlschaos entzogen ihre ersten (Mysterien-)Spiele und später an Gottesdienst-Modellen mitschrieb (SWB 40–49).

Am 6. August 1947 frühmorgens überkam sie am „Ufer des von den Bergen verdunkelten Schwarzsee ... eine große Ruhe". Dies geschah ihr beim Anblick der aufgehenden Sonne in Gegenwart der Frauen ihres Teams und ihrer Mutter nahe von Randa im Wallis. Während der anschließenden Messe erhielt sie den Anstoß zur Beantwortung ihrer Frage nach dem „Wohin jetzt?" (SWB 50 f.). Es war der Ruf zur monastischen Lebensweise. Sie fand den Weg zu ihrer inneren Wahrheit: „Sage ich Wahrheit, meine ich meine Wahrheit. Und die heißt: ‚Das dreifarbene Meer', die Erfahrung vom Schwarzsee. Eine bloß subjektive Erfahrung, nicht nachvollziehbar .... Überhaupt nicht nachvollziehbar. Geschenkt. Es gibt jedoch den Glauben, der sieht." (SWB 185 f.) Als ihr als Postulantin von der Priorin die Lektüre des Katechismus verwehrt wird, muss sie sich auch mit dieser „allgemeinen Verlust-Rechnung" abfinden, obwohl sie doch „... in das klare, kühle Quellwasser der Wahrheit über Gott hineinstehen" wollte. (SWB 66 f.)

Diese Episode zeigt neben der oft peinlichen Überprüfung ihrer Berufung (SWB 73–76) die von Klerikern mitbestimmten Verhältnisse in der Zeit ihres Klostereintritts – aber auch die Kritik der Postulantin an sich selbst: „Purificatio, Reinigung, Läuterung des alten selbstsüchtigen freiheitsbesessenen Ego durch den Alltags-Gehorsam, den Gang über die rot, gelb, und blau gestreifte Matte: Gebet, Lesung, Arbeit." (SWB 82) Hartnäckig betont sie nochmals, was sie wollte – mit ihrem Eintritt ins Fahr aus ihrem „egozentrischen Gebüsch herauskriechen ins Freie!". (SWB 175) Der Einzug in die Zelle sollte ins Freie führen? Noch war für sie das Modell spirituell-tanzender Existenz im Kloster zu erringen, weithin geprägt vom dort gewohnten Austausch zwischen ihr und ihren Priorinnen. Ihnen wollte die schreibende Nonne *S. Walter* ihre Geschichte als eigene Heilsgeschichte plausibel machen.

Noch stand also die Realisierung monastischer Existenz bevor. Noch musste sie ihren Lebensmittelpunkt finden. Eingezogen in die Welt des Klosters vernimmt sie von ‚draußen' ihre öffentliche Anerkennung als Dichterin – und sieht sich erneut „in einem Dickicht aus Erfolg und Eitelkeit" (SWB 70) verstrickt.

Ihre Sprache wird in diesem Teil der Biografie eigentümlich hymnisch: Sie „wollte nicht ewig nur irgendwo herauskriechen ... wollte endlich hinein ins

Schwungrad des Heils, das seit Christi Auferstehung die Schöpfung durchbraust". (SWB 71)[155] Sie entdeckt die *Heilsgeschichte als ihr Leben*, in das sie durch das auferstandene Leben Christi hineingezogen wird: „Heil, Erlösung ist, vom Hineinsehen in die Heilsgeschichte verstanden, ein Schwungrad, eine Urmächtigkeit, losgelassen durch das auferstandene Leben Christi, das alle in sich zieht. Wer sich ziehen lässt, im Exodus der Schöpfung, ‚zurück zum Vater', wird mitgezogen. Theologie des Exodus, Geheimnis, Mysterienspiel." (ebd.) Alles in ihrem Leben trägt für die Dichterin das Signet einer eigenen Heilsgeschichte, in die sie wie in ein Schwungrad hineineinsah.

Darum war ihr die „Neue Schöpfung" als bibeltheologische Mitte für den „Weltgebetstag der Frauen 1972" wichtig: „Schutz der Schöpfung, Friede und Gerechtigkeit konnten nicht anders als aus der Sicht der Eschatologie gesehen ... werden", weshalb sie Sprüche 8, 22–31 paraphrasierend dichtete: *TANZLIED AM ENDE // Tanze mein Liebling, schön bist du, / wirf mir das All, deinen Ball / jetzt zu. / Tanz durch die leeren / Gewölbe. / Tanzen und Sein / ist dasselbe. // Tanze mein Liebling, / die Zeit ist aus. / Tanz durch ihr leeres / verschwundenes Haus. / Du und dein Ball / sind geblieben. / Tanzen heißt / leben und lieben. // Tanze mein Liebling, / mein Herz / ist allein. Wirf mir nun Welten / und Menschheit hinein. / Wirf sie auch wenn sie / vergehen. / Tanzen heißt / auferstehen.* (SWB 42 f.) Tanzend lebte die selbstbewusste Nonne ihre Emanzipation im Glauben, die sich prägnant aus biblischer Botschaft nährte und dadurch nicht zuletzt Verlagshäuser zu überzeugen vermochte.[156]

Dass sich Schwester Maria Hedwig mehr und mehr in ihre *monastische Existenz* hineingezogen sieht, zeigt sich an ihrem Schauspiel *„Jan der Idiot"*

155 Im Unterschied zu anderen, die ihre Suche nach Gott in den konkreten Brüchen der Welt mehr in zweifelnde Worte oder in protestierende Rufe nach Gerechtigkeit fassten, mochte man „sie um diese Gewissheit beneiden, zumal heute, da der Mensch aus solchen Verankerungen herausgefallen" sei. Dies feststellend mit Bezug auf die Jesus-Begegnung als „zentrale Erfahrung" der „dichtenden Nonne" siehe *Beatrice Eichmann-Leutenegger* (1999) 79, 80

156 SWB 114 ff. Zum Motiv der *Heilsgeschichte* vgl. ebd. 125, 130, 142 (Die Regel als Weg in die Heilsgeschichte des Menschen), 151 (ihre Heilsgeschichte im Kloster), 173, 176, 201f. In diesen Kontext gehört die heilsoptimistische Antwort Silja Walters in SWB 200 gegenüber *Max Röthlisbergers* Frage (in dessen Diss. „Silja Walters Zeugnis" 1977), ob es ihr gelinge ihre persönliche Erfahrung (Heilsgeschichte zu biografieren) „auf Weltebene zu transponieren?": „Gott gelang es von Anfang an, das ‚Dreifaltige Heils-Meer' auf Weltebene zu transponieren ... in der globalen Geschichte, im Mächtespiel der Völker, in ihren gewaltigen Auf- und Zusammenbrüchen, Kriegen, kontinentalen wirtschaftlichen und ökologischen Problemen und Auseinandersetzungen in den Wissenschaften und Religionen. In dieser aussichtslosen, dauernd bedrohlichen Gegenwärtigkeit gibt es Gottes Zukunft"

(SWB 122 ff.). Dostojewskis Fürst Myschkin erschien ihr „in seiner innern Freiheit und Lauterkeit … als der Prototyp eines Mönchs". Die „begnadete Einfalt", das „reine Herz", die „reine Torheit" charakterisieren dieses monastische Selbstbewusstsein, an dem sie und ihre Mitschwestern nach dem Konzil besonders in der Konfrontation mit dem „einfachen" Wort Gottes arbeiteten: „Mein mich vom inneren Glück erfasstes Verlangen nach Verständnis der Heilsgeschichte holte mich, an allen Informationen und Kommentaren selbst benediktinischer Spiritualität vorbei, auf die Insel des ‚einfachen' Wortes Gottes", erläutert sie zum Gedicht aus dem Zyklus „Verena die Quelle": *DIE INSEL: Ich habe die Insel gefunden, / den Orte, / wo das Wort, / das Erde und Himmel / am Leben erhält, / aus der Tiefe steigt, / aus der Höhe fällt. / Himmel und Welt / sind in mir jetzt verbunden. / Ich hab meine Insel gefunden.* (SWB 130)

Sie war als „erwachsene Christin" ins Kloster gekommen. Dort erhielt sie ihr monastisches Bewusstsein erst, nachdem sie sich der benediktinischen Regel ganz übergeben hatte. Man muss hier von Total-Hingabe sprechen aber auch von etwas Befremdendem an diesem Anspruch, der die Klosterwelt gegenüber der allgemeinen Welt stark abgrenzt, wenn die Autorin bezeugt: „Ich bin und bleibe, gerade als Christin, eine aus der Fremde der Sünde ins Heil Heimgerufene, und als Frau im Kloster zu Gott Heimkehrende." (SWB 139)

Ist es ein ‚heiliger' Widerspruch zu jenen ‚draußen', die schwarzseherisch zu den Verdammten dieser Erde gezählt werden müssen? Ist klösterliche Existenz eine Stellvertretung für jene, die von ‚draußen' her ihre Gewissen hierhin wegdelegieren? Das monastische Leben im Fahr grenzte sich trotzdem nicht von jenen ‚in der Welt' ab. Wie selbständiges Denken im zeitgenössischen Klosterdasein lebbar ist, berichtet sie in einer Passage über die „Ferien vom Kloster", die sie nahe bei Einsiedeln mit der Herausgeberin ihres Werkes, *Ulrike Wolitz*, als eine Art ‚Eremitage zu zweit' verbringen durfte. Hier konnte sie Distanz erfahren zur „hochwertigen geistlichen Verfremdungstaktik" (SWB 189 ff) auch der „Verfremdung durch die Gemeinschaft". Die schreibende Nonne wusste demnach um das Gefühl, nur Gast auf Erden zu sein.

Später führten sie verschiedene Anfragen aus Kreisen von ihr Nahestehenden und von Hilfswerken dazu, ihre Erfahrung mit „Gottes Heils-Spiel" (SWB 72) und ihre Identifikation mit biblischen Figuren größeren Kreisen weiterzuvermitteln. Die von rhythmischen Mustern geprägten lyrischen Erzählungen berührten und überraschten gleichzeitig über die Klostergrenzen hinaus. So können hier als (fast) verschollene Texteinheiten zwei Zeugnisse einer mitdenkenden Zeitgenossin im Kloster eingestreut werden – zunächst

*Simson und Delila* sowie danach ein überraschender Textdialog mit *Julia Esquivel.*[157]

*Simson und Delila / Simson sitzt im Gefängnis. / Nachdem er die Weizenfelder der Gutsbesitzer / durch Füchse in Brand gesteckt hatte, / schoss die Miliz erst die Füchse zusammen, / dann Simson. // Ich bringe es schließlich fertig, / Simson im Gefängnis zu sprechen. / Er dreht im Hof die Mühle, / sieht aber nicht, was er mahlt. / Sie haben ihn auch geblendet. // Seine Haare wachsen ihm jedoch nach. / Daran denkt niemand. / Aber Simson fühlt, wie seine Freiheit / mit seinen Haaren wächst / und sagt nichts. // Er sieht mich nicht dastehen aber er lacht / gleich wie ich eintrete mir zu: / „Kannst du mir sagen, was ich da mahle, / Roggen, Weizen oder was?" / „Vermutlich Korn", sage ich, weil ich es selber nicht weiß / und sehe stumm, / wie der gewaltigste Mann seines Volkes, / Simson der Freiheitskämpfer / im Gefängnishof die Mühle dreht, / mit Ketten an den Füßen und blind. // „Da drehst du Brot für die reichen Leute, / sag ich dann, / Sack um Sack, Tag um Tag, / Sack um Sack, vom Morgen bis in die Nacht. / Und sie kommen und holen es ab, / Sack um Sack Weißbrot / für die Herren; / die fressen dein Weißbrot mitsamt deinen Bauern / und alles, was du zu ihrer Befreiung getan hast, / Simson, ist alles zum Teufel!" / Simson scheint nichts zu hören. / Der Lärm der Mühle, das Drehen bringt es mit sich. / Das Drehen hat aber auch einen Takt in sich, / so dass man singt, wie von selber. / Und so singt Simson im Drehen der Handmühle, / singt im Dreiviertel-Takt, / dreht und singt vor sich hin: / „Delila mein Mädchen / verriet mich bei Nacht, hollala, hollala ho! / Sie schnitt mir die Locken ab, hollala Locken ab, / aber die wachsen mir nach." // „Simson", unterbrach ich ihn, / ist es wahr, dass du Gottes Kraft in den Haaren hast?" / „Ja", sagte Simson unterm Drehen der Mühle, / „Gottes Freiheit wächst mir schön langsam wiederum zu, hier im Gefängnis. / Wächst mir ins Blut und ins Herz." // Und er drehte und sang weiter: / „Delila, mein Mädchen, / ich liebe dich immer noch, hollala, hollala ho!" / „Simson", unterbrach ich ihn wieder, / „davon werden deine Armen draußen nicht satt, und die Geschundenen nicht frei." // Doch Simson sang und drehte und hörte nicht auf mich. // „Delila, mein Mädchen, ich riss das verriegelte Stadttor, hollala, hollala, ho, mitsamt seinen Pfosten aus, hollala, Pfosten aus, und trug es hinauf auf den Berg." // „Simson", schrie ich ihn an: /*

157 „Mirjam, Schwester und Prophetin", in: *Silja Walter* SWGA (2005) 119 und „Simson und Delila" (1986/3). Schwester Hedwig (Silja Walter) schrieb 14.06.1986 an unsere Zeitschriftenredaktion: *„Ich weiß nicht, ob Ihnen meine Deutung des Simson-Textes aus dem Buch der Richter entspricht. Ich meine aber die Theologie der Befreiung könnte auch in diesem Bibeltext einen Ansatz finden. Ich finde jedenfalls keine mir mehr entsprechendere Stelle dafür."* Nachfolgend ein literarischer Dialog aus den frühen 1980er Jahren zwischen *Julia Esquivel* und Silja Walter. Vgl. *Julia Esquivel* (1984) 105 f. und *Silja Walter* ebd. 107

*„was nützt es, wenn alle Stadttore im Land / ausgerissen sind, / dein Volk hockt doch drinnen und draußen im Elend / und geht zugrund!" // Aber Simson sang: „Delila, mein Mädchen" – schüttelte ab und zu seine Mähne / und war nicht mehr zum Gespräch zu bewegen. // Da ging ich ratlos und zornig über Gottes Freiheit / in Simsons grauen Haaren, / die niemandem nützte und keinen befreite, fort. // Man weiß, was zwei Monate später geschah: / Simson musste bei einem Fest der reichen Herren / im Sportpalast tanzen, / wie ein Bär an der Leine zum Gaudi der Gaffer. / Es wurde im Fernsehen übertragen, / da sah ich zu. / Sah, wie er die beiden Mittelpfeiler umriss / mit bloßen Armen / mitten im Tanz, / die Betonpfeiler, / sah wie die Stahldecke herunter krachte über / zehntausend, zwanzigtausend, dreissigtausend Leute – // Seither dringt die Freiheit Gottes, die Wahrheit und Treue ist, / Kraft und Besonnenheit, Glut und Weisheit und / Mut und Erbarmen aus Simsons Tod / durch alles Ritzen und Löcher der brüchigen Macht / und Fassaden ins Blut, Hirn und Herz / der armen geschundenen Massen von Simsons Volk. // Es hatte ihn ohnmächtig, geknebelt wie es war, / an die Gewalt verkauft – / das hatte ich nicht gewusst. / Aber als ich das hörte, verstand ich sein Lied, das er sang, / an der Mühle: // „Delila, mein Mädchen, / verriet mich bei Nacht – / doch lieb ich dich immer noch! / Hollala, hollala – „ // Simsons Volk weiß jetzt. / frei zu werden, bin ich berufen, / zur Freiheit des Simson-Romero und eines Martin Luther Kings. // Und wir?*

Die Gegenüberstellung der zwei nächsten, von Bibel und Realität imprägnierten Texte rückt deren Autorinnen in ihren je eigenen geschichtlichen Kontext. Die starken poetischen Worte weisen hinein in die Vielfalt religiöser Lebenswelt der 1980er Jahre. Die in nächster Nähe erfahrene Unheilsgeschichte, der *Julia Esquivel* als Menschenrechtsaktivistin und Dichterin in Guatemala ausgesetzt war, wird in solidarischer Haltung aufgenommen durch *Silja Walter*, der Schriftstellerin und Nonne im Monasterium bei Zürich. Beiden geht es um das WORT, die zentrale Christus-Erfahrung.
*Julia Esquivel* beschreibt jene, *Die den Stern sahen / Das Wort wurde uns Armut im Anzug des Armen, / der aus der Mülltonne lebt. // Das Wort wurde uns Todeskampf in der welken Brust / der gealterten Frau, der ihr ermordeter Mann fehlt. // Das Wort wurde uns Seufzer, tausendmal erstickt / im hilflosen Mund des Kindes, das an Hunger starb. // Das Wort wurde uns Empörung vor dem leblosen Körper / von Gaspar Sanchez Toma, ermordet durch die „Wissenschaft". // Das Wort wurde uns Gefahr in der Angst der Mutter, / die an den Sohn denkt, den Mann gewordenen. // Das Wort wurde uns Abwesenheit, immer anwesend in den 70.000 / Familien, durch den Tod zerrissen. // Das Wort blies den Geist über die vertrockneten Gebeine der / Kirchen-als-Mumien, Wächterinnen des Schweigens*

*... // Das Wort, Trompete der Frühe, weckte uns aus der Ohnmacht, / die uns der Hoffnung beraubte. // Das Wort wurde zum Weg im Urwald, zum Entschluss in der Hütte, / zur Liebe in der Frau, zur Einheit beim Arbeiter / und zum Sterben für einige wenige, die Träume säen. // Das Wort wurde Licht, / Das Wort wurde Geschichte, / Das Wort wurde Konflikt, / Das Wort wurde unbezähmbarer Geist / und streute seinen Samen / über den Berg / an den Fluss / und in das Tal ... // Und die Menschen guten Willens hörten das Singen der Engel. // Die müden Knie erstarkten, / die zitternden Hände fanden Halt, / und das Volk, das im Finstern wandelte, sah das Licht! // Und endlich: /// Das Wort ward Fleisch in der Heimat-schwanger-mit-Freiheit. / Der Geist stützte die Arme, welche die Hoffnung schmiedeten. // Das Wort ward Fleisch in dem Volke, das einen neuen Tag erspäht ... / und wurde uns Leben in Joseph und Maria, die das Recht hochheben / und die Gemeinheit begraben. // Das Wort wurde uns Samen der Gerechtigkeit, Empfängnis des Friedens. // Das Wort schrie in die Welt die Wahrheit über den Kampf gegen den Unmenschen. // Das Wort liess Gerechtigkeit regnen, und Frieden sprosste in der Furche der Erde. // Und wir sahen seine Herrlichkeit in den Augen der Armen, in Menschen verwandelt. // Und die Gnade und die Wahrheit wurden zum Fest im Lachen der Kinder, durch das Leben gerettet. // Und die den Stern sahen / öffneten uns den Weg, / den wir jetzt gehen. // Währenddessen stirbt Herodes allmählich dahin, von Würmern gefressen ... // Das Wort wurde Urteil, / und die Unmenschen knirschten mit den Zähnen. // Das Wort wurde Vergebung, / und das Herz der Menschen lernte Liebe bebend erleben. // Und das Wort wird weiter Zukünfte säen / in die Furchen der Hoffnung. // Und am Horizont / lädt uns das Licht-gewordene Wort ein, / tausend Morgendämmerungen neu zu durchleben, / dem Reich, das komme, entgegen. // Das Wort wird uns zusammenrufen an seinen Tisch. / Und sie werden kommen von Osten und Westen, / von Norden und Süden, / und bekleidet mit Gerechtigkeit / werden wir endlich fröhlich sein.*

Bei *Julia Esquivel* wird das Wort von jenen vernommen, die den Stern in biblischer Zeit sahen – und jetzt in konkreter Geschichte erleben inmitten des Unheils – bis inmitten der „getrockneten Gebeine der Kirchen-als-Mumien, Wächterinnen des Schweigens ...“ Wie einst Ezechiel sieht Esquivel die Kirchen als Mumien, wo gegen das Verschweigen nur ein neuer Geist hilft und schließt mit dem Ausblick auf eine Zukunft, wo das Wort uns zusammenrufen wird an seinen Tisch.

Und *Silja Walter* überraschte mit ihrem *Singen wir weiter ... ... wo Julia Esquivel aufgehört hat: Zusammengerufen / hat uns das WORT, / und wir sitzen an seinem / mit Schüsseln voll Morgenrot / beladenen Tisch. // Und das WORT gibt uns seinen glühenden Aufgang / zu essen, / die Sonne der Gerechtigkeit über der Welt. // Und die Augen gehen / uns auf, / und die Ein-Sicht sieht sie / sitzen / im Aussichtslosen, / wie die Hündlein unter dem Tisch ihrer Herren. // Und das WORT will, / dass wir die übriggebliebenen Strophen unserer Sonnengesänge der Freiheit in unsere bodenlosen Körbe der Hoffnung aufsammeln für die auf den Inseln, denn es hängt über der Welt. // An der Achse der Erde hängt es, / das WORT, / und verblutet / auch über den Inseln der Aussichtslosen. / Denn immer ist drei Uhr / am Nachmittag, / überall, jetzt, / durch alle Geschichte und immer. // Und das WORT / hebt auf die Zwischenräume der Kontinente. / In seinen Armen / gibt es die Inseln nicht mehr, / die verlorenen Küsten des Elends / schwemmen jetzt / über unsere Häuser und Herzen / herein. // Und das WORT ist daran / aufzusprengen / mit seiner Auferstehung / alle Gräber und Bunker / und Banken voll der klug hinterlegten / und heimlich vom Rost zerfressenen / schönen, vermoderten Sicherheiten / unseres Daseins. // Und die Armut des WORTES / will uns umarmen / wie Ostern / unsagbar neu. // Denn das WORT / steht in aller Welt jetzt, / steht hier unter uns, / als Campesino mit Strohhut und Schaufel, / hinter uns im Garten frühmorgens / und ruft jeden von uns / leise beim Namen. // Denn das WORT hängt nicht nur / sterbend / an der Achse der Erde über allen Inseln / im Aussichtslosen, er zieht auch als Auferstandener / sie alle / und jeden von uns / in sich, / in die ewige Sonne hinein.*

*Silja Walter* nimmt den Ball *Julia Esquivels* auf und kann in ihre Heilsgeschichte hineinblenden – sich dem glühenden Aufgang der Sonne der Gerechtigkeit über der Welt aussetzen, diesen essen – und die Augen zur Einsicht aufgehen lassen in einer zerrissenen Welt. Im WORT, das mit dem Karfreitag über allem hängt, findet sie Anhalt für ihre Solidarität, findet mit und für alle im Auferstandenen die Dynamik befreiender Erlösungskraft. Ihr Blick gilt immer neu der Heilsgeschichte als dem Cantus firmus ihrer eigenen Biografie.

Am Weltjungendtag 2005 erlebt die selbst malende Dichterin besondere Akzeptanz unter jungen, aufgeschlossenen Menschen, die sich philosophischem Nachdenken verschlossen, sich aber für ihren Malkurs „Mit Farben beten", „Mit Farben Gott suchen" (SWB 166) interessierten. Im Fahr hat sie auf die Gottesfrage mit „dem einfachen Gehorsam an unsern Tag und unserem Zusammensein" geantwortet, was zusammengehe „mit ständiger, stiller, selbstverständlicher Selbstverleugnung". Diese erklärte sich aus ihrer Glaubens-Existenz. Den Satz Descartes ‚Cogito, ergo sum' relativierte sie mit ihrem Satz: „‚Ich glaube, darum bin ich.' Das heißt: Das Ich ist in jedem Fall abhängig. Bin ich erst, wenn ich denke, bin ich erst, wenn ich glaube, dann ist mein Ich relativ. Logik der Philosophie wie des Glaubens." (ebd.).

Als die wohl stärksten Triebfedern der Autorin Silja Walter sind das *kreative Arbeiten mit der Bibel* sowie das für sie anfänglich nicht so leichte *Mitfeiern benediktinisch geprägter Liturgien* zu betrachten. So sei die oben genannte *Ulrike Wolitz* der Ansicht gewesen, „dem Dichter käme es zu, durch sein Schreiben Anteil zu haben an der Menschwerdung des Wortes". (SWB 192 f.) Und wie sie selbst – erstmals die Klausur für eine Lesung verlassend – in der Abtei Maria Laach ihren *„Tanz des Gehorsams"* mitgestaltete, machte sie die Erfahrung, „wie eindrücklich biblische Themen durch literarische Texte liturgisches Geschehen zum Ausdruck bringen können". (SWB 81) Ihre Berufung fand sie mehr im Schreiben als beim Lesen oder gar dem Auffinden der richtigen Texte im Stundengebet, mit dem sie ihre liebe Mühe bekundete. Sie schrieb, weil dies für sie zum „Sein unter dem Ruf", zum „Sein im Wort", zum „Sein auf der Insel" gehörte. (SWB 94) Weitere Anfragen führten zu Stücken, „die inhaltlich unmittelbar in die Eucharistiefeier übergehen" und sie folgern ließen: „Das war Liturgie als Mysterienspiel im weiteren und engeren Sinn." (SWB 45) Wie im „Tanz des Gehorsams" ausgedrückt, sterbe man ins „Dreifarbene Meer". Das war ihr „Symbolspiel mit dem benediktinischen rot, blau und gelbem Weg: Gebet, Arbeit, Lesung", dem „Raum des ‚Dreifaltigen Meeres' in uns: Vater, Sohn und Geist". Darum kennzeichnete sie schließlich auch die Messe als „göttliches Schwungrad" (SWB 133).

Ihre Haltung ist bis in ihren frühen Protest „gegen die offizielle Übersetzung der Messtexte aus dem weihevollen Latein ins kalte glatte Deutsch" zu spüren, den sie in *„Keine Messgebete"* aus sich herausschrieb. Das war gegen das Rationalisieren des „unausdenkbaren Christus-Mysterium unter uns Menschen", gegen „dogmatisch-theologische Ansprachen an Gott" (SWB 153) geschrieben. Dazu gedrängt, diese Protestgedichte vor einer Tagung von Liturgie-Fachleuten zu lesen, fielen diese Texte „buchstäblich" auf die Autorin zurück, „abgeprallt" am „kühlen, höflichen Unwillen" der Anwesenden, sodass sie feststellte: „Liebesgedichte sind keine Messgebete". (SWB 156) War Silja Walter an der Fachwelt irre geworden, die sich bei besagtem Anlass nicht hörbar dazu äußerten? Sie waren einer selbstbewussten christlichen Lyrikerin begegnet, die auf ihrer Gottsuche eine von biblischem Geist geprägte Sprache gefunden hatte.[158]

158 „Keine Messgebete" sind m. E. auch keine „geistliche Lockerungsübungen", als welche sie *Jürgen Werinhard Einhorn* OFM bezeichnet hat. Vgl. ders. (2003) 159. Diese Gebete spiegeln weniger den gewohnt rituell straffen Vorgang einer Eucharistiefeier als mehr die

Im Fortgang vorliegender Studie widmen wir uns einer weiteren Auswahl aus dem Lyrik-Schatz *Silja Walters*. Auch hier interessiert, wie in diesen Texten Gott zur Sprache kommt. Man wird beim Lesen selbst entscheiden können, wo sich daraus Impulse für eine zeitgenössisch angereicherte Sprache in gottesdienstlichen Feiern ergeben können. Empfehlenswert sind kurze prägnante Gedichte, die sich in Wortgottesdiensten oder Meditationen aufnehmen lassen. Insofern lässt sich überprüfen, was an diesen Texten die liturgische Präsenz stützt und einer verständlichen Feier in deutscher Sprache dient. Erneut wird auf ein ausführliches Kommentieren verzichtet.

## Lyrische Spuren hin zum Abwesenden

Die Gedichte und Meditationen *Silja Walters* aus den Jahren 1940–2003 wirken wie ein fernes Echo aus der Zeit vor und während des konziliaren Aufbruchs in der römisch-katholischen Kirche.[159] Wer in dieser Spannweite von über sechzig Jahren den Weg mitging, kam nicht darum herum, die eigene Bibellektüre zu verstärken. Dieses Anliegen der Bibelbewegung war länger schon Bestandteil der neueren Liturgischen Bewegung geworden. Wie die beiden Bewegungen *Silja Walter* beeinflussten, kann hier nur indirekt nachgewiesen werden. Denn ihre Lyrik und Meditationen brachten ihrer Leserschaft in erster Linie eine gründliche Frischluftzufuhr für ihre persönliche spirituelle Suche. Erst in zweiter Linie wurde das ihr Klosterleben prägende Leitmotiv der Heilsgeschichte und des Ewigen in der Zeit (*A. J. Heschel*) zur Einladung an viele, die sich ihren Impulsen in dürftiger Zeit zuwandten.

von Person zu Person verschieden gesuchten Hinwege zur Transzendenz beim Mitfeiern einer Messe. Dagegen prägen ekklesiologische Kompromisse die Nr. 11 der Kirchenkonstitution, die das Tun der Gläubigen im Volk Gottes zeigt: „In der Teilnahme am eucharistischen Opfer, der Quelle und dem Höhepunkt des ganzen christlichen Lebens, bringen sie das göttliche Opferlamm Gott dar und sich selbst mit ihm; so übernehmen alle bei der liturgischen Handlung ihren je eigenen Teil, sowohl in der Darbringung wie in der heiligen Kommunion, nicht unterschiedslos, sondern jeder auf seine Art. Durch den Leib Christi in der heiligen Eucharistiefeier gestärkt, stellen sie sodann die Einheit des Volkes Gottes, die durch dieses hocherhabene Sakrament sinnvoll bezeichnet und wunderbar bewirkt wird, auf anschauliche Weise dar." „Keine Messgebete" werben für eine andere Liturgie-Sprache, die sich den einzelnen Mitfeiernden (besonders in Zeiten eines männerdominierten Priestertums) verständlicher machen kann.

159 *Silja Walter* SWGA 8 (2003). Die Herausgeberin *Ulrike Wolitz* präsentiert eine Auslese aus den Jahren 1940 bis 2003, ebd. 15

*Silja Walter* verstand es, ihre Wahrnehmungen in dichterische Netze aufzuspannen und mehrdimensional darzustellen, wovon sie sich in ihrem Innern berühren ließ: *Ist mein Tag ein / ausgespanntes / Segeltuch / reißt er unter / deinem Flügelschatten / allen Stundennähten nach / entzwei / und der Wind steht / still* (SWGA 8,97). Im Kern sucht sie nach ihrer Mitte, auch wenn man vor sich diese Person im Taumel wegschweben sieht und fragt, ob ihr der Boden unter den Füßen zu heiß wird … AUF DER BOOTSBRÜCKE // *Ich fuhr aus den singenden Ufern hinaus, / Die reglose Mitte zu finden, / Ich trag in den Knöcheln den Tanz nach Haus, / Und kann die Sandalen nicht binden. // Auch Mitte ist schwingende Diele wie sie, / Die Ufer und Borde und Ränder, / Der Tanz steigt im Gehen mir in die Knie, / Und wirft mir die Hand vom Geländer, / Und packt meinen Nacken, und all meine Ruh / Im Herzen versinkt zwischen Bohlen / Ich werf meine roten Sandalen dazu, / Ich tanze mit brennenden Sohlen! // Ich tanze, verschüttet von Fläche und Licht, / Vom Boot über Brücken und Planken, Und Tanz wird Taumel und Taumel Gedicht – / Und die roten Sandalen versanken.* (SWGA 8,35).

Im Taumel verliert sie sich selbst und wenn in TÄNZERIN der Tanz aus ist, drängt es sie zur Bitte: *Sprich nicht von Tanz und nicht von Stern und Traum / Und ja nicht von der Seele, lass uns schweigen. / Mein Kleid hat einen riesenbreiten Saum, / Drin ruht verwahrt der Dinge Sinn und Reigen. // Ich wollte Schnee sein, mitten im August, / Und langsam von den Rändern her vergehn, / Langsam mich selbst vergessend, ich hätt' Lust, dabei mir selber singend zuzusehn.* (SWGA 8,34). Keine Selbst-auflösung ist ihr Ziel, vielmehr hier die singende Teilnahme an dem, was ewig ist in der Zeit. Darin findet sie sich in einer Kugel aufgehoben und ihr ‚Ich' spricht mit ihrem Geliebten: … *du springst mit mir in die / Nacht … / ich wird noch geboren gib / acht // ich bin doch nicht nichts und nicht / nirgends / … // ich fürcht mich nicht, ich / zerschelle / Geliebter / das wird ich gewiß in der Nacht / doch bist Du von solch einer Helle / Geliebter / daß eins beim Zerschellen bloß lacht* (SWGA 8,41).

Mitten in der Alltagsarbeit sehen die Singenden im WINZERLIED DER NONNEN *Gott im Glauben*, während Flugzeuge über sie ziehen: … *im Rebenhain, / da ist es leicht, in Gott zu sein. / Wir knien an Stock und Ranken. / Er glüht uns in Gedanken. Und knall'n die Vogelwachen, / erschrecken wir und lachen //* Ihr Tag wird groß und heilig: *Wir sind hineingenommen / in Gottes Sein und Kommen. / Durch Trauben, die wir lesen, wird Er die Welt erlösen.* (SWGA 8,41). Das gemeinsame Arbeiten verbindet die Lebenslinien, ist erfüllt von Heiterkeit und Glauben. Das lyrische Ich ist stets in Bewegung und findet buddhistisch anmutende Suchworte: ICH WILL DICH SEHEN / *Ich will Dich sehen / Gott laß mich gehen / ich laufe hinab / an die Lände des Nichts // das wird meiner Augen / Iris auslaugen / dann legt es darin / seine Eier / des Lichts // Nichtsvögelchen brüten / unter Nichtsblüten / sie dann aus im Nest / meines armen / Gesichts // und springen vor fahlen / Nichtsschiffchen die Schalen / dann sieht Dich in sich / mein Herz und / dann bricht's* (SWGA 8,46).

Auf dem hier gewonnenen Hintergrund spiegeln die oft diskutierten Gebete des Zyklus „KEINE MESSGEBETE“[160] die Annäherung der Beterin an das Geheimnis der Gottesnähe beim Mitfeiern der Messe. In oszillierenden Rhythmen erzählen sie die der Nonne eingebrannte Erfahrung des Göttlichen. So in der ORATION, die unvermittelt aufhorchen lässt: *Lasset uns beten / nein / nie mehr / nicht beten / auch nicht an / Weihnachten / nie mehr / ich bin nämlich / gestorben // weißt du / mein Schöpfer / Geliebter / du weißt es / ich starb / das weißt du / am besten / es ist aus / mit dem Beten // etwas anderes / etwas ganz anderes ist / dein immer / Türauf / und / Hereinkommen // von Ewigkeit / zu Ewigkeit / Amen* (SWGA 8,59).

Herausfordernd dieser Dialog im CREDO in einer Sprachwelt, die an den Amida-Buddhismus erinnern lässt, wo sie von der Begegnung mit dem *lichtflüssigen Gottesnichts* spricht: *Ich glaube an Gott // aber ich weiß nicht / glaubst / du Geliebter / ich glaube an dich / sprechen wir nicht mehr / davon / aber wie ist es denn / wer dringt denn / durch meine Latten / herein / lichtflüssiges / Gottesnichts / über die Herdasche her / worinnen ich liege / wer ist denn das / wer anders // Glauben / sprechen wir nicht mehr / davon / gestehe es / mein Erlöser / du nahmst mich / mitsamt meiner Hütte / mit / nach Hause // Amen* (SWGA 8,65).

Dann sieht sich die Beterin im OFFERTORIUM einem alles total fordernden Wesen gegenüber, dem sie sich mit Haut und Haar zu ergeben hat und wehrt sich dagegen fast hilflos: *Nimm hin / was denn / meine Sonne / was ist denn noch / Hände / Haare / Augen / alles noch // wozu // Nimm hin / was denn / Haut / Herz / Mund / alles noch // Wozu denn noch / wozu / denn / noch // besser / wir sprechen / von etwas anderem // von Ewigkeit / zu Ewigkeit / Amen* (SWGA 8,66).

NACH DER WANDLUNG sind der Beterin alle „Anbetungsgebete“ entwichen, da sie aus Versehen „den Käfig / offen stehn“ ließ. Sie bleibt sich dennoch ihrer Begegnung mit Ihm sicher und beschwichtigt: *Bloß einen Augen-*

160 *Ulrike Wolitz* erläutert, die Autorin wolle mit Mitteln von Entfremdung und Paradoxie „Fesseln in der Liturgie zerreißen“ (ebd. 19). Eine Entfesselung der Liturgie als ganze kann damit nicht gemeint sein. Wohl aber muss eine Liturgiereform aus Starrheit und Ritualismus befreien – besonders in Zeiten der Abwesenheit Gottes, wie *Wolitz* mit Hinweis auf *Abwesenheit ist / dein Wesen / darin find ich dich* (SWGA 8,91) aufmerksam macht.

*blick / legte ich mein Gesicht / in dich / ich versichere dir / einen Augenblick / bloß … Was willst du / geschehn ist geschehn / vielleicht / fängt sie einer / im Netz / überm Fluß / laß sie / jetzt stört uns doch endlich / nichts mehr // von Ewigkeit / zu Ewigkeit / Amen.* (SWGA 8,68 f.) Nichts anderes mehr ist ihr wichtig als der Augenblick der COMMUNIO – man könnte ihn den Iris-Moment nennen. Nun sieht sie sich ihm gegenüber, der als ihr Geleibter selbst das „Kratereis" durchstieß, ihren vierfach gehängten, fünffach durchbohrten Geliebten, der nun heraufschimmert *// ist doch der Herrscher / der Kyrios / ist doch mein schimmernder Bruder / im Kratergrund / ist doch mein Herz / meine Iris / durchdringender / Anschauer / und ich bin / seine / Iris / sein Herz / durchdringende / Anschauerin // von Ewigkeit / zu Ewigkeit / Amen.* (SWGA 8,72 f.) Danach will sie nicht fortgehen und übernimmt ihren aktiven Part indem sie im ITE MISSA EST ihren Geliebten auffordert: *// setz dich doch / mein Fürst / wir sind doch zwei Ewige // … setz dich zu Tisch / wir sind doch ein Ewiges // Ich hol dir den Tag / in einer Kanne / frisch von der Trotte / du trinkst ihn am besten / vor Aufgang der Sonne // Ich hole mich dir / ich hole mich dir nun herein / einen ganzen Teller / voll gemahlenes Nichts / in deinem Feuer / geröstet / das liebst du / ich weiß / Wir gehen natürlich nicht fort / wir bleiben // von Ewigkeit / zu Ewigkeit / Amen.* (SWGA 8,74 4.)

Der Weg dieser Beterin geht konsequent weiter – immer wieder neu an dem teilzunehmen, was ewig ist in der Zeit. Dies setzt sich fort im Zyklus „FÜR MEINEN BRUDER". Er und andere lesen von ihr vom „brennenden Meer", in welchem ihre Flaschenpost schwimmt und sie nur vermelden kann: *Geweihte Asche / im Haar / meine Tasche / voll toter / weißer und roter / Gebete / die brennen nicht mehr / auch wenn ich sie schüttle / und knete / Dort draußen / mein Herz / In einer verschlossenen / Flasche / die immer nicht schmilzt / treibt es / im brennenden Meer* (SWGA 8,85). Gleich folgt ihr selbstbewusstes Bekenntnis zum Leben als Eremitin: *Ich habe den Himmel / gegessen / in meinen Zellen nistest / sich Ewigkeit / ein / Die Stadt weicht mir aus / auf dem Gehsteig / und keines der Boote / nimmt mich mehr / mit / Nur mein Engel / fürchtet die Ansteckung / nicht / Meinen lumpigen / ausgetretenen Tod an den / Füßen / geh ich über das Wasser / nach Hause* (SWGA 8,86). Und immer wieder findet sie im Wechsel von Arbeit und Beten zum „Dahinter der Welt": *Blaukariertes Tuch / ums Haar / Kartoffeln waschen / im Trog / und das Feuer einatmen / dabei / aus dem Dahinter / der Welt / Abends sich unter den / Gehängten / hinsetzen / an der Wand / und ihm seine weißen / roten und goldenen Perlen / vorzählen / im Schoß* (SWGA 8,88).

Im Zentrum des gleichen Zyklus finden sich drei Gedichte, in welchen sich die *Suche der Nonne nach dem Abwesenden* kristallisiert. Ihrem Bruder legt sie Zeilen vor, die den steten Vorwärtsdrang ihres Lebens sichtbar machen. Sie schreibt dazu einen einzigen Satz, mit welchem sie unnachahmlich auch die christlich-jüdische Begegnung fundiert: *Vom frühen Morgen an / lief ich / durch alle Türen / auf einen armen / Juden / zu / und fiel / als die Nacht kam / in die Sonne* (SWGA 8,89). Dann sieht sie sich in der Begegnung angeschaut von ihrem ‚Du' und muss mitsamt ihrem Drahtverhau „zerfetzt" in seine Auferstehung kriechen: ***S****eit du mich anschaust / krieche ich / samt meinem Drahtverhau worin ich hänge zerfetzt unter deinen Augen durch in deine Auferstehung* (SWGA 8,90). Ist dieser Gang ein demütigender oder erlittener? Ist es eine befreiende Geste, die sie selbst vollziehen muss? Es ist bestimmt eines ihrer starken persönlichen Glaubenszeugnisse, die zum Mitfühlen mit den Opfern der Geschichte einladen. Wie auch das dritte, das in herbem Kontrast zum ersten Gedicht mit dessen kosmisch anmutender Wärme formuliert ist.

Hier nun äußert die Lyrikerin aus dem Fahr die Grundbefindlichkeit ihrer Suche nach Gott in einem Gebetsgedicht, das als „Kleinod poetischer Theologie und theologischer Poesie" bezeichnet wurde.[161] In dichten Worten sucht sie nach einem ‚Du', dessen Wesen *Abwesenheit* ist, und proklamiert paradox und doch gewiss: *darin finde ich dich*. Noch muss sie durch die Widerwärtigkeiten der „Eismeere der Welt", sieht in dieser Kälte die Sucht ihrer Sehnsucht „verkohlt" – bis dass sie ihrem ‚Du' „darin" begegnet, im schreienden Kind bei den Schafen. Erneut verbinden sich Unheilsgeschichte und Heilsgeschichte in Zeilen, die Einblick geben in die Suchbewegungen einer um den Glauben ringenden Zeitgenossin: *Abwesenheit ist / dein Wesen / darin finde ich dich / Die Nägel / meiner Sehnsucht / bluten vom Kratzen / an den Eismeeren / der Welt / Verkohlt ist die Sucht / meiner Suche / in seiner Kälte / Aber da bist du / darin / seit das Kind schrie / bei den Schafen / und brennst / lichterloh / zu mir* (SWGA 8,91).

Wenig explizit lesen wir in diesem Zyklus von Gott. Die göttliche Größe galt der Nonne als tiefster Anhalt, den sie indirekt in eigenen Bildern und poetischer Sprache darzustellen suchte. Dabei verwoben sich die biblischen Erfahrungen des Ersten und des Zweiten Testaments. So lesen wir etwa vom Sechstagewerk und von einem in sich ruhenden Gott: *Dein Name ist das / Sabbatschiff / alle sechs Tage / der Welt / laufen hingerissen / zum Kai / du fährst*

161 *Georg Langenhorst* in: *Ulrike Wolitz* (Hg.) (2009) 105. Ähnlich dazu ders. (2014) (I) 12 f., wo der Autor die Dichterin als „absolute Ausnahmeerscheinung in der deutschsprachigen Gegenwartsliteratur" bezeichnet sowie ein Wort *Silja Walters* aus dem Radio-Gespräch mit ihrem Bruder Otto F. Walter aufnimmt, sie könne das Absolute nicht beschreiben: „Unter dieser Unzulänglichkeit, über Gott reden zu können, leide ich." (ebd. 12)

*sie nach / Haus / Hinten auf einem Kissen / ruht Gott / sich aus* (SWGA 8,100). Der Name dieses Gottes ist mit dem Sabbatschiff ebenso verbunden wie mit der Erinnerung an den im Sturm schlafenden Jesus.

In weiteren *Gedichten aus Spielen und anderen Texten* wechseln die Bilder von Gott. Die lyrische Stimme sieht sich in tiefer, kalter Nacht der unendlichen Weite Gottes gegenüber: … *Und ich bin tausend Jahre alt, / und du bist fortgegangen. // Mein Gott, du bist so weit, / so weit, / und hast in Angst und Dunkelheit / mich eingefangen.* (SWGA 8,1080) Schlicht singen muss sie, da ES SINGT IN MIR / *Es singt in mir / mein Herz zu dir, mein Gott, ich muß dich preisen.* (SWGA 8,126) Drei Mal hebt ihr Singen an, kontrastiert zu den Kernsätzen des Magnificat, die vom Thron-Sturz der Stolzen und der Stillung des Hungers der Armen sprechen.

DER TANZ DER WELT lässt die Welt aus monastischer und prophetischer Sicht sehen: … *und alle Welt sonst noch / auf Erden dreht sich / getragen / geschoben / gerissen / auch wenn sie nicht will / mit Gomer in Gottes Kommen hinein* (SWGA 8,147). Von Gomer wird noch die Rede sein. Leicht befremdend wirken kann dieser Sog, in den alle Welt „gerissen“ wird. Gottes Kommen ist von einer übermächtig-überwältigenden Art, die offen lässt, inwieweit die kontingenten Verstrickungen der Welt in ihr Schicksal, ihre Nöte und Widersprüche von Bös und Gut hier durch die Dichterin ernstgenommen sind. Anderseits ist es genauer hin diese Einstellung *Silja Walters*, die auch von *Abraham J. Heschel* moniert wurde: „Wir wissen nicht, wie wir das Problem *des* Bösen lösen sollen, aber wir müssen mit *den* Bösen umgehen. Die Macht des Bösen mindert nicht die Realität des Guten.“[162]

Gott kommt schließlich wie biblisch bezeugt im Traum. Die lyrische Stimme erlebt ihn, wie er erwacht. Sie muss sich ihm stellen und lässt sich so zu ihrer Wahrheit als Christin(a) führen: UND DANN WENN GOTT ERWACHT // *Gott träumt mich. / Er nennt mich Christina / im Traum. // Erwacht er, / wie immer weiß man nicht / wann / in der Nacht, // habe ich an seinem Lager / zu stehen, / so wahr / ich lebe, / genau / wie geträumt, / als Christina.* (SWGA 8,169)

*Silja Walters* geistliche Lyrik konturiert ihr *Gottesbild* deutlich christlich und mystisch. Sie tut es mehr oder weniger ausdrücklich verbunden mit biblischen Quellen. So in KLEINER PSALM, in welchem das wiederholte „kreisum“ erneut den Sog erahnen lässt, in den sie hineingelangt, sich selbst „marbelgroß winzig“ erfährt, doch endlich dort ihm begegnend: *Dreiheiliger / kreisum, / immer nur immer kreisum /// hinein / in dich – / Ich bin / aber nicht*

162 Vgl. *Abraham Joshua Heschel* (1980/2000) 291

*/ darin, /// sitze im Kosmos marbelgroß winzig, / aber da willst du, / Dreiheiliger, /// auch sein. / So wahnsinnig machst du /// dich klein. / Und immer nur immer kreisum /// hinein / in mich – / Ich weiß aber / fast nichts / von Ewigkeit zu Ewigkeit. // Amen.* (SWGA 8,185) Wissen und Begriffe werden hier unwichtig, wenn ihr ‚Du' an ihrer Insel landen kann und „Worte aller Sorten von Gedanken", die sie denkt, durchbricht. Die Poesie der Nonne lässt in ihrer Dynamik ein immer neues und seltsam vergeistigtes Schweben auf ihrem an eine Vulkaninsel erinnernden Ort entstehen: ICH WARTE AUF DICH // *Du kannst an meiner Insel landen / zwischen Riffen / von Begriffen / ist sie gestern aufgestanden. // Sie brach durch die Korallenbänke / aus den Worten / aller Sorten / von Gedanken, die ich denke. // Nun harrt sie unterm Aschenregen / in der Brandung / deiner Landung / mitten in der Nacht entgegen. / Und hör ich rauschen deinen Schoner / werd ich hissen / mein Nichtwissen / und dann bleibst du mein Bewohner* (SWGA 8,187).

Ist ihr Ziel erreicht? Sie fragt nach der Zeit und gerät in die Rundumzeit Gottes und mit in den Sog „in diesem Schwebeball im All": WIE SPÄT IST ES? *Wie spät ist es? Ein Viertel vor. / Die Stunden / aber / sind entschwunden. / Gott, ewig dreht / sich rundum seine Zeit, die nie beginnt / und nie / zu Ende geht, / in diesem blauen Schwebeball / im All. / Wie spät ist es? // Du himmelheilig zeitlos / runde / Stunde / hast mich und meinen Tag / ins Gottesjetzt / versetzt, / das meine Zeiten und mein Herz / durchdringt / und darin tickt / und singt: / DA BIN ICH. / Amen.* (SWGA 8,201)

Im Gedicht DER GOTTESGLAUBE hält die Dichterin Zwiesprache mit ihrem persönlichen Glauben. Er kommt als Beziehungsglaube ohne viel Wissen aus. Sein Ort sind ihre Augen, in welchem er sich einrollt – einer Kraft ähnlich, die seltsam zurückgezogen und erstmal ohne Wirkung nach außen scheint. Der Glaube hält wie mit schützender Hand das Dunkel ab, und überraschend ist Gott doch noch da, der die Augen der Bittenden bis oben füllt. Die Frage bleibt, ob dieser Glaube seinen Einsatz konkreter wagen oder über sich selbst hinaus strahlen wird. *Der Gottesglaube / sitzt in meinen Augen. / Zusammengerollt. / Ein Regenbogen, / zusammengerollt. / Falls die Nacht über dich / kommt, / sagt er. // Eingerollt sitzt er / im Dunkel / der Augenkapseln. / Die sind aber voll bis oben / von schwarzem Licht. // Zum Sprung bereit / sitzt er da, falls die Nacht fällt / über dich, sagt er. / Es eilt aber gar nicht / damit. // Mein Gott, laß ihn nicht los, es eilt gar nicht. / Längst ist die Nacht da / und füllt mir die Augen bis oben / mit dir.* (SWGA 8,204)

Die Nonne im Fahr findet andere Wege, dem eben erbetenen Glauben Wirkung über ihren Kreis zu geben. Kreativ paraphrasiert sie Elemente des Bruder-Klausen-Gebets. Es ist eines ihrer Gebete, die dem Feiern von Gottesdiensten guttun und nicht zu redundant eingesetzt aus ritueller Starre führen können. DIE SÄULE / *Du schaust mich / an. / Ich schau dich / an / und ruf zu dir, so laut / ich kann: / Nimm alles, was mich trennt / von dir, / mein Herr und mein Gott. // Ich hör auf / dich / Du hörst auf / mich. / Ich sag zu dir herz- / inniglich: / Gib alles, was mich führt / zu dir, / mein Herr und mein Gott. // Du sprichst mir / zu. / Ich sprech dir / zu. / Dein Ich, mein Ich wird / eins im Du. / So nimm mich mir und gib / mich dir, / mein Herr und mein Gott. // Amen.* (SWGA 8,273)

In mehreren Gedichten nimmt Silja Walter ein Bündel stärkster biblischer Grundmotive auf, indem sie von *Flammen* und *Brand*, von *Feuer vom Himmel* (SWGA 8,277–306) erzählt. In MOSE / *Engel lodern im Gesträuch / … / Und der Teich brennt. / … / brechen / Berge auf und brennen. / … Feuerwind will wehen …* In EXODUS / Weg unter der Wolke / unter der Feuersäule / ans Schilfmeer. / Im LIED ISRAELS / *… braust der Feuervogel // hernieder / … / Beben, Stürme, / Flammentürme* / In MIRJAM UND DIE TANZENDEN FRAUEN / *… Feuer vom Himmel / brennt / das Meer / vor uns leer, / … / Feuer vom Himmel / fällt / und fällt / in die Welt, ruht / überm heiligen / Zelt.* / In JAKOBS KAMPF / *Ich war aber nicht nichts. Ich war auch Einer, das wußte ich wohl, und ich empfand mit einem Mal solch eine Kraft / aus seinem Griff nach mir. / Mich überkam Glut, und ich sprang hinein / in das Fremde, den Fremden – / solch eine Lust zu sein, zu kämpfen, ihn zu bezwingen, zu zwingen …* / Zentral dann der Dialog beim DORNBUSCH und die initiale Aufnahme der persönlichen Sendung der Dichterin im Fahr: *Willst du denn – / Was willst du denn, / Dornbusch auf der Weide? // Gott, ein Brand, // ich Sand / und Asche. / Da sind meine Schuh. / Da mein Herz und der // Verstand / dazu. // Willst du denn – / sag, willst du denn, / dass ich, Mensch, // im Feuer brenn / wie du? // Gottesbrand // in Sand / und Asche, / ohne Sack und Tasche / trag ich ihn // durchs Land.*

Gleich danach in FEUERWOLKE eine Begegnung unterwegs mit dem wegen seiner Rasse Geplagten: *Kleiner Mann / aus minderm Volke, / über mir die Feuer-/ wolke, / bin ein scheuer // Mensch. // Lern Geschlagen-/ sein ertragen, / habe keinen Laut im Mund, / wenn sie mich wie einen // Hund / meiner Rasse wegen // plagen. // Kleiner Mann / aus minderm Volke / läuft getrost / im Schutz der Wolke / ins verheißne Land.* In ELIJAS FEUERPROBE *… sieht mein Herz nur / eine Spur / von Gott, / dann brennt es lichterloh, / weiß nicht wieso. / Wo's doch nur Einfalt ist / und Stroh. / Ja, wer das wüßt.* Und endlich in ELJAS HIMMELFAHRT treibt sie ihr Hunger nach Gerechtigkeit, und soll ein Feuerwagen sie in die Wahrheit tragen, zu Gott: *Mein Hunger, Gott, / eine Feuerrad, // das treibt mich, / treibt mich // ohne Gnad – // ein Feuerpferd, // auf* *dem ich reit, / mein Hunger / nach Gerechtigkeit. // Mein Herz, mein Gott, / ein Feuerreiter, // treibt mich, / treibt mich // immer weiter, // weg von hier. // Laß die Flammenflügel schlagen, / Feuervogel! // Feuerwagen / soll mich in die Wahrheit tragen, // Gott, zu dir.* (SWGA 8,299)

Weiter sieht sich die Dichterin während geistlich nüchterner Zeiten IM VERSCHLOSSENEN ZIMMER ihres leeren Lebens. Zu gar nichts nütze bittet sie um *seine* Feuerlieder: *Gott, / daß ich nicht länger / im verschlossenen Zimmer / meines leeren Lebens / sitze / und, / zu gar nichts nütze, / immer / nur die Latten zähle / im Parkett, / Brett um Brett – laß mich nicht allein, / bleib hier, / und spiel dir wieder / deine Feuerlieder / innerlich in mir, / die mich in deine Herrlichkeit / hinein / befrein, / von Ewigkeit zu Ewigkeit.* (SWGA 8,314) Zu anderen Zeiten im Kirchenjahr nimmt sie die feurige Botschaft des Pfingsttages auf: PFINGSTEN / *Die Welt dreht sich / in deinem Feuer- // schleier, / Heil'ger Geist, // wie eh / und je // nur immer neu hinein // ins Nein. // Es gibt die Brennenden // seit Pfingsten, / Heil'ger Geist, / die deinen neuen Wein // getrunken, // aus Glaube und aus // Feuerfunken. / Die sehn / es und verstehn. // Die Welt verbrennt // im Ja, das ihre Liebe singt. / Denn wo die singt, / ist Gottes Herrlichkeit // auf Erden da.* (SWGA 8,458) Bleibt demnach der Welt nichts anderes erspart als in der Folge ihres Neins ein für alle Mal der prophetisch-warnenden Stimme zu folgen? Ohne dass es hier angetönt wird, erinnern die Zeilen an Worte wie diesem von Jesus: „Ich bin dazu da, ein Feuer auf Erden zu entzünden. Ach, wäre es schon entfacht!" (Lk 12,40 Übertrg. *Berger/Nord*) Unheils- und Heilsgeschichte gehen ineinander über und bewegen *Silja Walter* anhaltend weiter.

In den *Lyrischen Meditationen* fragt die Nonne nach CHRISTUS: *Wer bist du, Christus? / Weiß das einer? / … Wo ist das Tor hinein? / … Die Menschheit sitzt / auf deiner Schwelle, bis du herauskommst und ihr sagst: / Da bin ich, Leute. / … Christus, / du stehst in unserm Kirchenhaus. / …* (SWGA 8,484 4.) Dies lässt die Rückfrage stellen, inwieweit andere Christus-Erfahrungen unter anderen sozialen Bedingungen mitgemeint sind – draußen vor der Klosterschwelle. Ihre erste Zugehörigkeit gilt ihrem Kloster, in welchem sie ihre unsichere Existenz lebt, denn DIE NONNE / *– läuft / auf ihrer Stundentreppe / wie auf Eis / jeden Tag in die Nacht. // – sieht, / wie sie über die // Herrlichkeit // läuft, / im Abgrund, tief unten. // und – weiß, / sie wird bald einbrechen.* (SWGA 8,489) Die damit anklingenden Saiten lassen eine mystische Spiritualität erkennen. Der Autorin blieben in der Begegnung mit der Herrlichkeit auch abgründige Erfahrungen nicht erspart. Da im Monasterium nahe bei der Stadt findet sie schließlich den Grenzenlosen: … / *Wüste ist hier Haus // mit Gittertür. // Mit allen meinen Grenzen / trat ich ein / und durfte schon am ersten*

*Tag // im Grenzenlosen sein. // Es ist jemand, und der wohnt hier. / Grenzenlos nahm mich der Grenzenlose // samt meinen Grenzen an. / Nein, er zerbrach sie nicht. // So wie ich bin, und ich nicht anders kann, // als immer noch begrenzt zu sein, / geh ich nun Tag um Tag, // so wie mein Alltag läuft, / geh ich nun ein // in meines Grenzenlosen grenzenloses Licht.* (SWGA 8,491 f.)

Ihr Jemand ist HEILIGER GEIST. So spricht sie: *Heiliger Geist, / du bist jemand. Sonst hättest du uns nicht verführt, / einzutreten / in deinen Schweigeschatten / Klausur.* Sie bittet: … */ Lasse dich daher nieder, du Niederlassung des Wortes, in unser Elendsviertel, genannt Herz.* (SWGA 8,497) Der Nonne steht dies zu, ihr Herz als solches zu bezeichnen, nachdem sie ihre Entscheidung getroffen hat. Ein langer lyrischer Gesang wird angestimmt in DIE KLAGEKUGEL WIRD SINGEN. Die eschatologische Utopie beschreibt *Silja Walter* angesichts der Klage- und Schreikugel Erde und betont ihre Nähe zu den Armen und Kleinen. Die Erde werde aufhören zu weinen … *dieser Todesball wird sich selber vergessen / und zu leuchten – aufzuflammen anfangen unter / dem Gottesdasein auf ihr.* Einer drängenden Beschwörung gleich schreibt sie weiter: *Man muß es in diesen Völkerteig kneten, / daß ER da ist, / daß sein Da-Sein begonnen hat darin, / ah, daß sein wunderbares Kommen / durch alle Jahrtausende lauert darin / in allen kleinen Männern und Frauen, / die daran glauben. … in allen Klassen und Schichten / beginnt es vergangen zu sein – / in allen Klassen, Kreisen und Schichten / sind es die kleinen Männer und Frauen, / die Armen, genannt: / die, die glauben, / durch die ER umbringt / den Tod – / hört ihr, hört ihr, / zuinnerst im Todesball Erde / singt schon ihr Kern / singt schon / das Neue / das urewige Leben – / singt Gott.* (SWGA 8,501 f.)

Als wär's ein Wettkampf auf einer der Arenen der Welt ruft sie hinaus HÖR AUF SPIELEN, WEISHEIT! und formuliert einen hintergründig revolutionierenden Appell, eine Fürbitte, die so nur eine Poetin in Worte bringen kann: … *Spiel nicht die Rolle / eines Spielers.* Sie will Klarheit über dieses Spiel um die Welt, den Erdball und erkennt ein menschliches Gesicht: *Ich kenne jetzt dein Gesicht. / Du spielst mit tödlichem / Ernst / um mich. 1 : 0 / hast du in deiner Passion / mich gewonnen, und du warfst mit / auferstandener Macht / mein Herz in dein Netz / in der zweiten Halbzeit. // Nein, spiel weiter, / Weisheit, / ich flehe dich an, / Gott und Mensch, / 1 : 1 in dir selber, / das ist dein / Weihnachtsspiel / über den Erdball hin. / Lass ihn nicht los! / Losgelassen / spielt er sich selber entzwei. / 1 : unendlich / ist die Welt jetzt verloren / an dich. / Unendlich : 1 / umarmst du jeden von uns / am Schluß. / In der dritten, / der ewigen Halbzeit, / Sieger.* (SWGA 8,511 f.)

Das Leben in der nahen Stadt erfährt die Nonne nicht anders als ein Anstoß zur geistlichen Verbindung mit ihm, wo die Stadt selbst zur Wohnstätte

Gottes wird. Dem Heilsoptimismus der Nonne entgeht nichts in ihren poetischen Zeilen über UNSERE LIEBE FRAU VON ZÜRICH, die weibliche Seite in Gott: *Sieh, Unsere Liebe Frau / von Zürich, dieses Fluten, Rundumtreiben, dieses Fliehen und Fahren / zwischen Fluß und Stau – / ich frage mich, / hat sie nicht jeder, / der da drunten lebt, in sich? / … Der Himmel stieg durch dich / zu uns herab / in deinem Sohn, / sein Reich, sein weltenheil. / Wir haben dran teil, / sind selber Stadt vom Himmel / in der Zeit – / … In ihr wohnt Gott / Von Ewigkeit zu Ewigkeit, // Amen.* (SWGA 8,519 ff.)

In großem Bogen gestaltet sich vor ihrem dichterischen Auge eindrücklich die ganze Heilsgeschichte, die den Kampf am Jabbok zum Grundmotiv hat und sie die DURCHSICHTIGE GESCHICHTE schildern lässt: *Es ist in der Tat überaus befremdlich, / was sich da zutrug. / Man rätselt durch alle Jahrtausende / dran herum. / … Nein, das war kein Spiel, kein Gottesspiel. / Er brach buchstäblich zusammen / unter der Gewalt der Arme seines Gegners, / die ihn wie an Balken festbanden. / Man kennt das Bild. / … Ich denke, / es ist die großartigste Liebeserklärung / der Welt, / Gottes Liebeserklärung an den Menschen, / dieser Kampf am Jabbok. / … Soviel ist jedenfalls klar: / Hingerissen von der Schönheit / seines Abbildes ‚Mensch', reißt er uns alle / in seine Schwäche, / damit wir ihn lieben können. / Wie sonst? // Hinreißend liebt er uns, / bis zum Sterben hinreißend. / Das ist ja auch der Grund, / warum er sich zum Besiegten macht, / warum er sich jeder und jedem / in den Weg stellt, / irgendwann am Flüsschen unseres Lebens, / nachts. // Epiphanie des Gottesknechtes / am Jabbok.* (SWGA 8,525–528) Diese poetische und theologische Schau Silja Walters kann gegenüber der Weisheit des Kirchenvaters Athanasius – Das Wort Gottes „wurde Mensch, damit wir vergöttlicht würden"[163] – mehr als bestehen.

Darüber hinaus hatte sich *Silja Walter* auf das Denken von *Paracelsus* eingelassen. In ihrem *Briefwechsel mit Theo Flury* verglich sie ihn mit *Teilhard de Chardin*, den sie als Mensch und Jesuit in absolutem „Gegensatz zu Paracelsus" charakterisierte, aber „wie dieser lebenslang hinter dem Kosmos im Molekül her. Und wie jener angekommen im kosmischen Christus" (SWGA 8,581) In seiner späteren Antwort hielt *Theo Flury* skeptische Distanz zu dieser teilhardschen Vision und machte deutlich, dass Fragen offenbleiben – „übernommene und selbstgebastelte ‚fertige' Antworten sind bereits in sich zusammengefallen wie Kartenhäuser" (ebd. 613). *Silja Walter* selbst bekannte sich zu ihrem Schöpfer in der ihr eigenen Sprache großer Bewegtheit und Hingabe an ihre Transzendenz: „Losgelassen auf ihn hin, der das Ganze schlechthin ist, bin also auch ich. Sich nie mehr einholen zu können, sich

163 Zit. aus Athanasius, inc. 54,3, in: KKK 460

selbst immer wieder zu entkommen, sich dauernd durchbrennen, hinein in dieses Geheimnis seines Ursprungs, das ist nicht nur paracelsisch, das ist auch monastisch und christlich folgerichtig“ (ebd. 590). Ob Paracelsus Prophet sei „wie die Propheten im alten Bund der Heilsgeschichte?“ Die Nonne im Fahr war sich sicher: „Die *mußten* auflodern, ausbrechen, durchbrechen. Sie waren alle Brandstifter. Sie ließen Feuerspuren hinter sich zurück.“ Und im Gestus der emanzipierten und gleichzeitig sozialkritischen Frau hielt sie fest: „Es gibt dieses Zurück in die natürliche, schön sicher strukturierte, dem Natürlichen eingepaßte vernünftige Ordnung mit ihren Gesetzen des wohlanständigen Savoir-vivre unserer wohlständigen Gesellschaft auch für eine Frau im Kloster nicht mehr.“ (ebd. 591) Im Gegenzug bestätigte dies *Theo Flury*, wies dann aber auch auf die notwendige Selbstkritik klösterlich geschützter Bürgerlichkeit hin (ebd. 612). Diesem angeregten Dialog soll ein vertiefter Einblick in die biblisch und monastisch geprägte Ausdruckswelt Silja Walters folgen.

## Die biblisch-monastische Ausdruckswelt Silja Walters

Als Interpretin hat *Ulrike Wolitz* das Werk Silja Walters in seinen theologischen Grundlinien unter den Titel *„Der neue Mensch“* gestellt. Noch vor Erscheinen der Autobiografie der Dichterin konnte sie aufgrund des Gesamtwerks herausarbeiten, was die schreibende Nonne selbst als „Neue Schöpfung“ bezeichnet hatte. Wenn wir hier die Ausdruckswelt Silja Walters näher betrachten, zeigt sich ihre enge Anbindung sowohl an biblische Figuren wie auch an die Gebets- und Liturgiepraxis der benediktinischen Gemeinschaften. In ihrer anspruchsvollen Studie gibt *Ulrike Wolitz* dazu wertvolle Hinweise. Weitergehende Aspekte gilt es anzusprechen. Vor allem bedarf es bei der Lektüre der Texte Silja Walters unabdingbar näherer Bibelkenntnisse. Sie selbst hatte sich zur Bibel einen eigenen und kreativen Zugang erarbeitet, nachdem ihr diese wie den meisten ihrer Zeit verschlossen blieb: „Meine Entdeckung der Bibel zu Beginn meiner Klosterjahre war ein Durchbruch durch die ‚Rinde‘ meines Glaubens in seine Substanz, die ich bis dahin mehr abstrakt und theoretisch als erlebt kannte.“[164] Ihr Werk ist darum gleichzeitig ein Weg zum näheren Kennenlernen biblischer Glaubenswege. Unser Einblick in ausgewählte Texte der dichtenden Nonne kann darum zwei Anliegen verbinden – ihren erlebten Zugang zur Bibel kennenlernen und ihre Texte

164 *Silja Walter* (1999) 18 f.

als Impulse für das Mitfeiern von Gottesdiensten jenseits einer verkrusteten Liturgiesprache neu entdecken.

Wo zum Beispiel *Gomer* im „*Tanz des Gehorsams*" und weiteren Texten der Dichterin auftritt, ist sie nicht nur eine Einzelperson. Die Autorin sieht in dieser Gestalt sich selbst und zugleich alle – ob die Dirne Gomer im Buch Hosea, die Nonne oder den Konvent, die Autorin selbst oder die ganze Schöpfung immer in Beziehung zur göttlichen Transzendenz.[165] Wie im filmischen Totale gewinnt dieses Wort „alle" eine überragende Funktion. Zugleich schillert die Gomer-Gestalt als „Schwester Alle", die mit „alle" „wesensidentisch bei Unterscheidung der Personen" ist. Aus dieser Perspektive steht nicht die einzelne Person prioritär *coram deo*. Vielmehr ringt Gomer in „*Die Schleuse oder Abteien aus Glas*" um die Integration von Abseitsstehenden, die im Dasein von „Hockern" den menschlichen Zwiespalt darstellen, der auch das biblische Buch Hosea durchzieht. Im Zentrum steht dort die verweigerte Umkehr Israels zu Gott und dessen Barmherzigkeit.

„*Ruf und Regel*" geht dann so weit, aus dem Johannesprolog (Joh 1) den Schluss zu ziehen: „Am Anfang war die Gemeinschaft". Darin ist Gott als „ein einziges Kreisum" von Reden und Hören erkannt, was *U. Wolitz* näher interpretiert: „Gottes eigener Ausgang im WORT ist immer zugleich auch sein eigener Eingang im Hören des WORTES". Das Denken *Silja Walters* erlangt hier eine theologische Dichte, das vom Chorgebet geprägt der harmonischen Konsonanz im innertrinitarischen Dialog auf den ersten Blick mehr Raum zugesteht als der Dissonanz in den Brüchen der Welt. Solche Sprache will das „Ohr des Herzens", wie festgestellt wurde: „‚Man hört in den Anfang zurück, woher der Ruf ausgeht. Und dieses Hören ist auch ein Sehen. Es sieht in den Anfang zurück.' Gerade in solchen Texten fällt der Primat des Hörens gegenüber dem Sehen auf, das ‚Ohr des Herzens' wird tätig".[166] Für die Anleitung von Meditationen werden solche Worte hilfreich sein. Ob sie jedoch im Kontext zeitgenössischer Individualisierung die unbedingte Glaubens-Entscheidung jedes Einzelnen ernstnehmen können, muss offenbleiben, wo sich säkulare Zeiten eher vom „Kreisum-Gott" abwenden, dafür gerne dem Satz zustimmen: „Im Anfang unbedingte Entscheidung – Ja, bitte, doch ohne Zwang!"

165 Hier u. folg. mit Nachweisen aus dem Werk S. Walters *Ulrike Wolitz* (1998) 67 ff., 69, 70, 74 u. 101 (Meditation!). Zu Hosea vgl. *M. T. Wacker* (1995) Sp. 198 ff., abschließend mit dem Postulat, es wäre „die Spitzenaussage 11,9 ‚ich bin Gott, nicht Mann/Mensch (‚iš)' bibeltheologisch zu profilieren als ein Wort das (eine) Hierarchisierung der Geschlechter durchkreuzt."

166 Vgl. *Beatrice Eichmann-Leutenegger* (1999) 81

Alles kommt nun auf die *monastische Erfahrung Gottes* an, in welcher es für *Silja Walter* kein Dazwischen gibt und besonderer Demut bedarf.[167] Wie in einen Sog gerät, wer sich dieser Erfahrung aussetzt, wird hineingerissen in das Kommen Gottes und empfängt diesen unabhängig vom eigenen Freiheitsvollzug – in Worten der Dichterin: *„Was da kommt was da kommt / das träufelt nun immer / und rinnt herein / durch alle Ritzen / der Schöpfung. / Eine gehorsame Nonne ist / eine Ritze der Schöpfung / geworden / eine Ritze / im sausenden singenden All"*. Würde solche Erfahrung einzig den in Monasterien Lebenden zugesprochen, käme dies einer Selbstüberhöhung gleich, was kaum der Sinn monastischen Lebens in dieser Zeit sein kann. Insofern erhält im Werk der Dichterin der Gehorsam seine spezifische Rolle. Ein kritischer Exkurs über die monastische Existenz in der Gegenwart soll nachfolgend diesem Aspekt nachgehen.

## Im Kontext monastischer Welterfahrung

Alle tragen „etwas von einem Mönch in sich"[168], monierte *Raimon Pannikar* (1918–2010). Und wie bei *Silja Walter* auf ihrem Weg die „begnadete Einfalt" zentral wird, sieht *Pannikar* diese als *„selige* Einfalt …, die unter Einsatz des Lebens erkämpft wird und deshalb den Stempel der Heiligkeit, Ganzheit und Echtheit trägt … der Mönch bahnt sich seinen Weg zur Einfalt nicht, indem er die Wirklichkeit vergewaltigt … er verfolgt sein Ziel, indem er auf die Eigenheiten der Dinge achtet und ihrem Herzschlag lauscht, letztlich davon überzeugt, dass die Wahrheit der Wahrheiten, gleichsam das Herz, das in allem schlägt (*satyasyasatyam*), einfach ist".[169] Daraus nährt sich die monastische Art der Welterfahrung, „die echte Erfahrung der doxa, der ‚Lichtwucht der Wahrheit', … als solche ist Orthodoxie nichts als die andere Seite der Orthopraxis".

Wir erinnern uns, wie auf ihrem Weg die dichtende Nonne im Umgang mit dem Katechismus selber „in das klare, kühle Quellwasser der Wahrheit

167 Hier u. folg. *Ulrike Wolitz* (1998) 103–109: Die Erfahrung Gottes; 109–113: Die Demut; 105, 106

168 Die Veränderungen des Mönchtums in Ost und West diskutiert *Raimon Pannikar* (²1990) 27. *„Das Monastische*, das heißt der Archetyp, dessen Ausdruck und Erscheinung der Mönch ist, *entspricht einer Dimension des Humanum* … Der Mensch lebt nicht vom Brot allein" (25). Wie „zerbrechlich die klösterliche Existenz ist" monierte *Daniel Foppa* (TA 17.09. 2010) 12

169 *R. Pannikar* ebd. 50 f., 77 f., 88 (93 f./98), 99, 109, 125, 128 f., 134

über Gott hineinstehen“ wollte (SWB 66 f.) und die für sie alles entscheidende Erfahrung vom Schwarzsee, das „dreifarbene Meer“ (SWB 185 f.) als innere Wahrheit erkannte. Mit vielen anderen Ordensleuten teilte sie als Kind ihrer Zeit „viele Einsichten einer Spiritualität ‚geheiligter Weltlichkeit‘“ wie sich *Pannikar* weiter ausdrückt. Er schließt dabei wie *S. Walter* in Anlehnung an *A. J. Heschel* das Ewige in der Zeit mit ein, den für ihn „tempiternalen Kern der Fülle unseres Seins“ und mit den Propheten Israels „die Erfahrung des LEBENS im Leben“. Auch sei die Taborerfahrung „ein ausgezeichnetes Beispiel … ‚heiliger Weltlichkeit‘ …: „Die Verklärung Jesu auf dem Berg – nicht im Tempel – reißt die Trennmauer zwischen dem *profanum* und dem *fanum* nieder, zwischen dem Weltlichen und dem Heiligen. Die alltäglich gelebte Wirklichkeit ist selber der Ort der Verklärung, man muss nur das ‚eine Auge‘ haben, es zu sehen. Dieses Sehen ist das Reich Gottes – hier und jetzt“. Es verlangt nicht etwa nach blindem, sondern nach „ein-sehendem“ Gehorsam. In solcher Verdichtung der Aspekte monastischer Spiritualität kann *R. Pannikar* plausibel machen, „dass der zeitgenössische Mönch dem Weltlichen gegenüber aufgeschlossen ist, ohne dabei sein Streben nach Heiligkeit aufzugeben. Er sieht sich einfach außerstande, der weltlichen Welt den Rücken zu kehren, denn er hält sie nicht für etwas Zweitrangiges“. M.a.W. findet sich in der Welt geradezu das Ewige in der Zeit, woran nicht nur eine Nonne teilzunehmen sucht. So bleibt der Verweis auf eine allgemein-politische Dimension des Mönchseins: „Der Mönch war und ist Zeuge des Heiligen. Heute entdeckt er dessen verborgene Spuren überall, in den materiellen Bausteinen der Wirklichkeit nicht weniger als in den Sehnsüchten und Lebensentwürfen der Menschheit“.

Gleichzeitig ist solche „beständige Vergegenwärtigung des Höchsten und des Weges zu ihm … der Grund dafür, dass die meisten monastischen Institutionen die Liturgie in besonderer Weise pflegen und überhaupt das ganze menschliche Leben festen Riten unterwerfen, in denen die Bestimmung des einzelnen wie der ganzen Welt je neu zum Ausdruck kommt“. Nicht zuletzt auf diese letzte Bemerkung hin sind die aus seiner monastischen Erfahrung vorgeschlagenen Liturgie-Texte *R. Pannikars* interessant. Sowohl der längere „Eine Liturgie der Erde“ wie der kürzere „Eine Liturgie des heiligen Wortes“[170] sind näher betrachtet gültige Versuche und bieten sich zur Ausarbeitung von zeitgenössischen Hochgebeten an. Zwar handelt es sich um sehr ausführliche Texte, in denen sich aber nicht wenige angemessene Kernsätze

170 *R. Pannikar* ebd. 193–196, 197 f. Zur „‚kosmotheandrischen‘ Intuition“ Pannikars vgl. *Francis X. D'Sa* (2008) 253

für die Kultur neuer Eucharistie-Sprache finden. Im Kontrast zu *Silja Walters* Gebetstexten sind sie weniger poetisch, dafür getragen von der für *Pannikar* wichtigen „kosmotheandrischen“ Intuition – der Verbindung mit der göttlichen Schöpfung und dem mitschöpferischen Handeln des Menschen.

## Erfahrung Gottes – in kreativ-verfremdeten Bildern

Auf ihrem monastischen Hintergrund wird die Bilderwelt *Silja Walters* noch deutlicher. So auch in *„Die Schleuse oder Abteien aus Glas“*, wo sie die Armut der Welt anspricht und von der Hochzeit der Schwester Alle mit dieser erzählt, den „Hinterhöfen, verhängten Fensterrahmen, schmutzigen Kindern und kaputten Velos“[171]. Schwester Alle wird nun selbst ein „Hocker“. Geradezu alles ist verfangen, auch das Lamm verfängt sich in Alle, im dürren Dornbusch. Das subtil-biblische Bild interpretierte *U. Wolitz* folgerichtig: „Der Dornbusch ist so dürr, dass das ‚Ich bin‘ des Offenbarers entbrennen und epiphan werden kann“. Die Erfahrung Gottes in der Berg-Wüste kommt durch die vollständig ausgetrocknete Flora eines Dornbusches hindurch zur Sprache und erhält ihre eigene Strahlung. Zudem ist mit dem „Hockerkindchen Mariens“ als Fresko im Gewölbe eine eigentlich marianische ‚Überhöhung‘ des Vorganges gegeben. Schwester Alle sieht im Fresko das Kindergesicht bluten und kann nach *U. Wolitz* nicht anders, als die Führung der Hocker zu übernehmen.

Die im Werk *Silja Walters* öfters auftretende literarische ‚Verfremdung‘ biblischer Figuren übernimmt auch hier ihre Rolle. Folgt man der Lesart, die *U. Wolitz* andeutet, kann darum von einer durch die monastische Erfahrung Gottes vermittelten Total-Identifizierung gesprochen werden. Wie sich nämlich die Protagonisten des Geschehens in den romanhaften Texten der Nonne durch die „Verfremdungstaktik“ (*S. Walter*) in biblische Akteurinnen und Akteure verwandeln, verdichtet sich die Erfahrung Gottes als einer nur in Bilder zu fassenden Erfahrung. Darauf lässt nach *U. Wolitz* die Rolle Gomers schließen, die selbst im Grund des Sees endet, wo sie sich – paradox und mystisch formuliert – „nun das Meer trinkend ins Leben stirbt“. Die Nonne

171 Mit Bezug auf einzelne Texte die Interpretin *Ulrike Wolitz* (1998), 112 f., 113, 115 119 Anm. 232, 122–129, 123, 125, 126, 128 (Zit. aus *„Die Schleuse oder Abteien aus Glas“* 195 f.), 133 f. Im Gedenken an 100 Jahre Silja Walter wurde 2019 dieser Gedanke hintergründig in einen Theater-Monolog der Sängerin und Spielerin *Christine Lather* mit aufgenommen. Das Stück ‚Ich habe den Himmel gegessen‘ wurde kontrastiert von *Felix Hubers* Jazz-Kompositionen.

fand im „dreifarbenen Meer“ ihre trinitarische Metapher und zeigte ihren eindrücklichen Willen, religiöse Motive in freier und kreativer Sprache zu gestalten. Ebenso verdichten sich die Sprachbilder in der *Erfahrung der Messfeier*. Da „die Kommunion … die Sonne in der Klausur“ ist, ist auch kein Kloster ohne Messe. Die Sonne wird der Protagonistin zur „Lichthostie“. Auch sie ist ‚dreifarben‘ wie die Strohmatte. Beide, meint *U. Wolitz*, sind „klar abgegrenzt, nicht pantheistisch emanatistisch auslaufend“. Und nochmals kommt das „Hockerkindchen oben im Gewölbe“ ins Spiel, das „in hundert- und abertausend Variationen“ sein Gesicht weitergab: „Es war passiert. Da war ein Mensch passiert … Der marschiert dann, er kann nicht anders, er ist ein Hineingerissener, ein ins Dahinter Hineingerissener, ein Mensch“. In ihrer Zusammenschau zeigt schließlich *U. Wolitz* mit Blick auf die Messe, was uns hier interessiert: „Die Messe ist der Ort, wo das Ineinanderkommen scheinbar sonst getrennter Wirklichkeit, der natürlichen mit der übernatürlichen, gefeiert und als Frucht des Lebensbaumes gekostet wird“. Alles wird darin in die Gotteshochzeit hineingerissen: „Die darin verborgene Sendung des Sohnes geschieht jetzt in der Messe, im Essen der ‚Sonnenhostie‘“. Nachdrücklich wirken diese Passagen, die von der Erfahrung liturgischer Kommunion zeugen, die *Silja Walter* wohl nicht nur in ihrer Gemeinschaft machte. M. a. W. war sie getragen von der sonnendurchstrahlten Berufungs-Erfahrung. Näher hin gehört nun die Verbindung dieser Erfahrung mit der liturgischen Welt zur Qualität ihres Werkes.

## Liturgische Texte als Kernqualität im Werk Silja Walters

Im Zuge der jüngsten Liturgiereform entfaltete das Schaffen Silja Walters besondere Wirkung.[172] Nicht nur die benediktinische Gemeinschaft im Fahr erhielt daraus neue Impulse. Die Lyrikerin wandte sich vermehrt liturgischen Kontexten zu und sah sich vor der Herausforderung, den Rahmen liturgischer Sprache neu zu bespielen. Von ‚Bespielung‘ muss gesprochen werden, da sich diese Autorin in ihrem bisherigen Werk poetisch-kreativ auf dem Hintergrund biblischer Erfahrungen ihrer Lebenswirklichkeit gestellt hat-

172 *Ulrike Wolitz* beschreibt a. a. O. im 4. Kap. Das liturgische Jahr (135–186) die umfassenden Arbeiten Silja Walters für das Hymnenjahr, den Volksgesang, die Stundenliturgie sowie ‚Keine Messgebete‘, den eindrücklichen Kommunion-Psalter und den Tanz (Tanzen ist Auferstehen) – alles in allem den weiten Raum liturgischen Ausdrucks, in den sich die dichtende Nonne vertiefte, sich ebenso der Kritik stellen musste und neues liturgisches Beten befördern half.

te. Die kleine Auswahl von Beispielen aus dem Werk dieser Poetin, die im Rhythmus des Klosteralltags lebend ihren Glauben als Zeitgenossin in Worte zu fassen suchte, rückt damit erneut unsere Fragen ins Zentrum. Wie diesen Glauben und darin Gott zur Sprache kommen lassen? Welche Möglichkeiten ausschöpfen, um dem Beten und Feiern in Gruppen, Gemeinschaften und Gemeinden ein angemessen zeitgenössisches Sprachkleid zu geben?

Wie *Silja Walter* exemplarisch ihre Meditationen in der Messe unter dem Titel HOL MICH HEREIN (SWGA 10,193–241) zusammen mit *Karl Heinz Zeiss* 1973 veröffentlichte, schrieb sie weder „geistliche Gedichte" noch „rhythmische Gebete für den Privatgebrauch", sondern „Texte, die Grundinhalte der Messe einsinken lassen wollen und heraufholen ins Bewusstsein". Wesentlich wirksam dabei seien die Pausen (ebd. 193). Das Anliegen dieses meditativen Zugangs zur Messe erhielte heute das Prädikat ‚besondere mystagogische Praxis' etwa bei der Hinführung von Katechumenen oder in besonderen Zeiten für Gemeinden, die bereit sind, sich über eine längere Wegstrecke hin mitfeiernd auf meditativ gestaltete Eucharistiefeiern einzustellen. Offenbleiben muss dennoch, inwieweit sich diese in Zeiten „partieller Säkularisierung"[173] darauf einlassen, zu Beginn einer Messe meditative Worte wie folgende zu hören: *Nicht denken, / HERR – // Da spielt wer. // Nicht denken. / Da sein. // GOTT. // GOTT ist. // GOTT ist da. // Durch die Messe / kommt GOTT. // Durch die Messe / nimmt GOTT / alles in sich. // Welt, / Schöpfung, / Menschen, / mich, / die Meinen. / Alle. // In sein eigenes Leben: / meinen Tag, / meine Sorgen, / mein Leid, / mein Glück, / mein Werk, / meine Pläne, / die Meinen, / und alle – // in sein eigenes Leben hinein. // Wie? // Durch JESUS CHRISTUS. // Amen.* (SWGA 10,199)

1974 folgte TANZ VOR DEM HERRN mit neuen Wortgottesdiensten, die den ungebrochenen Kontakt der Autorin zur Welt draußen vor der Klausur bezeugen.[174] Im nach *Susanne Kramer* „ausgewogensten von drei Modellen" einer Buß- und Versöhnungsfeier wurde DER VERLORENE SOHN (Lk 15,11–32) in eine liturgische Performance mit verteilten Rollen gebracht, wobei der Einbezug einer Gruppe junger Leute hervorstecht. Einer

173 Zum Begriff „partielle Säkularisierung" *Isolde Charim* ([3]2018) (57–79) 62. „Die Pluralisierung verlangt jedem Gläubigen, … aus der Sicht all der anderen offensichtlichen Möglichkeiten, eine Entscheidung für seinen Glauben ab." (82)

174 Gewidmet waren diese Texte aus den Jahren 1971–1974 den „jungen Kirchen der Dritten Welt. Sie tanzen längst vor dem Herrn und fordern uns auf, mitzutanzen". Hier u. folg. *Silja Walter* (1974) 10. Zur Buß- und Versöhnungsfeier ebd. 20f., 23–57: DU WANDELST IN TANZ … 27, darin 37–41 dreimal einsetzend mit Worten von *Drutmar Cremer* (Herr, der Abstand ist zu groß …) 44

der Jungen reklamiert als älterer Sohn seinen Protest: *Ein Fest!! / Was! Ein Fest? / schreit der Immergerechte, / auch noch ein Fest / mit Wein und Lamm und Blumen / und Kerzen, Musik und / bunten Geweben, / Goldbrokat gar, / ein Festmahl auch noch mit Tanz / für einen Lumpen, / wie der?* Nach der Lossprechung durch den Priester fällt auf, wie zu einer Agape eingeladen und abschließend die Gemeinde ein trinitarisch unterlegtes Gebet betet.

Eine weitere unter Mitarbeit von Seelsorgern entstandene Vorlage enthielt Abfolgen mehrerer Pantomimen. Auf sprachlicher Ebene verbinden sich hier biblische Texte mit aktuellen Bezügen zu Entwicklungen in Politik und Kirchen – mit Nennung von Personen wie Roger Schutz, Ernesto Cardenal, Helder Camara und Philipp Potter. So in DU WANDELST IN TANZ MEINE KLAGE oder ZACHARIAS, worin erneut die Jungen in dreifacher Steigerung das Wort ergreifen: *„Herr der Abstand ist zu groß / zwischen dir und uns. / Zwischen dem, das du uns verkündest, / und dem, was ist / in der Welt, / der Abstand ist zu groß // … zu groß / zwischen dem Reich, das du uns verheißen hast, / und dem, / was in Brasilien vorgeht, / in Vietnam / in … / in … / zwischen dem, was ich zu tun vermag, und dem, was getan werden müßte. / … / dem, / was ich sein möchte, und dem, was ich bin.* Und drastisch konkret: … *Zwischen der wohl behüteten / Naivität meiner Ideale / und den Abgründen / menschlicher Gemeinheit, / deren Vision mich angähnt / auch mitten in der Predigt. / Der Abstand, / Herr, / ist zu groß.* Dann kulminiert ein zeitgenössisches Fragen nach Gott, wo kein Stein auf dem anderen mehr zu stehen kommt: … *mit der Stummheit / redet Gott noch / deutlicher, / beweiskräftiger / zu Zacharias* … und die Stimmen resignierter Jungen heben an: *Gott redet – / wer redet? / Nichts redet. / Wer weiß – / Gott redet zuinnerst / im Grund. // Ich zweifle. / Du zweifelst? / Der zweifelt / mit Fleiß. / Hat Gott wie ein Mensch / einen Mund? // Gott redet – / wer redet? / Nichts redet. / Wer weiß – / Schloß Gott nicht mit uns / einen Bund? // Ich zweifle. / Du zweifelst? / Wer glaubt / auf Geheiß. / Wir zweifeln uns alle / zugrund.*

BEIM FEST DES CHRISTUS enthält weitere Messe-Meditationen, die den gewohnten Horizont des faktischen Kirchenraums ebenso wie den Kreis jener, die an Messfeiern beteiligt sind, übersteigen. Denn auch hier öffnet sich der Erfahrungsfächer der Nonne, die ihre Worte im schrittweisen Begehen der christlichen Zentralfeier verdichtet und biblische Geschehnisse aktualisiert. Die Begegnung etwa mit dem, den sie mit dem Ehrentitel ‚Herr' nennt, wird zum GESPRÄCH VOR BEGINN: *Was ist denn jetzt? / Erwartet uns wer? / Der Herr. / Da ist er. / Er ist erschienen, / zum Fest mit uns. // Was tut er denn jetzt? / Er sieht uns an. / Der Herr! / Lächelt, und dann …? / Setzt er sich nieder / zum Fest mit uns. // Was wird denn jetzt? / Er bleibt nun hier. /*

*Der Herr? / Geht, schließt die Tür. / Er hat eröffnet / sein Fest mit uns.* (SWGA 10,256) Schon vor dem Beginn will zweifellos klar werden, was die in einem Raum Versammelten erwartet. Ohne zu nennen, *wo* sich dies abspielt, klärt sich am Ende, *was* hier zentral ist. *Christus hat* das „Fest mit uns" eröffnet, nachdem er als der ‚Herr' unter den Versammelten erschienen ist, sie ansieht, lächelt und sich niedersetzt und zum Schließen der Türe auffordert.

Die geistliche Lyrikerin entwickelt dann zahlreiche Brücken zu diesem Geschehen: „DIE NICHT KOMMEN, SIND AUCH DA", werden als vermeintlich Ausgeschlossene mithineingenommen; der „AUSGEBRANNTE BETER" kniet da als „Gottverlassener", dem zuschauenden Gott aus seiner „sechsten Stunde am Kreuz" bekannt: *Er hat noch Augen. / Sonst nichts mehr. / Kein Herz und / kein Wort. // Er schaut dich an / und sieht / dein Nichtsgesicht, Gott. // Das deckt ihn zu. // Doch darunter bricht / deiner Herrlichkeit / ewiges Fest aus.* Der „ZERSTREUTE GAST" ist mit allen anderen „zusammengeholt in eine alles gutmachende Stunde" und darf mit hineinsehen … *in das Spiel unseres Christus, / das alles wieder gewann / im Augenblick, / da sie ihn aufhängten / nahe beim Stadttor. // Daß der Herr eben jetzt. / und das ist das unvergleichliche / seltsame Fest unseres Christus, / noch immer sein Leben / verspielt / an den Tod, / stirbt und aufersteht – // dieses göttliche Spiel, / das meinen Nachbarn in eine ewige / zinsfreie Wohnung versetzt … / Das alles entgeht ihm.* (SWGA 10,259–262)

Zwar ist hier der Eindruck nicht abzuwehren, dass einige dieser Meditationen tendenziell einen Graben zwischen dem diensttuenden Presbyter und den Versammelten konstruieren.[175] Stehen doch alle zur Feier Versammelten einander nicht gegenüber, sondern erfahren ihr gemeinsames Gegenüber, Christus, der ihnen allen direkt entgegenkommt. Umso deutlicher kann ein Text wie der hier folgende DIE IN EINFALT UND HERZENSFREUDE ins

175 *Ulrike Wolitz* (1998) 172f. konstruiert dagegen eher diesen Eindruck aufgrund der Rolle, die der ‚Kyrios' selbst (!) als Zuschauer dieses von ihm geprägten Festes übernehmen soll. Diese Einordnung irritiert auch bei der *Meditation des jüngsten Ministranten … Dich sieht zwar keiner. / Du bist aber da. / Durch den Priester hindurch / werde ich dich ansehn.* (zit. ebd. 173) Siehe auch SWGA 10, 285. Die Repräsentierung Christi durch den Priester allein entrückt sowohl Christus wie die Person des Priesters und schafft dadurch eine aristokratische Distanz, die klerikales Verhalten befördern kann. *Silja Walter* stand noch weitgehend unter dem Einfluss dieses Amtsverständnisses im Zuge der Langzeitwirkung gegenreformatorischer Theologie. Dagegen hatte Augustinus noch die Formel geprägt, die den biblischen Quellen gemäßer ist: „Seid, was ihr seht, und empfangt, was ihr seid – Leib Christi" (Sermo 272). Man wird dies bei der Verwendung der Texte und Impulse *Silja Walters* beachten müssen. Vgl. Das Silja Walter Gottesdienstbuch (2019)

Zentrum stellen und das Alleinstellungsmerkmal einer Zeugnisgemeinschaft formulieren, in der alle daran Beteiligten im einen Leib Christi verbunden sind: *Herr, / wir sind wieder die ersten / Christen, / wir hier. // Immer dürfen die letzten / Christen, / die von heute / und jetzt, / die ersten sein. // Immer wird in ihnen / urchristlicher / Anfang / neu. // Herr, / laß uns deine ersten / Christen sein, / um dich / und mit dir / zusammen / in Herzensfreude und Einfalt. // Jene, die dich erwarten, / jene vom Anfang, / die wissen: / Bald kommst du. // Die dann hinausgehn / in die Arena der Welt / und singen. // Wir haben doch auch gegessen / von deiner Auferstehung.* (SWGA 10,301)

Diesen Meditationen folgte in innerer Kongruenz der große Zyklus des Kommunionpsalters DAS WORT IST BROT GEWORDEN (SWGA 10,322–465). Es erfüllte sich damit ein Programmwort der liturgischen Erneuerung mit ihrem zentralen Anliegen, den Tisch des Wortes mit dem Tisch des Brotes zu verbinden. Die als Wechselgebete gestalteten Texte nehmen für alle Sonntage und Herrenfeste im Kirchenjahr inhaltlich einen Kerngedanken der Sonntagslesungen auf und entfalten diesen nochmals nach der Kommunion. *Ulrike Wolitz* hielt dazu fest, dass sich in den Gebeten die Messe „von der ‚Brotwerdung des Wortes' her inkarnationstheologisch" versteht.[176] Anders gesagt schreibt die Lyrikerin ihre Besinnungstexte auf dem Boden einer bibelgeprägten Mystik. Hierbei kommt sowohl die Präexistenz Christi im ewigen Wort wie die von der grundlegenden trinitarischen Beziehung in Gott getragene konkrete Mahlgemeinschaft zur Geltung. Auch hier wird die Bewegung der Kenosis sichtbar, mit welcher der Sohn Gottes sein ‚ewiges Fest' verlässt. Exemplarisch zeigt dies die Kommunion-Besinnung am Neunten Sonntag im Jahreskreis: *„Habt ihr nie gelesen, was David getan hat, / als er und seine Begleiter hungrig waren / und nichts zu essen hatten? // Was tatest du, Herr, als du sahst, / wie wir zum Sterben hungrig sind / und wie die ganze Welt / im Grunde nichts zu essen hat? / Was in ihr wächst, / macht keinen Menschen satt. / Was tatest du, / als du das sahst? / Du siehst nicht lange zu. / Du läßt, verläßt dein ewiges Fest / beim Vater und gehst hin, / verbirgst in unsrer Erde deine Herrlichkeit, Unsterblichkeit und Macht, / verbirgst sie in der tiefsten Nacht / im Schächertod am Kreuz. / auf diese Weise hast du sie zur Speise, / zu Brot und Wein*

176 *Ulrike Wolitz* (1998) 175 mit weiteren Belegen 174–177. 174: Erstveröffentlichungen des Kommunionpsalters in: Gd 17 (1983) – 19 (1985). Über das ‚Brot' der vierten Vaterunser-Bitte vgl. *Eckhard Nordhofen* (2018) 229–263. Nordhofen gewichtet dieses Brot mit Hieronymus als „überwesentliches" (243 u. ö.) bzw. als „das Brot der Gottesgegenwart" (256) und tendiert zu täglicher Kommunion – was bis heute wohl nur in Monasterien und (bisher) nur von Männern geleiteten Eucharistiefeiern vorkommen kann bzw. darf.

*für uns gemacht. / Unsterblich ist, wer davon trinkt und ißt. / Das tatest du.* (zu Mk 2,25 (B)" (SWGA 10,398 f.).

In Texten wie diesen inszenierte die Dichterin Kommunion-Dialoge, die einige Aufmerksamkeit verlangen. In der Praxis können sie nach dem Kommuniongang und stillem Verharren das Tagesgeheimnis nochmals in Worte fassen. Dass die vorher erfolgten Vollzüge der ganzen Eucharistiefeier und die Eigentexte des jeweiligen Tages ebenso sorgfältig gestaltet werden, wird bei der Verwendung nicht nur dieser lyrisch geprägten liturgischen Sprache zu beachten sein.

Eingehend befasste sich Silja Walter mit der Gattung der HYMNEN im Hymnenjahr und für das Stundenbuch (SWGA 10,466–590). Ihre monastische Existenz ließ sie als Lyrikerin eine neue Sprache finden für diese, die Tageszeiten rhythmisierenden Gebete. Sie sind von besonderer Musikalität, sodass ihre „klingende Sprache" weiterhin Anlass zu Vertonungen gibt.[177] Die hymnischen Zeilen erzählen vor allem Geschichten suchender Menschen, die in ihrer Begegnung mit dem Göttlichen ihr Leben wie im Spiegel betrachten können. In Klöstern und klosterähnlichen Gemeinschaften erfüllen die Hymnen des Stundenbuches ihre besondere Funktion. Sie kontrastieren zum Alltag und integrieren gleichzeitig die darin liegenden Herausforderungen. Sie lassen es zu, von Tag zu Tag den gemeinsamen Alltag in einen größeren Rahmen zu stellen und der Begegnung mit dem menschgewordenen Gott nicht auszuweichen. Drei von *Silja Walter* in dichterische Sprache gebrachte Hymnen weisen exemplarisch in diese religiöse Lebenswelt ein. Sie markieren eine besondere Kirchen-Stunde, die Begegnung mit dem ‚Wort' und die Verlorenheit der Menschen angesichts der Sterbestunde dieses Gottes.

NACHT *// Herr und Gott, / die Lichter schwinden, / deine Kirche wacht. / Wer dir singt, / der wird dich finden; / du wohnst in der Nacht. / Laß uns ein. / Du allein / kannst uns Licht / in deinem Dunkel sein. // Herr und Gott, / die Sterne drehen / ihren Tanz dir zu. / Welten steigen / und vergehen, / du bleibst immer du. / Laß uns ein. / Du allein / wirst im Tode / unser Leben sein. // Herr, den wir / nicht schauen können, / gib uns doch dein Licht. / Mägden, deren / Lampen brennen, zeigst du dein Gesicht. / Laß uns ein. / Du allein / senkst die Welt in / deinen Frieden ein.* (SWGA 10,520)

DU WORT, DAS DER VATER SPRICHT *// Du Wort, das der Vater spricht, / behältst deine Gottheit nicht/ als Beute und Raub, / du springst in den Staub: / Du Leben, du Licht / wirst Mensch, der zerbricht, / da fließen die lebens-*

177 Vgl. Einordnungen durch *Marius Linnenborn* (2019) 85–87, 86 f. und *Irene Gassmann* (2019) 106 f. sowie *Martin Hobi* im Gespräch mit *Barbara Kolberg* (2019/2) 20–23

*spendenden Wasser / des Heils. / Halleluja. // Herr, gib uns zu trinken davon. / Dein Wort ist nicht irgendein Ton. / Es dringt in uns ein / wie Feuer, wie Wein. / Wer glaubt, der hat schon / das Leben im Sohn, / dem Urquell der lebensspendenden Wasser / des Heils / Halleluja. // Du Wort des Herrn bist ein Schwert, / das Sehne und Mark durchfährt / und Wahrheit heißt / und Macht ist und Geist, / das ewig währt / und uns verklärt / in der Kraft der lebensspendenden Wasser / des Heils. / Halleluja.* (SWGA 10,525)

Schließlich soll hier mit PASSION CHRISTI als der Non zur neunten Stunde des Karfreitags ein umstrittener Hymnus erwähnt sein. Seine Sprachgestaltung dokumentiert eindrücklich die spirituelle Empathie der Autorin: *Es flackern die Lichter / schon auf in der Stadt, / die Sonne glüht rot. / Und da man dich, Christus, / gekreuzigt hat, ist Gott nun tot. // Kyrie eleison. // Kommt, laßt uns die Finsternis / singend besteht, / die Christus bedrängt, / auf daß wir darinnen / die Sonne sehn, / die uns umfängt. // Kyrie eleison. // Wir preisen dich, Christus, du ewiges Licht / in deiner Nacht, / die göttliches Leben / dem Knecht verspricht, / der wartet und wacht. // Kyrie eleison.* (SWGA 10,483) Warum wurde dieser Text in seiner ursprünglichen Form als für das Stundenbuch nicht geeignet angesehen?[178] Die entscheidenden Gremien hatten den Vers / *ist Gott nun tot* / als nicht objektiven Text beanstandet. Dies ließ den Rezensenten ausführlicher nachfragen, „ob die oft beklagten Kunstgewerblichkeiten religiöser, auch liturgischer Sprache mit dem Begriff des ‚objektiven Gebetes' zu rechtfertigen sind. Die Autorin hat im Chor der Schwestern alljährlich die düsteren Metten des Sterben Gottes (gegen eine solche Formulierung sei in den Kommissionen nichts einzuwenden gewesen) in Wort und Gebärde vernehmbar gemacht und die tiefe Trauer der Jünger ( und der Leid-Tragenden bis heute) mitempfunden –, weshalb sollte das als unerbittlich-endgültig Imaginierte nicht in der Sprachgestalt des Todes in das Liturgisch-Geordnete einbrechen und verstören? Zudem: / *ist Gott nun tot* / könnte ein Satz aus einem Mysterienspiel sein … und zeugte dann von durchlittenem Leben. Bei aller ‚Objektivität? Wäre ein ‚Aufrauen' (Hilde Domin) auch des liturgischen Sprechens und Gestaltens ein Dienst, für den man Poeten und Künstlern danken sollte." Die Rezension stützte sich an dieser Stelle auf die andere Aussage *Silja Walters* in ihrem Werk „Eine Insel finden": *Lieber nicht von Gott reden als in der alten, verdreschten, verbrauchten Sprache.* Lieber fordert die Dichterin von Mal zu Mal auf, weiterzusingen – und kann

178 Die Diskussionen sind dokumentiert in *Ulrike Wolitz* (1998) 154 4f. Dazu auch die Rezension durch *Jürgen Werinhard Einhorn OFM* (2003) 157–160, 159

seit ihrer Erfahrung in den Walliser-Bergen nicht anders als sich der Dramatik des Geschehens in der Unheils- und Heilsgeschichte überlassen.

Immer waren es die „Erfahrungen im Kloster", die *Silja Walter* wichtig waren und zur *Erfahrung des Göttlichen* führten. So in Augenblicken der Danksagung nach einer Kommunion: „Man kann dann zum Beispiel in diesem helldunklen Grund, Glaubensgrund, das Eigene sehen, das Ich oder Selbst wie eine Glasscheibe. Ob rein, ob unrein ist hier nicht die Frage, ist überhaupt keine Frage, wo man ein Mensch ist, nichts weiter. Also Glasscheibe, ein Bild, aber was macht man gegen die Bilder, irgendwo hinter den Augen, die alle Gedanken verschlucken – Gott – Es war vielleicht so: Gott von oben in die Scheibe, Gott von unten in die Scheibe und Gott zwischen Gott und Gott, durch die Glasscheibe hindurch. Wer sich im Spiegel besieht, erlebt das so ähnlich und doch nicht, denn stehe ich vor dem Spiegel, stehe ich nicht selber auch dahinter. Ich wollte bloß sagen: So kann es sein. Wobei es auch ganz anders sein kann, man weiß nicht, wie es ist. Aber eines Morgens kann tatsächlich der Sand auf dem innern Gesicht weggefegt sein, vom ‚Wind'. Der ist ja Jemand. Diese Erfahrungen kommen von ihm."[179]

Vom gleichen Anliegen getragen sind *„Die sieben durchsichtigen Tage"*.[180] Mit dem Durchgang durch die Schöpfungstage der Bibel verbinden sich diese in Prosa gesetzten persönlichen Transparenz-Erfahrungen mit lyrischen Meditationen auf ihrem längeren Glaubensweg. Nochmals finden sich die in ihrer Biografie erlebten und sensibel aufgespürten Momente. Fragen stellen sich ihr keine mehr. Ihr Berührtsein vom Licht, das ihr geschenkt wird, verwebt sich mit dem biblisch geschilderten Anfang in Genesis 1,3–5: „Ich habe nicht gewusst, was das ist: inneres Licht. Eines Tages war es da. Oben, in den Sommerbergen. Da sah ich: es gibt ein Inneres im Menschen. Das kam vom Licht. Das hatte sich mir geschenkt … Da habe ich erfahren, dass das Licht im Innern jemand ist. An Gott hatte ich immer geglaubt. Mein Glaube war aber stumpf, dumpf und lahm und blind gewesen. Jetzt sah ich, was Glauben heißt: Gott als Wirklichkeit erfahren und annehmen. Das ist: im Licht sein. Diesen Glauben hatte ich geschenkt erhalten, den Glauben an Gott, aus dem alles hervorgeht." (SWGA 10,26/28)

Schließlich bieten sich ihre frei gestalteten *Gebete zu* einzelnen *Psalmen* (SWGA 10,416–431) an für die persönliche Meditation, weniger für einen li-

179 Vgl. eine Kommunionerfahrung von *Silja Walter* (1985) 19 f., 20 mit eindrücklichem Tuschbild der Nonne. Fast vierzig Jahre danach nimmt dieser Text eingangs erneut Bezug auf die prägende Berufungs-Erfahrung in den Walliser-Bergen.

180 *Silja Walter* (2005) SWGA 10, 21–72 sowie SWGA 10, 641–649

turgischen Kontext. Dafür haben Silja Walters „Vaterunser-Meditation“ (KG 191.1) und „Jemand muss zu Hause sein, Herr“ (KG 328.4) Eingang in das Katholische Gesangbuch der deutschsprachigen Schweiz gefunden. Ihr hielt man aber auch einen Ehrenplatz im evangelisch-reformierten Gesangbuch offen – mit den Zeilen, die dem Anliegen lyrischer Meditation kräftig entsprechen: *Fängst du zu sprechen / an / brechen / Süßwasserbäche / aus Asphalt // Und aus dem Beton / fangen / Blume und Baum an / zu treiben und / hangen / voll Samen / und Pilz Kraut und / Beere // Seit ich dich reden und / rufen / höre / aus Kapseln und Keimen / treibt es und / treibt's / im Geheimen / in mir* (EG 655).

## Zeugnisse und Stimmen zu Silja Walters Gottsuche

Nichts anderes als ein lebenslanges Suchen nach dem Ewigen in der Zeit reflektiert das Werk *Silja Walters*. Davon zeugen Stimmen, die im Rahmen dieser Studie nicht unerwähnt sein sollen. Es sind Echos aus Begegnungen und der Auseinandersetzung mit dem Schaffen der dichtenden Nonne. Der israelische Lyriker *Elazar Benyoëtz* sah bei ihr die Bewegung: „zuerst ein Gleiten, dann ein Strömen, und die Stromrichtung war das Kloster, dieses vielleicht noch mehr als das Klosterleben.“[181] Verblüffend für ihn war: „Sie kennt die hebräische Bibel wirklich, wenn auch nicht auf Hebräisch, Blatt um Blatt und Wort für Wort. Und – steht sie mit ihrem christlichen Ernst auch auf einem anderen Blatt, sie geht in den Worten ein und aus, mitunter vollführt sie einen Maskenzug durch Bibelstellen, bei denen ihr tänzlich zumute ist. Sie saugt die Worte auf, schöpft die Bilder bildlich aus. Manch kleine Figuren trinken unauffällig, aber gern aus ihrer Hand.“ *Leo Karrer* las die Texte *Silja Walters* als „Mystik in tausend Bildern“, voller „Gottesnot und Gottesfreude … Erfahrungen, die gleichsam fast an sich selber bersten und die weder das ‚Geheimnis‘ ihre Glaubens verstummen noch gegenüber der Welt verblinden lassen wollen …“.

Fragen wir nochmals nach, wann und wie für diese Dichterin Gott zur Sprache kommt, fand *Silja Walter* dafür ihren „neuen Standort“. So tat sie es

181 *Elazar Benyoëtz* Silja Walter, meine Schwester Hedwig in: *Ulrike Wolitz* (Hg.) (2009) 22–27, 27. Folg. ebd. 85 *Leo Karrer*: Mystik in tausend Bildern. 103 *Toni Kramer*: Ein neuer Standort. 123 *Carl Rütti*: Lauter Lieblingstexte. 137/139 *Barbara Schlumpf*: Momentaufnahme eines schöpferischen Gesamtkunstwerks. 167 *Verena Zehnder*: Singen und Tanzen mit Bezug auf „Der Herztrommler Gottes“ SWGA 6, 444–447

laut *Toni Kramer*, als sie in einem Schlüsseltext über ihren inneren Auftrag schrieb. Sie hatte lebenslänglich ihr monastisches Leben zu üben und „den eigenen Absturz zu überholen". Denn: *Eine Nonne, die schreibt, weiß sich mit der Gesellschaft eingesperrt in einem Flugzeug, das garantiert abstürzen wird …* (SWGA 2,477 ff.) Dieses hyperrealistische Bild vom Absturz provoziert in zeitloser Form eine vertiefte Auseinandersetzung mit dem Wagnis des Glaubens. Mit ihr zusammen hatte der Komponist *Carl Rütti* Mysterienspiele und Oratorien geschaffen. Die Wahl eines Lieblingstextes fiel für den Musiker auf ZUUNTERST *Zuunterst im silbernen Wassergrund, / tief unterm Sehn und Verstehn, / ruht schon der Himmel in dir, / Mensch. / Spielt er sein Heilsspiel mit dir, / Mensch. / Schließt er die Hochzeit mit dir, / Mensch. / Zuunterst im Grund.* (SWGA 8,359) Die Lyrikerin spricht wie in ihrer geschilderten Kommunionerfahrung erneut vom „Glaubensgrund". Fast zu leichtfüßig und zu heilsoptimistisch Fließen ihr die Worte aufs Blatt. Vulkanartig dann aber im *Baarer Weihnachtsoratorium* die Worte des Hirten, an die sich *C. Rütti* erinnert: „Der Himmel ist zerschellt, jetzt läuft er aus, jetzt rinnt er in die Welt". Es ist die Sprache einer Dichterin, die um ihren Glauben ringt und die Kraft heilender Hoffnung dem zerrissenen Gott in den Brüchen der Welt entgegenhält. Und dies in einem „schöpferischen Gesamtkunstwerk", wie *Barbara Schlumpf* vermerkte: „Ihre Sprache ist komponierte Musik."

Bezeugte die Nonne in einer Vielfalt von Texten ihre erstaunliche Glaubenskraft, bleibt die Frage offen, wie ihr Werk in atheistisch gestimmter Zeit ankommen kann, wo die Gewissheit und Klarheit naiver Gläubigkeit verloren gegangen ist, und Gott sich fernab wie weggeschafft zeigt. Wenn *Verena Zehnder* auf das Singen und Tanzen verweisen konnte, liegt wohl darin der Schlüssel der Wirkung dieses Werkes: „Und nun tanzt der Sohn Gottes auf Erden, alles scheint gut zu werden. Aber er kommt nicht an, wird von den meisten nicht verstanden. Können wir uns vorstellen, wie er heute in den Medien zerrissen würde? Aber dein Text endet anders. Christus reißt nach der Auferstehung sanft die ganze Schöpfung wieder zum Singen und Tanzen, er lädt ein zur Hochzeitsfeier mit Gott …" Wie endlich im GEBET DES KLOSTERS AM RAND DER STADT das Erwarten, das Sehen, das Wachen, das Glauben, das Aushalten Gottes und seines Schweigens eindringlich anklingt, muss dies *immer jemand tun / mit allen andern / und für sie. // Und jemand muss singen, / Herr, wenn du kommst! / Das ist unser Dienst: Dich kommen sehen und singen … // … Hinter unsern Mauern / unten am Fluss / wartet die Stadt / auf dich. // Amen.* (SWGA 2,460 ff.)

## 5.8 Neuere liturgische Gebets-Sprache

Ein Blick zurück auf die letzten Jahrzehnte in der deutschsprachigen Liturgie-Landschaft zeigt unter anderem *Beispiele neu formulierter Tagesgebete*. In einem erprobten Liturgieformular etwa finden sich neu gefasste liturgische Texte zur *‚Feier der Eucharistie'* im Bistum der Alt-Katholiken in Deutschland. Darin hielt eingangs *Sigisbert Kraft* zur inklusiven Sprache fest: „Die ursprüngliche lateinische Liturgie nennt in den Orationen Gott ganz selten Vater, meist nur ‚Deus' und fügt dann in einem Relativsatz eine Eigenschaft hinzu. Wir haben das in den neugefassten Tagesgebeten auf ähnlich Weise versucht und biblische Aussagen über Gott in die Gottesanreden eingefügt: Gott, der uns leitet wie ein guter Hirt seine Herde, uns tröstet, wie eine Mutter tröstet, und uns in seine Hand geschrieben hat. Dabei wurde bewusst auf die Doppelung von ‚Gott' und ‚Herr' verzichtet, um nicht die falsche Assoziation eines patriarchalischen, auf seine Allmacht pochenden Gottes zu unterstützen. In den Schlussformeln der Gebete ist das Wort ‚herrschen' durch ‚wirken' oder ‚Leben schaffen' ersetzt worden."[182]

Vor allem überzeugt, wie die ursprünglich lateinischen Tagesgebete in ihrer alt-katholischen Neufassung die *Gottes-Anrede* lebendiger gestalten und die Gebetsintentionen mit den jeweiligen Lesereihen enger verknüpft werden als in den römisch-katholisch geltenden Vorlagen. Für den Vierundzwanzigsten Sonntag im Jahreskreis B lautet diese bis heute: *„Gott, du Schöpfer und Lenker aller Dinge, sieh gnädig auf uns. Gib, dass wir dir mit ganzem Herzen dienen und die Macht deiner Liebe erfahren. Darum bitten wir dich …"*

Alternativ dazu formuliert die alt-katholische Fassung im Lesejahr A: *„Gott, du bist uns wie ein Vater und wie eine Mutter. Wir haben unser Leben nicht in der Hand. Wir gehören dir, ob wir leben oder sterben. Lass uns in dieser Zuversicht deine Liebe weiterschenken und einander vergeben, wie du uns allezeit vergibst …"*

Im Lesejahr B: *„Gott und Vater unseres Herrn Jesus Christus, dein Sohn hat sich selbst entäußert, und ist den bitteren Weg des Leidens gegangen. Wenn Not und Leid uns quälen und die Frage nach dem Sinn ohne Antwort bleibt, gib du uns Geduld und Zuversicht durch Jesus Christus …"*

182 *DIE FEIER DER EUCHARISTIE* (1995 / 1997) XVIII u. 280. Die reichhaltigen Vorschläge an Tagesgebeten zu Lesungen bzw. Evangelien der Lesejahre A / B / C überzeugen. Vgl. im Anschluss an Anton Rotzetter mit Blick auf evangelisch-lutherische Gebetssprache auch Alexander Deeg in Christian Lehnert (Hg.) (2014) 49–53

Und im Lesejahr C: „*Menschenfreundlicher Gott, du hast Jesus in die Welt gesandt, zu suchen, was verloren, und anzunehmen, was ausgestoßen war. Führe uns aus allen Wegen unseres Lebens immer wieder zurück zu dir, dem Quell unvergänglichen Lebens …*"

Noch näher zur lateinischen Vorlage bringt *Alex Stock* seine poetisch geprägte Formulierung: „*Achte auf uns, aller Dinge Gott, Schöpfer, Lenker, und, damit wir deine Zuneigung wirklich empfinden, lass uns dir dienen mit ganzem Herzen*". Stock fragt dazu: „Könnte es sein, dass ein solches im Zuge der Übersetzung verlangsamtes Achten auf die Worte und ihren Gang sie ein wenig loskettete von den bleiernen Sohlen der Konvention?"[183] Mit diesem Anstoß zu achtsamem Formulieren der Tagesgebete verbindet sich der Wunsch, man möge bei der liturgischen Spracharbeit in Tuchfühlung zum Tages- bzw. Festgeheimnis gehen – darum auch nicht zuletzt die biblischen ‚Tagesthemen' aufnehmen. Die daraus resultierenden Provokationen können sich bestenfalls mit den Tagesthemen der Gegenwart verbinden. Dies zumindest ergibt sich aus dem Sitz im Leben der Tagestexte einerseits wie dem Postulat der Beheimatung der Mitfeiernden in einer angemessenen liturgischen Sprache anderseits.

## Sitz im Leben und Beheimatung

Denn von jeher sind liturgische Texte einem spezifischen *Sitz im Leben* verpflichtet – sowohl in unmittelbarer Verknüpfung mit der in der einzelnen Feier ausgesagten biblischen Botschaft wie aber auch im formalen Ausdruck, der spezifisch einer Versammlung von Menschen entsprechen soll. Auch ist das besondere liturgische ‚Wir' zu berücksichtigen, sodass der Spielraum für eine neue liturgische Sprache eher eingeschränkt bleibt. Auch ist in den Sprechakten der Verkündigung des Wortes wie der rituellen Ausgestaltung eine milieuübergreifende Uniformität kaum mehr zu erreichen. In dieser Hinsicht folgt eine päpstliche oder eine bischöfliche Liturgie mit ihren einheitlichen Sprachregelungen eigenen Gesetzen. Sie ist stärker ritualisiert als die Sprechakte in der Vielfalt von Inszenierungen der Feier des Glaubens in Gruppen, Gemeinschaften und Gemeinden. Mit den vor allem dort gestei-

183 *Alex Stock* (2010) 134 f. und 139 zur unterschiedlichen Auffassung der Übersetzungsaufgabe: „… da es dabei eben nicht um das freie Spiel philologischer Kräfte ging, sondern um das letztendliche Bestehen im Verfahren der kirchlichen Approbation, konnten Konflikte kaum ausbleiben."

gerten Erwartungen an die Verständlichkeit sieht sich der pastoralliturgische Einsatz herausgefordert.

Von Einsatz muss hier gesprochen werden, da sowohl durch das individuelle Begehen des Rituals das Beten insgesamt als liturgischer Sprechakt ausgestaltet wie aber auch eine verständliche Kommunikation des Wortes Gottes durch Vortrag der Verkündigungs-Texte wie der Predigt gelingen soll. *Alexander Deeg* meint im Blick auf die Spannung von Predigtsprache und liturgischer Sprache, dass letztere „ein gutes Recht auf Konventionalität" habe ..., sich aber vielleicht besser sagen lasse: „Liturgische Sprache ist eine Sprache der Ritualität; sie ermöglicht ‚Beheimatung' in der Sprache".[184] Im Verlauf zum Beispiel des Messritus oder eines Abendmahls sind Worte und die sie begleitenden Gesten, etwa des Segens und des Segnens, sehr bedeutsam für die hier gemeinte Ritualität.

Soll dadurch Beheimatung möglich werden, trifft dies als Ziel bei neueren Versuchen von *eucharistischen Hochgebeten*, die sich u. a. bei Autor*innen wie *Huub Oosterhuis*, *Anton Rotzetter* oder *Jacqueline Keune* finden, nur unter spezifischen Umständen zu.[185] In der Regel werden diese Sprechtexte dem individuellen Mitgehen der zu einer Feier Versammelten – in mittleren Gruppengrößen von gut fünfzig bis siebzig Personen – eher gerecht als sie es in Anlässen mit weit über zweihundert Personen tun können. Je größer die Anzahl der Versammelten, umso disparater sind die persönlichen Zugänge zu neuerer Sprache, umso mehr die unterschiedlich kulturelle Zusammensetzung der Anwesenden auch sprachlich berücksichtigt sein will. Darum gilt auch für diese Texte die Schlussfolgerung, welche *A. Stock* gezogen hat: „Neues Reden von Gott ist selbst im äußersten Bruch nur realisierbar im Anschluss an Früheres. Eine Theologie, die dem folgt, gewinnt ihren Spielraum in den semantischen Kontingenzen, die ihre Spuren in der Überlieferung hinterlassen haben."[186]

Das Ringen um eine angemessene und die Erfahrungen der Gegenwart berücksichtigende Sprache in gottesdienstlichen Feiern eint die hier erwähn-

184 *Alexander Deeg* in Michael Meyer-Blanck (Hg.) (2012) 95–118

185 Ohne weitere Analysen sei exemplarisch verwiesen auf *Huub Oosterhuis* (1969) 235–275; *Anton Rotzetter* (2002) 183–205 mit Kriterien dazu 101–104; *Jacqueline Keune* (2004)

186 *Alex Stock* (Anm. 80) 158 und ders.: Zur Idee einer poetischen Dogmatik, in: *Edmund Arens* (Anm. 24) 21–45. „Es gibt weltweit ein Reden von Gott, nicht immer ein klarer sermo, oft nur ein rumor, eine fama, ein Gerede und Geraune, ein Gemurmel und Gestammel vielleicht nur, oder bloß ein Geschwätz, möglicherweise ein Geschrei und Gespött ..., ein vielfältiges Vorkommen Gottes im Reden der Menschen" (ebd. 29).

ten Sprachschöpfungen. Sie lassen sich prägen vom Sprachkleid lebendiger Glaubenserfahrungen in der gegenwärtigen Epoche, halten das Unsagbare aus und bleiben gebunden an die Inhalte biblischer Spiritualität. Und weil Sprache Einfluss nimmt auf jene, die ihr ausgesetzt sind, hat sie Macht.[187] Deswegen warnt *Jacqueline Keune* vor dem „Missbrauch kirchlicher Sprachmacht" und sieht folgende Ziele für eine neue liturgische Sprache. Diese „weiß, dass Worte Wirklichkeit schaffen – heilende und verheerende, darum ist ein bewusster Umgang mit Sprache von größter Bedeutung. Worte sind Zweige für Nester und Pflaster für Wunden. Worte machen groß und machen schön. Und Worte machen runter, kanzeln ab und treten nach. Es gibt Sätze, auch religiöse Sätze, die Seelen imprägnieren … Sie weiß, dass sie von Gott redet, wenn sie vom Menschen redet und orientiert sich nicht an abstrakten Wahrheiten, sondern an lebendigen Erfahrungen, auch an fremden … (Sie) rechtfertigt nicht, sondern reflektiert. Sie belehrt nicht, sondern bewegt. Sie deutet mehr an denn aus. Und sie erzählt mehr als sie doziert … (Sie) tut nicht andächtiger als es ihre Sprechenden selber sind. Sie schafft keine künstliche Bedeutung, sondern redet normal. Und sie weiß, dass ein starker Inhalt einen starken Ausdruck schafft, nicht umgekehrt … (Sie) räumt den Sprachmüll beiseite, der sich in den Jahrhunderten aufgetürmt hat und konzentriert sich auf das Wesentliche … (Sie) ist mit der Sprache des Alltags vertraut und gleichzeitig eine verdichtete, eine mystische, eine poetische Sprache. Nicht, weil sie Gedichte rezitiert, das macht die Sprache nicht poetisch, sondern weil sie Grenzen überschreitet … Und eine neue liturgische Sprache orientiert sich an einem gerechten und geschwisterlichen Bild vom Menschen, von Kirche und Welt. Und an einem ewigen Du, das nicht herrscht, sondern liebt. Sie stellt sich auf die Seite der Benachteiligten und eröffnet den Armen eine Perspektive. Sie hofft, dass mehr möglich als wirklich ist und steht immer im Dienst der Verkündigung des Reiches Gottes. Deshalb ist sie immer auch Anders- und Gegensprache."

Als Anderssprache ist sie jedoch, das muss kritisch gegenüber dieser an sich richtigen Analyse gesagt sein, eingebunden in ein liturgisches Ensemble, welches Beten, Singen, Schweigen und rituelle Gesten umfasst. Insofern ist den „wortlastigen Mitteilungsveranstaltungen" mehr Kargheit zu wünschen, wie *Fulbert Steffensky* zu Erfahrungen in unterschiedlichsten Situationen vermerkt: „Ein Gottesdienst soll ein karger Raum sein. Erst dieser macht die Sprache möglich". Dies müsse vor allem an den zentralen Punkten, den Einsetzungsworten und der Segensformel beachtet werden, und man müs-

187 *Jacqueline Keune* (10.08.2016)

se sich fragen: „Wer soll Subjekt der Geste und der Sprache des Segens im Gottesdienst sein?" Mit dem aaronitischen Segen – „Der Herr segne und behüte *euch* …!" wählt der für seine Sprachkunst bekannte Autor den Weg der Kargheit. Ebenso konsequent übt er Kritik an der bei ökumenischen Feiern „merkwürdigen Sitte …, den Segen sozusagen konfessionsproportional aufzuteilen …". Dies bedeute eine „Verflachung der Symbolik und eine Verwässerung des großen Augenblicks".[188] Die treffenden Hinweise verlangen nach entsprechender Vorbereitung und gegenseitiger Absprache bei interkonfessionellen Feiern.

## Hochgebete zum Mitvollzug

Tatsächlich begegnen Menschen beim Mitvollzug des eucharistischen Hochgebets einer kultischen ‚Andersssprache'. Dieses ist als „eine Gebetshandlung der ganzen Gemeinde" zu verstehen, die sich im Heiligen Geist vom ‚erhöhten' Gastgeber Jesus Christus eingeladen versammelt hat, um ihrem „Herrn, unserem Gott" zu danken. Als ihr „Wortführer" spricht der Vorsteher das Eucharistiegebet[189] in einer – man kann es nicht anders sagen – gewichtig dichten Sprache ältester Tradition. Wenn sich dann die Gemeinde wie im Sanctus lobpreisend äußert, sowie der Akklamation den Tod ihres „Herrn" verkündet, seine Auferstehung preist, bis ER kommt in Herrlichkeit – vollzieht sie eine kultisch wie kerygmatisch aufgeladene Sprache mit. Folgerichtig nach dem Verkündigungsteil im Wortgottesdienst akzentuiert diese Gebetssprache den Dank und das Bekenntnis zum Auferstandenen. Wo also Neuformulierungen dieses spirituell dichten Sprachwerks gelingen sollen, kommen sie nicht darum herum, wenn immer möglich auch den Mitvollzug in verständlicher Sprache zu gestalten.

Ein Hochgebet – dies zeigt bereits die Bezeichnung – verlangt in einer Glaubensgemeinschaft nach eigener sprachlichen Gestalt. Wie *Anton Rotzetter* aufzeigte, sollte darin der „mystische Kern … gesichert werden durch die verbindliche Beachtung der inneren Struktur dieses Hochgebetes".[190] Wie dieser Autor zeigte, genügen wenige Retuschen an Hochgebets-Texten, um

188 *Fulbert Steffensky: Segen. Skizzen zu einer Geste, in: Christian Lehnert (Hg.):* „Denn wir wissen nicht, was wir beten sollen …" (2014) 101–108, 107. Vgl. grundlegend ders. in: *Li Hangartner / Brigitte Vielhaus* (Hg.) (2006) 43–53 und *Li Hangartner* ebd. 59–62

189 Nach *Reinhard Meßner* (2001) 195–222, 197 u. 197–199

190 *A. Rotzetter* (2002) 101 ff.

die Inkulturation liturgischen Geschehens zu ermöglichen und eine routinierte Liturgiesprache zu überwinden. Eine erhebliche Rolle im Vollzug dieses Sprechtextes kommt ebenso dem Rhythmus des Vortrages und gut dosiertem, auch stillem Innehalten zu. Derart entfaltet sich in der Gemeinschaft, die sich darauf einlässt, der Raum für eine nichtdirigistische Kommunikation, wodurch die Mitfeiernden die direkte Beziehung zum Feiergeheimnis finden können. Eher hinderlich dafür ist der zu häufige Wechsel von Stimmen beim Vortragen des Hochgebets. Denn es geht um „liturgische Medialität", um „eine Selbstzurücknahme der liturgisch Agierenden".[191] Diese sollen ähnlich wie Kunstschaffende offen sein für das „Weiße im Bild", das zu einer „Ästhetik der ‚Abwesenheit'" gehört. *Gunda Brüske* nimmt in diesem Sinne Bezug auf „das Weiße zwischen den Worten" (*Max Frisch*), welches in gleicher Weise die andere Seite der liturgischen Sprache markiert.[192] Das Geheimnis ereigne sich nie ohne das Wort. Worte verleihen dem Unsagbaren wenn auch nur fragmentarisch Wirkung, wie hier mit *M. Frisch* auch die bereits erwähnten *A. Rotzetter* und *A. J. Heschel* hervorheben. Weiter deutet *G. Brüske* ausgehend von *M. Frisch*: „Doch es gibt in der Liturgie nicht nur jene Worte, die sich an einer tönenden Grenze bewegen, sondern viele andere Wortschichten. Sie müssen erklingen und verklingen auf dem Weg zum Geheimnis. Ein paar freie Worte zur Begrüßung sind gut. Das Eigentliche sind sie nicht. Die Predigt schlägt äußere Schichten ab, indem sie Verständnisbarrieren beseitigt, oder biblische Grundworte – Gott, Gnade, Heil, auch Sünde – von den Übermalungen befreit, die diese Beziehungsworte gefärbt haben, oder auch: entfärbt, verfärbt. Das aber könnte das Weiße zwischen diesen Worten sein: die Erfahrung des lebendigen Gottes".

## Liturgische Texte in gerechter Sprache

Der Titel eines anregenden Praxis-Buches aus dem Jahre 1997 lautet „der gottes*dienst*" und versammelt liturgische Texte in gerechter Sprache.[193] Einblicke

191 *A. Deeg* in Michael Meyer-Blanck (Hg.) (2012) 95–118, 111 ff. u. zum ‚Weißraum' 113 ff.

192 *Gunda Brüske* (14.03.2017) mit Hinweis auf Max Frisch: Schwarzes Quadrat. Zwei Poetikvorlesungen. Hg. von *Daniel de Vin*, Frankfurt 2008, 23 (urspr. Tagebucheintrag 1946)

193 der gottes*dienst* (1997) Bibelstellenregister 719–726; Sachregister 727–733; Register zu Anlässen im Kirchenjahr 734 f. Zur „Vermeidung christologischer Würdetitel" in diesen Texten vgl. *Frieder Schulz* (2000) 195–204, 198 f. Dabei ging Schulz nicht ein

in diese Sammlung lohnen sich auf dem Hintergrund des bisher Gesagten. Sucht man darin nach einer liturgischen Sprache, die gemäß *G. Brüskes* Kriterien[194] ‚natürlich und schlicht', ‚weder exaltiert noch unterkühlt und nicht langweilig' sowie ‚vom Inhalt der Feier ausgehend' ist, können sich einige daran messen lassen. Wird nach schlichter Kürze gesucht, sind etliche dieser Auswahl zu wortreich und müssten darum situativ angepasst und gekürzt werden.

Ein Blick ins Sachregister zeigt deutliche Präferenzen dieser Neuschöpfungen. Die darin erwähnten Aspekte und Bezüge greifen einerseits die großen theologischen Themen, anderseits Inhalte mit situativ aktuellem und in einigen Fällen politischem Bezug auf, welche im Reden zu Gott integriert sind. Überblickt man diese Wortfeld-Nennungen, ergeben sich markante Akzente im zeitgenössischen Themenprofil des Redens zu Gott: Ein in älterer Gebetssprache oft gebrauchtes Wort ‚Vertrauen' wird in diesem Gottesdienstbuch lediglich zweimal ‚sichtbar'. Im Vergleich dazu ist die Fünfzigmal-Nennung von ‚Angst' signifikant, wie dann auch ‚Licht' oder ‚Kraft'. Die häufigste Nennung des Wortfeldes ‚Gerechtigkeit' hingegen markiert einen herausragenden ‚Gebetsgegenstand' bzw. ein das zeitgenössische Beten prägendes Hauptgefühl. Aktuellere Stichworte wie ‚Missbrauch' erscheinen im Register nicht, sind höchstens unter ‚Heilung' durch Gott subsumiert, nach der sich Missbrauchte aufgrund früh erlittenen Leids sehnen müssen.[195]

Das Beispiel eines schlichten Gebetes aus dem Wortfeld ‚Sprache' zeigt eine *situative Gottes-Anrede*, die überzeugt. Es stammt aus der Auswahl ‚Zum Kyrie': *Gott, eine Flut von Wörtern stürmt täglich auf uns ein / Wir hören freundliche und aufmunternde Worte, / gütige und herzliche Worte. / An unsere Ohren dringen aber auch / beunruhigende und beängstigende Worte, üble und garstige Reden. / Gott, beides, gute wie schlechte Reden lassen uns kaum aufhorchen. / Unsere Trägheit ist eisern. / Deshalb bitten wir: Gott, erbarme dich.*

Von schriftstellerisch Tätigen in der zweiten Hälfte des 20. Jahrhunderts geschriebene Gebete – wie etwa *Dorothee Sölle*, *Kurt Marti* oder *Anton Rotzetter* – sind in die Sammlung aufgenommen. Sie wirken anregend und sind für liturgisch sensible Verwendung geeignet.

auf die „strenge Konsequenz", das klassische Kollektengebet „nicht bzw. nicht mehr an Christus, sondern stets an Gott zu richten" ebd. 196 mit Verweis auf *Irmgard Pahl* in: Bewahren und Erneuern (1995) 92–113, 97 ff.

194 Gunda Brüske (2003)

195 Vgl. in der gottes*dienst* (1997) 118 ff. *Pierre Stutz*: Sehnsucht nach Heilung, nach Ps. 16, 1.9.12 aus ders. ([2]1997)

*D. Sölle* ist mit ihrer konkreten Poesie-Sprache in der Auswahl ‚Zum Kyrie' vertreten mit *„Im Krieg ist die Wahrheit das Erste Opfer"*, bei den ‚Kollektengebeten' mit *„Schaffe in mir, Gott, ein neues Herz"*, bei den ‚Schlussgebeten' mit *„Lehre uns, Minderheit zu werden, Gott"* und dem verdichtend-nachfragenden Gebet nach 1 Joh 3,2 *„Und ist noch nicht erschienen"*. Dieser Text zu Epiphanias bietet sich geradezu an, von jazzaffiner Schlagzeugmusik begleitet, als Meditation vorgetragen zu werden. Fürbittend an Weihnachten kann mit *D. Sölle* gebetet werden *„Wir wollen beten um das Licht"*.[196]

*Kurt Marti* betete biblisch-lehrend und verdichtete sprachlich die Suche nach Gott im Leben gegenwärtiger Menschen. Aus seiner Feder lautet ein entsprechendes ‚Kollektengebet': *„Noch bevor wir Dich suchen, Gott / bist Du bei uns gewesen. / Wenn wir Dich anrufen als Vater, / hast Du uns schon längst wie eine Mutter geliebt. // Wenn wir sagen ‚Mutter', / ermunterst Du uns, mit Dir zu reden / wie mit einem Freund oder einer Freundin. // Erkennen wir Dich als ‚Herrn', so gibst Du Dich in Christus als Bruder zu erkennen. / Rühmen wir Deine Brüderlichkeit, / so kommst Du uns schwesterlich entgegen. // Immer bist Du es, / der uns auf viele Weisen zuerst geliebt hat. / Darum sind wir jetzt hier, / nicht, weil wir besonders gut oder fromm wären, / sondern weil du Gott bist, unendliche Liebe, / und weil es gut ist, Dir nahe zu sein."*[197]

Der auch als Gebetbuchautor bekannte *Anton Rotzetter* steuerte für die Auswahl an Texten in gerechter Sprache etliche Gebete bei – darunter ‚Eingangs- bzw. Kollektengebete' im Advent etwa *„Grüne und knospe"*, zu Weihnachten *„Du bist auf der Seite der Kleinen"*, zur Passionszeit dann: *„Wo bist du Gott* / bei so viel Hunger? / Was tust Du, Gott, / bei so viel Elend? / Wen brauchst Du, Gott, / für so viel Not? / Wie hilfst du, Gott / bei so viel Tod? / Warum schweigst Du, Gott / bei so viel Schreien?" oder zu Ostern *„Es keimt und sprosst* / und fließt und fällt / weil du in allem / das Leben bist // *Alle:* Leben, das allen Tod überdauert // Es springt und tanzt / und jubelt und singt / weil Du in allem / das Leben bist // *Alle:* Leben, das allen Tod überdauert // Es kommt und geht / und wirkt und lebt / weil Du in allem / das Leben bist // *Alle:* Leben, das allen Tod überdauert". Ebenfalls an Ostern: *„Jesus Christus / Mit Dir will ich aufstehen"* und später eindringlich am Buß- und Bettag in *„Leiche an Leiche* / Gott – Warum? // Tod an Tod / Gott – Wozu? // Soviel

196 In der gottes*dienst* (1997) je von *Dorothee Sölle*: „Im Krieg …", S. 91f. aus dies. (1990); „Schaffe in mir …" 184 aus dies. (2008) 204 4. und „Lehre uns, Minderheit …" 393 aus dies. (1994). Sowie dies. „Und ist noch nicht …" 459 ff. aus *Luise Schottroff u. a.* (1987) und „Wir wollen beten …" 609 f. aus dies. (1984)

197 Ebd. 222 aus Gottesdienstpraxis (1992) sowie 278 den Kurztext *„weihnacht"* aus *Kurt Marti* (1996)

Unglück und Not / Gott – Weshalb? // Und du / Gott – Wo bist du?". Sowie vom selben Autor unter ‚Schlussgebete' allgemein *„Liebe zur Wahrheit, und Wahrheit der Liebe"* sowie an Weihnachten *„Lass mich verbunden sein"*.[198]

Gegen Hundertsechzig Vorschläge für *Schlussgebete* enthält diese reichhaltige Sammlung. Sie sind in ihrer wortreichen Länge zwar situativ verständlich, gehen dennoch an die Grenze des Aufnahmevermögens von Mitbetenden. Knapp einem Drittel unter ihnen kann man attestieren, dass sie auch in der römisch-katholischen Liturgiepraxis ‚funktionieren' können. Ein als Schlussgebet eingeordneter Text ist wohl besser am Schluss einer Kinderliturgie mit Buß-Charakter einzusetzen. Er trägt den Titel *„Gott, da sieh, womit uns andere manchmal fertigmachen"* und ist sinnvoll unterbrochen mit einem singbaren Kanon ‚Gott im Himmel, steh uns bei! Hilf uns hier auf Erden!'[199]

Das *Fürbittgebet* im evangelischen Gottesdienst weicht in einiger Hinsicht ab von jenem des römisch-katholischen. Hat dieses stark repetitive Ausformungen in der Anrede ‚Guter Gott / Lieber Gott' oder ähnlich wie auch der meist gebräuchlichen Antwort ‚Wir bitten dich, erhöre uns …', kann ein evangelisches Fürbittgebet ausufernde Länge erreichen. Ein Gebet aus vorliegender Sammlung in gerechter Sprache überzeugt in seiner Gott-Anrede wie auch im Inhalt, in welchem es um ‚Gottesfurcht' geht: *„Gott, Du Fremdling unter uns, lehre uns das rechte Fürchten!* / Wir bitten Dich für die, die sich vor dem Tod fürchten – versichere ihnen, dass Du für das Leben gerade stehst. / Wir bitten Dich für die, die sich vor dem Leben fürchten – verunsichere ihren Todestrieb. / Wir bitten Dich für die, die sich vor Ehre und Furcht fürchten – lass sie die Angst vor der eigenen Courage verlieren. / Wir bitten Dich für die gänzlich Furchtlosen, denen alles egal ist – schenke ihnen Ehrfurcht vor dem Leben. / Wir bitten Dich für die, die Dich fürchten, und für die, die sich vor Dir fürchten – offenbare ihnen Deine Liebe und Deine Leiden."[200]

Die Liturgie-Texte in gerechter Sprache bringen kreative Impulse aus der Gegenwart. Sie helfen, Gott anzusprechen in einer komplex gewordenen Welt. In diesen Kontext wollen nun auch die folgenden Momentaufnahmen in die liturgische Ausdruckswelt unserer Zeit hineinblenden.

198 In der gottes*dienst* (1997) von *Anton Rotzetter* „Grüne und knospe" 266 und „Du bist auf der Seite …" 278; „Wo bist du …" 291; „Leiche an Leiche" 343; „Liebe zur Wahrheit" 411; „Jesus Christus / Mit Dir will ich aufstehen" 481 „Es keimt …" 309 sowie „Lass mich verbunden sein" 452, alle Texte aus *Rotzetter Anton* ([12]1996)

199 Ebd. 441f. von der Gruppe Liturgie 1985, aus: Beratungsstelle für Gestaltung. Liturgie im Kindergottesdienst, Materialheft 45, Frankfurt a. M. 1985, 171f.

200 Ebd. 651 *Harald Schroeter* aus Gottesdienstpraxis (1994)

# 6 Momentaufnahmen zur liturgischen Ausdruckswelt

Momente sind punktuelle Erfahrungen im Gang des menschlichen Lebens, dem je eigenen Erleben im Hier und Jetzt. In Momentaufnahmen existieren sie weiter als Bilder, die im Gedächtnis haften bleiben. Sie können, fotografisch festgehalten, wenig später zur Betrachtung neu vor Augen geführt werden als Erinnerungen an vieles, was einem widerfährt. Sie lassen uns sagen: Das war ein schöner, guter oder bestürzender Moment. Dem einen hat sich im Gedächtnis wie ein Stachel festgesetzt, dass ihm aus heiterem Himmel der Arbeitsplatz weggenommen wurde. Dem anderen sind wenige Momente in Erinnerung, die ihn beim Mitfeiern eines Gottesdienstes entweder aufatmen ließen oder abstießen. Nun löst vorab dieses Momentum ‚Gottesdienst' verschiedenste Reaktionen aus, welche im Besonderen die musikalische, dann aber auch die lebensrelevante Gestaltung von Liturgien im Blick haben. Am Schluss dieser Studie werden darum zu diesen Themen Spuren gelegt, die dem Gespräch über Momente, wo Gott zur Sprache kommt, Anregungen bieten sollen.

## 6.1 Lebensrelevanz von Gottesdiensten Reflexionen zu den (Eröffnungs-)Riten der Messfeier

Liturgisches Handeln trifft auf die Befindlichkeit der daran Beteiligten, ihr Lebensgefühl und ihre Lebenswelt. Schwer zu vermitteln sind heute dabei sowohl der Anspruch ästhetisch zeitloser Kunst als auch rituelle Vorgaben und Ausdrucksweisen, die auf den ersten Blick von wenig konkreter Lebensnähe zeugen. So gilt es die Schritte der Eingangsriten bei den Feiern des Glaubens verständlich zu gestalten und gleichzeitig die Lebensrelevanz im einzelnen Vollzug des gottesdienstlichen Geschehen zu kultivieren. Auf Anhieb geschieht dies nicht und braucht ein Neuüberdenken der einzelnen Riten, wie ich hier am Beispiel der Eröffnungsriten der Messfeier darlegen will. Dazu motiviert auch der kritische Blick eines Schriftstellers auf das kirchenmusikalische Mitwirken in Gottesdiensten.

Provokativ benannte der Autor *Thomas Hürlimann* seine Sicht auf Kirchenmusiker. Sie seien auf „fast schon verlorenem Posten". Dezidiert ausgedrückt: „Die meisten Gottesdienste, ob reformiert oder katholisch, verletzen mit dem ästhetischen auch das religiöse Empfinden. Das sakrale Geheimnis ist nahezu verschwunden". Der Schriftsteller rät dazu, „nicht der Religion, so wenigstens der Kunst die Treue zu halten". Die Kunst habe auf Gedeih und Verderb das Absolute zu riskieren. Und „im scheiternden Bemühen, es zu erreichen, kann das Unerhörte leise laut werden, zumindest für ein paar heilige Augenblicke".[201] Hier äußert sich ein hoher Anspruch, einerseits das sakrale Geheimnis nicht verschwinden zu lassen, anderseits wenn nicht der Religion, dann aber der Kunst die Treue zu halten. Scheint es nicht vermessen, sich mit Kunstwerken an Gottes Heiligkeit und ihrer eigenen Unverfügbarkeit zu messen? Würde damit Kunst nicht zum „Religionsersatz" wie bei *Richard Wagner* und gleichzeitig Liturgie mehr als „überfordert"?[202] Werden mit den Bemerkungen des Schriftstellers weniger anspruchsvolle Ausdrucksweisen ausgeschlossen, die ebenso offen für heilige Augenblicke sind? Sind Lebensgefühl und Befindlichkeit der Menschen in Gottesdiensten letztlich vernachlässigbar? Etliche Fragen stellen sich, die den Versuch einer theologischen Antwort herausfordern.

### 6.1.1 Kommunikation vor Gottes Angesicht

Mithin ist zu fragen, wie sich unter genannten kritischen Vorzeichen in der Gegenwart ein authentisch christlicher Gottesdienst feiern lässt, der dem Glauben als dem „Ursprungsort" der Liturgie, mit dem Systematiker *Herbert Vorgrimler* gesprochen, nicht unabhängig vom „Glaubenssinn der Gläubigen"[203] Raum bietet? Sind doch Menschen „gewillt und imstande, ihre Kommunikationsprozesse auch vor dem Angesicht Gottes in gewissen rituellen Formen zu vollziehen, vorausgesetzt, sie werden nicht von vornherein genötigt, nur von außen und ‚oben' bestimmte Rituale zu praktizieren". Das Thema bewegt seit Jahren bis in die Durchführung der Eingangsriten der Eucharistie, die in ihrem ersten Teil auf die Begegnung mit dem Wort Got-

201 *Thomas Hürlimann* (NZZ 25.10.2015) 70 f. mit herbem Anspruch an künstlerische Tätige: „Seien wir unter lauter Moralisten und Politaktivisten letzte Gläubige: Kunstgläubige. Seien wir Metaphysiker der Akustik, Akustiker der Metaphysik. Bringen wir den Ton in der großen Leere zwischen dem Unerhörten und dem Unaufhörlichen zum Klingen." Diese Ausrufe tendieren in eine Selbst-Ausgrenzung aus Feiergemeinschaften, die sich anderer künstlerischer Stilmittel bedienen.

202 Vgl. Interview mit *Johannes Hoff* (2013/17) 137–140 und zur Überforderung der Liturgie *Herbert Vorgrimler* in: 1999, 39–56, 43 ff.

203 Vgl. die ebd. von *H. Vorgrimler* dargelegten Postulate Zit. 43

tes am ‚Tisch des Wortes' hinführt und erst danach in die Feier des Pascha-Mysteriums am ‚Tisch des Brotes' mündet.

Im Folgenden reflektiere ich die eigene Berufspraxis als nichtordinierter Seelsorger und vom Bischof des Bistums Basel Beauftragter bei der zahlreichen Durchführung von Eucharistiefeiern, in denen ich in der Zeitspanne 1975 – 2016 mitwirkte. Ich erachte es als wichtig, folgende Aspekte zu erwägen: den Vollzug des Glaubens beim gemeinsamen Feiern und gleichzeitig die Verzahnung von Ritus und Wort bei diesem Feiern selbst zu ermöglichen, die menschlicher Befindlichkeit nicht im Wege steht, sondern dafür Räume offenlässt. Mein Interesse gilt dem praktischen Vollzug lebensdienlicher Feierformen in Pfarreien und Gemeinschaften vor Ort.

### *Gesucht: Enge Verbindung von Ritus, Wort und (!) Glaubensvollzug*

Auf den ersten Blick prägen die Gestaltung des Raumes, der Sprache und des Klangs eine gottesdienstliche Versammlung. Sie dienen als Gefäße für den Ausdruck des Heils-Mysteriums und sollen gleichzeitig für alle Mitfeiernden einladend und verständlich sein. Dies ohne der Signatur der christlichen Botschaft, die in einer Messfeier verkündet wird, ihre zum Lebensvollzug kontrastierende Würze zu nehmen. Die klare Vorgabe der Reform lautete denn auch: „Die Riten mögen den Glanz edler Einfachheit an sich tragen und knapp, durchschaubar und frei von unnötigen Wiederholungen sein. Sie seien der Fassungskraft der Gläubigen angepasst und sollen im Allgemeinen nicht vieler Erklärungen bedürfen" (SC 34). Zudem solle deutlich hervortreten, „dass in der Liturgie Ritus und Wort aufs engste miteinander verbunden sind" (SC 35).

Auf den zweiten Blick kontrastiert zu dieser engen Verbindung von Ritus und Wort die konkrete Verfasstheit des menschlichen Glaubensvollzugs.[204] Wenn darum allein die ‚richtige' Form des Ritus diskutiert wird, kann darüber der Einbezug des menschlichen Glaubensvollzugs an den Rand geraten.

204 Dazu die fundierte Analyse des Fundamentaltheologen *Dietrich Wiederkehr* ein knappes Jahrzehnt nach der jüngsten Liturgiereform (1976) 212–231. Zit. 213, 216, 223. 227. Die Liturgiewissenschaft scheint noch keine Antworten auf diese Analysen gefunden zu haben, wie ein Vergleich mit einer weiteren Stimme zeigt. Dazu Interview von Ulrich Ruh mit *Albert Gerhards* (1994) 616–621 mit den Postulaten: „Wir müssen viel stärker bei den Menschen ansetzen." (617) „Auch denen, die von draußen kommen, muss deutlich werden, dass wir alle nur Anfänger im Glauben sind." (621)

Bei der Konkretisierung der institutionellen Sakramente wesentlich erweist sich nämlich die anthropologische Sakramentalität, wie schon *Dietrich Wiederkehr* festhielt. Die Liturgiekonstitution des Zweiten Vatikanums habe „erst eine oberste Schicht der Problematik angesprochen, wenn sie von der Selbstverständlichkeit der Liturgie“ ausging und „nur innerhalb dieser Voraussetzung die Erneuerung der einzelnen Formen in die Wege“ leitete. „Das fundamentale Problem, ob und wie überhaupt menschlicher Glaube sich zu einer liturgischen und sakramentalen Verfasstheit“ verhalte, sei „noch nicht aufgegriffen“, stelle sich aber „in der jetzigen pastoralen Situation noch viel dringlicher“. Denn „mit größerer Freiheit als früher“ entziehe sich der persönliche Glaube der kirchlichen Konformität, Ethos und Ausdruck“. Anstatt den Glaubenden „in seiner Welt- und Geschichtserfahrung abzuholen“ mute ihm die Welt institutioneller Sakramente einen „anfänglichen Sprung in diesen geschlossenen heilsgeschichtlichen Kosmos zu“.

*Dietrich Wiederkehr* lag im Anschluss an *Karl Rahner* und anderen an einer anthropologischen Sicht: „Menschlicher Glaube“ sei „in einem umfassenden Sinn … immer sakramentaler Glaube“. Und: „Wo der Abstand zwischen dem Glaubensausdruck des Lebens und demjenigen der Liturgie in Entfremdung umzuschlagen droht, muss im ‚Vokabular‘ der Glaubenserfahrung eine neue Gestalt des institutionellen Sakraments gefunden werden.“ Darum gilt es, einen praktikablen Weg aufzuzeigen, der dem Eröffnungsweg der stark ritualisierten Eucharistiefeiern in säkularer Zeit mehr Lebensrelevanz ermöglicht. Denn in dieser bedeutenden Versammlung soll Gottes fremdes Wort[205] hörbar verständlich werden und gleichzeitig die „Eigenaussage der Liturgie“ als „heiliger Kosmos“[206] in der aktuellen Gegenwart ernstgenommen sein.

### *„Ob man es hören will oder nicht“*

Auf die enge Verbindung von *Glaubensvollzug*, *Ritus* und *Wort* hin ist demnach die Aufgabe auszurichten, zu der auch der künstlerische Ausdruck im Geschehen des Eröffnungsweges beitragen kann. Dieser Zugang ist streng ritualisiert und scheint die Anwesenden recht eigentlich von ihrer Lebenswelt

205 Vgl. Zum Prinzip ‚Verstandene Fremdheit‘ *Klaus Berger / Christiane Nord* (1999) 22f. Diese Übertragung des Neuen Testamentes und frühchristlicher Schriften will „die Aussagen des alten Textes wenigstens prinzipiell nachvollziehbar“ machen.

206 So *Christian Rentsch* RuR (2013) 106, 483: Eigenbedeutung der Liturgie und 153: heiliger Kosmos nach Thomas Luckmann – dazu weiter unten.

abzugrenzen. Dennoch nehmen alle Akteure und Mitfeiernden ihre eigene Befindlichkeit implizit in die Feier mit. Ausdrücklicher angesprochen wird diese an der Stelle, wo den Versammelten das Wort verkündet wird. Denn der Stachel biblischer Botschaft wird – ob man ihn hören will oder nicht –, am einzelnen (liturgischen) Tag die Lebenswelt der Mitfeiernden expliziter aufnehmen – kontrastierend, unterstützend, befreiend.

Ein Spitzensatz aus „judenchristlicher Apokalyptik" (*Klaus Berger*) formuliert exemplarisch diesen Ansporn zum Verkündigungsakt: „Verkünde das Wort, tritt dafür ein, ob man es hören will oder nicht; weise zurecht, tadle, ermahne, in unermüdlicher und geduldiger Belehrung. Denn es wird eine Zeit kommen, in der man die gesunde Lehre nicht erträgt, sondern sich nach eigenen Wünschen immer neue Lehrer sucht, die den Ohren schmeicheln; und man wird der Wahrheit nicht mehr Gehör schenken, sondern sich Fabeleien zuwenden. Du aber sei in allem nüchtern, ertrage das Leiden, verkünde das Evangelium, erfülle treu deinen Dienst!" (2 Tim 4, 2–5).[207]

Bei aller Neugewichtung der Ritualität bleibt damit im Dreiklang von Glaubensvollzug, Ritus und Wort die im Schriftwort verkündete Botschaft für jede gottesdienstliche Versammlung zentral. Nicht immer wird dies in den von mir konsultierten Untersuchungen deutlich genug. Darum lege ich den Akzent auf das gesprochene (verkündende) Wort, das neben der Ritualität eine ebenso wichtige Rolle einnimmt.

Allein schon am Spitzensatz aus 2 Tim 4 wird sichtbar, was auf dem Spiel steht, wenn im rituellen Geschehen das Glaubensgedächtnis inszeniert und somit der Sinn der Liturgie vollzogen wird.[208] Selbstredend ist sie eine „wesentlich kirchlich-gemeinsame Feier", deren Realisierung jedoch nicht darum herumkommt, den bereits angesprochenen Glaubenssinn der Gläubigen aufzunehmen. Letzterer dokumentiert die Würde des Glaubensvollzuges sowohl im Alltag wie in gemeindekirchlichen oder hochkirchlichen Liturgien. Das Feiern des Glaubens vollzieht sich dann nach Guardini als „Spiel" von Menschen vor Gott, jedoch nicht losgelöst von ihrer Alltags-Existenz. Würde das liturgische Tun die Lebenswelt von dazu versammelten Menschen außen vorlassen, geriete dieses in den Verdacht des Eskapismus oder einer nicht mehr ernstzunehmenden Einrichtung.

207 So die Einheitsübersetzung

208 Dazu *Birgit Jeggle-Merz* in: *Martina Bär, Maximilian Paulin* (Hg.) (2014) 235–248. Nachfolgend ebd. 245 gestützt auf *Arno Schilson* (1996) 9

## 6.1.2 Das Mysterium achten und inkulturieren

Nun unterstützen besonders die musikalischen und sprachlichen Ausdrucksweisen je für sich ‚in edler Einfachheit' den ganzen Verkündigungsakt des liturgischen Handelns.[209] Sie sind Gefäße für die Kommunikation des Glaubens und bringen die Kernmomente christlicher Botschaft in Verbindung zur Lebenswelt. Speziell den Eröffnungsweg durchschreitend geht es für die erwähnten Künste um eine doppelte Herausforderung: Sie helfen, das Heils-Mysterium bewusstzumachen und diesem im Feier-Kontext einen zugänglichen Ausdruck zu geben. Das Mysterium selbst will sein Gesicht beim Feiern des Glaubens finden, wofür der besondere Begriff der Inkulturation steht. Im liturgischen Geschehen selbst soll am jeweiligen Ort sichtbar werden, was dieses Mysterium beinhaltet. Demnach geht es um ein ganzes Gewebe, welches dem Miteinander einer lebenshaltigen und verständlichen Feier dient – auch wenn die provokante Frage bleibt: „Ist das Äquivalent von Mysterium: Was wir nicht verstehen?"[210] Die Antwort muss nicht im Dilemma enden. Sie kann sich zudem den Zeichen der Zeit nicht entziehen. Spricht man nämlich in diesem Zusammenhang von (post)säkularer Zeit und neu wachsender ‚Religiosität', kritisiert christliche Religion aus biblischer Perspektive ein von der Gegenwart ‚losgelöstes' Kultritual.

Spürbar prägend darum ist die kulturelle Atmosphäre einer liturgischen Feier. Sie kann nicht allein durch die Leitung derselben beeinflusst werden, sondern kommt ebenso durch Sensibilität im sinnenhaften Ausdruck von Sprache, Musik wie auch in der Raumgestaltung zur Geltung. Ein durchgängig sensibel gestalteter atmosphärischer Rahmen kann deshalb den Mitfeiernden als Brücke zum Mysterium dienen. Man denke nur an die Atmosphäre, die der Osternacht von Beginn an eingeprägt ist. Im Dunkel der Nacht brennt das Feuer. Die Versammelten werden mit hineingenommen in die Erinnerung an den Durchgang Jesu Christi vom Leben durch den Tod in die Auferstehung. Kaum jemand, der daran teilnehmend nicht davon angesprochen wird. Denn am Ende der Karwoche lädt die Osternacht zum

209 Vgl. zum Thema *Liturgie und Verkündigung* den gleichnamigen Bd. 6 der Reihe Theologische Berichte 1977 und *D. Wiederkehr* (1976) 220ff. zur Sakramentalität als Proprium theologischer Anthropologie und zum Begriff ‚Sakramentabilität' ebd. 216, welche m.a.W. die dem Menschen je eigene Empfangsbereitschaft auszeichnet. Diesen Zusammenhang vermissen lässt *R. Meßner* in seinen Gedanken über Rituale in: *S. Wahle / H. Hoping / W. Haunerland* (Hg.) (2013) 304–345, 315

210 *Mathijs Lamberigts* in: *M. Kirschner / J. Schmiedl* (Hg.) (2014) 102. Vgl. *Hans-Joachim Höhn* (2012/1) und (2015)

Nacherleben des Pascha-Mysteriums insgesamt ein. Mithin drückt dies die dogmatische Sprache wie folgt aus: „Das zentrale Geschehen in der Eucharistie ist das Gedächtnis der Hingabe Christi am Kreuz und sein Gang durch den Tod ins Leben, der als Verheißung allen Menschen gilt."[211] Wo darum in einer Eucharistiefeier der Raum selbst, wie aber auch Sprache und Klang auf den Feiergedanken einstimmen, ermöglichen sie eine Atmosphäre, in welcher das Mysterium sich entfalten und in Verbindung zur Lebenswelt mit ihren vielschichtigen Facetten öffnen kann. Die Frage ist darum berechtigt, ob und wie die Gestimmtheit der Mitfeiernden, ihre Befindlichkeit und ihr Lebensgefühl im rituell-ästhetischen Tun tatsächlich mitschwingen können.

### 6.1.3 Liturgisches ‚Heute' und das ‚Heute' in der Welt der Kunst

Jedem ‚Heute' kommt liturgischer Sinn zu. Jeder Tag erhält dadurch eine auf ihn gemünzte Akzentuierung. Noch näher betrachtet ist dem Stundengebet des jeweiligen Tages diese Grundstruktur eingeschrieben, die das ‚Hier' und ‚Jetzt' der Menschen vor Gott begleitet. In Gesellschaften ohne näheren Bezug zu dieser Tradition kann der Stellenwert dieser Praxis den Eindruck eines erratischen und unverständlichen Gebildes abgeben. In Spannung gerät dieses liturgische ‚Heute' dort, wo die aktuell gelebte Gegenwart einzig mehr nach grenzenloser Freiheit strebt. Ein *Feuilletonist* bemerkt denn auch: „Das Leben ist so spannend wie anstrengend, alles ist möglich, nur echte Religion und die alte Ordnung nicht mehr."[212] So hat sich selbst unter den Händen von Aktionskünstlern wie *Joseph Beuys* oder *Christoph Schlingensief* die Wahrnehmung von Religion verflüssigt. Die Wirkung ihrer Werke verdeutlichte, dass ihnen die alte Ordnung entglitten war. Ihr künstlerisch-existenzielles Ringen um mehr Klarheit über das Lebensganze wirkte bei ihnen authentisch, da sie der generellen Verletzlichkeit menschlichen Daseins provozie-

211 *Simon A. Schrott* (2014) 368. Schrott kommentiert u. a. den Bezug von Pascha-Mysterium und Eucharistie (344 ff.) und verweist auf die Heilsbedeutung in der Gesamtheit des Pascha-Mysteriums „erkennbar als *transitus* der Erhöhung, der Tod als Hinaus- und Hinübergang ins Leben" (367). Zur liturgisch-ästhetischen Erschließung und Grundlegung der Sakramente siehe weiterhin *Thomas Freyer* (1995)

212 Zu *Martin Meyer* (2018) Besprechung durch *René Scheu* (NZZ 10.03.2018) 43 zur Frage *Was widerfährt uns analogen Menschen?* Martin Meyer beschreibe eine tiefe Zäsur, die ans Urmenschliche rühre. Vgl. *Norbert Bolz* (NZZ 24.03.2018) 43, wo der Autor „die Welt als Simulation" als das „massendemokratische Erlebnis" sieht und dem „Cyberspace eine neue Bedeutung" beimisst: „die Fiktion als einzig lebenswerte Lebenswelt".

rend ihre Stimme liehen. In ihren Werken spiegelten sie in hoher Nähe zur religiösen Zeichensprache nicht zuletzt den Verlust innerer Stärke. Es gelang ihnen, das Vermissen von Grundvertrauen provozierend anzudeuten – ganz aus ihrem ‚Hier' und ‚Jetzt' heraus.

Näher hin zeigte sich dies bei *Beuys* künstlerischer Aussage „Zeige deine Wunde", welches posthum als Motto für dessen Werk aufgenommen wurde.[213] Zur gleichnamigen und heftig kritisierten Raum-Installation äußerte der Künstler selber: „Zeige deine Wunde, weil man die Krankheit offenbaren muß, die man heilen will. Der Raum … spricht von der Krankheit der Gesellschaft. … Eine dynamische Entscheidungssituation ist dargestellt." Das Kunstwerk bleibe nicht bei der Verwundung stehen; es enthalte darüber hinaus „Andeutungen, daß die Todesstarre überwunden werden kann … . (E)twas ist angelegt, das, wenn man genau hinhört, einen Ausweg weist."[214] Nicht zuletzt seine Ansage „Jeder Mensch ist ein Künstler", die auf Christus in jedem Menschen verwies, gab dann dem Werk *Beuys* eine für nicht wenige irritierende Note. *Joseph Beuys* war der Mann mit dem Filz-Hut, der vor allem Fett, Filz, Honig und selbst Eierschalen nahm, um daraus seine Werke im Interesse einer neu zu schaffenden Wärme zu entwickeln. Wie kaum ein anderer hatte dieser Künstler neue Symbole und Zeichen entwickelt und zum Erstaunen von vielen auch nach Zeichen des göttlichen Geistes gesucht. Er hoffte *kreativ*, dass ihm etwas geschenkt wird, und wollte ähnlich wie eine Person, die getauft worden ist, nun auch selbst bestimmen, welche Zeichen er als Individuum in seiner Zeit setzt. So habe er, als er sein Werk *‚Zwei Fräulein mit leuchtendem Brot'* installierte, von der Wandlung in der Messfeier und provozierend von der selbst vollzogenen Auferstehung gesprochen. *Friedhelm Mennekes* schloss denn auch seine Interpretation des Werkes von *Beuys* mit Worten des Künstlers: „In der Tiefe der Nacht, in der Tiefe der Isolation,

213 Vgl. *Petra Kipphoff* (Die Zeit 26.02.1988/9) und *Johanna Kerschner* (31.05.2013. Das Motiv kontrastierte *Peter Handke*: „‚Zeige deine Wunde!'? – Nein, vergiss sie nicht. Bleib ihrer inne" in ders. (2016) 237. Mit Bezug auf Martin Walsers Suche unsere Anm. 32 oben, inkl. Hinweis auf Joseph Beuys *„Zeige Deine Wunde"* durch *Magnus Striet*: „Meine Arbeit: etwas so schön sagen, wie es nicht ist." (Martin Walser) in *Michael Felder* (Hg.) (2012) 137

214 Vgl. *Jost Herbig* (Süddeutsche Zeitung 26./27.01.1980) Folg Zit. aus *Friedhelm Mennekes* in: *Katharina Winnekes* (Hg.) (1989) 125 f. und *Katharina Winnekes / Friedhelm Mennekes* ebd. 132–147, 145 ff. zum Beuys'schen Filz als Wärmespeicher und der Mensch, der als „Wärmeträger Wärme abgeben soll". Näher hin ist der Kunst eines Joseph Beuys ein Realismus eingeschrieben, der hier für eine Theologie der Liturgie neu angemahnt sei. Vgl. dazu *Joris Geldhof* (2019/1) 196 ff.: Coda: le triple réalisme du théologien de la liturgie.

in der völligen Abgeschiedenheit von jedem Spirituellen, vollzieht sich ein Mysterium im Menschen. Erst wenn man ein ganz neuer Mensch geworden ist, wird man auch zu Dingen fähig werden, die bisher dem Menschen unmöglich erschienen sind. Diesmal muss die Auferstehung durch den Menschen selbst vollzogen werden. Der Mensch muss sich gewissermaßen selber mit seinem Gott aufraffen. Er muss Bewegungen vollziehen, Anstrengungen machen, um sich in den Kontakt zu bringen mit sich selbst. Und das ist ja der wahre Sinn des Wortes Kreativität: Inkarnation des Christuswesens in die physischen Verhältnisse der Erde. Dadurch hat sich ein kosmisches Ereignis vollzogen, kein nur historisches. Da hat sich ein Kraftfluss von absoluter Realität vollzogen. Und nun geschieht mit dem Menschen eine Umwandlung, mit der er sehr große Mühe hat. Sehr schwer fällt es dem Menschen, aus eigener Kraft die Selbstbestimmung auch wirklich in Anwendung zu bringen, das fällt ihm ungeheuer schwer. Er möchte viel lieber etwas geschenkt bekommen. Er kriegt aber nichts mehr. Er kriegt nichts, gar nichts, von keinem Gott, von keinem Christus. Und dennoch bietet sich diese Kraft an und will mit Gewalt hinein. Aber unter der Voraussetzung, dass sich der Mensch selber aufrafft."

Auch diese Deutung des Künstlers *Joseph Beuys* verwies auf seine Auseinandersetzung mit christlich geprägten Motiven angesichts der Bedürftigkeit nach Heilung aus menschlicher Vergänglichkeit. Sie mahnten die Notwendigkeit beständiger Einfühlung an, die zu erkämpfen er sich seit seiner Verwundung im Krieg aufgemacht hatte. Mit seinem Standpunkt hatte er sich in eigener Weise dem liturgischen ‚Heute' in einer Gesellschaft angenähert, die dem Konsumismus frönt und stets ausgreifendem Unfrieden ausgesetzt bleibt. Für *Beuys* ging es um das Individuum, das „aus eigener Kraft die Selbstbestimmung … wirklich zur Anwendung zu bringen" – und sich dem Geschenk von Gott doch noch zu öffnen versucht. Es war sein Aufruf, sich als Mensch aufzuraffen, das Geschenk dennoch anzunehmen. Eine im Kontext tiefgründiger Skepsis wahrhaft ‚kunstvolle' Einigung mit der Transzendenz, die sich für diesen Künstler „mit Gewalt" aufdrängte. *Beuys* „Symbolisierungen" (*Mennekes*) nahmen die Zentralfigur ‚Christus' im kulturell christlich geprägten Umfeld in einer neuen Ernsthaftigkeit auf. Sie waren in sich aufregend schlichte Zeichen, die daran erinnerten, wie auch die Kunst ‚edler Einfachheit' einer Liturgie Menschen auf ihrer Sinnsuche im Gottesdienstgeschehen geschenkt sein kann.[215] Warum nicht – mit Beuys Symbolik gesprochen – als „Wärmespeicher"?

215 Vgl. auch *Benjamin Leven* (2016/2) 39–427. Vgl. *Hermann Glettler* (05.01.2018) so-

Diese an einem Beispiel neuerer Kunst aufgezeigten Herausforderungen verweisen darauf, dass man beim Vorbereiten und Durchführen von Gottesdiensten gut daran tut, sich zeitgenössischer Ästhetik nicht zu verschließen. Die dafür Verantwortlichen stehen vor einem Spagat zwischen alter und neuer Ordnung. So geht es um eine angemessene Logik, welche wenig verständliche Riten neu reflektiert und gleichzeitig eine vertiefte Lebensrelevanz für die Subjekte der Mitfeiernden kultiviert. Die Wahrnehmung eines Religionssoziologen, der die Liturgie als Lebenskunst umschrieb, akzentuiert diesen liturgieästhetischen Zusammenhang: „Die Liturgie lässt sich unter den Bedingungen der Moderne als Enklave begreifen, in der Lebenskunst in einer historisch beispiellosen Gestaltungsoffenheit und in einer Umwelt konkurrierender Ansprüche, Optionen und Widersprüche erlernt werden kann, erlebbar und erfahrbar in Zeichen, Symbolen, Riten, Erzählungen, Bildern, Gesten, Erinnerungen. Liturgiefähig bleiben die Kirchen, wenn sie vom Menschen und seiner möglichen Lebenskunst ausgehen."[216] An dieser Aussage ist bemerkenswert, dass die Liturgiefähigkeit der Kirchen (sic!) postuliert und nicht darauf beharrt wird, es seien die Menschen zur Liturgie zu befähigen. Im Gegenteil sei auszugehen von der möglichen Lebenskunst. Damit ergeben sich Anfragen an eine Liturgietheorie, die ihr Augenmerk vermehrt auf die liturgische Praxis und die Eigenlogik ihrer Rituale überhaupt lenkt.

### 6.1.4 Anfragen an Perspektiven neuerer Liturgietheorie

Das disparate Verhältnis zwischen christlichem Glauben im Vollzug des Gottesdienstes und gegenwärtigem Leben diagnostizierte u. a. *Christian Rentsch.* Fokussiert auf das (empirische) Handeln von Priestern in der Messfeier hielt er fest, dass diesen die „Unselbstverständlichkeit des Glaubens" heute Anlass gebe, mehr für den Nutzen von Liturgiefeiern zu werben als deren Zumutung auszuhalten.[217] *Rentsch* lag daran, der ‚alten' Guardini-Frage mehr auf der

wie *Eckhard Nordhofen* (2018) Kap. XIII: Die anarchische Kraft des Monotheismus 305–316, Figuren der Inkarnation 311–314

216 Votum von *Alfred Dubach* (2005/4) 68–72 u.77 f., hier 71 f. – anl. Eröffnung des Liturgischen Instituts der deutschsprachigen Schweiz vom 04.12.2004 in Freiburg/CH unter dem Motto ‚Zur Liturgie fähig?!' Vgl. zu ‚Enklave' bzw. ‚Sprung' die Einordnungen bei *Peter L. Berger / Thomas Luckmann* ([5]1980) 28 f.

217 Vgl. RuR (2013) Kap. 6: Liturgie als Ritual und die Unselbstverständlichkeit von Religion 198–217, zu Guardini 199, Anm. 441 und Gespräch mit *Christian Rentsch* (2014/3) 17–19, Zit. 17, 18, zit. Gspr.

Ebene der „*in praxi* vollzogenen Adaptionen der Liturgie" nachzugehen. So sei – wie er im Gespräch äußert – der Aspekt des Glaubens entscheidend für das fiktive Rollenspiel der Liturgie. Diese entwerfe ein Bild, „das auf einer anderen Ebene wahr ist". Fiktiv meine, dass Liturgie „Größeres und Anderes" als im Alltag ansagt. Man übe in ihr das Sehen mit den Augen des Glaubens. Die „genuine Strategie der Liturgie" lasse „die Menschen spielen, was sie noch gar nicht sind, mit dem Ziel, dass sie das werden, was sie darstellen".

### *Vom ‚fiktiven' Rollenspiel*

Diese liturgietheologische Logik zielt ausdrücklich auf das Rollenspiel aller an der Feier des Glaubens Beteiligten und eine dazu nötige Identifikation ohne Wenn und Aber. Schaut man nun auf das Handeln des Priesters, steht dieser bei *Chr. Rentsch* als „Zelebrant zwischen fiktivem Rollenspiel und sozialer Realität".[218] Was damit gemeint ist, erläutert der Autor in seiner Studie, ausführlich und stringent an die Ritualtheorie angelehnt: „Die Fiktionalität der Liturgie gehört zu ihrer Teilnehmerperspektive – es sind ja die Teilnehmer der Liturgie selbst, die *mit dem Beginn* (Hervorhebung S. Schmid-Keiser) der Liturgie ihr Verhalten ändern und sich auf die veränderte Welt der Liturgie einlassen. Mit dieser Fiktionalität von Liturgie ist aber in der Teilnehmerperspektive – sowie in der theologischen Betrachtung der Liturgie, die diese nachvollzieht – keine *Minderung* des Realitätsanspruchs verbunden, sondern eine *Änderung*. Was in der Liturgie dargestellt wird, ist nicht minder real, sondern anders real. Das aber heißt: Das landläufige Verständnis von Fiktion als Oppositionsbegriff zur Realität ist in diesem Zusammenhang nicht anwendbar. Fiktion steht hier nicht im Gegensatz zur Realität an sich, sondern nur zur außerliturgischen Alltagsrealität."[219] Der Begriff der Fiktionalität halte „fest, dass es eine Differenz zwischen der *presented idea* der Liturgie und ihrem Umfeld, der sie umgebenden sozialen Situation, gibt". Das fiktionale Spiel soll also funktionieren und nicht durch Erklärungen des Vollzugs unterbrochen werden, auch nicht die Einzugsprozession als Geschehen, „das die Menschen ohne große Worte in ihre liturgische Rolle" einführe. Darum macht *Chr. Rentsch* im Gespräch[220] explizit einen „Extremvorschlag" und legt die Einführung durch den Priester unmittelbar nach dem Tagesgebet, wo

218 RuR (2013) Kap. 3: 44–105.
219 RuR Zit. 64 f.
220 *Rentsch* Gspr. 18

dann „zu Beginn der Lesungen" alle ‚bei der Sache' sein sollten. Was aber geschieht, wenn dieses Bei-der-Sache-Sein durch eine zu große Dichte des Ritus beinahe magisch aufgeladen wird und vom Beginn der Feier an zu einer beinahe abrupten Abgrenzung zum gelebten Leben ohne „Rücksicht auf die existentielle Befindlichkeit der Teilnehmenden"[221] führt?

Da ist es m. E. für die Art und Weise des Feierns zuträglicher, sich auf das Leben in der aktuellen Gemeinschaft zu beziehen, und gerade deshalb ein knappes Wort der Begrüßung beim Übergang von der Alltags- in die Riten-Wirklichkeit zu sprechen und etwas später erst einen kurzen Leitgedanken. So wird die Zumutung zum „anfänglichen Sprung in diesen geschlossenen heilsgeschichtlichen Kosmos" *(D. Wiederkehr)* gemildert. Auch muss sich der nach *Berger u. Luckmann* allen ästhetischen und religiösen Erfahrungen eigene Charakter des ‚Grenzübergangs' so oder so sprachlich kommunizierend akzentuieren lassen. Denn bei der „Umstellung auf eine Sinnenklave" findet für „die Anpassung des Bewusstseins" zwar eine „radikale Neueinstellung statt", was bei religiösen Erfahrungen als ‚Sprung' benannt wird. Doch behält die „Alltagswelt-Wirklichkeit" ihr „Übergewicht auch noch nach solchen Sprüngen"![222]

Wem selbst die Welt der Riten und des Sakramentes entglitten ist, kommt dann eine spezifische Geste des Willkomms als urmenschlichem Ausdruck der Gastfreundschaft mehr als entgegen. Im Falle des Schuldbekenntnisses wird man den gesunden Menschenverstand walten lassen müssen und mehr dem anderen Vorschlag von *Chr. Rentsch* folgen, dieses Bekenntnis mit seiner Funktion der Entlastung gegen Ende des Wortgottesdienstes platzieren.[223] Gehe ich zudem davon aus, dass sich Menschen aus freien Stücken zu gottesdienstlichem und generell rituellem Handeln versammeln, kann nach dem Nachsinnen über die biblischen Texte und deren aktuelle Auslegung von Fall zu Fall ein dort verortetes Schuldbekenntnis folgen. Wenn die Leute dagegen zu Beginn bereits das Büßerhemd anziehen müssen, sehen sie sich zu skeptischem Nachfragen veranlasst. Dies ist insofern berechtigt, als dass ein Moral-Maßstab beim Auftakt einer Feier zudem der Alltags-Wirklichkeit vorgefasste Urteile und Meinungen unangemessen überstülpen kann.

221 *Josef Wick* (2012) 211 f. Bericht über das ökumenische Symposium 28./29.10.2011 im Kloster Helfta und entspr. Tagungsdokumentation *Karl Schlemmer* (+ 26.09.2013) unter provokantem Titel: *Eucharistie/Abendmahl ‚nach Auschwitz'*, Pastoralökumenische Ansätze aus katholischer Sicht

222 *Berger/Luckmann* ($^5$1980) 28

223 *Rentsch* Gspr. 19

## Die Annäherung an das Heilige

Ebenfalls ritualtheoretisch reflektiert die Skizze von *Reinhard Meßner*[224] das hier diskutierte Thema. *Meßner* erläutert entsprechend den liturgischen Grundvorgang des Eröffnungsweges im Ordo Missae 1962. Seine Analyse zeigt u. a., dass die „physische Annäherung an das Heilige" (2.3.2.) an der „Raumstelle der Schwelle zur Transzendenz" zu einem Unterbruch führt. Das Handlungsmuster verlange gar, dass die einzelnen Gläubigen bei diesem Übertritt ihr „individuelles Ich zurücklassen" (2.4). Dieses Postulat lässt mich fragen, ob dies mit Ernst so gesagt werden kann, nachdem es selbstverständlich sein müsste, dass im ‚Aufbau' des liturgischen ‚Wir' von der Personenwürde der einzelnen Mitfeiernden nicht abgesehen werden kann. Es geriete zum schrecklichen Verdacht, wenn bei jedem Eintreten in den Kirchenraum das ‚individuelle Ich' ausgelöscht und erneut Erinnerungen an Zeiten voller Drohbotschaft und zwanghafter Religiosität aufkämen.

Alles in allem ist nach *Meßner* das „komplexe Ritual … im Lauf der Geschichte vielfach verkümmert und teilweise gestört worden" (2.5.6.). Die „ursprüngliche räumliche Entfaltung spiegelte sich nur noch kümmerlich in den Bewegungen von Priester und Assistenz am Altar. Es bestand … zweifellos Reformbedarf, mit dem Ziel, das eucharistische Ritual insgesamt und … die Eröffnungssequenz durchsichtiger zu gestalten". Der entscheidende Mangel der Reform mit dem Ergebnis im Ordo missae 1969 liege „in der Vernachlässigung des nonverbalen Tuns als dem Grundsubstrat rituellen Handelns". Jetzt ging es darum, „die einzelnen verbalen Elemente in eine möglichst logische Abfolge zu bringen". „… viel wortreicher, vor allem reicher an klerikalem Wort, als vor der Reform" biete sich „heute die Sequenz der Eröffnungsriten in der gottesdienstlichen Wirklichkeit den Mitfeiernden dar".[225] Der Presbyter hat nun als „Zielpunkt der Einzugsprozession" den „Vorstehersitz, nicht den Altar" vor sich. Der Altar stelle „vielmehr die Schwelle zur Transzendenz dar". Dann übernehmen statt der durch den Priester leise rezitierten Stücke, die Gemeinde bzw. stellvertretend Schola oder Chor ihre Rolle.

224 *Reinhard Meßner* (2017) 223–232. Folg. Zit. 227 f. Vgl. ders. mit entspr. Abschnitt in: *S. Wahle / H. Hoping / W. Haunerland* (Hg.) (2013) 304–345, 339–345. Vgl. zu *Meßners* Erwägungen *Stephan Schmid-Keiser* 2018/2 Online-Replik HlD

225 Geht es also weiterhin um eine Darbietung durch das kirchliche Personal für die hier Versammelten und nicht um den gemeinsamen Vollzug im Sinne einer participatio, der – in dieser Reihenfolge – als conscia, plena, actuosa und fructuosa qualifizierten Teilnahme aller am und im Geschehen der Eucharistie?

Nach dem Erscheinen des Ordo missae 1969 lag nun laut *Meßner* „eine strukturelle Malaise“ vor. In Stichworten: Kein Innehalten mehr vor der Schwelle beim Einzug. Das Stufengebet transformiert in einem gemeindlichen Bußakt. Kniebeuge oder Verneigung vor dem Altar. Kurzer Akt der Verehrung des Altars. Beschleunigung des Gesamtvorgangs. Begleitgesang der Gemeinde wird zum Eröffnungslied und habe „seine wirkliche rituelle Funktion verloren“. *Meßner* sieht besonders den Rüstakt der ganzen Gemeinde am Beginn (Bußakt) als wichtig an, er komme jedoch nun zu spät und müsste „vor der Einzugsprozession stattfinden (und bedürfte auch keines priesterlichen Leiters)“. Die nun vorverlegte ‚salutatio‘ (Begrüßung), die (zwar fakultative!) Einführung in die Messe des Tages, der Bußakt und das Kyrie suchen m.a.W. ihren sinnvollen Ort. Folglich lautet die These *Meßners*, dass der „von der Sache her einteilige Gesamtvorgang mit der durchgehenden Dynamik hin auf den heiligen Gott … in zwei Teile auseinandergebrochen“ sei. Es sei „das gravierendste Defizit des reformierten Ordo missae“ (de facto der „durchschnittlichen gottesdienstlichen Performance“), dass mit der ritualisierten ‚salutatio‘ ein „ganz neues kommunikatives Gegenüber zwischen dem Vorsteher und der Gemeinde“ entstehe. Auch sei die rituelle Funktion der ‚introductio in missam dei‘ vage und dominiere „in aller Regel die ästhetische Gestalt der Eröffnungsriten in der Sonn- und Festtagsmesse“. Bei Entartung der ‚Einführung‘ falle man „schlicht und einfach aus dem Ritual und aus dem psychischen Zustand des ‚flow‘ heraus, der Vorsteher präsentiere sich als „Gastgeber einer von ihm verantworteten Publikumsveranstaltung“. Dann sei „auch bei dezenter Gestaltung der ‚Einführung‘ … das Hintreten vor Gott, das längst begonnen hat und im Einzug einigermaßen hoch ritualisiert war, unterbrochen und erst nach dem Bußakt im Kyrie wieder fortgesetzt“.

Nach meiner Einschätzung stützt sich diese Argumentation auf eine strenge Abgrenzung des ‚Heiligen‘ vom ‚Profanen‘. Da fragt sich, ob ein solches Zurückdrängen des ‚Heiligen‘ (dann einzig und allein) in den Altarbezirk diesen nicht zu sehr überhöht, sodass z. B. ein Feiern im kleinen Kreis oder in Gruppen außerhalb von geweihten Kirchenräumen als kaum mehr möglich scheint? In meinen Augen ist es in der zeitgenössischen Situation des Glaubens-Vollzugs nicht unproblematisch, wenn liturgisches Handeln auf die Lebenswelt und das Lebensgefühl der daran Beteiligten keine Rücksicht nimmt, bzw. dies nicht auch im Ritual abgebildet wird.[226] Und ist das Einstimmen der ganzen Gemeinde in den Eröffnungsgesang nicht bereits ein

226 Vgl. Anfragen durch *Stephan Schmid-Keiser* (2017) 658 f. sowie ders. (09.01.2018) u. ders. (2014/46) 669 mit Hinweisen auf Yves Congar (1967) mit Diskussion der Chris-

gewichtiges Ritual-Element, bei welchem sich alle in einem grundsätzlich nicht aus der Lebenswirklichkeit herausgenommenen Raum vor das Angesicht Gottes stellen? *Meßners* Darlegungen fokussieren deutlich auf das Handeln des beauftragten ‚Personals', mithin die von Ordinierten vollzogenen Riten. So spricht *Meßner* auch vom „psychischen Zustand des ‚flow'", mithin einer Kategorie, die der Trance eines einzelnen nahekommen kann und zu unstatthafter Einflussnahme auf die zum Feiern Versammelten führen kann. Weshalb sich ebenso die Frage stellt, inwieweit hier Liturgie nicht zum hieratischen Schauplatz wird, wo einzig der ordinierte Vertreter Christi im Ritual ernstgenommen und weiterhin der ganze Leib Christi, ausdrücklich also das Volk Gottes in seiner Gesamtheit prädominant absorbiert wird.

Wie es scheint, gerät die vorgelegte Liturgietheorie an ihre Grenzen. In ihren Annahmen blendet sie fundamentaltheologische und ekklesiologische Einsichten aus, was ein aktives Mitfeiern einschränken kann. Wenn sich in unseren Tagen Menschen aus freien Stücken zur gottesdienstlichen Versammlung einfinden und dies mit ihrer Alltagswelt-Wirklichkeit im Rücken, ist praktisch davon auszugehen, dass sie sich nicht nur aus Gewohnheit auf eine Feier eingestellt haben. Sie zeigen durch ihr Mitfeiern, dass sie hier Nahrung für ihren Glauben und die Nachfolge Christi finden. Sakramentale Feiern wirken nicht allein dadurch, dass sie durchgeführt werden – sie setzen voraus, dass Menschen sich dafür öffnen – anders gesagt ihre spirituellen Antennen auf Empfang einstellen. So gesehen darf der Ausdruck der Lebens- und Glaubenserfahrung nicht lieblos durch rituelle Strenge in Schranken gewiesen werden. Ist nämlich die Versammlung der ‚ekklesia' – das bedeutet das Sich-Versammeln der aus ihren Orten, Gruppen und Familien Herausgerufenen – ein liturgischer Grundvorgang, sind alle, die dazu aus ihrer Alltagswirklichkeit zusammenkommen, mit ihrer ganzen Befindlichkeit präsent. Die phasenweise Loslösung aus dem Alltag muss nicht in ein abruptes Abstandnehmen, gar in eine supranaturale Distanzierung von der allgemeinen und die Menschen prägenden Lebenswelt führen. Täte dies die gottesdienstliche Versammlung, müsste sie auf einen (neuen) Magieverdacht überprüft werden. Wagt sie jedoch die Einbettung der Feier in die jeweilige Lebenswelt, wird sie sich anders in der Weltzeit bewegen – wie leicht an zahlreichen Beispielen von Gottesdiensten in Ländern aufgezeigt werden könnte, in denen Unrechtsregime ähnlich jenem zu Zeiten von Erzbischof Romero in El Salvador herrschen.

tusrepräsentanz aus geschichtlich begründeter Schau auf die Kirche bzw. die christliche Gemeinschaft als „sujet intégral de l'action liturgique"

Gottesdienstliches Handeln und Feiern gestaltet sich nie abgehoben vom jeweiligen sozialen, politischen und gesellschaftlichen Kontext.

Auf diesem Hintergrund kann nun der Eröffnungsweg einer Eucharistie als ein Überschreitungsritual verstanden werden, wie ihn *R. Meßner* benennt. Wer zur Versammlung kommt, bringt sein Lebensgefühl mit und trägt es hinein in den tieferen Sinn der eucharistischen Versammlung als der großen Danksagung. Es ist dabei nicht wenig, was die Menschen aus ihrer eigenen Wirklichkeit mitnehmen sowie durch ihr Mitfeiern zum Ausdruck bringen. Es ist die immer *mitschwingende Dankbarkeit* für das geschenkte Leben, das schließlich *in die Feier der Erinnerung an die letzte Hingabe Jesu* mit hinein verwandelt wird: „Deinen Tod, o Herr, verkünden wir und deine Auferstehung preisen wir, bis du kommst in Herrlichkeit" drücken dies alle im Zentrum der Feier aus und verbinden dieses Bekenntnis mit ihrer Lebenswelt. Was dies näherbesehen für ein lebensdienliches Feiern bedeutet, soll hier im Sinne einer historischen Reminiszenz beschrieben werden.

### 6.1.5 Unter ‚kenotischem Paradigma' lebensrelevant feiern – eine Reminiszenz

Den Tod Jesu Christi verkünden, seine Auferstehung preisen durch alle Zeiten bis ans Ende. Es ist dies die wohl dichteste Gebets-Mitte, die das ‚Geheimnis des Glaubens' ausdrückt und der durch das letzte Konzil angestoßenen liturgischen Erneuerung grundgelegt ist. Das Pascha-Mysterium[227] wurde neu ins Zentrum gerückt und musste – theologisch verantwortet, wie sprachlich durchgeführt – in das liturgische Geschehen des *Triduum Sacrum* inkulturiert werden. So exemplarisch auch in der *Maihof-Pfarrei* in *Luzern* unter dessen Pfarrer *Adolf Stadelmann* (1920–2000).[228] Gemeinsam mit seinem Team war ihm besonders daran gelegen, die liturgischen Riten in hoher Nähe zur Lebenswirklichkeit der Gegenwart auszudeuten. Einer der Protagonisten in diesem Team war *Gonsalv K. Mainberger*, dessen wenig bekannten

227 Vgl. oben Anm. 211

228 Zu dessen Gedenken vgl. *Gonsalv K. Mainberger* (2000) 257–262. Zit. 257, 258, 260. Andernorts, d. h. im Zürcher Vorort Spreitenbach, wo mit der Eröffnung des ersten Einkaufszentrums in der Schweiz „z. B. die Beteiligung am kirchlichen Leben um über 60 %" sank, kam eine Quartierliturgie Schritt für Schritt auf den Weg, die von der damaligen Pastoralleitung verantwortet das Hauptanliegen vertrat, „eine echte Kohärenz zwischen der Verkündigung und dem Leben dieser Liturgiegemeinschaft herzustellen", so *Hubert Bausch-Hug* (1974) 151 f.

kritischen Anfragen und konstruktiven Darlegungen ich hier folge. Er richtete den Blick auf den „Nullpunkt der Jesusbiografie", den Karfreitag und die rituelle Darstellung seiner theologischen Motive.

Das Gedächtnis am Karfreitag musste demnach für *Mainberger* zentral auf etliche Fragen überprüft werden: „In welchem Maße haben die liturgischen Szenerien, die Menschheits- und Gottesgeschichte … verzerrt erinnert? Welche radikalen Umbesetzungen haben die theologischen Opfertheorien absichtlich bewirkt? Was wurde so dem Vergessen erst recht anheimgegeben? … Welches Bewusstsein, welche Mentalität wurde durch diese Erinnerung in den Gemütern der Erlösten herangebildet?" Was die frühere Karfreitagsfrömmigkeit heranbildete war „das authentisch christliche Gemüt …, innerlich ergriffen, mitleidend mit allen Fasern, zugleich familiarisiert mit den extremsten Formen der Gewalt und ihrer Riten. Die Dimensionen des … Schmerzes und der Angst wurden ausgelotet, das Nicht-Verstehen-Können war diffus bewusst, allgegenwärtig hingegen das umgreifende und überschattende Schuldbewusstsein. Mit Schuld hatte das Drama zwischen Mensch und Gott ja seinen Anfang genommen. Die Sünde war … der Beginn der im Blut vollzogenen, um den Preis von Kreuz und Tod erkauften Auferstehung, des Erlösungswerkes." Ein ganzes Bündel an problematischen Bezügen geriet in den Fokus. Das Feiern des Karfreitags war davon zu stark belastet.

Nach dem Konzil war es für das Team dieser Luzerner Pfarrei „an der Zeit, kritisch in die mythische Vergangenheit der religiösen Riten zurückzukehren. Aus den Trümmern einer geschichtlich aufgeklärten Vergangenheit entstanden neue Formen religiöser Existenz, neue Angebote andächtiger Besonnenheit." *Mainberger* kam dabei – nicht zuletzt mit der Kurzformel ‚Jesus starb umsonst' – in die Schlagzeilen. Sein Anliegen war dennoch legitim, da er sich gewichtigen Argumenten stellte, die bis heute zu diskutieren geben.[229] In den Blick kamen vermehrt das Opfer als menschheitsgeschichtliches Motiv, die in der alten Welt entstandene Mythologie sowie die Leidenserfahrungen in unserem Jahrhundert. Christsein heute musste einem neuen Ansatz folgen, was einer „*Umbesetzung theologischer Geltungsansprüche*" gleichkam. Hier in Thesen von *Mainberger* festgehalten: „Der christliche Karfreitag kann nicht mehr begangen werden ohne die Memoria des von Christen im Christenlande dem Volk der Juden zugefügten ‚Karfreitags'. Um ihn erinnernd in den Karfreitag einbringen zu können, wird das ‚Umsonst' eingeführt … weil es

229 Stellvertretend dazu *Werner H. Ritter* (Hg.) (2003) und *Béatrice Acklin Zimmermann, Franz Annen* (Hg.) (2009)

für die Millionen Ermordeten keine Auferstehung gab und gibt".[230] „Der Karfreitag ist der genuine Ort des Umsonst. Seine Verkörperung ist die Person Jesu. Er starb in die Sinnlosigkeit hinein. Erst mit diesem Zugriff über das Umsonst kommt eine für heute lebende Menschen zwar plausible, aber *weniger entlastende* Erzählung zustande ... Jesus ist umsonst gestorben, er ergab sich vorbehaltlos in die Vergeblichkeit seines Sterbens. Seine Tat bestand darin, sich der *condition humaine* gehorsam zu fügen. Aus der Sinnlosigkeit hat er nichts, aber auch gar nichts herausholen wollen, weder für sich noch für andere. Er hat aber gezeigt, wo der Mensch steht, wer er ist – auf welcher Seite auch immer. Einmal auf der Seite der Gewalt, einmal auf der Seite der Gewaltlosigkeit, das Gute inmitten des Bösen. Unkraut inmitten von blühendem Weizen. Keiner mache sich daran, Unkraut zu vertilgen. Das besorgen die Helden, die paganen Heroen der exklusiven Glaubensgewissheit. Jesus war kein Held."

*Mainberger* suchte „den Opfermythos als für *damals* triftig und *heute* unzugänglich, als für damals wahr und für heute geradezu fehlleitend zu verstehen". Umsonst heiße: „Jesus starb weder einen Opfer- noch einen Helden-, noch einen Siegertod. Seine Tat? Sie bestand in seinem restlos prämienleeren, auf den Tod hin offenen Sterben. Ohne Opferpathos ließ er sich, zwar laut schreiend, in den Todesschatten der Verlassenheit fallen". Diese „authentische Karfreitagsszenerie" münde „in den Karsamstag, den exemplarisch christlichen Alltag. Ein Gutes ohne Anspruch, ohne Pathos der totalen Er- und End-Lösung, ohne den schnöden Beweis, dass das Grab schließlich doch leer gewesen sein musste. Umsonst heißt eben dieses: Wir *wissen* weder, ob das Grab leer, noch, ob es doch nicht leer gewesen ist. Abgesehen davon, dass es darauf ganz und gar nicht ankommt." Damit schien das mit den Argumenten „der Schlachtung und der Gewalt konstruierte Karfreitagsprogramm" für *Mainberger* „kaum mehr vertretbar". Die „Logik" von Verlust und Gewinn, Sklaverei und Loskauf, Blutzoll und Reinigung, Beleidigung und Widergutmachung hatte ihren unendlichen Preis, den „nur der Sohn Gottes selbst erbringen" kann. Das sei „schlichter Kapitalismus des Übernatürlichen". Die „Karfreitage der Moderne" aber gehorchten einer anderen Logik. „Die Logik des Umsonst will geduldig geübt sein. Die mediterran-westeuropäische Kaufmannsmentalität kommt ihr freilich immer wieder in die Quere. Vielleicht

230 Vgl. hier u. folg. *Mainberger* (2000) 261, 262. Mainbergers Argumentation zeigte auffallende Nähe zum Denken ‚in Schwachheit', wie dies Gianni Vattimo (erwähnt ebd. 258, Anm. 6) in seinen früheren Arbeiten zur ‚Entleerung' (Kenosis) entwickelt hatte. Dazu im Gegensatz *Chr. Rentsch* in: RuR (2013) 8.3.2. (284–288 und 456, Anm.1042)

gilt es zu lernen, mit beiden Formeln anständig durchs Leben zu kommen, mit dem Preis-Leistungs-Modell, dem Schuldentilgungssyndrom wie mit dem Denkmodell des Umsonst. Von den Ritualen der Gewalt ist Abstand zu nehmen, die erinnerten Stationen menschlichen Duldens gebieten es." Es bleibe das „lautlos und bescheiden gewordene Andenken an die am Leben und Sterben Beteiligten, angefangen dem abwesenden Gott, seinen Engeln und Botschaftern auf Erden, über das Heer christlicher Märtyrerinnen und Bekenner, bis hin zu den an christlichen Karfreitagen zu Tode gekommenen anders Glaubenden. Dieses Schweigen ist die Voraussetzung dafür, auch politisch die richtige Sprache zu finden."

Alles in allem: In derart pointierter Form ließ sich eine nach dem Konzil radikal neu gedachte, aktuelle und lebensrelevante Logik für den christlichen Gottesdienst vernehmen. Ihr gelang – nicht nur an Karfreitag – der weitgehende Anschluss an die Lebenswirklichkeit der Menschen. Unterdessen ist dem „kenotischen Paradigma" des säkularen Zeitalters nicht mehr auszuweichen.[231] Gestützt darauf ist das Aushalten der Widersprüche menschlicher Existenz bis in liturgisches Handeln zu empfehlen: „Verströstung ist einer säkularen Gesellschaft, die das kenotische Paradigma gewissermaßen verkörpert, nicht angemessen." Dies muss Folgen haben auf den Vollzug des liturgischen Geschehens und der Gestaltung der jeweiligen Schritte bei den Feiern des Glaubens, worunter nachfolgend speziell die Feier der Eucharistie in den Blick genommen wird. Einiges entscheidet sich bereits beim Auftakt und im Verlauf der Feier ist es nicht unerheblich, wie auf die Befindlichkeit der Versammelten eingegangen wird. Ich kann so gesehen nicht in Kauf nehmen, die Wirkung einer Gottesdienstfeier außer Acht zu lassen.

231 Vgl. die Studie von *Thomas Ebneter* (2012) 267. Der dort erwähnte ‚ekklesiale Ansatz' „geht über die von Gianni Vattimo angedachte, bloße Konversationsgemeinschaft hinaus, weil die Kirche auf die vertikale Transzendenz und den Urgrund jeder Interpretation verweist. Umgekehrt wird die *Ekklesia* daran erinnert, dass sie ihre Mitglieder herausruft und sammelt, im säkularen Zeitalter in einer Interpretationsgemeinschaft." (ebd. 265). Als solche Gemeinschaften wären Pfarreien und daraus Schritt für Schritt heranwachsend Bistumskirchen im europäischen Kontext neu auszurichten. Für die Vorbereitung des Triduum Sacrum dienlich ist der Beitrag einer Theologie der drei Tage (H. U. von Balthasar) in der knappen Darlegung durch Ebneter (ebd. 178–191).

### 6.1.6 Vorschläge, wie auf die Versammelten eingegangen werden kann

Im vertrauten Umgang mit den Feiern des Glaubens zeigt sich die Wirkung von Gottesdienst und Predigt in dreifacher Weise.[232] Eine Kurzformel hilft weiter, welche *Hans van der Geest* dazu eingebracht hat. Er wies darauf hin, dass bei einem Gottesdienst Geborgenheit möglich, Sehnsucht nach erlösender Befreiung aufgenommen und in der Anfechtung des Glaubens neues Erkennen geweckt wird. Dieser Dreischritt ist zur Vorbereitung vielfältigster Feiern nützlich und führt meist zu stärkerer Akzeptanz unter Mitfeiernden, die etwa ausdrücken: „Hier bin ich ernstgenommen und angesprochen." M.a.W. vermag eine gottesdienstliche Versammlung ein Dreifaches: die Subjekte, die sich dazu einfinden, sowohl mit sich selber zu einigen, wie auch sich einzeln und in Gemeinschaft zu reinigen sowie während einer Feier schon im Ansatz zu neuer Anschauung der eigenen Lebenswelt und danach zu neuer christlicher Praxis zu finden. Daran ist in der empfohlenen lebensdienlichen (kenotischen) Haltung anzuknüpfen. Zusätzlich motiviert die Erinnerung an *Romano Guardinis* unvergesslich-kritischen Anstoß, mit welchem dieser bereits ‚schwanger ging': „Und sollte man, statt von Erneuerung zu reden, nicht lieber überlegen, in welcher Weise die heiligen Geheimnisse zu feiern seien, damit dieser heutige Mensch mit seiner Wahrheit in ihnen stehen könne?"[233] Viele Überlegungen wurden zu Guardinis Fragestellung gemacht. Die Weise des Feierns der heiligen Geheimnisse wurde da und dort lebensnaher. Andererseits haben sich nicht wenige davon entfremdet, die sich als Frauen, Männer, Jugendliche und Kinder, Menschen mit ihrer eigenen Wahrheit, d.h. ihrem Lebensgefühl und ihre Befindlichkeit im liturgischen Vollzug nicht mehr ernstgenommen erleben. Dies ist weiterhin nüchtern festzuhalten.

Denn in welcher Haltung sich dieser heutige Mensch mit seiner Wahrheit auf liturgische Handlungen einlässt, ist nicht von vorneherein bestimmbar. Ebenso nicht, inwieweit die jeweilige Liturgie mit dem aktuellen Lebensgefühl bzw. menschlicher Befindlichkeit korrespondiert oder nicht. Der empirische Befund kann täuschen. Die Feststellung, dass nicht alles nur Befindlichkeit ist,[234] trifft durchaus zu. Gleichwohl zeigt die Erfahrung beim Durchführen

232 Vgl. *Hans van der Geest* ($^2$1983)

233 *Romano Guardini* (1964) 106. Dies bestätigend vgl. *Birgit Jeggle-Merz* (2013) 164

234 Vgl. *Siri Fuhrmann* (2009) Vgl. zu einer entsprechend „adäquaten Hermeneutik der Liturgie" *Stephan Winter* in: *Edmund Arens* (2012) 149–176, mit Anschluss an *Benedikt Kranemann* zit. ebd. 173f.

unterschiedlichster Feiern und liturgischer Rituale, wo und wie das Ausblenden menschlicher Befindlichkeiten und des impliziten Glaubensvollzuges der zur Feier Versammelten, die Problematik des Auseinanderbrechens von Lebenserfahrung und metaphysisch abgehobener Riten verstärkt. Umso bedeutender wird die Vorbereitung der einzelnen Feier – miteingeschlossen ihrer Vertiefung durch Meditation und sorgfältiger Einstellung auf alle, die sich am Ort dazu versammeln.

### Entscheidender Auftakt

Im Falle der Eucharistie geschieht ein entscheidender Auftakt durch ein spezifisches Ensemble im Eingangsritus, der die Mitfeiernden in ihrer Haltung ankommen lassen und einstimmen soll. Da eine stark gedrängte Abfolge vorgesehen ist – mit Einzug / Kreuzzeichen / liturgischer Gruß / Einführung, Schuldbekenntnis und Kyrie mit anschließender Vergebungsbitte und/oder gelegentlichem Taufgedächtnis – wird auf den ersten Blick im Ritus einer Messfeier ein knapper Auftakt kaum möglich. Entscheidend wäre nun, dass die Gestaltung des Eingangsritus – mit den Worten Guardinis angesagt – den „heutige(n) Mensch mit seiner Wahrheit" hineinnimmt, die Sich-Versammelnden in die Feier der „heiligen Geheimnisse" einstimmt.

Wie die Diskussion der liturgietheoretischen Beiträge verdeutlicht hat, braucht es dazu grundlegender Anpassungen im Eingangsritus. Konkreter ausgedrückt ereignen sich folgende Schritte: *Vor dem Auftakt* einer Feier kommen die Menschen in eine Raum- und Zeit-Hülle, in die sie ihre Befindlichkeit, Vor-Einstellungen, geistigen Erwartungen sowie ihre Bedürfnisse nach persönlich und gemeinschaftlich erfahrener Spiritualität mit einbringen. Sie sind behutsam dort abzuholen, wo sie – mit Bruder Klaus gesprochen – je selbst auf der Suche nach dem ‚einig Wesen' sind. Darum ist es sinnvoll, die Versammlung nicht gleich zum Auftakt auf ein gemeinsames Büßen zu trimmen.[235] Ebenso soll das *Taufgedächtnis* den Beginn einer einfachen Eucharistie nicht zusätzlich besetzen, da es an diesem Ort auch als Hemmschwelle verstanden werden kann. Vielmehr zeigt ein Modus mit einem anthropologisch konzipierten Auftakt, dass die Akzeptanz für einen einfacheren kultischen

235 Vgl. *Eduard Nagel* (2016/23) 185–187 meint, wer heute zur Eucharistiefeier komme, habe sich „allein durch sein Kommen auf die Begegnung mit dem Herrn eingestellt. Er bedarf nicht eines eigenen Bußaktes." Ähnlich angeregt vom Portikus der Basilika Sainte-Marie-Madeleine im frz. Vézelay *Joris Polfliet* (2015/13) 101–103.

Ablauf nach einiger Eingewöhnung steigt, indem die vorgesehenen Elemente auf das Wichtigste verknappt werden.

Nochmals sind hier – kontrastierend – einzelne von der Liturgietheorie angemahnten Aspekte aufzunehmen. Wo nämlich die von *R. Meßner* monierte „körperliche Inszenierung" zu einem doch deutlich hieratisch akzentuierten Ritual wird, muss sich diese Darstellung befragen lassen, ob nicht die ganze lokale Versammlung als feiernde Entität ernstgenommen und realisiert sein müsste?[236] Auch der von *Chr. Rentsch* vorgeschlagenen Richtung einer „alternativen *ars celebrandi*" ist leider eine den menschlichen Glaubensvollzug in sakramentalen Feiern mehr ausschließende Tendenz eigen.[237] Geradezu ein Postulat sei es „für eine Liturgie, die rituell gefeiert werden soll", so beschaffen sein zu müssen, „dass sie die subjektive Erfahrung von fragloser Wahrheit ermöglicht". Dies verlange nach einer eigentlichen „*veritas liturgica* im Sinne einer Wahrheit der liturgischen Vollzüge und der mit ihnen verbundenen Textgattungen". Demzufolge gehe es in erster Linie um „Kontinuität des liturgischen Spiels", sodass u. a. eine Einführung bzw. Hinweise das vorgesehene Ritual nicht unterbrechen dürften. Müsste hier nicht der anthropologisch wesentliche Vorgang des ‚Sich- Versammelns' deutlicher hervorgehoben werden, der zudem biblisch grundlegend verortet ist? Einerseits in seiner einladenden Offenheit – wo zwei oder drei in meinem Namen versammelt sind … (Mt 18,20) –, anderseits in seiner Verborgenheit – mitten unter euch steht jener, den ihr nicht kennt (Jo 1,26)?

Christliche Liturgie wird mitgetragen von Menschen, die sich in diese Feiern einfühlen und dazu ohne Zwang eingeladen wissen. Dies schließt mit ein, dass sie auf ihrer Suche nach der Mitte ihres Glaubens beim Mitfeiern den für ihr Leben relevanten direkten Bezug zu Christus finden können. Liturgie als *l'art pour l'art* würde dagegen einem Ästhetizismus ohne Subjekte frönen. Darüber ginge vergessen, was *Andrea Grillo* – den *Ch. Rentsch* nicht erwähnt! – fundamental- theologisch im Blick auf die Annäherung an die sa-

236 *R. Meßner* (2017) 229–233. Mit ekklesiologisch anderem Akzent *James Challancin* (1977/6) 454–482

237 Chr. Rentsch RuR (2013) Kap. 13, 456–497, zit. 464, 483, 468–475. Rentsch nimmt im Abschnitt 13.3.1 (Feiern, um zu glauben – die Maßgeblichkeit der liturgischen Fiktion, 465 ff.) den allgemein-menschlichen Glaubensvollzug (auch außerhalb!) der Feier des Glaubens in meinen Augen zu wenig wahr. Eben dieser Vollzug hat seine eminente Bedeutung, welche hinführt zur sakramentalen Realität. Vgl. nochmals *Dietrich Wiederkehr* (1976)

kramentale Realität angemahnt hat.[238] Ich folge darum *Grillos* Ansatz, Theologie und Anthropologie in Verbindung zu bringen, d. h. im Kern folgenden Erkenntnissen: „Der Mensch, der im Ritus handelt, ist schon als solcher ein theologisches Subjekt, und Gott, der spricht und handelt, ist (er kann es gar nicht nicht sein) anthropologisch bedeutsam". Das beinhaltet das Postulat einer zwar „anspruchsvollen Kulturanthropologie": „Unsere distanzierte Betrachtung des Ritus lässt sich nicht korrigieren durch eine reine ‚Theologie'; notwendig ist vielmehr eine Theologie, in deren Wurzelboden die Anthropologie ihren festen Platz hat". M. a. W. muss ich als Mitfeiernder beim Zusammenkommen in der Liturgie auch ankommen können. Wer hier ankommt, kann nicht anders als ernstgenommen werden und erwartet dies mit gutem Grund bereits zu Beginn als *an* und *in* der Feier Beteiligte. Lebensfremde Kultsprache bzw. routiniertes Abwickeln eines Rituals stehen dem entgegen. Es ist darum von einiger Bedeutung, den lange vor der Liturgiereform lancierten Begriff der *actuosa participatio* deutlicher an die Lebensrelevanz jeder Feier anzuschließen. Ziel des Motu proprio *Tra le sollucitudine* von *Pius X.* war es, die sich versammelnden Gläubigen zu einer actuosa communicatione (!) zu führen. Diese Kommunikation erfuhr ihre spezifische Anreicherung in den Attributen der participatio: Die Teilnahme sollte damit – in dieser Reihenfolge – conscia/ plena/ actuosa/ fructuosa = bewusst, vollständig, aktiv/ mitfeiernd und fruchtbringend/fruchtbar sein.[239]

## *Ein alternativer Modus*

Mit der nötigen Sensibilität kann darum Schritt für Schritt ein alternativer Weg einer weniger hieratisch akzentuierten Feier vorgeschlagen werden. Insgesamt stimmt ein eröffnender *Auftakt* die Versammlung auf eine Eucharistiefeier ein. Eine gut abgestimmte *Einzugsprozession* oder ein *einfacher Einzug* übernehmen die Funktion der Einstimmung auf das rituelle Tun. Spielt während des Einzugs die Orgel oder ein Einzel-Instrument den wichtigen Part, führt dieses musikalisch zum *Einzugsgesang*, der noch vor dem Kreuzzeichen rituell den Raum für die Feier eröffnet. Die Einladung zum Gesang

238 *Andrea Grillo* (2000) führt in der Frage der Verhältnisbestimmung von Theorie und Praxis fachübergreifend weiter und verschränkt die Sichtweisen auf den ‚intellectus fidei' und ‚intellectus ritus'

239 Vgl. *Victor Usman Jamahh* (08.11.2010) und *Stephan Schmid-Keiser*: Aktive Teilnahme. Kriterium (1985) 10–15 und 501–520 zu den Elementen liturgischen Symbolhandelns im Interesse der Förderung aktiver Teilnahme

wird ohne Ansage – da den Mitfeiernden durch die Liedanzeige oder einen Handzettel bekannt – durch eine musikalische Hinführung und wenn immer möglich zusammen mit einer Person in der Kantor-Rolle realisiert. Alternativ möglich ist dieser rituelle Schritt unterstützt durch das Singen in Chorgruppen, dem heute wiederum mehr zugemutet werden kann, wo denn der Klang direkt ins Herz trifft.[240]

Dem schlichten *Kreuzzeichen* folgen der *liturgische Gruß* und eine knappe *Begrüßung*. Nicht nur das medial bei seinem Amtsantritt stark wirksam gewordene Grüß-Gott „Buona Sera" von *Franziskus I.* klingt damit an. Es ist dies eine Respektsbekundung vor freien Menschen, die sich so in ihrer Alltagswelt-Wirklichkeit sicht- und hörbar ernstgenommen sehen. Das sprachliche Signal wirkt als hilfreiche Geste *nach* dem Zusammenkommen der Mitfeiernden und würdigt diese, nachdem *zuerst* mit dem trinitarischen Votum Gott gewürdigt und der Raum zur gemeinsamen Feier vor seinem Geheimnis eröffnet worden ist.[241]

Gleich im Anschluss wird mit einem kurzen *Leitgedanken* (z. B. aus dem Eröffnungsvers oder einem entsprechenden Vers der Tagestexte) mystagogisch zur Feier hingeführt.[242] Es kann damit die rituelle Funktion einer *introductio in missam dei* klar und wenig wortreich realisiert werden – am besten unmittelbar verknüpft mit dem anschließend wichtigen *Kyrie-Rufen*. Denn diese setzen die Feiernden in Bezug zur Mitte des Glaubens, zu Jesus Christus, der hier in seinen Zeichen und Wundern, seinen durch die biblischen Quellen bezeugten Taten und Qualitäten angerufen wird. Dies lässt sich von Feier zu Feier abgestimmt auf den Tagesgedanken formulieren. Wenig ratsam ist dabei eine lange Abfolge von meist an Sünde und Schuld erinnernden Feststellungen. Ja: es braucht definitiv eine neue Kyrie-Kultur[243], die wie hier vorgeschlagen wird zudem über eine ‚Entschlackung' bzw. die Komprimierung des ganzen Eröffnungsweges erreichbar ist. Sinnvollerweise kann auch die im Ritus vorgesehene *Vergebungsbitte* zusammen mit dem *Schuldbekenntnis* auf später verschoben werden.

Unmittelbar anschließend an die Kyrie-Rufe ist rituell ein Moment der Stille angesagt, gar ein gepflegtes *Innehalten* empfohlen. Es kann dazu eine schlichte Klangschale eingesetzt werden. Dann ist – je nach entsprechender

240 *Marie-Christine Andres Schürch* (29.03.18)

241 Das trinitarische Votum (Kreuzzeichen) ist erfolgt, die theologische Klarheit gewahrt. Vgl. dazu *Birgit Jeggle-Merz / Walter Kirchschläger / Christiane Schubert / Nicole Stockhoff* in: *B. Jeggle-Merz, W. Kirchschläger, J. Müller* (Hg.) (2014) 11–22, 18 Anm. 30

242 So auch *Dieter Eissing* (2017/20) 157–159

243 *Michael Pfeifer* (2017/1) 4 f.

Lage im Welt- und Ortsgeschehen – auch das Lobpreisen von Gottes Gegenwart im *Gloria* einmal mehr, einmal weniger sinnvoll. Eine Praxis, die hier das Festliche und die überschäumende Freude gleich in jeder Feier immer und überall ins Zentrum rücken will, wird leider fehlgehen, da sie mehr ausschließt als Menschen integriert, die teilweise in existenzieller Not stehen oder angesichts ihrer gebrochenen Erfahrungen mit der erlebten Kirchenrealität eine skeptische Stimmung mit in den Raum bringen. Derart atmosphärisch mitgenommen, hören die Mitfeiernden bald das *Tagesgebet.* Der Hinweg zur Begegnung mit dem göttlichen Mysterium am Tisch des Wortes ist geebnet und durch eine auch klangliche Ritualisierung organisch zum Abschluss gebracht. Dadurch zeigt sich, dass ein allgemeines Ritual zwar von Wiederholung lebt, jedoch nicht zum leeren Ritual verkommen muss, darum also lebendig bleibt, wenn es auch zu gestalteten Momenten des Innehaltens kommt.[244]

Viel ist danach erreicht, wenn besonders in den geprägten Zeiten von Advent und Fastenzeit für das gewichtige Element des *Schuldbekenntnisses* erst *nach der Predigt* Raum offenbleibt.[245] Einerseits motiviert die biblische Quelle Mt 5,23 ff. dazu, anderseits können als Verdichtung der Konfrontation mit dem Wort Gottes entsprechend zeitgenössische Text-Alternativen den Besinnungscharakter und die Einladung zur Umkehr verstärken. Diese bleibt auch in den Augen *Franziskus I.* jeder Messfeier eigen, wenn er explizit die Kommunion qualifiziert als „eine Einladung, die erfreut und gleichzeitig zu einer Gewissensprüfung im Licht des Glaubens drängt".[246] Darum kann ebenfalls vor der Bereitung der Gaben – entweder verknüpft mit aktuellem Anlass einer *Taufe* oder verbunden mit einer entsprechenden Tagesperikope an dieser Stelle unmittelbar das *Taufgedächtnis* am besten mit besonderem Gesang erfolgen. Ein gesprochenes Gedächtnis der Taufe im Frage-Antwort-

244 Klangschalen oder Gongs sind Hörinstrumente ‚par excellence'. Liturgisches Beten wird dadurch gestützt und gleichzeitig musikalische Vielfalt möglich – ähnlich später als Einschub in Eucharistiegebete, die von der Person, welche die Vorsteher-Rolle einer Feier innehat, mit achtsam-verkündender Stimme vorgetragen werden. Eucharistiegebete in ästhetisch-musikalisch verdichteter Form können inneren Nachhall auslösen, vorausgesetzt sie werden gut rhythmisiert realisiert. Der musikalisch unterstützende Vorgang trägt zum Mitgehen der Gemeinde bei.

245 Wie Chr. Rentsch (2013) ebenfalls empfiehlt

246 Papst: Die Kommunion befreit vom Egoismus (Rom 21.03.2018) auf https://www.kath.ch/newsd/359340/ mit aufschlussreichen Facebook-Kommentaren, die stillschweigend den Ausfall von Erlösungsbedürftigkeit und Sündenbewusstsein der Menschen heute voraussetzen

Modus irritiert dagegen in einer Zeit, da Mündigkeit das spirituelle Leben bestimmt. Mit dem gemeinsamen Singen ergibt sich dennoch der schöne Nebeneffekt eines Gemeinschaftsgefühls.

*Ein erstes Fazit*: Statt zu vieler kommentierender Worte zu Beginn einer Feier kann die innere Uhr der Anwesenden mit der Verdichtung weniger Elemente auf das liturgische Geschehen in der Begegnung mit dem Wort und im Vollzug der Eucharistie eingestellt werden.[247]

## Gesprochenes Wort nicht verharmlosen

Die große Vielfalt an Gottesdiensten besonders anlässlich von Taufen, Jubiläen oder gemeinsam gepflegter Trauer bringen es mit sich, die dabei akzentuiert spürbare Gefühlslage und Befindlichkeit der Menschen angemessen aufzunehmen. Wo sich Menschen zu solchen Feiern versammeln, können sie mit ihrer Wahrheit nicht außenvor gelassen werden. Auch kann ihre Befindlichkeit durch zu weitschweifige Rede arg gestört und zugedeckt werden. Wenn darum *Erik Flügge* die Kirchensprache unter die Lupe nimmt und an die Verantwortlichen gerichtet fordert: „Was einzig zählt: Bleibe Mensch im Sprechen“[248], ist dies kein unüberlegter Impuls, müsste aber aufs Exempel durch den Autor selbst in liturgischem Kontext über längere Zeit verifiziert werden. Nun hatte bereits 1991 *Gottfried Bachl* mit seinem Beitrag „Wider die harmlose Redseligkeit“[249] die „Anpassung an den harmlosen Jargon der Zeit“ ebenso angeprangert wie dann auch „schlicht den Augenblick des Wortes, das gesprochen wird“ verteidigt. Dabei nahm er *Romano Guardini* zum Kronzeugen und zitierte: „Das volle Wort ist nicht das gedruckte, sondern das gesprochene. Erst in ihm steht die Wahrheit offen da. Erst das Wort der Menschenstimme hat jene zarte und starke Kraft, welche die Tiefe des Gemütes, den Schoß des Geistes, die Empfänglichkeit des Gewissens anrührt. Das Wort Gottes ist gebaut wie das Sakrament und der Mensch, geistig-leiblich, bestimmt, vom lebendigen Menschen aufgenommen zu werden, ihn zu nähren und als Macht in ihm zu wirken“.

247 Vgl. *Stephan Schmid-Keiser* (2000) 233–234 und *Irmgard Pahl* (1998)

248 *Demont Oliver / Zehner Tobias* (2016) 14 mit bekennendem Abschluss: „Denn ein Großteil von dem, was ich bin und was ich kann, habe ich aus der Kirche“. Vgl. zudem *Flügge Erik* (2016)

249 So mit Thesen zur Sprachkultur in der heutigen Kirche *Gottfried Bachl* (1991) 325–330, Zit. 326 aus *Romano Guardini*: Besinnung auf die Feier der heiligen Messe, Mainz 1949, 36. Nachfolgende Zit. Bachl a. a. O. 326, 328, 330

Eine allein auf die Liebe eingeebnete „Gott-Sprache“ – so Bachl weiter – mache diese „flach und nebensächlich“. Nach wie vor kämen „die Leute in die Kirche und erleben den Gottesdienst mit der Last ihrer Entzweiungen, Feindschaften und Kriege. Dass es dafür wenig sprachliche Ausdrucksmöglichkeiten gibt, gerade im Zentrum des Redens, im Gebet,“ sei ein Defizit. Nüchtern bemerkte Bachl zudem: „Die vollständig durchgeredete Messe ist das Normale. Es scheint manchmal, als werde die Nähe des Mysteriums zur Erlaubnis für eine unaufhaltsame Redseligkeit, als müsste es durch quantitative Häufung bezeugt werden“.

*Ein zweites Fazit*: Dieser Redseligkeit entgegen, kann den *Fürbitten nach der Kommunion* neu eine angemessene Stellung zukommen. Denn nach dem Weg durch die ganze Feier und der von Element zu Element verstärkt mitschwingenden Verknüpfung von Glaubensvollzug, Wort und Ritus öffnet sich gegen Ende eines Gottesdienstes die hier gefeierte Begegnung mit dem göttlichen Geheimnis und die neu gewachsene Gemeinschaft untereinander auf die alltägliche Lebenswelt hin, die durch die Fürbitte der Anwesenden in die Hände der nun spürbar gewordenen sakramentalen Gegenwart des Pascha-Mysteriums gelegt sein will. So genannte Für-uns-Bitten bzw. Wunsch-Programme werden damit von der liturgischen Dynamik her weniger möglich. Ebenso wird auf diesem Weg eine diakonische Steigerung des Rituals erreicht.[250]

Es versteht sich, dass die hier vorgeschlagenen Aktzentsetzungen zum Eröffnungsritus, vorgängiger Einführung bedürfen. Es bräuchte dazu einer kleinen Liturgiereform, im Auftrag der im jeweiligen Kulturraum zuständigen Bischofskonferenzen. Diese müssten Vorarbeiten in den Ortskirchen auf nationaler Ebene veranlassen und dabei die Liturgischen Institute und Schlüsselpersonen aus der Kirchenbasis einbeziehen. Als Folge resultierte eine im Pluralismus der Lebenswelten neue Vielfalt ritueller Formen in der Weltkirche.

250 Vgl. *Barbara Feichtinger* (2017) 608 f. u. 626 f.

## 6.2 Musik im Gottesdienst – eine Spurensuche

Musik im Gottesdienst steht heute vor einer ähnlichen Herausforderung wie das Sprechen *von* und *zu* Gott. Wie dieses hat die Kunst der Kirchenmusik ihren aktuellen Ort im Gottesdienst und realisiert ihre Aufgabe im Gang durch ein Kirchenjahr immer wieder Schritt für Schritt. Zusammen mit den Liturgieverantwortlichen sucht sie den gemeinsam verantworteten Weg. Durch Vorbereitung und Realisierung gerät sie zudem vermehrt in Spannung zu kulturellen Gegebenheiten der Gegenwart, die eine einheitliche Form eines vormals vollkommenen Kirchenmusik-Stils kaum mehr zulassen. Dezidiert meinte in diesem Zusammenhang *Elazar Benyoëtz*, zwar mit Blick auf das Sprechen von Gott: „Ich kann lebendig von Gott sprechen, es ist keine Frage, aber ein musikalisches Problem, das über das Gehör gelöst werden muss, ohne Engel, Chor und Stufengesang. Eine Schar von Scherben, polyphon klingend."[251] Ähnlich steht das Musizieren vor Gott, das auf seine Weise eine Ahnung vom Göttlichen erklingen lässt, vor der Herausforderung, eine unverkennbar musikalische Lebendigkeit inmitten von unterschiedlichsten Ansprüchen einer Gottesdienstfeier nicht zu verlieren. Diesem Anliegen dient hier eine größere Spurensuche über die vielfältigen Wege, auf denen heute im gottesdienstlichen Handeln und Feiern das transzendente Geheimnis Gottes zur Sprache kommt. Die Klangwelten aus Geschichte und Gegenwart erfüllen darin ihre besondere Funktion.

### 6.2.1 Musik im Gottesdienst – vielfältig integriert?

Im Verlauf der letzten Jahrzehnte sind die Stimmen zur prekären Situation der Kirchenmusik kaum verstummt.[252] Umso mehr stehen Seelsorgende und Musizierende vor der Aufgabe, der seit den 1960ern gestiegenen Vielfalt kultureller Ausdrucksformen im Blick auf liturgische Feiern Rechnung zu tragen. Gleichwohl gibt es einige Zurückhaltung gegenüber dem „crossover" unter

251 Zit. bei *Michael Bongardt* (2005/01) 9. Nachfolgende Abschnitte bilden größtenteils meine Vorstudien ab in: *Stephan Schmid-Keiser* (I) (2016) 596–598, (II) a. a. O. 646, 651 (III) (2017), 217 f., (IV) a. a. O. 592–594, (V) a. a. O. 658/663

252 Zur Situation der musikalischen Elemente aktiver Teilnahme 20 Jahre nach dem Konzil vgl. Aktive Teilnahme. Kriterium (1985) Teil I: Musik im Gottesdienst und das Handeln der gottesdienstlichen Versammlung, 382–427 sowie *Stephan Schmid-Keiser* (1987) 103–105

den Musiksprachen, wie verschiedene Positionen zeigen.[253] Die kontrovers geführten Diskussionen tangieren Sprache, Bild und Ton als die tragenden Elemente von Gottesdiensten. Man steht vor etlichen Dilemmas und such Neues und Altes – sei es im Liedgut oder in musikalischen Ausdrucksformen – in ein angemessenes Verhältnis zu bringen. Zudem sucht man nach neuen Profilen für die Interpretation von Musik in der Liturgie.

Wie viel Spielraum dabei dem kulturellen Ausdruck der Lebens- und Glaubenserfahrung gegeben ist, wird zur entscheidenden Frage für Gruppen und Gemeinschaften in den Ortsgemeinden. Sie interpretieren ihre Glaubenspraxis eingebettet in die Interpretation kirchenmusikalischer Werke, deren Spektrum eine „irisierende Vielfalt"[254] zeigt. Zeitgenössische geistliche Musik kommt vermehrt in Konzerten zur Aufführung, bleibt dagegen Randerscheinung in Gottesdiensten. Dort soll Kirchenmusik vorab „anwendungsorientiert „ und theologisch begründet sein.[255] Worauf es dabei ankommt, will hier aus verschiedenen Perspektiven dargelegt sein.

### *Den Glauben musikalisch interpretieren*

Wenn auch Musik „immer viel- und mehrdeutig"[256] ist, sie wird im Gottesdienst einer spezifischen Zielsetzung dienen müssen. Was Kirchenmusik sein kann, hängt damit von ihrer möglichen und begrenzten Integration in gottesdienstliches Handeln und Feiern der Versammelten ab. Denn es ist das spezifische Ziel jeder Gottesdienstmusik, der konkreten Glaubenshaltung musikalisch Ausdruck zu verleihen. Das bedeutet, mit Stimmen und Instrumenten nicht nur Klänge zu erzeugen, sondern durch Interpretieren von Werken aus Geschichte und Gegenwart inhaltlich die Feiern des Glaubens mitzutragen. Ihre Interpretation ist „im Rahmen des sich immer pluralistischer auffächernden Musiklebens" zu sehen, dessen Entwicklungen sich in der Moderne „verlässlicher Prognose" entziehen.[257]

253 Vgl. u. a. *Edmund Arens* (2009) 241 Hinweis auf die „Chichester Psalmen" von Leonard Bernstein, wo der profane Musical-Ton in das „sakrale Gewand hebräischer Psalmen" gehüllt zu einem religiösen Werk wird

254 *Alois Koch* (2009) 405, 398

255 Ders. (2015)

256 Ders. (2009) 405

257 So *Peter Benary* (NLZ 13.08.1994) „Vieles spricht dafür, dass weniger künstlerische Kategorien als ökonomische, kulturpolitische und massenpsychologische Faktoren die Richtung bestimmen." (ebd.)

Denn Musik wird massenmedial vermarktet und in Kirchen und Konzertsälen interpretiert. Dort verlangt der jeweilige Rahmen nach geordnetem Hör-Verhalten. Ungewohnt spontan und zugespitzt charakterisierte der Dirigent *Armin Brunner* die Situation: „Der Konzertsaal ist eine Kathedrale, ein volltabuisierter Raum, in dem das Hochamt strenger geregelt ist als in jedem Mönchsorden."[258] Begegnungen an den Stilgrenzen finden in jüngerer Zeit zwar zu einzelnen Hörgemeinden. Alles in allem aber wird bezogen auf Kirchenmusik im engeren Sinn um die Sicht auf das Wesentliche gestritten. Man ist sich nicht einig darüber, wie weit die Feierkultur in Kirchen durch eine vielseitigere Stilpraxis angereichert und die beiden ‚Seelen' – jene der Gesangs- oder Musik-Sprachen und jene der Glaubens-Sprachen – enger miteinander in Beziehung gelangen können. Genau danach aber verlangte die Interpretation von Musik im Gottesdienst, die nicht einfach mehr als Ausschmückung von liturgischen Ritualen verstanden werden kann.

### Musik und Ritualgeschehen

Nun meinte der Theologe *Florian Schuller* zur Situation der „Ultramoderne": „Der neue Ton klingt so: Es gibt keine letztgültige Wahrheit, vielmehr muss jede Zeit und jeder Mensch die Welt, das Leben, sich selbst immer neu interpretieren, und zwar ausgehend von deren früheren Interpretationen. Während die Moderne also nach vorne, in die Zukunft schaut, entdeckt die Postmoderne das Erbe der Vergangenheit wieder. Alles bleibt Interpretation von Interpretationen."[259] Ebenso wird das „Wort des Glaubens" interpretiert und seine Deutung im Gottesdienst im „Heiligen Spiel"[260] hör- und spürbar vollzogen, wahrnehmbar durch die aktuelle Setzung von Zeichen in Wort, Ton und Bild. Aktuell geschieht dies in der liturgischen Vergegenwärtigung, dem „liturgischen Jetzt", worin sich heiligendes und heilendes Tun durch die „Erinnerung" an die Heilsereignisse rituell erfahren lässt.[261] Die Glaubensrede realisiert sich geradezu rituell und begleitet das ganze Geschehen in perfor-

258 *Armin Brunner* (TA 29.12.1997). Das Improvisieren interessiert den Schriftsteller und Musiker *Jürg Läderach* (NZZ 19.12.2015) 46

259 *Florian Schuller* (19.01.2006) 22

260 Liturgietheologische Einordnung durch u.a. *Albert Gerhards* in: *Musik im Raum der Kirche* (2007) 56f.

261 Zur Verknüpfung neuer Rituale mit traditionellen Liturgien vgl. Analysen von *Dietrich Wiederkehr* (1997) 181–204 mit der Kernaussage, dass es zur Verlebendigung der „alten" Sakramente, die in ihrer überstarken Ver-"Formung" zu erstarren drohen, mehr

mativen Äußerungen analog zum „gemeinsamen Musizieren"[262], wie *Sybille Krämer* treffend bemerkt. *Krämer* gelangt aus sprachphilosophischer Sicht zu einer in unseren Augen bedeutsamen Grundthese: „Klang und Sinn, Ton und Bedeutung arbeiten simultan in der gesprochenen Sprache", was „nicht nur von poetologischem, sondern auch von kommunikationstheoretischem Gewicht" ist. Darum ist auf die jeder liturgischen Feier inhärente Brücke zu schauen, welche eine Vielfalt von Ausdrucksformen in Sprache, Ton und Bild verbindet. Zu entdecken wären Sprache und deren „Stimmlichkeit" dort, wo Musik mit dem Ritual-Geschehen eines Gottesdienstes in Verbindung tritt – am Ort, wo liturgische Sprache den Glauben ausdrückt und geradezu pointiert nach Äußerung in Gesang und Musik verlangt. Zu denken gibt dabei, dass die lehramtlich leitende Theologie als Rede vom Glauben nach einer Musik verlangt, „deren Absicht die klangliche Vergegenwärtigung der Offenbarung ist".[263] Das theologische Interesse an Musik wäre jedoch näher an die vielfältigen urmenschlichen Formen des Singens und Musizierens zu rücken. Sie bleiben die ursprünglichen Elemente, die den Glaubensweisen in Geschichte und Gegenwart und der konkreten Lebenserfahrung Ausdruck geben können. Musik müsste dabei nicht zum „Vehikel" „ohne Anspruch auf Eigenwertigkeit" werden und wäre – statt wie in jüngerer Zeit resignativ taxiert zu werden – konstruktiv als authentisches Zeichen vielfältiger Glaubensäußerungen zu betrachten.[264]

Jenseits der angesprochenen Spannungen geht die Suche nach Öffnung zur Vielfalt an Musikstilen in der Praxis des Gottesdienstes mit Menschen unterschiedlichsten Alters und Herkunft weiter. Dies veranlasst zur vertieften Reflexion über Ideale, Praxen und Möglichkeiten musikalischer Umsetzung in gottesdienstlichen Feiern. Der Bedarf nach Integration neuer Musikstile und -formen bei der Feier christlichen Glaubens ist nämlich nicht vernachlässigbar, wenn sich auch päpstliche Sichtweisen dazu mehr oder weniger kritisch äußern.

umfassende „liturgische Bildung", theologisch-spirituelle Zugänge zur Liturgie und ihre generelle Ausrichtung auf ein „Miteinander-Feiern" brauche.

262 Vgl. *Sybille Krämer* (2002) 338 f.

263 *Alois Koch* (2009) 400 zit. Joseph Ratzinger: Der Geist der Liturgie, Freiburg i. Br. 2000

264 *Alois Koch* (22.10.2008) anl. Kirchenmusikkongress in Stuttgart: Es sei das „Verhältnis zwischen Kirche und Kunst nicht geklärt", „die musikalische Liturgiefähigkeit des Menschen „ stehe „zur Diskussion „, Kirchenmusik werde „marginalisiert" und auch der Liturgie eigne in der Gesellschaft eine Randstellung.

### 6.2.2 Zwei Päpste zur Kirchenmusik

Auf der Ebene der römisch-katholischen Weltkirche haben zwei Päpste aus dem europäischen Kulturraum ihre persönlichen Standpunkte markiert. Sie ließen meines Erachtens die erforderliche Öffnung auf die Vielfalt von Gesellschaften und Kulturen vermissen. Darum hier ihre Ausführungen, die nicht deckungsgleich sind und sich nur wenig in Verbindung zu gegenwärtigen Hör- und Feier-Gewohnheiten bringen lassen.

Einerseits gab *Johannes Paul II.* in seinem Lehrschreiben *„Ecclesia de Eucharistia"* einer betont überzeitlichen Kultur-Vorstellung mit folgender Beschreibung den Vorzug: „Ganz in diesem erhabenen Sinn des Mysteriums versteht man, wie der Glaube der Kirche an das eucharistische Geheimnis in der Geschichte nicht nur durch den Anspruch einer inneren Haltung der Verehrung zum Ausdruck gekommen ist, sondern auch durch eine Reihe äußerer Ausdrucksformen, um die Größe des gefeierten Ereignisses herauszustellen und zu unterstreichen. Daraus entsteht eine Entwicklung, die Schritt für Schritt dazu geführt hat, ein spezielles Regelwerk für die eucharistische Liturgie zu umreißen, unter Achtung der verschiedenen legitimerweise bestehenden kirchlichen Traditionen.

Auf dieser Basis hat sich auch ein reiches künstlerisches Erbe entwickelt. Die Architektur, die Bildhauerei, die Malerei, die Musik haben sich am christlichen Mysterium ausgerichtet und haben in der Eucharistie direkt oder indirekt ein Motiv großer Inspiration gefunden. So war es zum Beispiel für die Architektur, die den Übergang von den anfänglichen Orten der Eucharistie, die sich in den Häusern ... christlicher Familien befanden, zu den stattlichen Basiliken der ersten Jahrhunderte sah (...), zu den imposanten Kathedralen des Mittelalters bis zu den großen oder kleinen Kirchen, die nach und nach die vom Christentum erreichten Landstriche übersät haben. Die Formen der Altäre und der Tabernakel haben sich in der Weite der liturgischen Räume fortentwickelt, wobei sie nicht nur jedes Mal künstlerischen Eingebungen, sondern auch den Vorgaben eines genauen Verstehens des Mysteriums gefolgt sind. Dasselbe kann über die sakrale Musik gesagt werden: es genügt, an die inspirierten gregorianischen Melodien und an die vielen und oft großen Komponisten, die sich von den liturgischen Texten der heiligen Messe herausfordern ließen, zu erinnern. Und offenbart sich etwa nicht im Bereich der Geräte und Paramente, die für die Eucharistiefeier verwendet werden, eine enorme Zahl an künstlerischen Werken, angefangen bei den Arbeiten eines guten Handwerkers bis hin zu wahren Kunstwerken? Man kann also sagen, dass die Eucharistie, so wie sie der Kirche und der Frömmigkeit eine

Form gab, auch die ‚Kultur' besonders auf ästhetischem Gebiet stark geprägt hat."[265]

Anderseits umschrieb *Benedikt XVI.* die Musikstile der Jetzt-Zeit: „Es gibt Agitationsmusik, die den Menschen für verschiedene kollektive Zwecksetzungen animiert. Es gibt sinnliche Musik, die den Menschen ins Erotische einfärbt oder auf andere Weise wesentlich auf sinnliche Lustgefühle ausgeht. Es gibt bloße Unterhaltungsmusik, die nichts aussagen, sondern eigentlich nur die Last der Stille aufbrechen will. Es gibt rationalistische Musik, in der die Töne nur rationalen Konstruktionen dienen, aber keine wirkliche Durchdringung von Geist und Sinnen erfolgt. Manche dürre Katechismuslieder, manche in Kommissionen konstruierte moderne Gesänge müsste man wohl hier einreihen. Die Musik, die dem Gottesdienst des Menschgewordenen und am Kreuz Erhöhten entspricht, lebt aus einer anderen, größeren und weiter gespannten Synthese von Geist, Intuition und sinnenhaftem Klang. Man kann sagen, dass die abendländische Musik vom Gregorianischen Choral über die Musik der Kathedralen und die große Polyphonie, über die Musik der Renaissance und des Barock bis hin zu Bruckner und darüber hinaus aus dem inneren Reichtum dieser Synthese kommt und sie in einer Fülle von Möglichkeiten entfaltet hat. Es gibt dieses Große nur hier, weil es allein aus dem anthropologischen Grund wachsen konnte, der Geistiges und Profanes in einer letzten menschlichen Einheit verband. Sie löst sich auf in dem Maß, in dem diese Anthropologie entschwindet. Die Größe dieser Musik ist für mich die unmittelbarste und evidenteste Verifikation des christlichen Menschenbildes und des christlichen Erlösungsglaubens, die uns die Geschichte anbietet. Wer wirklich von ihr getroffen wird, weiß irgendwie vom Innersten her, dass der Glaube wahr ist, auch wenn er noch viele Schritte braucht, um diese Einsicht mit Verstand und Willen nachzuvollziehen."[266]

### Öffnung zu neuen Musikstilen?

Die Schau *Joseph Ratzingers* irritiert nun dort, wo sie einzig auf die europäische Musiktradition fokussiert und diese – in betont persönlicher Deutung –

265 Enzyklika *Ecclesia de Eucharistia* (2003) Nr. 49

266 Vgl. zum „Wahrheitsbeweis" *Jan-Heiner Tück* (NZZ 11.07.2015) mit Bezug auf Joseph Ratzinger in: JRGS 11, 542f. Vgl. *Othmar Frei* (2005) 441f. Im Blick auf den „Klangkörper Religion" meinen *Hans-Martin Gutmann, Harald Schroeter-Wittke*: „Soziologisch wäre (...) zu fragen, inwiefern den westlichen Musikparadigmen eine imperialistische Tendenz eignet", dies. in: (2005/3) 119

gar als „Wahrheitsbeweis des Christentums" taxiert. So fragt sich, ob nicht auch im musikalischen Ausdruck einer Jazz-Combo, die den Gospel-Gesang unterstützt, christlicher Glaube dokumentiert sein kann. Wo in dieser Weise prinzipiell von der Musik, die dem Gottesdienst entspricht, gesagt wird, sie lebe „aus einer anderen, größeren und weiter gespannten Synthese von Geist, Intuition und sinnenhaftem Klang", muss die Rückfrage berechtigt sein: Ist eine Synthese von Geist, Intuition und Klang nicht auch anderen als der dominant „abendländischen Kultur" möglich? Interkultureller Austausch setzt auf andere Vorzeichen als die von *Joseph Ratzinger* genannten. Er wertet weniger ab und relativiert eurozentrische Einstellungen. Die persönlichen Vorlieben eines Kirchenleiters sind zwar legitim, doch dort ausgrenzend, wo Menschen die Ideal-Vorstellung europäischer Kultur-Musik nicht zugänglich sind. Unser Weg muss angesichts einer heterogenen Gesellschaft und zunehmender Durchmischung christlicher Gemeinden ein anderer sein. Ein nächster Blick gilt darum Erwartungen und Einstellungen im konkret erlebten Gottesdienst.

### 6.2.3 Empirische Befunde zur Gottesdienstmusik

Gottesdienste werden in der Regel musikalisch mitgestaltet. Die Erwartungen gegenüber dieser Gestaltung wurden in jüngerer Zeit empirisch erforscht.[267] Die Ergebnisse verdeutlichen die Vielfalt an Einstellungen und die Notwendigkeit frühzeitiger Absprachen unter allen, die an Gottesdiensten mitwirken. So kam 2003 eine Umfrage in Wien zum Ergebnis, dass traditionelle und neuere Musik in Gemeinden unterschiedlich bewertet werden.[268] Nur am Rand erfasst werden konnten Jugendliche und unter 52-jährige. Die Untersuchung unterschied vier Gruppen. In Sachen Musik und Formen des Gottesdienstes, modernen liturgischen Gebeten und Gestaltung waren die *Positiv Gemeinde-Nahen* sowohl aufgeschlossen wie tolerant, aber zurückhaltend mit grundsätzlichen Änderungen. Die *Kritisch Gemeinde-Nahen* waren traditionellen Formen abgeneigt, neuere Lieder wurden gewünscht, älteres Liedgut weitgehend abgelehnt. Die *Positiv Suchenden* schätzten dagegen

267 Vgl. anders *Stefan Klöckner* (o. J.), dessen Übersicht zur Musik in der Kirche in Deutschland mehr auflistet als die Wahrnehmung von Gottesdiensten durch empirische Befunde erhärtet

268 *Sieghard Gall* (2005) 161–172. Hier stichwortartig. Weiterführend betr. Predigtrezeption *Schwier, Helmut & Gall, Sieghard* (Hg.) (2008) und im konfessionellen Vergleich der Predigtrezeption *Gall, Sieghart & Schwier, Helmut* (2013)

Traditionelles, Feierliches. Älteres Liedgut stand bei ihnen vor modernen Liedern. Aufgeschlossen für Neueres lehnten sie jedoch die grundsätzliche Neugestaltung des Gottesdienstes ab. Die *Kritisch Nüchternen* waren eher Neuerem zugewandt, was auch für Gottesdienst-Formen galt: Traditionelles, Feierliches wurde hier weniger geschätzt.

### Große Spannbreite an Erwartungen

Unter den Befragten wurde Musik im Gottesdienst übereinstimmend als wichtig benannt. Sie habe aber in der Praxis nicht die ihr zugedachte Rolle. Für die *Kritischen*, *Gemeinde-Nahen* und *Nüchternen* sei die aktuelle Rolle der Musik im Gottesdienst nicht angemessen. Was traditionelles und neueres Liedgut betrifft, seien die Vorstellungen unterschiedlich, das neuere Liedgut seitens der *Gemeinde-Nahen* klar priorisiert. Vorgeschlagen wurde, der Polarisierung zu begegnen durch Hinführen in Text und Musik sowie die Weckung des Verständnisses für Liturgie und Kirchenjahr. Nötig seien wechselseitige Toleranz und allgemein die Pflege der Gemeinschaft. Jahre später lautet nach einer erneuten Umfrage die Bilanz: „Der Musik im Gottesdienst wird in allen Gesprächen ein hoher Stellenwert eingeräumt, da sie für das emotionale Erleben zentral sei. Das zeigt sich auch in der geübten breiten Ausdifferenzierung musikalischer Möglichkeiten: ‚Für jeden' sollte etwas dabei sein." Dagegen bleibe die „Frage nach dem Verständnis von ‚aktiv' und der ‚participatio actuosa' als geistliche Anteilnahme" 50 Jahre nach dem Konzil offen. Ernüchternd gar die Feststellung: „Das Mitsingen und Mitbeten wird nicht als Form einer aktiven Teilnahme wahrgenommen".[269] Ob wir damit endgültig vor einem Dilemma stehen, nachdem der jüngsten Liturgiereform das Leitwort aktiver Teilnahme als Feierkriterium mit auf den Weg gegeben wurde, sowie in der Folge dem musikalischen Part in den Feiern des Glaubens ein neuer Stellenwert zukommt?

### Im Blick einer Typologie der Religiosität

Die große Spannweite an Erwartungen unter Teilnehmer*innen von Gottesdiensten zeigt die markant unterschiedliche Nähe zur konkreten musikalischen Gestalt der jeweiligen Feiern. Diese kann nun durch die Brille einer

269 Siehe Befunde in der Broschüre *Umfrage Gottesdienst* (2015) 32, 29

Religiositäts-Typologie betrachtet werden. Mit *Jochen Kaiser* lassen sich zwölf solcher Typen herausschälen.[270] Sie könnten – dies als Vorschlag – mittels eines Fragerasters unter ausgewählten Gruppen einer Seelsorgeregion vor Ort ausfindig gemacht werden. Zu fragen wäre danach, welche musikalische Gestaltung *bisher* welches religiöse Gefühl vermitteln konnte und was *künftig* mehr erwartet wird.

Aufzulisten wären – hier als konkrete Stichworte: Die Stützung allgemeiner ‚Sehnsucht', des ‚Gemeinschaftsgefühls', eines ‚Entgrenzungsgefühls' durch weniger Singen oder eher ‚ausgeglichene Ruhe' mit Taizé-Gesang? ‚Innerliches Berührtsein' durch Musik ohne Worte oder mehr körperbetontes Musizieren als ‚Ausdruck von religiöser Freude'? Oder gar ‚Schauer', Gänsehaut, Erschütterung, Ehrfurcht, Tränen' und ‚Flow- od. Flash-Erlebnisse'? Nicht zuletzt ‚Dankbarkeit', ‚Zufriedenheit', ‚Religiöser Zuspruch, Segen', Spendung von ‚Trost, Zuversicht, Kraft'? Der Versuch einer Umfrage in größeren und kleineren Seelsorgeregionen ist es wert – mitsamt einer Auswertung und Neupositionierung kirchenmusikalischer Praxis. Man scheue dabei die Diskussion um die Trivialisierung der Klangwelten in Gottesdiensten nicht und suche dennoch nach einem praktikablen Konsens.

### *Populäre Kultur nicht ausklammern*

Dahingehend hat sich *J. Kaiser* bereits der bekannten Kritik am Trivialen in der Gottesdienstmusik gestellt.[271] Die Lebensweisen seien wesentlich gemischter, sodass *Gerhard Schulzes* Schemata der *Hochkultur*, des *Trivialen* und der *Spannung* sich in der Gesellschaft stark überlappen. Der Wert von Gemeinschaft sei für das Trivialschema zentral. Er spiele eine wichtige Rolle in der Populärkultur, die weite Teile der Gesellschaft erreiche. Vieles spreche dafür, dass die populäre Kultur an die Stelle der trivialen getreten sei. Wird man diese Strömungen in die Feiern des Glaubens aufnehmen, wird man auch die alltagsästhetische Ausdruckswelt stärker wahrnehmen. Aufhorchen lässt das Fazit, das *J. Kaiser* zieht. Denn je nach Situation und Stimmung, die der Rezipient bestimme, können die gleichen Werke einfach als Unterhaltung oder zur reflexiven Kontemplation genutzt werden. Beides könne sich auch unauflöslich verbinden. Das ist auch meine Erfahrung in der kirchenmusikalischen Praxis, sodass ich der Zuspitzung durch *J. Kaiser* zustim-

270 *Jochen Kaiser* (2012) 310–316
271 *Jochen Kaiser* (2014) 227–240

me: „Das aktuelle Erleben ist nicht alles, aber ohne Erleben ist Alles nichts." Selbstredend bleibt es damit anspruchsvoll, alle unterschiedliche Interessen zusammenzuführen.

### Einfachheit und Klang aus der Jetzt-Zeit

Man muss feststellen, dass in Gottesdiensten heute nicht der Klang des allgemeinen musikalischen Mainstreams zu hören ist. „Musik per Klick" ist im Alltag als Berieselung omnipräsent.[272] Ihr steht der Anspruch entgegen, Musik aus zeitgenössischem Spektrum im Gottesdienst nicht trivial zu vermitteln. Nicht von ungefähr meinte ein von der Klassik her geprägter Cellist zu seinen Grenzgängen: „In der hektischen Zeit von heute suchen die Leute im Konzert wohl eher eine neue Einfachheit. Etwas, das sie berührt, nicht trivial ist und sie aber nicht überfordert. Die Besucher wollen ein wenig Klassik mit Orchester, und die Filmmusik ermöglicht, dass sie es verstehen können. Wir geben noch eine gute Portion Rockmusik dazu, weil uns eben auch Rockmusik gut gefällt (lacht)."[273] Diese Einschätzung wirft Fragen auf: Einfachheit, im Klang wie Filmmusik, nicht als biedere Anpassung an den Geschmack der Leute, nicht „trivial" in der Bedeutung von gewöhnlich und allen zugänglich, bekannt und verständlich? Sind damit der Vielfalt an musikalischem Ausdruck in liturgischer Praxis nicht enge Grenzen gesetzt?

Kritisch nahm zum Beispiel *Alois Koch* die kirchenmusikalische Befindlichkeit unter die Lupe und betonte die „Diskrepanz zwischen pastoralen und theologischen Anliegen". Trivialismus unterschiedlichster Art säkularisiere immer wieder die Kirchenmusik: „Populärer Trivialismus, wo soziologisch gesteuertes Marketingdenken dominiert, banaler Trivialismus, wo dem Irrationalen künstlerischer Kommunikabilität misstraut wird, funktionaler Trivialismus, wo die participatio actuosa allzu vordergründig verstanden wird, historistischer Trivialismus, wo die Pflege des Schatzes der Kirchenmusik auf das bloß Kulturelle reduziert wird, autistischer Trivialismus, wo unkritischer Emotionalismus mit innerer Bewegtheit verwechselt wird, und manieristischer Trivialismus, wo egozentrische Ansprüche Kommunikabilität

272 vgl. u. a. *Peter Androsch / Reinhard Kern* (2016) 227–236

273 Der Grenzgang der *Mozart Heroes* spiegelt sich im Interview mit Phil Scherrer (Gitarre) und Chris Krebs (Cello), in: NLZ 14.10.2015, 9. Konzerte an Stilgrenzen mutieren zu Musikgottesdiensten, vgl. Konzertbericht über die „musikalische Weltvereinigung im Zeichen des Klezmer" von *Gerda Neunhoefer*: Sogar Bond schlich sich in die Gebete ein, in: NLZ 23.02.2016, 7

tatsächlich verunmöglichen." Diese Säkularisierung habe das Konzil nicht beabsichtigt, sei aber Folge eines anders verstandenen, weil „individuell vereinnahmenden, oft auch anmaßend interpretierten aggiornamento".[274] Zunehmend präge Trivialmusik die liturgische Praxis. Damit sei die Kirchenmusik von einer Säkularisierung gekennzeichnet, welche die Fragestellung nach jeglichem Sakralitätsbegriff historisch oder musikimmanent relativiere. Folgt man dieser eher pessimistischen Beurteilung, wird Musik im Gottesdienst noch risikoreicher und die Vielfalt von Ausdrucksmöglichkeiten aus dem konkreten Umfeld gerät leider kaum in den Blick. Angesichts dieser hochsensiblen Gemengelage erstaunen weitere Ergebnisse empirischer Untersuchungen nicht. Sie müssten Anlass zum Weiterdenken geben und eine neue Praxis würde, musikhistorisch betrachtet, immer auch zum Wagnis.

### *Wahrnehmungen zu und Erwartungen an evangelische Gottesdienste*

Gottesdienste werden unterschiedlich erlebt.[275] Eine Forscherin etwa kommt zur Feststellung: „Offensichtlich provoziert (ebenso wie bei der Liturgie) das Sprechen über Musik im Gottesdienst immer auch eine Selbstverortung im Spektrum der Musikstile." Für die Befragten vermittelt Musik Emotionen, öffnet Herz und Seele, dient der Verkündigung, erzeugt Geborgenheit und Freude, ist ein Gemeinschaftserlebnis, ist Trägerin inhaltlicher Aussagen. Die musikalischen Vorlieben divergieren je nach „Milieu- und Generationenabhängigkeit". Den einen ist traditionelles Liedgut mit der interessanten Harmonik, klassische Musik als ästhetischer Genuss, klassisches Liedgut als bekannte und vertraute Größe wichtig. Die Formulierung „Das ist mein Besitz" markiert die subjektiv hohe Bedeutung. Auf der anderen Seite gilt der Vorzug modernen Liedern, welche als „Entsprechung des Eigenen" gelten, abwechslungsreich und lebendig sowie fröhlich seien. Sie beinhalten für Einzelne in wesentlich höherem Maße „Lebensfreude" als die älteren Kirchenlieder. Weniger gewünscht wird lautes und dominantes Orgelspiel beim Begleiten des Gemeindegesanges, dafür besser Untermalung mit Klavier oder Gitarre. Die Bevorzugung traditioneller Lieder geht einher mit Öffnung für neue wie auch die Offenheit für unterschiedliche musikalische Richtungen. Im Quer-

274 *Alois Koch* in: *Martin Hobi* (Hg.) (2007) 260

275 Vgl. folg. *Uta Pohl-Patalong* (2011) 116–131: 3.1.4 Musikalische Gestaltung, 117, 125 ff.

vergleich mit der Wiener-Umfrage ist bemerkenswert, dass sich ein stärkeres Hinschauen auf die unterschiedliche Nähe von Mitfeiernden zur konkreten Gestalt einer Gottesdienstfeier aufdrängt. Der Herausforderung haben sich Pastoralverantwortliche ebenso zu stellen wie Verantwortliche für die Musik im Gottesdienst. Warum nicht mit einer, wie eben erwähnt, breiteren Umfrage in Seelsorgeregionen?

### *Ein katholischer Blick auf Christmetten*

Die Vielschichtigkeit der Aufgabe zeigt sich ebenfalls aus dem Blickwinkel der Liturgiewissenschaft. In theologischer Absicht reflektierte zum Beispiel *Martin Klöckener* an drei musikalischen Inszenierungen der Christmette die Beziehungen zwischen Liturgie und Kultur und äußerte die Hoffnung, dass „die Kinder, Jugendlichen und Erwachsenen der nächsten Generation ihre Christmette vielleicht theologisch adäquater, kulturell angemessener und immer noch menschengerecht feiern werden".[276] Tatsächlich zeigt sich hier ein Dilemma: Kulturtragende Kräfte, wie es Musizierende im Gottesdienst ihrem Selbstverständnis nach sein wollen, stehen unterschiedlichsten Ansprüchen gegenüber. In Zusammenarbeit mit Verantwortlichen für die konkrete Feierform haben sie den Auftrag, Musik als integrierten Bestandteil im Gottesdienst zu realisieren, gestützt auf das „theologisch legitimierte, hohe Gut der vollen, bewussten und tätigen Teilnahme aller Gläubigen an der Liturgie, das ja auch deren ganzheitliches Sicheinbringen verlangt". Da steht Heiligabend unter kulturell besonders hoher Erwartung, und die Einschränkung auf bestimmte Stilideale in Gottesdiensten konkurrenziert an Feiertagen besonders mit den kulturellen Milieus der Gegenwart. Das nüchterne Fazit über die geschilderten Christmetten zeugt darum von großer Ratlosigkeit: „So sehr sich die Träger und ein erheblicher Teil der Mitfeiernden mit dem jeweiligen Musikschaffen identifizierten und manche von ihnen dezidiert deswegen zu der einen oder anderen Christmette kamen, entsprach keine der drei musikalischen Inszenierungen dem, was Musik im Gottesdienst heute zu leisten hat." Ein perfektes Dilemma? Oder ein Unvermögen zu situationsgerechter Einschätzung im Kontext von Weihnachten, wo aus seelsorgerischer Sicht gesagt werden muss, dass sich dann wie kaum unter dem Kirchenjahr eine kulturell hochdurchmischte Schar von Menschengruppen in die Kirchenräume begibt? Die Anerkennung stilistischer Vielfalt scheint ausgeschlossen.

276 *Martin Klöckener* in: *Martin Hobi* (Hg.) (2007) 225, 211, 212, 214

Die Praxis verlangt weiterhin danach, rechtzeitig auszuhandeln, wie Musik sinnvoll und in ihrer ganzen Vielfalt von populärer bis zu klassischer Musik in die Feier des Glaubens nicht allein in der Weihnachtsnacht integriert werden kann. Leitende Gedanken dazu wurden länger schon vorgelegt, wie der nächste Abschnitt zeigt.

### 6.2.4 Stilistische Vielfalt der Musik im Gottesdienst

Aus grenzüberschreitender Zusammenarbeit entstanden ab 1980 die Dokumente von Universa Laus (UL). Sie widerspiegelten den weiten Blick auf das kulturell unterschiedliche Umfeld und zeigten keine resignative Tendenz, denn sie werteten jede Musikkultur grundsätzlich neu.[277] Kein Musikstil wurde absolut gesetzt und gleichzeitig der „Einpassung“ musikalischer Formen und Inhalte das Wort geredet, die der jeweiligen liturgischen Funktion angemessen sind. Um Musik für alle ging es ebenso wie um angemessene Integration von Instrumenten. Zudem wurde sichtbar, dass musikalische Mitwirkung im Gottesdienst ins Gesamt der liturgischen Symbol-Aktivität[278] eingebettet sein muss und auf die liturgische Atmosphäre entscheidenden Einfluss hat.

#### *Aus den Dokumenten von Universa Laus*

Die gottesdienstliche Musik der Christen in den verschiedenen Kulturen beschrieb UL 2 und hob hervor: „Die gottesdienstliche Musik beruht auf Auswahl und Umgestaltung von Musik verschiedener Kulturen. (2.5) Nicht alle Musizierformen in einer bestimmten Kultur sind in gleicher Weise für die Liturgie geeignet oder direkt verwendbar. Solche Einschränkungen betreffen nicht nur außerreligiöse oder nichtchristliche Musizierformen, sondern ebenso, je nach Zeit und Ort, christliche Sakralmusik vergangener Epochen

277 Vgl. *Die Musik in den christlichen Liturgien* (1980) (Revidierter Text 2006). UL umschrieb in „Dokument II: Die Musik in christlichen Liturgien“ eingehend das Hören, Singen und Feiern. Zur Geschichte der „Universa Laus“ vgl. *Enrico Morresi* (2016) 273–286 und *Rudolf Pacik* in: *Martin Hobi* (Hg.) (2007) 27–52. Anm. 74, 85 verweisen auf akzentuierte Aufnahme des UL-Dokumentes in Frankreich und Italien.

278 Weiterhin bemerkenswert *C. G. Kok* (1980) Deutsche Übersetzung längerer Passagen in: Aktive Teilnahme. Kriterium (1985) Teil I 363–382; betr. „symbolischem Handeln“ ebd. 479–520

oder anderer Kulturen. (2.6) Andererseits kann die Liturgie Musizierformen aufgreifen oder erforderlich machen, die in der musikalischen Umwelt unbekannt sind oder vernachlässigt werden. (2.7)"

UL 4 nahm die Musik für alle in den Blick und erklärte: „Überall dort, wo noch eine traditionelle Musikkultur gepflegt wird, lässt sie sich leicht für allgemein zugängliche wie für anspruchsvollere gottesdienstliche Musizierweisen nützen. Dagegen wird in Mischkulturen und bei kulturellen Gegensätzen heute ein gewisser Pluralismus erforderlich sein, damit nicht einzelne soziale Schichten oder Gruppen zum Nachteil anderer bevorzugt werden. (4.4)" Dazu tragen Musik und Instrumente nach UL 6 wesentliche Aspekte zur Feier bei: „In den meisten Kulturen werden beim solistischen und beim gemeinsamen Singen Instrumente begleitend oder umspielend einbezogen. Sie heben den Rhythmus, die Melodie, den Klang, die Worte hervor; sie tragen zum Zusammenhalt des Ganzen bei und prägen seinen Sinngehalt. (6.3) Zum gemeinsamen Musizieren gehört, dass jeder Ausführende das Tun aller mitträgt, so gut er es vermag. Auch ist es schwer vorstellbar, dass Instrumentalisten nur einen technischen Beitrag zum Gottesdienst leisten, ohne sich in die glaubende und feiernde Gemeinde einzubringen. Ebenso werden Komponisten ... den Bedürfnissen der Gemeinden, für die sie schreiben, besser dienen, wenn sie, das Wort hörend und darauf antwortend, an ihren Gottesdiensten teilnehmen; so empfinden sie selbst, wie die Gemeinde ihren Glauben am besten zum Ausdruck bringen könnte. (6.5)"

Für UL 10 gilt Musik als Kennzeichen des neuen Menschen: „Die Anforderungen an die Musik des christlichen Gottesdienstes ergeben sich aus deren Ziel: den durch den auferstandenen Christus erneuerten Menschen zu bekunden und zu verwirklichen. Ihre Wahrhaftigkeit, ihr Wert, ihre gnadenhafte Wirkung bemessen sich nicht allein nach ihrer Fähigkeit, die tätige Teilnahme zu wecken, auch nicht nach ihrer ästhetisch-kulturellen Bedeutung, dem Alter ihres kirchlichen Gebrauchs oder ihrer Volkstümlichkeit, sondern danach, ob sie den Gläubigen ermöglicht, das Kyrie eleison der Unterdrückten zu rufen, das Halleluja der Erlösten zu singen, das Maranatha der Gläubigen in der Hoffnung auf das kommende Reich wachzuhalten. (10.1) Alle vom Menschen geschaffene Musik kann dem christlichen Gottesdienst dienen, sofern der Mensch sich durch sie nicht abkapselt und keine Selbstdarstellung betreibt, sondern für die Verheißung des Evangeliums geöffnet wird. (10.2) Manche Kulturen haben seit Jahrhunderten in unzähligen Formen das „neue Lied" zu singen begonnen, von dem die Psalmen und die Offenbarung des Johannes sprechen. Andere Völker und Kontinente sind gerufen, auch ihre Kunst in den Dienst dieses Lobpreises zu stellen. Aber viele Stimmen fehlen bisher im Chor der 144 000 Erwählten, denn noch immer gibt es Menschen, die keine Stimme für den Gesang des neuen Liedes haben: nicht nur dort, wo das Evangelium noch nicht verkündet worden ist, sondern auch dort, wo es noch nicht den ganzen Menschen und seine Kultur durchdrungen hat, und dort, wo es, seit langer Zeit eingewurzelt, eine sich gänzlich wandelnde Welt von Neuem inspirieren muss, damit der allumfassende Lobgesang anbreche, die universa laus. (10.3)“

### *Im Kontrast zur Stil-Uniformität*

Die Vereinigung Universa-Laus markierte kulturelle Offenheit im Kontrast zur Stil-Uniformität europäischer Prägung in Musikkultur der Kirchen. Mit ihrem ersten Dokument öffnete sich der Blick in der Weltkirche vermehrt auf andere Kulturen. So hatte 1979 die 3. Generalversammlung des lateinamerikanischen Episkopates in Puebla gestützt auf Paul VI. und sein apostolisches Schreiben über die *„Evangelisierung der Welt von heute“* die reale Lebenswelt zum Thema, in welcher die Armen Lateinamerikas stehen. Die Bischöfe verdeutlichten die kulturelle und religiöse Situation, in welcher die weniger Begüterten dieser Erde leben. Man sah die Armen nicht bloß als „Adressaten der Evangelisierung“. Mit ihrem eigenen „evangelisatorischen Potential“ seien sie aufgerufen, „auch von ihrer Armut zu geben“. Sie begannen „konkrete Gesichter zu bekommen“. Die Rede war von „Indios, Afroamerikanern (…), ‚in denen das Leidensantlitz Christi‘ erkannt werden kann“.[279] Ihre Rhythmen und Ausdrucksweisen musikalischer Volkskultur wurden zur Bereicherung wachsender Begegnung zwischen Nord und Süd. Ähnliches ließe sich von der Begegnung mit Afrika und Asien sagen. Dies nicht zuletzt aufgrund der letzten Liturgiereform, wo generell der einheimischen Kulturwelt im gottesdienstlichen Geschehen mehr Platz eingeräumt wurde. Die vielfältige Ausgestaltung der Tonsprachen, der Stile und Stimmen zeigte das Potenzial, um aus der „europäischen Gefangenschaft der Kirchenmusik“ zu führen.[280]

279 Vgl. *Giancarlo Collet* (30.07.2015) Vgl. bereits ders. (2009) 57–60
280 Vgl. *Martin Heider* in: *Musik im Raum der Kirche* (2007) 544–556

## Anspruchsvolle Aufgabe für alle Beteiligten

Die Erweiterung der Musikstile in Gottesdiensten bleibt anspruchsvoll. Kommt dazu, dass liturgische Fragen mit Anfragen an Formen des Glaubens verknüpft sind, der individuell und kollektiv verstärkt von Suchbewegungen geprägt ist.[281] In dieser Situation erhält die Musik als Sprache für „das Unsagbare" ihre Rolle vermehrt dort, wo sie der provozierend-erschütternden Dimension von Gottes „fremdem" Wort ihre eigene Tonsprache leihen kann. Weil dieses „fremde" Wort in vorab befreiender Art wirken will, wird auch der Musik ein prophetischer Charakter eingeschrieben sein. Musik im Gottesdienst braucht darum die Konkurrenz zu Werken nicht zu scheuen, die sich – wenn auch auf agnostischem Hintergrund – der Inhalte und Formen christlicher Überlieferungen bedienen.[282] So gesehen ist eine größere Vielfalt von Musikstilen im Dienst der Verkündigung und Seelsorge im Rahmen der Großkirchen verstärkt zu kultivieren, ohne zu vergessen, dass beim Feiern des Glaubens auch die Stille und gesammeltes Schweigen ihre wichtige Rolle spielen. Mehr Spielraum gewinnen kann auch die Entfaltung von kleineren Formaten. Die Improvisationspraxis mit Instrumenten wie Panflöte, Okarina, afrikanischem Xylofon oder indonesischem Daumenklavier hat mich zur Überzeugung gebracht, dass zumindest für Feiern in kleineren Gruppen ohne Orgelmusik und liturgischem Chor- und Sprechgesang Alternativen bestehen. Zudem erweitert sich durch solches Improvisieren die Klangwelt im Kirchenraum und Menschen aus verschiedensten Musikmilieus erfahren neue Zugänge zur Botschaft. Konkretisiert zeigt sich dies in nicht wenigen Fällen. So führt der frühe Kindstod einen nahen Verwandten der tief trauernden Familie zum Seelsorger. Er werde gerne sein Saxofon für eine Solo-Improvisation zur Trauerfeier bringen. Oder ein Musiker afrikanischer Herkunft hat seine Instrumente mit dabei, wie am Sonntag der Weltmission die Ortsgemeinde den Solidaritäts-Tag feiert. Ein anderes Mal erweist ein Jazz-Ensemble seinem ehemaligen Mitglied die letzte Ehre. Regelmäßig zeigt sich, wie die Erweiterung gängiger Musikstile im gottesdienstlichen Mitwirken angemessene Alternativen ermöglicht.

281 Entschiedenheit im Glauben geht einher mit mündigem Gewissen und Gottglaube mit Suchbewegungen. Dazu vgl. *Eva-Maria Faber* (2015) 191–199

282 *Andreas Marti* (2014) zeigt, wie Hörereignisse Räume überbrücken. Vgl. auch *Susanne Kübler* (TA 04.12.2015) mit Einordnung der „Glagolitischen Messe" von *Leos Janacek* durch *John Eliot Gardiners* Diktum: „Diese Messe braucht keinen liturgischen Rahmen. Sie riecht kein bisschen nach Kirche."

### Historische Veränderungen

Im Umgang mit Neuer Musik, Pop und Jazz im Gottesdienst zeigt sich, ob die Ausrichtung der Botschaft in die Jetzt-Zeit, den vom sozialen Wandel geprägten Menschen und ihren unterschiedlichen Gruppen und Gemeinschaften möglich wird. Praktikable Wege dorthin werden realisiert und diskutiert. Sei es Lied oder Song, die Vielfalt an Stilen will danach befragt sein, was im Gottesdienst wirklich funktioniert. Dass dabei alte Modelle des Einklangs von „Text und Musik" neuen ästhetischen Kriterien weichen müssen, wird mehr als deutlich. Es sind tiefgreifende Veränderungen, die das Singen und Musizieren im Gottesdienst der westeuropäischen Kirchen beeinflussen.[283]

Auf globaler Ebene zeigte eine offizielle Hymne als meditatives Lied zum Heiligen Jahr der Barmherzigkeit mit ihrem Refrain „Misericordes sicut Pater", angelehnt an Psalm 136, wie der musikalische Ausdruck einer Großkirche variantenreich geworden ist. *Martin Hobi* sah in der Hymne keine Konkurrenz zur gewachsenen musikalischen Vielfalt in den Ortskirchen. Sie sei für das Heilige Jahr eine angemessene Wahl, sehr traditionell katholisch, was auch bedeute, dass, wer diese Hymne höre, merkt: „Aha, das ist Musik der Kirche." Und ergänzend die Bemerkung desselben Autors und Praktikers: „Damit wird auch ein Zeichen zur Musikwahl in der Kirche heute gesetzt, wo ja stilistisch fast alles möglich ist."[284]

## 6.2.5 Jazz-affine Musik im Gottesdienst

Bis vor wenigen Jahren fand Jazz-affine Musik nur marginale Akzeptanz neben gewohnten Musikstilen in Kirchen. Im Frühjahr 2019 zeigt die Spurensuche ein buntes Bild. In der Deutschschweiz improvisiert *Peter Roth* mit seinem Jazzquintett im *„Requiem für die Lebenden"*. *Felix Huber* und sein Jazz-Quintett kontrastieren mit Improvisationen die *„Reise ins Innere"*, einer Klang- und Theaterproduktion zu *Silja Walters* lyrischem Bekenntnis „Ich habe den Himmel gegessen". Die säkulare Welt hört eine *„Stimme der Demut"*, welche dem Jazz E-Gitarristen *Theo Kapilidis* gehört. Dieser horche auf seinem neuen Album „To En" in sein Inneres und finde „leise, transzendente Töne".[285]

283 Zu evang. Gottesdiensten seit 1998 vgl. v. a. *Wolfgang Kabus* in: *Wolfgang Kabus / Jochen Arnold* (Hg.) (2012) 143–171

284 *Martin Hobi* Interview M. Spilker (16.08.2015)

285 So *Christoph Merki* (TA 02.05.2019)

Dann realisierte das *Jazztrio Kordes-Tetzlaff-Godejohann* in der reformierten Kirche Buochs/NW die *Easter Suite von Oscar Peterson.* Schließlich fanden in fünf Kirchen der Stadt Bern *Jazz-Vespern* statt, in denen sich im Rahmen der Vesper Poesie-Vortrag, Gesang und Saxophonklänge verbanden.[286] Ob solistisch oder im Verbund mit Chören, die neueren Kulturstimme erweitern den Ausdruck religiöser und spiritueller Sprache in Kirchen-Räumen des alten Kontinents. Im deutschen Sprachraum[287] wird in der Berliner Gedächtniskirche seit einigen Jahren eine Reihe unter dem Motto „In Spirit" durchgeführt. Neben der Initiative „Blue Church" reiht sich *Philip Gerschlauer* in seiner *„Celestial Church Music"* als jüngerer Jazzmusiker ein.[288]

## Bereits eine längere Geschichte

Der zeitgenössische Jazz fand seit den 1960ern mit innovativen Grenzgängern wie dem Perkussionisten *Pierre Favre* (*1937) gelegentlich Eingang in liturgische Zusammenhänge.[289] Komponisten wie *Mani Planzer* (1939–1997), der wie Pierre Favre durch Selbststudium zum Jazz gekommen war, erzielten wenig Breitenwirkung.[290] Um die Jahrtausendwende bekam diese Stilrichtung vermehrten Eingang in Kirchenräume und ihre religiös-spirituelle Dimension erhielt mehr Anerkennung. Jazz als „die Musik des 20. Jahrhunderts" sei zu verstehen als „direkter Ausdruck eines bewussten Glaubens" und hin-

286 www.jazz-vesper.ch

287 Mein Dank an *Bettina Bohle* von http://www.jazzaffine.com/ für die Informationen am 20.04.2017. Darunter https://www.cw-evangelisch.de/blog/23065 u. *Toni Schmidt*: Kirche mit Jazz. Eine Musikrichtung sucht Anschluss in den Kirchen https://www.theologiestudierende.de/2017/04/20/kirche-mit-jazz/

288 Vgl. *Gino Robair* Januar 2019 zu Philip Gerschlauers „Mikrojazz" https://www.keyboardmag.com/artists/philipp-gerschlauers-mikrojazz und http://www.bluechurch.ch/

289 *Pierre Favre* gilt als Pionier im Land der Drummer. Vgl. TA 20.11.2012, 25. Orgelmusik findet sich bei *Johannes Matthias Michel*: Swing & Jazz Orgelbüchlein 1–3 (1997/2003/2009) oder *Jackie M. Rubi-Günthart*: www.musik-guenthart.ch

290 *Mani Planzer*: Verkündigungsspiel (1963) für Kinderchor / Orgel / Kontrabass / Schlagzeug. Adventfeier gestaltet durch Jugendliche, Texte *Mark Meier*; Gott ist der Herr (1964) Kantate für Chor und Jazz-Combo. Wende dich zu mir (Psalm 25, 16–17), 1966 für Jugendchor u. Jazz-Combo (od. Klavier); Jugendmesse 1967 für Chor u. Jazz-Combo, Text: Buschi Luginbühl, Vikar Meier. An der Veranstaltung Cantars 2015 sang am 17.05.2015 der Kirchenchor Ibach in der Klosterkirche Einsiedeln von *Daniel Zehnder (*1966)* die schweizerdeutsche Gospel-Messe „Salz des Lebens" mit Ordinariums-Teilen.

terließ Spuren u. a. mit Werken von Ellington, Schifrin, Coltrane, Garbarek oder auch – die Tradition der Luzerner Osterspiele aufnehmend – im Jahre 2002 das *Avantgarde-Jazztrio Koch-Schütz-Studer* zusammen mit der *„spoken poetry"* von *Christian Uetz* und die von *Peter Schindler* komponierte *„Missa"* aus dem Jahre 2001.[291] Weiträumigen Anklang fand ebenfalls der ökumenische Gottesdienst im Studio des SF vom Sonntag 3. März 2002. Dezent integriert erklangen eine kleine Jazzformation und eine swingende Chorgruppe. In schlichtem Messgewand leitete der engagierte Kommunikationsfachmann Michael Traber SMB die eindrückliche Feier. Vermehrt fanden an einzelnen Orten während den geprägten Zeiten oder anlässlich von Trauerfeiern kleinere Jazz-Formationen passgenau Eingang in Kirchen. Mit ihrem Zugang zur Welt der Pentatonik, die Teil jeder musikalischen Grundausbildung bleibt, verbanden Musizierende neue Elemente mit alten Motiven der Gregorianik.[292] Nicht zu unterschätzen war die Tatsache, dass unterdessen die Ausbildung variantenreiche Wege möglich machte, sodass *Jürg Lietha* als Kenner, der Jazz im Gottesdienst zum Klingen und Swingen bringt, kommentieren konnte: „Unbestritten (…) dürfte sein, dass mit Maß und am richtigen Ort eingesetzte Musik dieser Stilrichtung bestimmte Gottesdienste bereichert, ja manchmal die einzig passende ist".[293]

### *Wachsende Ausbreitung der Gospelchöre*

Mit dem Phänomen der Gospelchöre und ihrer Praxis, ein Stück zeitgenössischen Lebensgefühls durch ihre Mitwirkung in Gottesdiensten einfließen zu lassen, bekam diese Entwicklung zusätzliche Impulse. Gospel, Soul, Jazz und die Feierkultur christlicher Kirchen begannen sich einander, beide entsprechend dem Rahmen der Moderne und ihrem weiten Spektrum an kultureller Vielfalt, anzunähern.[294] Die „uralte Gospel-Liturgie" markierte die Liebe zum Leben, erweckte die neue Religiosität einer *Angie Stone*: „(…) Ich persönlich habe nie das Gefühl gehabt, mit meiner Musik die Kirche zu verlassen." In den 1960ern noch ausgegrenzt, hat sich der Gospelgesang vielerorts etab-

291 Vgl. umsichtig *Tobias Böcker* (2004) 462–466
292 Vgl. CD-Produktion der Musikhochschule Luzern „Kontraste – Gregorianik und Jazz im Dialog" 21.06.2004 u. *Stefan Klöckner* (1999) 132
293 *Jürg Lietha* (2008) 15–17 mit Einordnung jazzaffiner Orgelliteratur
294 Vgl. *Julia Koll / Uwe Steinmetz* (Hg.) (2016)

liert und wurde zu einer neuen Lebenshaltung mit neuer „praxis pietatis".[295] Trotzdem wurde auch Distanz zum Spektrum christlicher Gottesdienstmusik signalisiert. Befragt zu seiner Botschaft antwortete der Berliner Gospelsänger *Keith Tynes*, für den jedes Gospelkonzert ein Gottesdienst ist: „Ich bin kein Anhänger einer bestimmten christlichen Konfession, aber ich glaube an Gott und dass Gott in jedem Menschen ist. Und durch einen spirituellen Weg kann man zu Gott kommen. Schritt für Schritt kommt man ihm näher, wenn man die Prinzipien kennt; zum Beispiel: Man erntet, was man sät." Reaktion des Publikums? „… Die Leute lachen, sie stehen auf, sie weinen, sie machen mit und klatschen." Nachfrage: „Gehen Sie in Berlin in eine bestimmte Gemeinde zum Gottesdienst?" Selbstverständliche Antwort: „Ich habe jeden Sonntag ein Konzert. Aber jedes Konzert ist für mich ein Gottesdienst. Es gibt Leute aus dem Publikum, die nach einem Konzert sagen, dass das Konzert noch mehr Gottesdienst für sie war als ein Gottesdienst in der Kirche. Manche Leute, die nie zur Kirche gehen, kommen in meine Konzerte und sagen: Wenn die Kirche so etwas anbieten würde, wie du das machst, würde ich dorthin gehen."[296] Dem Gospelgesang inhärent ist die Kraft besonderer Emotionalität, mit welcher sich die lokal Versammelten erfahrungsgemäß in ein gemeinsames Feiern führen lassen sich bestenfalls auf eigentliche Dialoge einlassen und sich davon spirituell anregen lassen.

### Versuche mit Neuer Musik

Zielen solche Feststellungen indirekt auf die Erweiterung der Musik-Stil-Praxis in liturgischen Feiern, finden auch Versuche mit Neuer Musik ein anderes Publikum und es werden verblüffend ähnliche Bemerkungen wie bei Jazz-affiner Musik gemacht: „Meine Musik will selbst Gottesdienst sein", bekräftigte *Lukas Langlotz* zu seiner Kantate *„Gebet"* am Kirchenmusikkongress

295 *Jonathan Fischer* (NZZ 18.12.2003) 44 und *Joachim Dierks* in: *Wolfgang Kabus / Jochen Arnold* (2012) 62 ff. Zur Zeit des Konzils unterstrich einzig Kardinal William Godfrey „das Leitmotiv ‹Die Musik soll der Messe dienen, nicht die Messe der Musik› und erzählte von einem Fall, wie die kirchliche Autorität gegen eine Jazz-Messe eingeschritten sei. Das habe bei Laien Proteste ausgelöst und in der Öffentlichkeit den Eindruck einer unmodernen Kirche erweckt." zit. bei *Eckhard Jaschinski* (1990) 80 f.

296 *Mario Gugeler*: Jedes Gospelkonzert ist ein Gottesdienst. Interview mit dem Berliner Gospelsänger Keith Tynes www.berlin-gospel-web.de/tynes-interview_frame.html (Zugriff 27.07.2015). In jüngerer Zeit wenden sich auch Rap-Stars dem Gospel zu. Vgl. *Ueli Bernays* (NZZ 01.11.2019)

2015 in Bern.[297] In urbanen Räumen werden unterdessen Tanz- oder Opern-Gottesdienste realisiert. Gelingt die Durchführung, könnte das Sprichwort schnell zur Hand sein: Wes Brot ich ess', des Lied ich sing. Gelingt sie nicht, muss bei der nächsten Gestaltung eines Gottesdienstes mehr Sorgfalt auf die Gebetssprache verwandt und auf die Aktualisierung biblischer Botschaft gelegt werden. Diesem Weg folgten festliche Gottesdienste mit unterschiedlichen Stilrichtungen anlässlich des Reformationsjubiläums. Der reformierten Landeskirche Aargau war dies Anlass, eine Abendmahlsliturgie zu veröffentlichen, zu welcher Partituren für einen Chor-, Pop- oder Jodel-Gottesdienst geschaffen wurden.[298]

## *Integration von Jazz in Gottesdienstfeiern?*

Das kontrastreiche Thema ruft nach vertiefter Auseinandersetzung. Wie bemerkt, ist das Beherrschen pentatonischer Melodien integrierter Bestandteil jeder musikalischen Grundausbildung. Die so genannten Kirchen-Tonarten sind Brückenelemente, aus denen sich Annäherungen zwischen Gregorianik und Jazz ergeben.[299] Deren Verbindung im Blick auf konkrete liturgische Feiern wird jedoch kaum diskutiert, obwohl unterdessen zahlreiche Konzerte in Kirchen die Vielfalt der Tonsprachen spiegeln und Orgel-Improvisationen das Hörfeld weiten. Nicht überraschend lautet darum eine Bemerkung, dass der Innovation Grenzen auferlegt seien. So in einem Hinweis auf einen Kongressvortrag von *Klaus Pietschmann* über „Tradition, Reform, Innovation: Kirchenmusik im Spannungsfeld von Geschichtlichkeit und Gegenwärtigkeit". Zu den Besonderheiten des katholischen und evangelischen Christentums zähle (...), „dass die Kirchenmusik beginnend spätestens mit dem Pariser Organum um 1200 eine wechselvolle Entwicklung durchlief, die in engem Zusammenhang mit jeweils aktuellen theologischen, liturgischen und pastoralen Auffassungen stand und sich stark an außerkirchlichen musikalischen Trends orientierte. Die Rückbindung an etablierte Traditionen wie insbesondere den Choralgesang, aber auch den Palestrina-Stil bzw. das geistliche Liedgut bildeten dabei stets ein Korrektiv und eröffneten ein Spannungs-

297 Vgl. *Thomas Gartmann, Andreas Marti* (Hg.) (2017) 14, 280

298 *Sabine Brändlin, Gottfried Wilhelm Locher, Dieter Wagner* (Hg.) (2016)

299 Vgl. Anm. 292 oben. Dagegen pflegt z. B. „The Gregorian Voices" die Abwechslung von Gregorianik, orthodoxer Kirchenmusik und Klassikern des Pop und ist einem Stilmix harmonisierender Art verpflichtet.

feld, das ein identitätsstiftendes, zugleich aber auch abschottendes Potenzial markierte und gegenwartsorientierter Innovation Grenzen auferlegte."[300] Anderseits mehrten sich in den letzten Jahrzehnten die Stimmen, die der Jazz-Stilrichtung im Gottesdienst keine Absage erteilten. *Eckhard Jaschinski* meinte gar: „Vom Jazz inspirierte Musik ist harmonisch und rhythmisch differenzierter; sie lässt dem Menschen mehr Freiheit." Und es verweist auf „gelungene Versuche" wie auf die von *Uwe Krause* gestaltete Jazz-Messe, einer Messe für unsere Zeit.[301]

### Anliegen von Kulturnomaden

Trotzdem bleibt bisher Jazz-affine Musik im Gottesdienst als authentischer religiös-spiritueller Ausdruck der Gegenwart mehr ein Anliegen von Kulturnomaden. Diese betonen die Nähe des Jazz zum Lebensgefühl der Gegenwart. Als einer von ihnen betrieb *Fritz P. Schaller* (1940–2013) ein „Atelier für Theologie und Kirchenjazz".[302] Für ihn zielte „Theologie auf ein zeitgemäßes Denken, der Kirchenjazz auf zeitgemäße Ausdrucksformen", und Jazz habe „seit dem Beginn des 20. Jahrhunderts als Katalysator eines jungen Lebensgefühls" gewirkt. Theologie könne „ein Katalysator sein, der eine aufgeklärte Spiritualität hervorbringt, Quell eines jungen religiösen Lebensgefühls; vorausgesetzt, die Theologie entledigt sich des dogmatischen Korsetts. Der Jazz ist ein Vorbild: Er hat die Konservatoriumsmusik mit ihrem Korsett aus Partituren und Kompositionen hinter sich zurückgelassen (…) (und) ist das wichtigste musikkulturelle Ereignis des 20. Jahrhunderts. Der Jazz hat die

300 So *Klaus Pietschmann* im Berichtsband (2017) 61–73, 61. Das Programm des Kongresses nannte die Tonsprache des Jazz nicht ausdrücklich. Im Rückblick erwähnte sie *Matthias Zeindler* (15.10.2016): „Zu später Stunde kann man in Stadtkirchen noch Jazzmusik oder mittelalterliche Pilgergesänge hören.". Vgl. rare Hinweise auf Jazz-affine Musik im Berichtsband (2017) 18, 132. Ohne Hinweis auf Jazz im Gottesdienst bereits das Symposium März 2001. Vgl. auch *Annette Landau, Sandra Koch* (Hg.) (2002)

301 Vgl. Standpunkt mit *Eckhard Jaschinski* (2010/1)36f.

302 Als Schüler des Collège Saint Michel Fribourg stand *Fritz P. Schaller* unter Einfluss von Louis Sauteur, Professor am Konservatorium. Sein Mitschüler Alain Schmutz „interpretierte ein rhythmisches Motiv von mitreißendem Schwung". „Ich ahnte es damals nicht, aber heute sehe ich die Beziehung zum Orgeljazz. Denn da du zwei Manuale und ein Pedal zur Verfügung hast, kannst du auf der Orgel Jazz-Trio spielen, die Melodie auf einem Manual, die harmonischen Akkorde auf dem andern. Die Bassfiguren machst du mit dem Pedal …" Der Zugang zur Website von Schaller www.atelier-fuertheologie.net ist nicht mehr möglich.

Improvisation zurückgebracht, die 200 Jahre lang völlig verloren gegangen war. Vorher hat man ja auch in Europa improvisiert, doch dies verschwand zu Gunsten von immer größeren Orchestern und ihrer bürgerlichen Musik." *Schaller* verwies auf den Jazzmusiker *George Gruntz* und dessen Aussagen in der „Sonntags-Zeitung" vom 7. April 2002: Die „Kirchenmusiker verpassen, was der Jazz bringt: die Kunst der Improvisation aus aktuellem Lebensgefühl. Jazzmusiker borgen es nicht bei irgendwelchen seligen Genien, sie geben ihm Ausdruck im Hier und Jetzt, in den Rhythmen und Harmonien ihrer Zeit." *Schaller* sah sich zwar mit Blick auf Orgelwerke von Bach und Messiaen und ebenso dem Isenheimer Altar von Matthias Grünewald in Colmar motiviert, gleichwohl meinend: „Diese Musik, diese schönen Künste sind Glanzleistungen verblichener Epochen. Zwar nachvollziehbar für uns heutige, aber nicht von unserer Zeit. Ich glaube nicht an eine ewige Schönheit. Jedes Kunstwerk zeugt von der Lebenswelt, aus der es geboren ist, die Kirchenmusik erst recht. Im Jazz hingegen spüre ich meine Zeit, authentisch. Den authentischen Ausdruck meiner Zeit will ich spüren, auch in der Kirchenkultur. Das zählt."

Nachdem *Schaller* später das Orgelspielen „zunehmend elitär, einsam und schöngeistig" vorkam, wechselte er zur Banjo-Gitarre, begann einen Gitarrenkurs, „ein Neuanfang, der allerdings rasch versandete", und kramte als 50-Jähriger seine alten Orgelnoten hervor. Auf die klassischen Vorlagen nahm er nicht mehr Bezug, sondern begann „zunächst Duke Ellington zu spielen. Nach Noten. Und fand religiöse Spuren (...) in diesem großartigen Jazz, ausdrückliche oder verschleierte Spuren." Die Tauglichkeit für religiöse Feiern erprobte er an *„I'm Beginning To See The Light"*, dem „Lied vom Menschen, der nicht einmal den Tanz der Glühwürmchen bei Nacht beachtet hatte, jetzt aber den leuchtenden Stern im Auge seiner Freundin entdeckt. Jetzt endlich sieht er Licht. Der Song ist ohne Abstriche tauglich für religiöse Feiern. Niemand hindert einen, das Licht am Ende des Tunnels als ein himmlisches Licht zu deuten." Ebenso müsse der Song *„Solitude"* „nicht einmal umgedeutet werden" – weil nach *Ellingtons* eigenem Text ein Gebet: In meiner Einsamkeit bete ich, lieber Herr im Himmel, schicke mir meine Liebe zurück.

## Ökumenisches Liederbuch aus der Deutschschweiz – ein Brückenschlag

Jazz als Musiksprache unserer Zeit im Gottesdienst? Die Frage stellen, heißt, sich mit der Tatsache befassen, dass Musik im Gottesdienst von jeher in Verbindung zu den Musiksprachen ihrer Zeit steht und Räume überbrückt. Will

Glauben in kulturell authentischer Sprache ausgedrückt werden, bedient er sich des musikalischen Ausdrucks in vielen Varianten. Im Kontext der deutschsprachigen Bistümer der Schweiz ist es zumindest bemerkenswert, wie sich mit der Herausgabe des ökumenischen Liederbuches *„rise up"* ab 2002 eine Ausweitung von Potenzialen an Musikstilen ereignet hat. Kirchenmusik und ihre Verbindung zum Gottesdienstgesang kann mit solchen Hilfen in einer vielfältigen Volkskirche Grabenkämpfe[303] überwinden helfen. Die 2015 erweitere Ausgabe von „rise up" markiert diesen Brückenschlag – hinsichtlich Mehrsprachigkeit ebenso wie mit Aufnahme weiterer Jazz-affiner Rhythmik und Melodien aus aller Welt. Wenn dazu die Erweiterung musikalischer Formen bis zur Jazz-Improvisation akzentuiert angestrebt wird, ist dies nicht nur wünschenswert. Der Ausdruck des Glaubens in der Gegenwart kommt nicht darum herum, diesen in Verbindung mit musikalischer Präsenzkultur zu feiern[304] – was hier am Erlebnis eines Konzertgottesdienstes aufgezeigt werden kann.

### *Kraftvolle Easter Suite von Oscar Peterson*

Es ist die große Erzählung der Zerrissenheit, in die Menschen einander bringen können. Nackte Wahrheit hinter der Verlogenheit, Aktualität hinter dem Ausgrenzen jener, die man zu Sündenböcken der ganzen Geschichte machte. So kommen mir die ersten Klänge dieser Oster-Suite und die Worte dazu entgegen – kraftvoll, sensibel und aufwühlend. Die Texte aus Mt 26,21–28,8 und die aktualisierenden Einschübe, die an den Holocaust in seiner ganzen Drastik erinnern, ergänzen diesen Konzertgottesdienst. Die Easter Suite beginnt mit Mut und Freude am Engagement für eine andere und bessere Welt.

*Letztes Abendmahl*

Das letzte Abendmahl mit ihm, der als Jude das Brot für alle brach, ist die erste von Neun Szenen. Von dieser Säule aus, die zurückgreift zu den Aufbrüchen im fernen Ägypten, und komprimiert die ganze Passion Israels erinnert, geht der Gang weiter in die Abgründe des Geschehens. Man möchte sich den teils harten Klängen widersetzen. Unbändig wiederholt sich darin das Po-

303 Vgl. *Matthias Zeindler* (2017).

304 Vgl. *Julia Koll*: Unüberhörbar gegenwärtig. Improvisieren im Gottesdienst (2016) 97–116.

chen, das Erinnern der Leidensgeschichten der Menschheit. Die verdrängten Zeiten und die in ihr Verlorenen rufen durch die Musik zur Wachsamkeit. Der Verrat als ständiger Begleiter auf dem Weg in eine gerechtere Zeit, bewirkt großes Bedauern. Der es tun musste, weiß nicht mehr ein und aus.

*Verhör des Anstifters*
Dann kommt es zum Verhör des Anstifters, der stumm bleibt. Die Klänge verdichten in unerhörter Schärfe: „Wir haben das Sagen!" brutal, verletzend, unter die Haut gehend. Kein Ausweichen mehr möglich. ER aber bleibt stumm. Verwunderung bei denen, die nach Entscheidung rufen. Ich höre ihre Stimmen: „Was willst du schon, du, von dem sie diese Geschichten erzählen!? König, was ist das schon? Das nimmt dir doch keiner ab, kleiner Purpurmann. Dornen sollen dein elendigliches Haupt krönen. Ein Jammer, dich so zu sehen, du Volks-Verführer!"

*Akkord-Landschaften*
Die brutale ‚Sonderbehandlung' in den KZs der Nazis wird an diesem Abend ins Bewusstsein gerufen. Hatten die Gequälten kein anderes Gegenüber mehr? Werden sie selbst gerufen haben: „Warum hast du mich verlassen?" Eine fast romantisierende Eingangsmusik des Piano bei dieser Stelle wechselt zu erstem kurzen Aufbäumen des Schlagzeugs und Kontrabass. Dann locken beruhigende Momente, bis dann in kurzem Fortissimo ein erstes Rufen sich anzeigt, immer stärker Eli, Eli, lama asabtani?! Es folgen Akkord-Landschaften, die in den Abgesang des Kontrabass übergehen. Dieser wird bald zum Passionschoral in ruhiger Bewegung gestrichen. Es ist, als ob die Musik selbst den großen Stein vor die Tür des Grabes der Passion wälzt … Die Worte aus nicht ferner Zeit klingen nach: „… man steigt über die Toten hinweg wie über Bälle auf dem Tennisplatz. Stella ist Vergangenheit – Nein, Hitler, du hast nicht gesiegt!"

*Ausbruch zum Aufstand*
Und wie sich die Tonsäulen des Piano aufstemmen, widerständiges Nein hämmern! Als sich nicht nur Gerüchte verbreiten, sondern Zeugnisse, da springen sie auf, tanzen in eine andere, neue Welt: Maria von Magdala und die andere Maria können nicht mehr anders, als hinauszugehen, den Aufstand des Totgeglaubten zu verkünden.

*Ausklang*
Der Abend klingt aus mit einem afrikanischen Abendlied, komponiert von Abdullah Ibrahim und dargestellt von einem außerordentlichen Trio auf den großen und kleinen Bühnen einer zerrissenen Welt.[305] Die Musiker bedanken sich mit ihrem *„song for peace"* und nehmen dazu die Melodie aus Mendelssohns Choralversion mit auf *„Verleih uns Frieden gnädiglich …"*. Derart dicht vermag eine musikalische Präsenzkultur den Glauben in unserer Zeit auszudrücken.

## 6.2.6 Was Menschen – jenseits von sakral und profan – heilig ist

Wenn es um Musik oder Wort, Raum oder Instrument geht, der oft diskutierte Gegensatz von „sakral" und „profan" betrifft jede kulturelle Äußerung in Gottesdiensten. Was aber, wenn sich das profane „Außen" religiösem Gehalt öffnet? Straßenexerzitien zeigen, dass sich „auf der Straße das Innerste, die Suche nach Gott, ins Außen"[306] verlagert. Von solcherart spirituellem Ausdruck kann das Kunstgeschehen im Gottesdienst nicht absehen. Sie muss sich dem „spirituellen Anspruch" der jeweiligen Gegenwart stellen. So fragte der Musiker *Alois Koch:* „Ist autonome künstlerische Spiritualität liturgisch verantwortbar, oder bleibt sie als subjektive Religiosität Privatsache und damit säkularisiert?"[307]

*Koch* markierte auf diese Weise das Faktum der Individualisierung musikalischen Ausdrucks u. a. am Beispiel von *Olivier Messiaen.* Die Frage in diesem Modus stellen, bedeutet nun in meinen Augen, liturgische Musik tendenziell in eine supranaturale Sphäre zu heben und normativ zu überhöhen, und dem Ausdruck der Lebens- und Glaubenserfahrung von Individuen in ihren Gemeinschaften enge Grenzen zu setzen. Können künstlerische Ausdrucksweisen normativ über die Lebens- und Glaubenserfahrung von Individuen in Gottesdiensten bestimmen? Bestenfalls wären für die Liturgie

305 https://www.ktg-trio.de/

306 *Michael Schindler* (15.03.2016) präzisiert: „‚Exerzitien' als eine spirituelle Übung, ja als ausdrückliches ‚Gott Suchen und Finden in allen Dingen' (Ignatius) ist Ausdruck des Kerns christlicher Religion."

307 *Alois Koch* (22.10.2008) stützte sich nicht zuletzt auf die Sicht von Joseph Ratzinger in dessen umstrittenem Beitrag über den Geist der Liturgie. Vgl. *Joseph Ratzinger* (2000). Zur Diskussion, die hier nicht weiter dargelegt werden kann vgl. *Albert Gerhards* (2000) und *Arno Schilson* (2001) 76–89 sowie *Pierre-Marie Gy* (2002) und die Antwort darauf von *Joseph Cardinal Ratzinger* (2002)

komponierte Werke nicht losgelöst von subjektiver Religiosität zu interpretieren. Wenn sie sich zudem mit dem heilenden und heiligenden Handeln im Gottesdienst verbinden, ermöglichen sie, den oft monierten Gegensatz von „sakral“ und „profan“ zu überwinden. Dies ist näher zu erläutern angesichts von Grundsatzfragen, die seit Jahrzehnten bewegen und ihre Antwort jenseits der Dämonisierung der säkularen Welt und resignativer Einstellung gegenüber sogenannter „Entsakralisierung“ finden müssten.

## *Dietrich Bonhoeffers Brückenschlag*

So sieht *Andreas Marti* die Unterscheidung von geistlichem und weltlichem Raum dort als überflüssig an, wo das Hörereignis im Nachvollzug einer Komposition beide Räume überbrückt, weil zumindest „nach reformiertem Verständnis der Gottesdienst kein von der Welt abgetrennter sakraler Raum ist, vielmehr die Welt durch das Wirken des Evangeliums geheiligt werden soll …“[308] Hier ist an *Dietrich Bonhoeffer* zu erinnern, dem zur Zeit des Nationalsozialismus existentiell alles abgerungen wurde. Seine nichtreligiöse Interpretation biblischer Begriffe und der Mündigkeit christlicher Existenz in der Welt musste sich der scharfen Trennung von sakral und profan widersetzen. Einer seiner Interpreten wies auf *Bonhoeffers* Aussage: „Nicht ein heiliger, sakraler Bezirk gehört Christus, sondern die ganze Welt.“[309] Somit bestehe die Unterscheidung von Profanität und Sakralität im Hinblick auf Christus nicht … Zwar gebe es einen Innenraum der Kirche, das Arkanum, die Versammlung der Gläubigen, innerhalb deren das Bekenntnis seinen Ort hat. Das Arkanum dürfe aber die Kirche nicht von der Welt trennen. Kirche sei daher nur als weltverbundene, weltoffene, aber nicht weltverfallene Kirche überhaupt Kirche.

Bonhoeffer grenzte sich deutlich gegenüber dem Säkularismus ab: „Hinterweltlerisch sind wir, seit wir den bösen Kniff herausbekamen, religiös, ja sogar ‚christlich‘ zu sein auf Kosten der Erde. Man überspringt die Gegenwart, man verachtet die Erde, man ist besser als sie, man hat ja neben den

308 *Andreas Marti* (o. J. ) und *Kurt Marti* (1958)

309 Bonhoeffer GS I, 144 in *Ernst Feil* (2005) 257. Den Quellen verbunden ist *Ralf Karolus Wüstenberg* (2006) Demnach schließt, religionskritisch zu sein, Selbstkritik ein und schließt Religiös-Sein nicht aus. Der Aufweis zeigt sich in Bonhoeffers Predigt- und Gebetspraxis.

zeitlichen Siegen noch ewige Siege, die so leicht errungen werden."[310] Damit öffnete er Ansätze, die auch in Bezug auf Kirchen-Klang-Räume keinen „profanen" Bereich aussparen lassen, was eine jüngere Interpretation von Bonhoeffer-Texten in der Jazz-Suite *„Stationen auf dem Weg zur Freiheit"* des Komponisten *Uwe Steinmetz* überzeugend zeigt.[311] Geht man die Wege Bonhoeffers in der Gegenwart mit, macht es weiterhin wenig Sinn, von Entsakralisierung bzw. der Verweltlichung des Lebens und Glaubens zu sprechen. Der praktischen Seelsorge nicht sehr dienlich ist das weitere Festhalten an absoluten Gegensätzen zwischen Gott und Welt, wiewohl der Transzendenz Gottes letzte Freiheit zukommt.

## *„Entsakralisierung"?*

Zum Schlagwort „Entsakralisierung" nahm in den 1970ern der Kirchenmusiker *Walter Wiesli*[312] Stellung und sichtete das Begriffspaar sakral-profan. In Erlassen der römisch-katholischen Kirche zur Kirchenmusik fand sich für diesen Forscher keine klare Definition des Attributs „sacra". Bei der deutschen Fassung „heilig" sei das trotz allem noch bessere Wort „sacral" mitzuhören. Standen sich in der *Instructio de musica sacra* von 1958 musica sacra und musica profana „noch ziemlich absolut" gegenüber, ergab sich daraus dennoch ein wertvolles Kriterium: Was dem „profanen Bereich beizuzählen ist, darüber entscheidet das allgemeine Urteil und Brauchtum" (Nr. 22).

Der programmatische Wandel begann mit der *Instructio de Musica in sacra Liturgia*, deren Überschrift 1967 allgemein von „Musik in der Liturgie" sprach und zur „echten Feierlichkeit" (Nr. 11) bemerkte, dass diese bei „einer liturgischen Handlung nicht so sehr von der Pracht des Gesangs und einem aufwendigen Zeremoniell abhängt als vielmehr von der Würde und Frömmigkeit der Feier, bei welcher die Integrität der liturgischen Handlung, das heißt der wesensgemäße Vollzug all ihrer Teile, beachtet wird". *Wiesli* sah

310 Bonhoeffer GS III, 270 in *Ernst Feil* a. a. O. 258. *Gustavo Gutiérrez* brachte das Lebenszeugnis Bonhoeffers in Verbindung mit der Theologie ‚von der Kehrseite der Geschichte' in ders. (1979) 295 mit Zit. Bonhoeffers: „Nicht der religiöse Akt macht den Christen, sondern das Teilnehmen am Leiden Gottes im weltlichen Leben." (18.07.1944)

311 Vgl. Werkliste von *U. Steinmetz* (02/2017)

312 *Walter Wiesli* o. J. (frühe 1970er) und *Stephan Schmid-Keiser*: Aktive Teilnahme. Kriterium (1985) 414–418: Die Tiefendimension der Feiern des Glaubens

keine Kriterien, die eine Musik „in sich zur Sakralmusik“ machen.[313] Eine Grenze zwischen sakraler und profaner Musik könne „nur in deren Funktion gefunden werden“. Man sprach neu von liturgischer Musik und umschrieb „Sakralmusik „ von ihrer Funktion her. „Kultfähig ist jene Musik, die dem liturgischen Text und dem Ritus dient; sie darf in dieser ihrer Dienstfunktion keine störenden Assoziationen wecken.“ Jede Musikart, jedes Instrument wird so kultfähig, insofern sich diese „für den sakralen Gebrauch eignen oder für ihn geeignet gemacht werden“ (Nr. 32). Generell sollen Musik und ihre Spielweise den „Erfordernissen der heiligen Handlung entsprechend“ (Nr.33) angepasst sein. Vor „Entsakralisierung“ des Gottesdienstes zu warnen, macht auf diesem Hintergrund wenig Sinn, da das Ziel ein liturgiegemäßes Musizieren ist, bei dem Instrumentalisten, Chöre und Ortsgemeinden zum Zusammenwirken finden. Folgerichtig mögen die Musizierenden nach *Matthias Kreuels* an drei Optionen anknüpfen, indem sie sowohl die Gemeinde in der konkreten Liturgie wahr- und ernstnehmen, insgesamt der Liturgie der Gemeinde dienen sowie in der Gemeinde mitglauben.[314] Nach zwei Dekaden im neuen Jahrtausend bleiben solche Optionen eine echte Herausforderung für alle daran Beteiligten und bedürfen enger Zusammenarbeit von Seelsorgenden und Musikverantwortlichen.

### *Interesse am ganzen Dasein*

Keine banale Feststellung ist es, in der Kunst im Gottesdienst einen Faktor zu sehen, dem das Interesse am Leben als Ganzem eingeschrieben ist. Denn Kunst verweigert sich in noch so einfacher Ausführung sowohl der Banalisierung wie der Fanatisierung, wie *Christian Bauer* meinte. Das Kirchenjahr zum Beispiel biete eine „entbanalisierende“ Alternative zur Kontrastlosigkeit heutiger Alltagszeit. Jenseits „neutraler Religionswissenschaft“ nahm Bauer die „Fährten“ von *Emmanuel Lévinas* und *Jacques Derrida* auf, die zu einer „überraschenden Differenz“ führten: Das Heilige und das Sakrale sind nicht dasselbe, ihre Differenz wird wesentlich. Denn im Deutschen ist „das Heilige“ „eng an das Adjektiv ‚heil‘ gebunden, was so viel wie ‚ganz‘, ‚gesund‘ und ‚unversehrt‘ bedeutet „. Die „Weihe“ nimmt aus „der Ordnung des Profanen“ heraus, das „Segnen“ dagegen bedeutet, „jenseits der Differenz von Sakralem

313 *Wiesli* verwies auf die Verfahren der Kontrafaktur und der Parodie. Vgl. *Iso Camartin* (NZZ 16./17.06.2005)

314 *Matthias Kreuels* (2010)

und Profanem in einen Horizont universalen Heils stellen".[315] Darum sind mit *Kurt Marti* gesprochen „diejenigen Künste, die bisher ihre Würde und Legitimation von der Gestaltung des Sakralraums her ableiteten, in die Profanität verwiesen. Jesus Christus ist das prinzipielle, d. h. theologische Ende jeden Sakralraums und jeder Möglichkeit dazu."[316]

Wir können darum sagen, dass die Menschen im Vollzug der Feiern des Glaubens die heiligende und heilende Wirklichkeit als das von ihnen gesuchte „theandrische Mysterium" (*Chenu*) finden. Dies zeigt z. B. der Nach-Vollzug des Zurufs des Hauptmanns, der Jesus begegnet: „Herr, ich bin nicht würdig, dass du eingehst unter mein Dach, aber sprich nur ein Wort, so wird meine Seele gesund." Das „heilige Spiel" der Liturgie vermag die potenzielle Heiligkeit des Profanen zu vertreten. Sie vollzieht dies als liturgische Performance. Genauer hin meinte *Marie-Dominique Chenu* der Gott der Bibel sei „zwar heilig, nicht aber im eigentlichen Sinne sakral". Jesus v. Nazareth habe dem Christentum eine den Jerusalemer Tempelkult profanierende „Tendenz zur Desakralisierung" eingestiftet, die im Horizont einer messianischen „Wiederaufnahme der Schöpfung" darauf dränge, die gesamte „Welt von ihren Göttern und Dämonen zu reinigen". Im Experiment der Nachkriegspastoral habe sich eine völlig neue Gestalt des Sakralen gezeigt, „entbourgeoisierte Priester", die das Evangelium „als Arbeiter unter Arbeitern" im Profanen leben wollten. Deren kulturelle Äußerungen galt es zurzeit ebenso aufzunehmen, wie es heute notwendig bleibt, neuen Formen priesterlicher Existenz ob als Mann oder Frau zu finden, die Raum schaffen für die Annäherung an das Göttliche.

### „Offene Stelle Gottes"

Immer schon sind Liturgien kulturelle Äußerungen. Sie spielen sich ab in kulturell besetzten Innen- oder Außenräumen. Die Orte der Feiern des Glaubens *und* die Arten des kulturellen Ausdrucks können sich ändern. Insofern umspielen Gottesdienste die „offene Stelle Gottes", welche nach *Louis-Marie Chauvet* die Kirche radikalisiert.[317] Mit anderen Worten ist eine absolute Trennung des Sakralen vom Profanen nicht der Zielpunkt im liturgischen

315 *Christian Bauer* (2008) 9 f. mit Bezug auf M.-D. Chenu

316 *Kurt Marti* (1958)

317 *Louis-Marie Chauvet* (2015) 180 zit. von *Guido Schlimbach* in: *K. de Wildt, B. Kranemann, A. Odenthal* (2016) 244

Handeln – dieses geschieht mitten in Zeit und Raum und stellt sich der Welt als ihrem Lernort. Denn nach der konziliaren Bestimmung (GS 11 u. 44) ist die Sendung der Christgläubigen ohne die anderen Menschen nicht mehr möglich. Die Welt ist nicht der Gegner, sondern vor allem der Lernort der Glaubenden, bis in ihre intellektuellen Verantwortungen hinein. Darum schrieb *M.-D. Chenu* die Mystik der Pastoralkonstitution vor Augen: „Ich rühre ans Transzendente aufgrund der Immanenz selbst. Die Immanenz ist von einer solchen Tiefe, dass ich durch sie zur transzendenten Realität finde."[318]

Einer angemessenen Integration vielfältig-kultureller Erfahrungswelten in liturgische Feiern steht nichts im Weg, auch wenn Aussagen wie diese ambivalent bleiben: „Zwar kann es im Christentum keine starre Trennung von sakral und profan geben, weil auch die Schöpfung als Schöpfung Gottes in einer Beziehung zur Heiligkeit Gottes steht. Doch muss die Liturgie, wenn sie das Medium der Begegnung von Gott und Mensch ist, eine Gestalt haben, die – soweit es in den Möglichkeiten des Menschen liegt – der Heiligkeit Gottes angemessen ist."[319] Dass liturgisches Handeln auf das Lebensgefühl und die Lebenswelt der Beteiligten trifft, müsste dennoch ernst genommen werden.

318 *Roman Siebenrock* in: *M. Kirschner / J. Schmiedl* (Hg.) (2014) sowie ebd. 76–79: Primäre Glaubwürdigkeit der Gottrede aus der realen Zeichenhaftigkeit der Glaubenden, 77 f. Anm. 35 mit Verweis auf *Chenu, Marie-Dominique* (2005)

319 *Winfried Haunerland* in: *P. Hünermann, B. J. Hilberath* (Hg.) (2006) 243–252, 246

# 7 Kein Abgesang

*Wenn Gott zur Sprache kommt…* Fast schon prekär geworden ist diese Aussage, die als Impuls bereits dem ersten Band meiner Studien zu Grunde gelegt war und hier nochmals aufgenommen werden will. Dass Gott zur Sprache kommt, löst in skeptischer Zeit nicht wenig Befremden aus oder reizt zu direkter unmissverständlicher Aufforderung: „Wenn Gott zur Sprache kommt, dann muss zugehört werden!" Solche fast zwanghafte Aufforderung dokumentiert eine verbreitete Tendenz zum moralisierenden Wort, das die Ansagen von Kirchen bis in unsere Tage prägt. Innovative Geister lösen unterdessen das Problem mit aussagekräftigen Slogans – wie *Franz Kamphaus (*1932)*, dem eine einzigartige Zusammenfassung des christlichen Kerngedankens gelang: *„Mach's wie Gott, werde Mensch!"* Wie dann aber in postmoderner Gegenwart *von* und *zu* Gott zu reden, nicht mehr selbstverständlich ist, liegt es auf der Hand, grenzüberschreitende Perspektiven aus Theologie, Literatur und Musik darauf zu befragen, wohin die Reise geht, wenn Gott für sie zur Sprache kommt … Das vorliegende Buch konnte dazu weitere Schritte tun. Nochmals lässt sich hier als fragmentarische Zusammenfassung sagen: Wenn in Gottesdiensten zur Sprache kommt, was Menschen berührt, kommt Glauben ins Spiel – *Glaube* als Botschaft von der alles durchdringenden Gnade und Barmherzigkeit Gottes und *Glauben* als Hingabe. Solches Glauben macht nicht Halt vor den Grenzen menschlichen Vorstellungs- und Ausdruckvermögens. Im Vollzug des Glaubens muss ich mich auseinandersetzen mit allem, was das Leben ausmacht – Freude und Leid, Hoffnung und Angst vor den das Leben auf der Erde zerstörenden Gewalten.

Wenn Menschen sich zu Gottesdiensten versammeln, riskieren sie geradezu, ob aller Sinnlosigkeit und Gewalt, die ihnen in ihrem Leben begegnet, Gottes Geheimnis mit infrage zu stellen. Dabei stehen zu bleiben, wird die Menschen nicht überzeugen, geschweige denn befreien. Ihrem Wunsch, dass doch mehr von Gott erzählt werde, ist nicht auszuweichen. In leichter Emphase gesagt: Menschen brauchen in ihrem eigenen Dasein neben Orten zum Aufatmen markante Orte für ihr mentales Training[320], um als erste Freigelassene der Schöpfung[321] die Chancen zu einem verantworteten Leben vor Gott nicht zu vergeben, und sich zu konkreter Umkehr inspirieren zu lassen.

320 Vgl. *Peter Sloterdijks* Rede von der Kirche als „mentalem Fitnesscenter" in: *Guido Kalberer* (TA 06.04.2009)

321 *Jürgen Moltmann* (1971) und weiterführend (2012)

Darum halte ich dafür, dass weder Orte, Formen noch Wege fixierbar sind, wo und wie Menschen die Chance ergreifen neu anzufangen. Es ist schon viel geschehen, wenn sich die Menschen Momenten des Nachdenkens hingeben – und sei es in Gottesdiensten, wo ohne Zwang auf alte und neue Worte gehört wird. Man wird auch in Zeiten gesteigerter Kritik an Religionen und Kirchen weiterhin über Gott nachdenken, Gottes Wort feiern und dabei um angemessene Worte ringen – und wenn sich im Mainstream der Zeit wenige mehr daran beteiligen. Das Mysterium mit Gott kennt keine Kirchenmauern. Die Religionsgemeinschaften brauchen sich nicht in Sakristeien oder Hinterhöfe abdrängen lassen. Der Zündstoff unbegleiteter und aus jeder Diskussion genommener Religionspraxis könnte zudem nicht größer sein, wenn ihr nicht in prekären Situationen im Gespräch begegnet wird. Nichts weniger als geradezu politisches Engagement ist dann gefordert, wo Menschen Ressentiments, Rassismus und Antisemitismus schmerzlich ausgesetzt sind. Die Funktion theologischen Nachdenkens ist darum in der Öffentlichkeit mehrfach gefragt. Auf eine Kurzformel gebracht geht es der Theologie um mehr als nur Gott zu denken: Theologie „will Gott *konkret* denken, und deshalb will sie *mehr* als Gott nur denken oder *nur* Gott denken: Wer meint, Gott denken zu können, ohne sein Leben ändern zu müssen, denkt nicht Gott, sondern etwas, was er sich als Gott ausdenkt.“[322] Kein Abgesang also auf Gott, auf Gottes Wort, auf Gottesdienst?! Eher drängt sich auf, weiter zu fragen – und nachzufragen.

## Fragt nach, was fehlt, wenn Gott fehlt!

„Nichts fehlt, wenn Gott fehlt!“ Dies kann sich im Luxus der Zeit sagen lassen. Auf dem Areopag der Gegenwart kommt die Frage kaum an. Dennoch muss in aller Freiheit möglich sein, das Gegenteil zu behaupten. Ebenso wie alle, die an Gott ‚den Narren gefressen‘, sich dazu frei entscheiden. Denn wenn Gott fehlt, fehlt die Stimme zum Benennen der Wesen und Dinge dieser Welt, die aus Atem geboren sind. Wenn Gott fehlt, fehlt dieser Atemkraft der Anfang. Kann denn nichts gesagt werden, wenn gefragt wird, was fehlt, wenn Gott fehlt? Eine Sache ist das Mysterium Gottes nicht. Und weil dies rätselhaft tönt, war ich gespannt darauf, was mir darauf angesprochene mehr

322 Zitat aus Schlusspassage eines Vortrages von *Ingolf U. Dalferth* zit. von *Niklaus Peter* (NZZ 20.09.2011)

oder weniger Bekannte mitteilten. Was sie unmittelbar bewegt, konnte mir nicht gleichgültig sein.

## Was soll die Frage? Fragt selbst nach!

Im Frühjahr 2018 antworten zwei Zeitgenossen. Ihm, der als Erster sich meldet, fehlt oberflächlich betrachtet eigentlich nichts, wenn Gott fehlt. Aber: „Wer trägt mich, wenn ich müde bin? Wer schickt mir einen Schutzengel auf meinen Wegen? Wer weckt mich jeden Morgen mit neuem Tageslicht? Wer zeigt mir den Weg zu einem sinnvollen Leben? Wer gibt mir Vertrauen? Wer ist da, wenn ich zweifle? An wen soll ich mich wenden, wenn ich traurig bin? Wie soll ich ohne Gott Liebe spüren oder weitergeben? Ohne Wissen um eine höhere Macht (Gott) ist das Leben sinnlos. Im Prinzip ist es so wie mit der Sonne: *Man kann die Augen schließen und die Sonne am Himmel leugnen, das heißt nicht sehen wollen. Ob sie deshalb nicht da ist?*, wie einst der Gesellenvater Adolph Kolping seinen Leuten sagte."

Wenn Gott fehlt, fehlt „ALLES!", sagt der Zweite beinahe abrupt. Er zeigt sich ausdrücklich gläubig und will nicht gleich zum Schreibzeug greifen. Nach einigen Monaten Funkstille antwortet ein weiterer – ja „sorry auf die Schnelle, da immer so viel läuft: Mir würde Einiges fehlen, so z. B. Halt und Orientierung. Mein Handeln reflektiere ich öfters mit der Frage: Was würde Gott (oder etwas konkreter Jesus) zu meinem Tun sagen …"

Wenn es doch so einfach wäre. Gott fehlen zu lassen, erregt kaum mehr. Die persönlich Befragten zeigten sich zunächst überrascht und reagierten erst auf weiteres Nachfragen. Fehlt etwa Zeit zur näheren Auseinandersetzung? Was bringt dies schon!? Vielleicht höre ich noch von anderen. Wenn Gott nicht mittendrin in der Zeit ist, wird auch ‚auf die Schnelle' nicht fehlen. Kann Gott also nicht am Rande bleiben und müsste erst in die Mitte rücken? Überhaupt scheinen Religionsfragen Plagefragen. „Plagt mich doch nicht mit diesem Gott, der die Religiösen plagt. Klagt doch lieber beim Internationalen Gerichtshof und fragt dort, was fehlt, wenn euer Gott fehlt." Wenn es doch so einfach wäre. „Sag mir, wer oder was für dich Gott ist. Was fehlt dir?"

## Was fehlt dir, wenn Gott fehlt?

Unterdessen in herbstlicher Zeit wird doch noch Erntezeit für den merkwürdigen Anstoß zum Nachdenken. Wie immer engagiert, meldet sich diese dritte Zeitgenossin. Sie, die ich mit meiner Zettelfrage im Frühjahr angesprochen hatte, schreibt und holt etwas länger aus. „Fast analog zur Ausschreibung, dass Gott als ‚Mangel' erfahren wird, habe ich just in dieser Zeit diese eher gegenteilige Erfahrung, ‚dass da noch etwas mehr sein muss' von Jugendlichen in ihrem Gottesdienst zur Vorbereitung der Firmung gehört! *Andreas:* Als ich Ski fahren gehen wollte, war der Wetterbericht sehr schlecht. Trotzdem ging ich, und siehe da – es war einfach nur schön. Da habe ich für mich gedacht, dass es heute so schön ist, das hat sicher nur Gott vollbringen können. *Brian:* Als ich eine sehr anstrengende Woche hatte, habe ich gespürt, dass mir Gott Kraft, Motivation und Willen für die nächsten Wochen gegeben hat. *Severin:* Als ich letztes Jahr mit meinem Vater eine Wanderung unternahm, haben wir uns beide gedacht, so schön wie unsere Berge sind, so schön wie die Sonne scheint, das hat nur Gott so erschaffen können.

Darauf habe ich mein Patenkind gefragt (knapp 14), ob und wie sie denn Gott erfahre. Die Antwort war zuerst ein Schulterzucken und eine Art Verlegenheit. Später sagte sie im Gespräch ungefähr folgenden Wortlaut: Also mit dem Hannes, ihrem Nachbar, das geht einfach nicht. Den verstehe ich nicht, der versteht mich nicht. Also, da (in dieser Beziehung) ist sicher kein Gott drin. Dieser Ausspruch kommt mir seither oft in den Sinn, wenn ich über Gottesbeziehungen nachdenke. Eigentlich ist Gott immer und überall da wie im Lied *‚Gottes Liebe ist wie die Sonne, sie ist immer und überall da'*. Und dann gibt es auch diese Wolkentage, wo die Sonne eben nicht direkt sichtbar ist. Was aber *die* Ausnahme ist. Und ich bin glücklich über diese Beschreibung meiner Patentochter. Natürlich ist es ein Unterschied zu fragen, *‚wo Gott erfahrbar ist'* gegenüber zu *‚was fehlt, wenn Gott fehlt'* … Was fehlt, wenn Gott fehlt? Mir persönlich würde der Rotationspunkt in meiner Mitte fehlen … Mit zunehmenden Alter nimmt dieser zu und mehr Platz ein und die Ablenkmöglichkeiten werden zwar nicht weniger, aber eher schwächer. Um herauszufinden, was fehlt, habe ich überlegt, was Gott denn ausmacht, wenn er/sie eben nicht fehlt! Gott ist meine Zuflucht, Urheber meines Lebens, er kennt mich und durchschaut mich und so weiter, meine ureigene Gottesprivatbeziehung! Für mich ist Gott aber auch Grund und Ursprung für so viele Schönheiten in der Natur und in den Künsten. Als sein Abbild sind wir Menschen geschaffen, was somit ein eindrückliches Plädoyer für die Vielfalt unter uns Menschen, aber auch für die Vielfalt unserer Lebensgestaltungen ist. Und er ist rätselhaft, manche sagen auch einfach mystisch, in seiner Unergründlichkeit und doch immer für mich da, was wieder meiner privaten Gottesbeziehung entspricht!" Und klärend fügt die engagierte Stimme dazu: „Dies ist nur ein ganz kleiner Einblick in meine persönliche Religiosität oder

Spiritualität! Zu dieser Frage gibt es natürlich noch einige Sichtweisen mehr: die gesellschaftliche, die kulturelle, die bildungspolitische, die historische, um nur einige zu nennen. Wenn Gott tatsächlich fehlen würde, dann wäre vermutlich schon lange eine Stellvertretung ‚erfunden' worden …"

## Verschattungen

Was denn soll *es* sein, *das* fehlt, *wenn* Gott fehlt? Zwar fehlt im unmittelbaren Lachen der Kinder nichts, verschwindet ihr fröhlich-ausgelassenes Spiel nicht. Und dennoch kann Staunen und Dankbarkeit fehlen für all die kleinen Wunder des Lebens. Und dennoch kann sich jedes Philosophieren ohne Blick über den Tellerrand der empirischen Wirklichkeit verschatten. Und dennoch kann Ermutigung und Trost in schwierigster Lage fehlen. Und vorher schon fehlte es – wenn Gott fehlt – an berührender Poesie, am Drechseln kräftiger prophetischer Worte ebenso wie am provozierenden Verdichten des Denkens. Was denn soll *es* sein, *das* fehlt, *wenn* Gott fehlt? Fehlte dann nicht der Widerstand gegen die Fallen des Wahns, die sich öffnen im Drang danach, auf den Karriereleitern, größer, besser und stärker als alle anderen zu sein? Fehlte – wenn Gott fehlt – den Depressiven mit ihrem ungestillten Sehnen nach Himmel nicht ein Anker? Hat ohne solches Gott-erahnen kein Bekenntnis mehr Platz? Fehlte es darum nicht auch an Toleranz? Wäre also kein Spielraum für Gerechtigkeit und menschliche Entfaltung mehr möglich? Fehlt es an Menschen, die gottergeben ihr Leben zu gestalten wagen – nicht aus Zwang, sondern aus reinster Freude am göttlichen Dasein?

Wenn Gott fehlt, fehlten Gotteshäuser und ihre Glockenklänge, schlössen die letzten Synagogen, verhallten die fernsten Muezzin-Rufe. Und es fehlten zahllose weitere Orte, wo Gespräch und Gegnerschaft keine Widersprüche sein müssen, verschwänden Begegnungen beim Feiern stärkender Mysterien. Fehlten Orte, wo alles an Einsamkeit, Not, an Lebenshunger und Lebensfrust aufgehoben ist nahe der *„Stimme verschwebenden Schweigens"* (1 Kön 19, 12), wie sie Martin Buber umschrieb.

Was mir selbst fehlte? Tausende von Geschichten, die dem göttlichen Wesen auf die Spur zu kommen suchen, auch vom Widerpart dort beim Kampf am Jabbok[323] berichten. Was fehlte, wären Erzählungen von ihr, die alles gut erschuf und selbst dem Schrei nach Gerechtigkeit keinen Riegel schiebt. Keine Geschichten mehr von Menschlichkeit, vom Licht, das mir einst in die

323 Gen 32,1–33

früheste Kindheit schien. Endlich würden keine Götzenbilder mehr weitergereicht! Auch keine Fehler mehr, die man sich in Gott selbst vorstellt? Wenn Gott fehlen würde, verdunstete das besondere Parfum der Menschlichkeit. Egoismen steigerten sich, ewiges Misstrauen säend. Allen würde egal, was mit ihrer Mitwelt geschieht. Die letzten Kälteströme des Neides und Hasses ergriffen die Welt. Worum geht es dann wirklich, wenn Gott fehlt?

## Gott in Fragmenten

Nochmals sei an den Basler Rabbiner *Leo Adler* erinnert.[324] Für ihn war der Referenzpunkt des biblischen Denkens der Mensch: „Von Gott her sucht es den Menschen zu erfassen und zu leiten. Die Bibel schaut den Menschen im Lichte Gottes, nicht Gott im Lichte der Menschen." Noch schärfer: „Der Gott der Bibel ist eine unerkennbare Person, keine halberkannte Idee". Fällt Gott darum aus allen Ideenwolken? Fehlt uns ein Begriff von ‚Gott', an dem wir verbindlich festmachen können, was uns ohne eine Gottheit allein mit uns lässt? Fragen Sie Jesus, den am Kreuz von Gott Verlassenen! Oder seinen Parteigänger Paulus, der den Feinden des Kreuzes entgegenhält: „Ihr Ende ist Untergang, ihr Gott ist der Bauch, ihre Ehre ist ihre Schande, sie denken rein diesseitig." (Phil 3,19) Gott bleibt für uns nur in Fragmenten erahnbar.

## Was fehlt, sind neue Sichten …

Was fehlt, sind neue Gesichtspunkte zu den abertausend Fragen nach Gott. Was fehlt, ist ein anderes Gespür für ein Leben, das mehr als Funktionieren von Neuronen, mehr als der letzte Schrei technischer Neuerungen bedeutet. Neue Sichten entstehen, wo nach konkreter Erfahrung gesucht wird und trotz kritischer Einwände gefragt wird nach den Dingen und Wesen dieser Welt, die sich mit ‚Gott' in Verbindung bringen lassen. Literarische Spuren, musikalische Hinwege, menschliches Staunen, Ringen um Sinn und das Suchen nach Transzendenz – das ganze Gewebe alltäglichen Lebens eröffnet neue Sichten. Das ganze Lebensgewebe ist Ausgangspunkt für die Antworten darauf, was fehlt, wenn Gott fehlt.

324 *Leo Adler*: Der Mensch in der Sicht der Bibel (1965) 69 ff.

## Und wenn wir sprachlos blieben?

Und wenn wir sprachlos blieben, uns die Worte fehlten für die göttliche Gegenwart – und sei es in der Begegnung vor dem so genannten ‚Allerheiligsten', dem *„Allerwirklichsten"*, dem wir uns aussetzen können? Mit der ihm eigenen Sensibilität umschreibt *Peter Handke* als literarischer Grenzgänger ein liturgisches Geschehen katholischer Lebenswelt und nähert sich dem „Allerwirklichsten" im Hier und Jetzt, der Nähe göttlicher Zuwendung am Rande rasant vorüberrauschender Zeit. „Alles wird sterben", schreibt Handke, „was wir Menschen uns je so ausgedacht haben – aus Not, aus Zorn, aus Wunsch, aber der Gottesgedanke, das einzige *nicht* Ausgedachte und Auszudenkende, ist unsterblich, wird nicht sterben".[325]

Werden wir alle sprachlos bleiben wie der Autor *Navid Kermani*, der sich dem Sufismus nahe weiß? Auch ihm bleibt Gott unbegreiflich, wenn er entlang den Rändern zur christlichen Theologie nachdenkt und mit allen sympathisiert, die mit ihm die Not sehen: „Vielleicht hört die Theologie erst dort auf, wo nicht einmal der Protest eine Stimme findet. Für das innere Erleben der Menschen, deren Leichen in Kriegen und Eroberungsstürmen, Pogromen und Vernichtungslagern aufeinander geworfen worden sind, reicht meine Vorstellungskraft nicht aus. Vorstellen kann ich mir des Menschen Verlassensein von Gott nur in Schicksalen alltäglicher Not, in Erfahrungen, die ein jedes Leben bergen kann."[326]

Was würde fehlen, wenn Gedanken über Gott nicht mehr ausgetauscht würden? Zuhörend auf der Suche sein, Schweigen angesichts letzter Fragen und nicht zuletzt Poesie verbreiten, ist Menschenwesen nicht wegzunehmen. Weiter hallt die ewige Stimme: „Macht euch auf! Seht, ich liebe euch doch – alle!"

325 *Peter Handke* (1996) 66 und ders. (2000) 350
326 *Navid Kermani*: Der Schrecken Gottes (2005) 277

# Nachklang: Wir könnten auf den Geschmack kommen …

## Eine Besinnung zum Gründonnerstag (Ex 12,1–8.11–14 und Joh 13,1–15)[327]

Wir könnten auf den Geschmack kommen
angesichts solcher Szenen:

Da wird Fleisch vom Lamm vorbereitet …
wird schön für jeden aufgeteilt
in jedem Haus
und ist das Lamm zu groß
so reicht es umgehend für mehrere –
auch für den Nachbarn dort.

Wir könnten auf den Geschmack kommen
und uns unmittelbar dazusetzen zu diesem Fest –
dem uralten Hirtenfest im Frühling bei den Nomaden.
Wir könnten uns hinsetzen.
Doch nein – das scheint einer Steh-Bar zu gleichen …
mit Menschen, die vor unseren Augen sich in eine
lebendige Skulptur verwandeln –
wie sie es jedes Jahr vollziehen und
ihr Essen in einem besonderen Rahmen durchführen –
mit besonderen Zutaten,
die jedes Mal an die Erfahrung anknüpfen,
die sich tief in ihre Erinnerung eingeschnitten,
ja eingegraben hat – seit sie als Volk Israel
die Knechtschaft in Ägypten erleben mussten.

327 Folgender Text kann als Grundlage dienen für junge Menschen und Erwachsene, den Festgedanken pantomimisch darzustellen. Finden sich vor Ort Jugendliche, die ihren RAP-Modus in einer der christlichen Schlüsselfeiern integrieren möchten, können sie den Text ebenfalls zur Grundlage nehmen und entsprechend anpassen.

### *Wir könnten auf den Geschmack kommen …*

Zu essen gab es Fleisch vom Lamm
und bittere Kräuter
und fast schon fades Brot,
weil alle hastig und
kurz vor dem Aufbruch stehend,
essen wollten.
Solange draußen
Schatten und Licht wechselten,
war es gut drinnen zu verharren.
Denn draußen gingen andere.
Sie standen dafür im Inneren,
aßen hier stehend und hastig.
Weil ihnen der Tod drohte, sollten sie die Türpfosten
mit dem Blut der Tiere bestreichen.
So wurden sie verschont vor denen,
die in der Nacht Tod säten.

Wir Menschen heute werden uns jetzt
auch erinnern – an Jesu Abendmahl …
Wir könnten auf den Geschmack kommen
und mitgehen auf einem Weg, der uns selbst und
unsere Mitwelt verwandeln könnte.
Jesus – ging später selbst seinen einsamen Weg –
durch die Nacht, die hereinbrach …

Vorher aber gab er sein letztes Beispiel –
einzigartig und für immer …
diente ihnen – vor der alles entscheidenden Nacht.
Mit seinen eigenen Händen wusch er die
verstaubten, schmutzigen Füße seiner eigenen Leute …
Wie es ihnen wohl zumute war?
Petrus hatte sich gewehrt – typisch!
Jesus aber will es anders.

Jesus will ihnen auf seine Art eine
Atempause gönnen – jedem einzelnen,
denn es wird sie noch genug Kraft kosten,
loszulassen von ihren Sehnsüchten und Wünschen,
von ihrem Streben nach Macht, Einfluss und Herrschaft.

Jesus wählt seinen – den anderen Weg.
Gibt sich in Gedanken und Worten selbst dran.
Verkörpert sich in Brot und Wein.
Drückt so die unendliche Liebe Gottes aus,
die in ihm Mensch geworden ist – und blickt schon
jetzt über die Todesgrenze hinaus – setzt sich darüber hinweg.

Weil Jesus die Menschen liebte,
ging er ganz auf in ihrer Welt –
bewegte sie in ihrem Innersten – verwandelt sie, verwandelt uns.
Geht nach dem Abendmahl auf in den Herzen seiner Jüngerinnen
und Jünger – greift über und verbindet – schafft Himmel und
verströmt unendlichen Reichtum.

Noch steht die Nacht bevor,
da ihn die letzte Prüfung trifft.
Feuer, das ihn umschließen wird.
Angst, die ihn verletzlich machen wird.
Sein letzter Gang, um Gottes Willen zu erfüllen.

Beim Letzten Abendmahl kann einer hinknien
und den anderen die Füße waschen,
weil er sie wirklich kennt.
Und alle, die sich so waschen lassen können,
werden befremdet bleiben,
plötzlich mit Haut und Haaren
für eine andere Zeit und Welt bestimmt zu sein.
Hier in dieser Tischgemeinschaft sind alle
Gäste mit beschränkter Aufenthaltsgenehmigung.

Bevor sie weitergehen, kann jede und jeder
seine Ohnmacht, ihre Endlichkeit, seine Fehlbarkeit
und ihre Schuldfähigkeit mit hinein nehmen.
Dann geht's hinaus in alle Welt,
durch Freude und Trauer,
durch Not hindurch –
getragen vom Dennoch der Hoffnung,
die Zeichen setzt.

# Literaturverzeichnis


*Acklin Zimmermann Béatrice / Annen Franz* (Hg.): Versöhnt durch den Opfertod Christi? Die christliche Sühnopfertheologie auf der Anklagebank, Zürich 2009

*Adler Leo*: Der Mensch in der Sicht der Bibel, Basel 1965

*Andreotti Mario*: Dichtung zwischen Glauben und Daseinsangst. Gibt es eine moderne christliche Lyrik? in: SKZ 179 (2011) 97–99

*Andres Schürch Marie-Christine*: Der Klang trifft direkt ins Herz, auf https://www.horizonte-aargau.ch/klang-trifft-direkt-ins-herz/ (29.03.18)

*Androsch Peter / Kern Reinhard*: Auf dem Weg zu einer „Ethik der Beschallung" in: ThPQ 164 (2016) 227–236

*Arens Edmund*: Zelot des Atheismus, in: Orien 72 (2008) 13 f.

*Arens Edmund*: Gottesgesang – Musik als Gebet, in: SKZ 177 (2009) 235–241

*Arens Edmund* (Hg.): Gegenwart. Ästhetik trifft Theologie, QD 246, Freiburg 2012

*Arnet Helene*: „Ich will den Sinn von allen finden" TA 29.04.2004, 12

*Askani Hans-Christoph*: Gibt es der Liebe eine Sprache? Paul Ricoeurs biblische Hermeneutik und das „Gleichnis vom verlorenen Sohn", in: Evang. Theol. 73 (2013) 303–316

*Ausländer Rose*: Gesammelte Gedichte, hg. von *Hugo Ernst Käufer u. Berndt Mosblech*, Köln [3]1978 (zit. GG)

*Ausländer Rose*: Ich höre das Herz des Oleanders. Gedichte 1977–1979, Bd. 5 Gesammelte Werke in sieben Bänden, hg. v. Helmut Braun, 1984 (zit. GW)

*Ausländer Rose*: Wieder ein Tag aus Glut und Wind. Gedichte 1980–1982, GW 6

*Ausländer Rose*. Materialien zu Leben und Werk, hg. v. *Helmut Braun*, Frankfurt 1991 (zit. Materialien)

*Ausländer Rose*: Der Regenbogen. Gedichte hg. u. mit einem Nachwort von Helmut Braun, Aachen 2012

*Bachl Gottfried*: Wider die harmlose Redseligkeit. Thesen zur Sprachkultur in der heutigen Kirche, in: HK 45(1991) 325–330

*Bauer Christian*: Comeback Gottes? Eine theologische Polemik gegen die Rückkehr des Sakralen, in: Orien 72 (2008) 7–10

*Bausch-Hug Hubert*: Neue Gemeinde – Wachsende Gemeinde, Erfahrungen und Anregungen. Gruppendynamik und Liturgie, Luzern/München 1974

*Beck Wolfgang*: Das umstrittene Phänomen Navid Kermani, auf https://www.feinschwarz.net/das-umstrittene-phaenomen-navid-kermani/ (15.12.2015)

*Benary Peter*: Musikalische Interpretation: Was ist das? NLZ 13.08.1994

*Benedict Hans-Jürgen*: Das Eis der Seele spalten. Dorothee Sölle als Gottespoetin – eine kritische Analyse, in: *Kuhlmann Helga* (Hg.) (2007) 272–288

*Benke Christoph*: Die Welt als Hostie. Zur Eucharistie-Mystik Pierre Teilhard de Chardins, in: GuL 77 (2004) 26–36

*Bennani Azelarabe Lahkim*: Religion und transzendentale Ontologie bei Wittgenstein, in: *Jesús Padilla Gálvez* (Hg.): Phenomenology as Grammar, Bd. 8, Frankfurt a. M. 2008, 109–124 oder http://wittgensteinrepository.org/agora-ontos/article/viewFile/2209/ 2320

*Benyoëtz Elazar*: Der eingeschlagene Umweg, konturen, in: rothenfelser burgbrief 01/2005, 14–19

*Benyoëtz Elazar*: Silja Walter, meine Schwester Hedwig, in: *Ulrike Wolitz* (Hg.) (2009) 22–27

*Berger Klaus / Nord Christiane*: Das Neue Testament und frühchristliche Schriften. Frankfurt a. M./Leipzig 1999

*Berger Peter L. / Luckmann Thomas*: Die gesellschaftliche Konstruktion der Wirklichkeit, Frankfurt [5]1980

*Bernays Ueli*: Die Bekehrung des Kanye West, NZZ 01.11.2019, 38

*Bongardt Michael*: Die Sprache und der Glaube. Eine Annäherung an das Werk von *Elazar Benyoëtz,* konturen, in: rothenfelser burgbrief 01/2005, 3–9

*Bewahren und Erneuern*: Studien zur Messliturgie. Festschrift für Hans Bernhard Meyer zum 70. Geburtstag, hg. von *Reinhard Meßner u. a.*, Innsbruck 1995 (zit. Bewahren und Erneuern)

*Bieringer Andreas*: „Das war, als finge ein stehengebliebenes Herz wieder zu schlagen an." Liturgische Poesie bei Peter Handke, in: *Tück Jan-Heiner / Bieringer Andreas* (Hg.) (2014) 85–100

*Bieringer Andreas:* Versammeln – Verkündigen – Antworten. Liturgische Spuren in der Literatur der Gegenwart, in: *Bodenheimer Alfred / Tück Jan-Heiner* (Hg.) (2014) 144–155

*Bibel heute* 54 (1992/3) Nie soll Jesus gelacht haben? Spuren des Humors Jesu

*Böcker Tobias*: Ergiebige Spurensuche. Die religiös-spirituelle Dimension des Jazz, in: HK 58 (2004) 462–466

*Bodenheimer Alfred / Tück Jan-Heiner* (Hg.): Klagen, Bitten, Loben. Formen religiöser Rede in der Gegenwartsliteratur, Ostfildern 2014

*Bonhoeffer Dietrich*: Die teure Gnade bzw. Der Ruf in die Nachfolge, in ders.: Nachfolge, München [10]1971, 13–27, 28–52

*Bourquin Irène*: Robert Lax – Lyriker und Philosoph, in: Orien 59 (1995) 241–243

*Bourquin Irène*:: Robert Lax – Schreiben als Meditation, in: Orien 63 (1999) 102 f.

*Bourquin Irène*: Filmische Hommage an Robert Lax, in: Orien 63 (1999) 249

*Bourquin Irène*: Lebensaugenblicke Zum Tod des Dichters und Philosophen Robert Lax, in: Orien 64 (2000) 211 f.

*Bourquin Irène*: Das Vermächtnis eines Friedlichen „peacemaker‘s handbook / handbuch für friedensstifter" von Robert Lax, in: Orien 65 (2001) 200

*Brand Fabian*: Überraschende Neuentdeckungen im Zwischenraum der Sprache. Der israelische Aphoristiker und Lyriker Elazar Benyoëtz, in: StdZ 142 (2017) 551–554

*Brändlin Sabine, Locher Gottfried Wilhelm, Wagner Dieter* (Hg.): Reformierter Abendmahlsgottesdienst. Liturgien, erklärende Texte und Partituren, Zürich 2016

*Braun Michael*: „Probebohrungen im Himmel". Heimat und Religion in der Gegenwartsliteratur, in: StdZ 141 (2016) 537–544

*Brinkmann Richard*: V. Zum Verhältnis und zur „Logik" literarischer und religiöser Sprache in CGG 2, Freiburg i. Br. 1981, 106–122

*Brose Thomas*: Geglückte Balance Ein Versuch, Hilde Domin tiefer zu begreifen, in: Orien 69 (2005) 68 f.

*Brüske Gunda*: Was ist liturgische Sprache? BiLi 76 (2003) 231–236

*Brüske Gunda*: „Das Weiße zwischen den Worten" *(Max Frisch)* Die andere Seite der liturgischen Sprache auf http://www.feinschwarz.net/das-weisse-zwischen-den-worten 14.03.2017

*Brüske Martin*: Steinernes Herz: Kirche erneuern in Zeiten der Selbsterhaltung? https://www.feinschwarz.net/steinernes-herz-kirche-erneuern-in-zeiten-der-selbsterhaltung/ 09.10.2018

*Brunner Armin*: Eine wahre Etepete-Kultur, TA 29.12.1997

*Bucher Rainer*: Der Glauben, nicht das Glauben. Notate zu Martin Walsers „Mein Jenseits" in: *Felder Michael* (Hg.) (2012) 119–131

*Bolz Norbert*: Wir leben bereits in der Maschine, NZZ 24.03.2018

*Camartin Iso:* Weltlich oder geistlich? Wie in Bachs Musik die Trennungen überwunden werden, NZZ 16./17.06.2005, 44

*Challancin James*: The whole local community celebrates, in: Eph lit 91 (1977/6) 454–482

*Charim Isolde*: Ich und die Anderen. Wie die Pluralisierung uns alle verändert, Wien 2018

*Chauvet Louis-Marie*: Symbol und Sakrament. Eine sakramentale Relecture der christlichen Existenz übers. v. Th. Fries, Regensburg 2015

*Chenu, Marie-Dominique*: Von der Freiheit eines Theologen. M.-Dominique Chenu im Gespräch mit Jacques Duquesne. Aus dem Französischen von Michael Lauble. Collection Chenu 3, Mainz 2005

*Collet Giancarlo*: Welcher Kurs soll eingeschlagen werden? Nicht mehr zugänglicher Eintrag vom 30.07.2015 auf www.kirchenblogs.ch/d/blogs/konzilsblog

*Collet Giancarlo*: Von der heutigen Notwendigkeit „paulinischer Kühnheit „ Weltkirche auf dem Weg zur kulturellen Vielfalt, in: Orien 73 (2009) 57–60

*Congar Yves*: L'Ecclesia ou communauté chrétienne, sujet intégral de l'action liturgique, in: *Jossua J.-P. / Congar Y.*: La Liturgie après Vatican II. Bilans, études, prospective. Paris 1967, 241–282

*Christlicher Glaube in moderner Gesellschaft Enzyklopädische Bibliothek* hg. von *Franz Böckle, Franz-Xaver Kaufmann, Karl Rahner, Bernhard Welte* in Verbindung mit *Robert Scherer*, Freiburg (1981 ff.) zit. CGG

*Dalferth Ingolf U.*: Götzendämmerung: Warum die Theologie mehr will als Gott nur denken, zit. bei *Niklaus Peter*: Gott denken, Religion kritisieren, NZZ 20.09.2011

*Das Silja Walter Gottesdienstbuch*, Freiburg 2019

*Dausner René*: Elazar Benyoëtz: Vertrauen ins Deutsche? auf https://www.feinschwarz.net/elazar-benyoetz-vertrauen-ins-deutsche/ (26.10.2018)

*Deeg Alexander*: Zwischen Kunst und Bildung, Regression und Progression. Die Spannung von Predigtsprache und liturgischer Sprache, in: *Meyer-Blanck Michael* (Hg.) (2012) 95–118

Deeg Alexander: Zur Sprachgestalt des Kollektengebets in Lehnert Christian (Hg.) (2014) 49–53

*Deibl Jakob OSB*: Und: Erzählen und Verwandeln bei Peter Handke. Hölderlin-Metamorphosen in der „Wiederholung", in: *Tück Jan-Heiner / Bieringer Andreas* (Hg.) (2014) 155–173

*Demont Oliver / Zehner Tobias:* Gespräch mit *Flügge Erik*: Wir bitten dich, erhöre ihn, in: bref 2016/15, 4–14

der gottes*dienst*. Liturgische Texte in gerechter Sprache, Bd. I Der Gottesdienst, hg. von *Erhard Domay* und *Hanne Köhler*, Gütersloh 1997

*DIE FEIER DER EUCHARISTIE* im Katholischen Bistum der Alt-Katholiken in Deutschland. Für den gottesdienstlichen Gebrauch erarbeitet durch die liturgische Kommission und herausgegeben durch Bischof und Synodalvertretung, *München* 1995, Neuaufl. 1997

*Die Musik in den christlichen Liturgien*, Universa-Laus-Dokument 1980 (Revidierter Text 2006) auf www.universalaus.org/wordpress/wp-content/uploads/2010/01/1-document-ul-de.pdf (zit. UL)

*Dierks Joachim*: Gospel in Deutschland. Gedanken über ein Phänomen der Musik- und Kirchengeschichte, in *Kabus Wolfgang / Arnold Jochen* (Hg.) (2012) 53–64

*Domin Hilde*: Humanität bei Lebzeiten – eine Utopie? Römerberg-Rede 1978 in: GE 395–406

*Domin Hilde*: Gesammelt Gedichte, Frankfurt a. M. 1987 (zit. HDGG)

*D'Sa Francis X.*: Der trinitarische Ansatz von Raimon Pannikar, in: *Nitsche Bernhard*: Gott – Welt – Mensch. Raimon Pannikars Gottesdenken – Paradigma für eine Theologie in interreligiöser Perspektive? Zürich 2008, 253–267

*Dubach Alfred*: anl. Eröffnung des Liturgischen Instituts der deutschsprachigen Schweiz vom 04.12.2004 in Freiburg/CH unter dem Motto ‚Zur Liturgie fähig?!', in: SKZ 173 (2005/4) 68–72 u. 77 f.

*Ebneter Thomas*: Christliche Hoffnung im säkularen Zeitalter. Im Gespräch mit Gianni Vattimo, Wien 2012

*Ecclesia de Eucharistia:* Enzyklika von *Johannes Paul II.* an die Bischöfe, an die Priester und Diakone, an die Ordensleute und an alle Christgläubigen über die Eucharistie in ihrem Verhältnis zur Kirche, Vatikanstadt 2003

*Eichmann-Leutenegger Beatrice*: „… wie im Tode das Leben beginnt …" (I/II), in: Orien 47 (1983) 63–65 bzw. 84–86

*Eichmann-Leutenegger Beatrice*: „… uns gesegnet zu wissen …" in: Orien 61 (1997) 109 f.

*Eichmann-Leutenegger Beatrice*: Nachts in die Sonne hineinfallen. Anmerkungen zum Werk von Silja Walter, in: Orien 63 (1999) 79–81

*Eichmann-Leutenegger Beatrice*: „Auf dem Weg der Rätsel und Fragen …" in: SKZ 168 (2000) 340–343

*Eichmann-Leutenegger Beatrice*: „Hand in Hand mit der Sprache bis zuletzt" Zum Tod der Dichterin Hilde Domin (1909–2006) in: Orien 70 (2006) 67 f.

*Eichmann-Leutenegger Beatrice*: Atemlosigkeit eines Lebens Hilde Domin (1909–2006) gespiegelt in ihren Briefen und in einer Biographie, in: Orien 73 (2009) 228–231

*Eissing Dieter*: Motivierendes Bekennen. Einführungsworte in die Messfeier, in: Gd 51 (2017/20) 157–159

*Esquivel Julia*: Die den Stern sahen, in: Neue Wege. Beiträge zu Religion und Sozialismus 78 (1984) 105 f.

*Estermann Anna*: „statt ‚Bild' sag auch ‚Traum', ‚Illusion', ‚Ganz-Sein', ‚Mit-Sein'". Handkes ganz weltliche „Religion" der Bilder in: *Tück Jan-Heiner / Bieringer Andreas* (Hg.) (2014) 175–194

*Faber Eva-Maria*: Gott ist wie ein Trost, so wie ein Kissen, auf dem du schlafen kannst, in: SKZ 183 (2015) 191–199

*Faes Urs*: Als hätte die Stille Türen, Frankfurt a. M. 2005

*Feichtinger Barbara*: Die Liturgie prägt die Feiernden!? (I), Kriterien für eine weltwirksame Liturgie (II), in: SKZ 185 (2017) 608 f. u. 626 f.

*Feil Ernst*: Die Theologie Dietrich Bonhoeffers. Hermeneutik, Christologie, Weltverständnis, München 2005

*Felder Michael* (Hg.): Mein Jenseits. Gespräche über Martin Walsers Mein Jenseits, Berlin 2012

*Feldmann Deborah*: „Wie kann ich mein Jüdischsein für mich erträglich machen?", NZZ 20.02.2019

*Fischer Jonathan*: „It's You that I want, but it's Him that I need". Schwarze Popmusik zwischen Soul und Gospel, Sex und Religion, Ekstase und Erlösung, NZZ 18.12.2003

*Flügge Erik*: Vom Jargon der Betroffenheit – Wie die Kirche an ihrer Sprache verreckt, München 2016

*Foppa Daniel*: „Jeder Morgen ist ein Kampf. Aber ich bin ja nicht in den Ferien hier" über *Giorgio von Arb* zu *Erwin Koch*: Ein Buch über die Welt. Das Kloster Disentis, Basel 2010, in: Aufzeichnung aus der Benediktinerabtei Disentis von Erwin Koch: Die letzte Horde Kommunisten, TA 17.09.2010, 12

*Földényi László F.*: Über Minen gehen. Die atheistische Mystik tritt im Augenblick vollkommener Leere ein, wenn die Vernunft an ihre Grenze stößt, NZZ 26.05.2018, 47

*Frei Othmar*: Benedikt XVI. und die Kirchenmusik, in: SKZ 173 (2005) 441 f.

*Frey Daniel*: Die Meditationen eines „sich philosophisch ausdrückenden Christen", in: Evang. Theol. 73 (2013) 283–302

*Freyer Thomas*: Sakrament –Transitus – Zeit – Transzendenz. Überlegungen im Vorfeld einer liturgisch-ästhetischen Erschließung und Grundlegung der Sakramente. Bonner dogmatische Studien Bd. 20. Würzburg 1995

*Fuchs Ottmar*: Der zerrissene Gott. Das trinitarische Gottesbild in den Brüchen der Welt. Mit einem Vorwort von Magnus Striet, Ostfildern 2014

*Fuhrmann Siri*: Alles nur Befindlichkeit? Empirischer Befund und theologische Problemanzeige zum Verhältnis von Liturgie und Lebensgefühl, in: LJ 59 (2009) 187–200

*Gall Sieghard*: Wahrnehmungen und Erwartungen von Gottesdienst. Eine empirische Untersuchung, in: HlD 59 (2005) 161–172

*Gall, Sieghart & Schwier, Helmut*: Predigt hören im konfessionellen Vergleich, Heidelberger Studien zur Predigtforschung, Bd.2, Berlin 2013

*Garhammer Erich*: Banalisierung der Liturgiesprache, in: *Meyer-Blanck Michael* (2012) 125–132

*Garhammer Erich*: ‚Introibo ad altare Dei'. Stimmen von Literaten zur Sprache in der Liturgie, in: *Meyer-Blanck Michael* (Hg.) (2012) 121–138

*Garhammer Erich*: „Epiphanie der Stille". Die Geburt der Sprache aus dem Geist der Liturgie bei Arnold Stadler und Hanns-Josef Ortheil, in: *Bodenheimer Alfred / Tück Jan-Heiner* (Hg.) (2014) 128–143

*Garhammer Erich*: Im Anfang war das Murmeln. Wie der Schriftsteller Hanns-Josef Ortheil seine Sprache fand, in: HK 73 (2019/2) 39–41

*Gartmann Thomas / Marti Andreas*: Der Kunst ausgesetzt, Berichtsband 5. Intern. Kongress für Kirchenmusik, Bern 2017

*Gassmann Irene*: Dich kommen sehen und singen, in: Gd 53 (2019) 106 f.

*Geldhof Joris*: Les défis actuels pour une théologie de la liturgie, in: MD 295 (2019/1) 171–199

*Gellner Christoph*: „Ich stehe ein für das unverläßliche Leben". Zum 100. Geburtstag von Rose Ausländer, in: Orien 65 (2001) 99–104

*Gellner Christoph*: „Nur seinen Schrei nehmen wir ihm noch ab …" in: SKZ 169 (2001) 205–208

*Gellner Christoph*: „Glaube ist Seelenarbeit". Martin Walsers „Mein Jenseits" im Kontext seines Denkens und Schreibens, in: *Felder Michael* (Hg.) (2012) 84–118

*Gellner Christoph*: „Renitente Gebete" SAIDs Psalmen – eine Fortschreibung von Bibelpoesie und moderner Psalmdichtung aus muslimischem Geist, in: *Alfred Bodenheimer / Jan-Heiner Tück* (Hg.) (2014) 211–228

*Gellner Christoph:* Taugenichtstun: Gebet und Liturgie sprengen die Herrschaft von Zweck und Nutzen, auf https://www.feinschwarz.net/lehnert_der_gott-in-der-nuss/#more- 8850 (21.06.2017)

*Gellner Christoph*: „Man muss etwas anderes sehen können als das Kanonisierte" Zu Peter Handkes 75. Geburtstag am 06.12.2017, auf https://www.feinschwarz.net/zu-peter-handkes-geburtstag/

*Gerhards Albert*: Im Spannungsfeld von Wort und Zeichen. Kirchenmusik und Theologiegeschichte, in: *Musik im Raum der Kirche* (2007) 52–63

*Gerhards Albert*: Liturgische Sprache, Alltagssprache und das Problem der Übersetzungen, in: *M. Kirschner / J. Schmiedl* (2014) 119–141

*Gerhards Albert*: Der Geist der Liturgie, in: HK 54 (2000) 263–268

*Glettler Hermann*: Über Verflüssigung, Kunst und Kirche auf http://www.feinschwarz.net/glettler-kirche-und-kunst/ (05.01.2018)

*Gössmann Wilhelm*: Sakrale Sprache, München 1965

*Gollwitzer Helmut*: Krummes Holz – aufrechter Gang Zur Frage nach dem Sinn des Lebens, München 1970, [7]1976

*Gottesdienstpraxis* Serie A III/1, hg. von E. Domay, Gütersloh 1992

*Grillo Andrea:* ‚Intellectus fidei' und ‚intellectus ritus'. Die überraschende Konvergenz von Liturgietheologie, Sakramententheologie und Fundamentaltheologie, in: LJ 50 (2000) 143–165

*Groß Engelbert*: Robert Lax – Stille in der Vase. Tagebuchnotizen von einer Reise nach Patmos, in: Orien 70 (2006) 128 f.

*Guardini Romano*: Besinnung auf die Feier der heiligen Messe, Mainz 1949

*Guardini Romano*: Der Kultakt und die gegenwärtige Aufgabe der Liturgischen Bildung, in: LJ 14 (1964) 101–106

*Gutmann Hans-Martin, Schroeter-Wittke Harald*: Art. ‚Musik und Religion', in: NHThG Bd. 3, München 2005, 117–127

*Gutiérrez Gustavo*: Die Grenzen der modernen Theologie. Ein Text von Bonhoeffer, in: Conc 15 (1979) 291–297

*Gy Pierre-Marie*: „„Ist ‚Der Geist der Liturgie' Kardinal Ratzingers dem Konzil treu?", in: LJ 52 (2002) 59–65

*Häsler Alfred A.* im Gespräch mit *Leopold Szondi*: Schicksal und Freiheit im Leben des Menschen EX LIBRIS 30 (1975/10) 13–21

*Hafner Fabjan*: Peter Handke, Unterwegs ins Neunte Land, Wien 2008

*Hake Joachim*: Loben ohne zu lügen, in: BiLi 77 (2004) 4–9

*Hammarskjöld Dag*: Zeichen am Weg, Übertragen und eingeleitet von Anton Graf Knyphausen, München/Zürich, 1963 / [8]1973

*Handke Peter*: Das Ende des Flanierens, Frankfurt, 1980

*Handke Peter*: Die Lehre der Sainte-Victoire, Frankfurt a. M. 1996

*Handke Peter*.: Am Felsenfenster morgens (und andere Ortszeiten 1982–1987), Frankfurt a. M. 2000

*Handke Peter* im Interview in: DIE ZEIT 48/2010 editiert am 08.09.2013 auf https://www.zeit.de/2010/48/Interview-Peter-Handke/komplettansicht

*Handke Peter*: Der Große Fall. Erzählung, Berlin 2011

*Handke Peter*: Wie ein Gewecktwerden für einen anderen Tag, in: *Bodenheimer Alfred / Tück Jan-Heiner* (Hg.) (2014) 17

*Handke Peter*: Vor der Baumschattenwand nachts. Zeichen und Anflüge von der Peripherie 2007–2015, Salzburg/Wien 2016

*Hangartner Li / Vielhaus Brigitte* (Hg.): segnen und gesegnet werden. Reflexionen – Impulse – Materialien, Düsseldorf 2006

*Hangartner Li*: Wie Segen gelingen kann. Inhaltliche und formale Kriterien, in: *Hangartner Li / Vielhaus Brigitte* (Hg.) (2006) 59–62

Harrison Robert Rogue / René Girard: Warum kämpfen wir? Und wie können wir aufhören? NZZ 09.03.2019

*Haunerland Winfried*: Unerledigte Reformimpulse der Konstitution Sacrosanctum concilium in: *P. Hünermann, B. J. Hilberath* (Hg.): Das Zweite Vatikanische Konzil und die Zeichen der Zeit, Freiburg u. a. 2006, 243–252

*Heider Martin*: Von der europäischen Gefangenschaft der Kirchenmusik, in: *Musik im Raum der Kirche* (2007) 544–556

*Hendrikse Klaas*: Glauben an einen Gott, den es nicht gibt. Manifest eines atheistischen Pfarrers, Zürich 2012 und ders. im Gespräch: „Gott ereignet sich in Menschen" LZ 14.06.2013, 8

*Henrichs Benjamin*: Glücksmärchen, Wanderpredigt, Lesefolter: „Die Wiederholung" – Peter Handkes neues Buch https://www.zeit.de/1986/41/der-evangelimann/komplettansicht 03.10.1986

*Herberichs Cornelia, Kösslinger Norbert, Seidl Stephan*: Liturgie und Literatur, Eine Einleitung, in dies. (Hg.): Liturgie und Literatur. Historischen Fallstudien, Bd. 10 Lingua Historica Germanica, Berlin / Boston 2015

*Herbig Jost*: Die Dinge haben ihre Sprache. Interview mit Joseph Beuys, in: Süddeutsche Zeitung 26./27.01.1980 auf https://de.wikipedia.org/wiki/Zeige_deine_Wunde

*Hermeneutische Blätter* 2014/1: „Umgang mit Unsäglichem" Martin Walser und die Rechtfertigungsfrage, Zürich 2014

*Heschel Abraham Joshua*: Gott sucht den Menschen, Eine Philosophie des Judentums, dt. Neukirchen u. Berlin 1980/2000, Erstausgabe engl.: God in Search of Man, 1955

*Heschel Abraham Joshua*: Der Schabbat. Seine Bedeutung für den heutigen Menschen, Berlin 2001

*Hobi Martin* (Hg.): Im Klangraum der Kirche, Aspekte – Positionen – Positionierungen in Kirchenmusik und Liturgie, Zürich, 2007

*Hobi Martin*: „Wenn sich Kirche trifft, dann tönt es heute so", Interview M. Spilker www.kath.ch, 16.08.2015

*Hobi Martin* im Gespräch mit *Barbara Kolberg*: „Dein Leben will singen … – Halleluja" in: Musik und Liturgie 144 (2019/2) 20–23

*Höhn Hans-Joachim*: „Gleicht Euch nicht an!" Die Identität der Kirche und ihre Distanz von der Welt, in: HK 66 (2012/1) 1–16

*Höhn Hans-Joachim*: Gewinnwarnung. Religion nach ihrer Wiederkehr, Paderborn, 2015

*Hoff Johannes*: Spiritualität und Sprachverlust. Theologie nach Foucault und Derrida, Paderborn 1999

*Hoff Johannes*: Erosion der Gottesrede und christliche Spiritualität. Antworten von Michel Foucault und Michel de Certeau im Vergleich, Teil I/II in: Orien 63 (1999) 116–119 / 130–132

*Hoff Johannes*: Das Verschwinden des Körpers. Eine Kritik an der „Wut des Verstehens" in der Liturgie, in: HK 54 (2000/3) 149–155

*Hoff Johannes*: Das Leben in Fülle, Liturgie und Kunst bei Christoph Schlingensief, in: Gd 47 (2013/17) 137–140

*Hoff Johannes*: „Aber sprich nur ein Wort …" Erinnerungen an Christoph Schlingensief, auf https://www.feinschwarz.net/aber-sprich-nur-ein-wort-erinnerungen-an-christoph-schlingensief/ (02. Nov. 2016)

*Hoffmann Daniel*: „Im neuen Einband Gott gereicht". Liturgische Poesie in der deutsch-jüdischen Literatur des 20. Jahrhunderts, Berlin 2002

*Hoffmann Daniel*: Bruchstücke einer großen Tradition. Gattungspoetische Studien zur deutsch-jüdischen Literatur, Paderborn 2005

*Horkheimer Max, Adorno Theodor W.*: Dialektik der Aufklärung. Philosophische Fragmente, New York 1944 / 1969

*Hürlimann Thomas*: Bringen wir den Ton zum Klingen! NZZ 25.10.2015, 70f.

*Jaccottet Philippe*: Fliegende Saat. Aufzeichnungen 1954–1979, München 1995

*Jaschinski Eckhard*: Musica sacra oder Musik im Gottesdienst? Regensburg, 1990

*Jaschinski Eckhard*: Standpunkte, in: Musik und Liturgie 135 (2010/1) 36f.

*Jeggle-Merz Birgit*: Tätige Teilnahme in Sacrosanctum Concilium. Stolperstein oder Impulsgeber für gottesdienstliches Feiern heute? in: LJ 63 (2013) 153–166

*Jeggle-Merz Birgit*: Über den Sinn von Ritualen. Eine Annäherung im Rekurs auf den Sinn der Liturgie, in: *Martina Bär, Maximilian Paulin* (Hg.): Macht Glück Sinn? Theologische und philosophische Erkundungen, Ostfildern 2014, 235–248

*Jeggle-Merz Birgit / Kirchschläger Walter / Schubert Christiane / Stockhoff Nicole*: Im Namen des Vaters und des Sohnes und des Heiligen Geistes, in: *Jeggle-Merz Birgit / Kirchschläger Walter / Müller Jörg* (Hg.): Gemeinsam vor Gott treten. Die Liturgie mit biblischen Augen betrachten, in: LuBiLiKOM 1, Stuttgart 2014

*Kabus Wolfgang / Arnold Jochen* (Hg.): Popularmusik und Kirche – Polyphon statt Monoton. Dokumentation des Fünften interdisziplinären Forums Popularmusik und Kirche, Friedensauer Schriftenreihe Bd. 13, Frankfurt a. M. 2012

*Kabus Wolfgang*: Einklang und Verschiedenheit. Vom Sinn und Unsinn der Homogenität von Wort und Musik, in: *Kabus Wolfgang / Arnold Jochen* (Hg.) (2012) 143–171

*Kahl Joachim*: Weder Gotteswahn noch Atheismuswahn. Eine Kritik des ‚neuen Atheismus' aus der Sicht eines Vertreters des ‚alten Atheismus' in: *Reinhard Hempelmann* (HG.): Schöpfungsglaube zwischen Anti-Evolutionismus und neuem Atheismus, EW-Texte 204, Berlin 2009, 5–24

*Kaiser Jochen*: Erwartungen an den Gottesdienst und seine Musik. Empirische Beobachtungen in Erlebniserzählungen von Gottesdienstbesuchern, in: MuK 82 (2012) 310–316

*Kaiser Jochen*: Das Triviale als Modus des Erlebens. Populäre Kultur im Gottesdienst und seiner Musik, in: PTh 103 (2014) 227–240

*Kaiser Gerhard*: Christliche Lyrik heute? Die Gedichte Christian Lehnerts, in ders.: Spätlese. Beiträge zur Theologie, Literaturwissenschaft und Geistesgeschichte, Tübingen 2008, 163–174

*Kaiser Gerhard*: Christliche Gedichte? Zur Lyrik Christian Lehnerts, in: GuL 81/2 (2008) 87–98

*Kalberer Guido* im Gespräch mit *Peter Sloterdijk*: ‚Der Feigling will nicht beim Namen genannt werden' TA 06.04.2009, 45

*Kappelari Egon*: Verwandlung und Bergung der Dinge in Gefahr. Religiöse Dimensionen im Werk Peter Handkes, in: *Tück Jan-Heiner / Bieringer Andreas* (Hg.) (2014) 217–231

*Kermani Navid*: Der Schrecken Gottes. Attar, Hiob und die metaphysische Revolte. München 2005

*Kerschner Johanna*: Geistiges Vermächtnis. Erste Begegnung mit Beuys, Blog-Eintrag 31.05.2013 http://www.lenbachhaus.de/blog/geistiges-vermachtnis-die-erste-begegnung-mit-beuys/

*Keune Jacqueline*: Von Bedenken und Zusagen, Liturgische Texte, Horw/Luzern 2004

*Keune Jacqueline*: Denn Sprache ist Macht http://www.feinschwarz.net/denn-sprache-ist-macht/#more-5209 (10.08.2016)

*Kipphoff Petra*: Zeige deine Wunde, Die Zeit 26.02.1988/9 bzw. https://www.zeit.de/1988/09/zeige-deine-wunde/komplettansicht

*Kirschner Martin / Schmiedl Joachim* (Hg.): Liturgia. Die Feier des Glaubens zwischen Mysterium und Inkulturation, Freiburg 2014

*Kłańska Maria*: „Ich Überlebende des Grauens schreibe aus Worten Leben". Zur Problematik von Sprechen und Schweigen bei Rose Ausländer, in: *Eggert Hartmut / Golec Janusz* (Hg.): „… wortlos der Sprache mächtig" Schweigen und Sprechen in der Literatur und sprachlicher Kommunikation, Stuttgart 1999, 133–158

*Klöckener Martin*: Kirchenmusikalische Gesetzgebung im Spannungsfeld von Liturgie und Kultur, in: *Hobi Martin* (Hg.) (2007) 207–229

*Klöckner Stefan*: Eine Provokation? Zur Verbindung von Gregorianik und Jazz auf einer CD, in: Gd 33 (1999) 132

*Klöckner Stefan*: Musik in der Kirche, auf www.miz.org/static_de/themenportale/einfuehrungstexte_pdf/kloeckner.pdf, o. J.

*Kobel Esther*: Im Grunde ganz jüdisch. Über die Wurzeln des Unservaters, in: FAMA 33 (2017/4) 4 4.

*Koch Alois*: Zwischen Tradition und Säkularisierung. Eine Bestandsaufnahme kirchenmusikalischer Befindlichkeit zu Beginn des 21. Jahrhunderts, in *Hobi Martin* (Hg.) (2007) 251–266

*Koch Alois*: Kirchenmusik heute. Eine kritische Bestandsaufnahme, Referat 22.10.2008 anl. Kirchenmusikkongress Stuttgart 2008 (Manus.)

*Koch Alois*: Geistliche Klangwelten. Kirchenmusik heute SKZ 177 (2009) 398–400

*Koch Alois*: „Nil impurum aut lascivum" Fragen zur musikalischen Theologie der katholischen Kirche, Vortrag anl. 5. Intern. Kongress für Kirchenmusik Bern, Oktober 2015

*Kock Erich*: Die Andacht der Aufmerksamkeit oder: Der Weg führt nach innen. Versuch über Peter Handke in: *Tück Jan-Heiner / Bieringer Andreas* (Hg.) (2014) 205–214

*Kok C. G.*: Liturgie tussen wal en schip. Het officieelkerkelijk liturgisch veranderingsproces na Vatikanum II gezien vanuit de liturgie als sakramentele symbool-aktiviteit van de plaatselijke gelofsgemeenschap, Amsterdam 1980

*Koll Julia / Steinmetz Uwe* (Hg.): Jazz und Kirche. Philosophische, theologische und musikwissenschaftliche Zugänge. Leipzig 2016

*Koll Julia*: Unüberhörbar gegenwärtig. Improvisieren im Gottesdienst, in dies.: (2016) 97–116

*Kraft Sigisbert / Kraft Erentrud*: Lobpreis von Generation zu Generation. Liturgische Sprache heute. Rothenfelser Schriften Bd.9, Burg Rothenfels 1999

*Kranemann Benedikt*: Magnum Principium – ein neues Kapitel für die Volkssprache in der Liturgie, in: ET-Studies 9/2 (2018) 205–225

*Kranemann Benedikt*: „Das Volk Gottes nicht ausstechen" – wider den Klerikalismus in der Liturgie, Blogbeitrag 28. Sept. 2018 https://theologie-aktuell.uni-erfurt.de/ sowie in: Gd 52 (2018) 245–247

*Kreuels Matthias*: Zielvorgaben (an die Musik) – ohne Konsequenzen? In: HlD 64 (2010) 23–31

*Kuhlmann Helga* (Hg.): Eher eine Kunst als eine Wissenschaft. Resonanzen der Theologie Dorothee Sölles, Stuttgart 2007

*Kurz Paul Konrad*: Politiker, Ästhet, Mystiker. Zu Dag Hammarskjölds geistlichem Tagebuch, in: GuL 38 (1965) 198

*Kuschel Karl-Josef*: Das wäre meine Religion: Nicht allein zu sein. Über den Katholizismus, ein Gottesprojekt und das Nationale in der Religion: Gespräch mit Martin Walser, in: ders. Weil wir uns auf dieser Erde nicht ganz zu Hause fühlen, München 1985, 140–154

*Kuschel Karl-Josef*: Vom Lachen der Menschen und vom Lachen Gottes. Darf man noch lachen in einer traumatisierten Welt? auf https://www.bildungkirche.ch/newsroom/magazin/Ausgaben-2017/01-2017-lustig/vom-lachen-der-menschen-und-vom-lachen-gottes (28.11.2018)

*Kutzer Mirja*: In Wahrheit erfunden. Dichtung als Ort theologischer Erkenntnis, Regensburg 2006

*Krämer Sybille*: Sprache – Stimme – Schrift: Sieben Gedanken über Performativität als Medialität, in: *Uwe Wirth* (Hg.): Performanz. Zwischen Sprachphilosophie und Kulturwissenschaften, Frankfurt a. M. 2002, 323–346

*Läderach Jürg*: „Klassische Musik fand ich etwas lahm" NZZ 19.12.2015

*Lamberigts Mathijs*: Die Reform der Liturgie, in: *Kirschner M. / Schmiedl J.* (2014) 80–105

*Landau Annette / Koch Sandra* (Hg.): Lieder jenseits der Menschen. Das Konfliktfeld Musik – Religion – Glaube, Zürich 2002

*Langenhorst Georg*: Zwischen Abgesang und Sehnsuchtssuche – Reden von Gott in der Gegenwartsliteratur (I). „Einarmigkeit überwinden" – Von Sünde und Erlösung reden heute (II). „Trostworte, die nicht ver-trösten" – Dichter zwischen Absage und Suche nach Trost (III), in: GWiK, Würzburg 2004, Bd. 1/2 10–16, Bd. 3 12–18

*Langenhorst Georg*: „Ich gönne mir das Wort Gott". Gott und Religion in der Literatur des 21. Jahrhunderts, Freiburg 2009

*Langenhorst Georg*: Sehnsucht der Gottessuche, in *Ulrike Wolitz* (Hg.) (2009)

*Langenhorst Georg*: Fortschreibungen mystischer Poesie, in: GuL 88 (2015) 294–306

*Lehnert Christian* (Hg.): „Denn wir wissen nicht, was wir beten sollen …". Über die Kunst des öffentlichen Gebets, Leipzig 2014, Bd. 1

*Lehnert Christian / Schnelle Manfred*: Die heilende Kraft der reinen Gebärde. Gespräche über liturgische Präsenz Leipzig 2016, Bd. 2 Impulse für Liturgie und Gottesdienst

*Leven Benjamin*: Theatrum sacrum und Gesamtkunstwerk. Kunst und Religion bei Christoph Schlingensief, in: HK 70 (2016/2) 39–427

*Lietha Jürg*: Jazz auf der Orgel, in: Musik und Gottesdienst 62 (2008) 15–17

*Linnenborn Marius*: „In sich österlich" in: Gd 53 (2019) 85–87

*Liturgie und Verkündigung* Bd. 6 Reihe Theologische Berichte, hg. v. *Josef Pfammatter* u. *Franz Furger*, Zürich 1977

*Loeper Heidrun* auf http://www.planetlyrik.de/heidrun-loeper-else-lasker-schuelers-gedicht-mein-blaues-klavier/2014/01/ (01.01.2014)

*Lezzi Eva*: Auf der Suche nach dem verlorenen Gott. Religiöse Fragen in der deutsch-jüdischen Lyrik des 20. Jahrhunderts, in: *A. Bodenheimer / J.-H. Tück* (Hg.) (2014) 12–33

*Marti Andreas*: Wie klingt reformiert? Zürich 2014

*Marti Andreas* www.liturgiekommission.ch/customer/files/II_F_02_Musik.pdf 1 (o. J.)

*Marti Kurt*: Zärtlichkeit und Schmerz. Notizen, Darmstadt 1979

*Marti Kurt*: Namenszug mit Mond, Gedichte, Zürich 1996

*Marti Kurt*: Christus, die Befreiung der bildenden Künste zur Profanität, in: Evangelische Theologie 18 (1958) 371–375

*Maurer Bernhard*: Dag Hammarskjöld als moderner Mystiker. „Mit Gottes Liebe das Leben und die Menschen lieben". Zu Hammarskjölds Tod vor vierzig Jahren am 17. September 1961, in: GuL 74 (2001) 420–434

*Mainberger Gonsalv K.*: Karfreitage des christlichen Europa. Beobachtungen zum Mythos und Ritus der Passion, in: Orien 64 (2000) 257–262

*Melzer Gerhard*: Fragezeichengewitter. Zu Peter Handkes Musikverständnis in ders. (Hg.): Peter Handke über Musik, Graz 2003, 93–97

*Mennekes Friedhelm*: Weitung von Kunst – Christus als Wirkkraft. Eine Rede über Joseph Beuys in: *Winnekes Katharina* (Hg.): Christus in der bildenden Kunst, München 1989

*Merki Christoph*: Stimme der Demut, TA 02.05.2019

*Messner Katrin*: „Allmählich komisch?". – Zum Vorhandensein des Wortes ‚Gott'" in Martin Walsers *Mein Jenseits* und *Über Rechtfertigung, eine Versuchung* in *J.-H. Tück* (Hg.) (2013) 93–100

*Meßner Reinhard*: Einführung in die Liturgiewissenschaft, Paderborn 2001

*Meßner Reinhard*: Einige Defizite in der Performance der Eucharistie, in: *Wahle Stephan u. a.* (Hg.) (2013) 304–345

*Meßner Reinhard*: Erwägungen zur Gestalt und rituellen Performance der Eröffnungsriten der Messe. Eine Skizze, in: HlD 71 (2017) 223–232

*Meyer Martin*: Gerade gestern. Vom allmählichen Verschwinden des Gewohnten, München 2018

*Meyer-Blanck Michael*: Die Sprache der Liturgie zwischen Fremdsprache und Muttersprache, Einführung zu ders. (Hg.): Die Sprache der Liturgie, Leipzig 2012

*Moltmann Jürgen*: Die ersten Freigelassenen der Schöpfung. Versuche über die Freude an der Freiheit und das Wohlgefallen am Spiel, München 1971 bzw. 2012 auf www.moltmann_christianity_a_religion_of_joy.pdf (Zugr. 26.07.2019)

*Morresi Enrico*: Die Anfänge von „Universa Laus" in: HlD 70 (2016) 273–286

*Müller Alois*: Glaubensrede über die Mutter Jesu. Versuch einer Mariologie in heutiger Perspektive, Mainz 1980

*Müller Alois*: Bleibt die Liturgie? Überlegungen zu einem tragfähigen Liturgieverständnis angesichts heutiger Infragestellungen, in: LJ 39 (1989) 155–167

*Müller Wolfgang W.*: Zur sakramentalen Struktur christlicher Existenz, in: *Edmund Arens* (Hg.) (2012)

*Musik im Raum der Kirche*. Fragen und Perspektiven. Ein ökumenisches Handbuch zur Kirchenmusik, hg. v. *Bönig Winfried u. a.* Mainz 2007

*Nagel Eduard*: Ein geeigneter Weg? Eine Überlegung zum Bussakt der Messfeier, in: Gd 50 (2016/23) 185–187

*Nordhofen Eckhard*: *CORPORA*. Die anarchische Kraft des Monotheismus, Freiburg 2018

*Oosterhuis Huub*: Im Vorübergehen, Wien 1969

*Pacik Rudolf*: Aktive Teilnahme. Schlüsselbegriff der erneuerten Liturgie, in *Hobi Martin* (Hg.) (2007) 27–52

*Pahl Irmgard*: Die Stellung Christi in den Präsidialgebeten der Eucharistiefeier, in: Bewahren und Erneuern (1995) 92–113

*Pahl Irmgard*: Kyrie und Bussakt im Eröffnungsteil der Eucharistiefeier, in: „Stichwort Liturgie" der Reihe ‚FrauenGottesDienste'. Modelle und Materialien Bd. 5: Klagen und Trösten. Hg. von *Anneliese Knippenkötter, Christel Voss-Goldstein*. Ostfildern 1998, 76–82

*Pallitsch Lukas*: Peter Handke: Liturgie des Behaltens, auf https://www.feinschwarz.net/handke-liturgie-des-behaltens/ (04. 11. 2019)

*Pannikar Raimon*: Den Mönch in sich entdecken (New York 1982), dt. München ²1990

*Peikert-Flaspöhler Christa*: Heut singe ich ein anderes Lied. Frauen brechen ihr Schweigen, Luzern/Stuttgart 1992

*Peikert-Flaspöhler Christa*: Niemals mehr wollen wir sprachlos sein. Frauen der Bibel – Frauen heute, Limburg 1993

*Peikert-Flaspöhler Christa*: Höre, göttliche Freundin. Gebete und Meditationen, München 1999

*Peikert-Flasphöler Christa*: Ankunft, in: SKZ 168 (2000) 757 ff.

*Petuchowski Jakob J.*: Göttliches und menschliches Wort im jüdischen Verständnis der Sprache der Bibel, in: CGG 2, Freiburg i. Br. 1981, 89–95

*Pfeifer Michael*: Schluss mit „Herr, erbarme dich". Plädoyer für eine neue Kyrie-Kultur, in: Gd 51 (2017/1) 4 f.

*Pohl-Patalong Uta*: Gottesdienst erleben. Empirische Einsichten zum evangelischen Gottesdienst, Stuttgart 2011

*Polfliet Joris*: Ein Narthex der Stille. In die Liturgie eintreten, in: Gd 49 (2015/13) 101–103

*Prüller-Jagenteufel Gunter M.*: Dietrich Bonhoeffer – Weltdienst als Heilsdienst, in: StdZ 131 (2006) 75–88

*Quint*: Meister Eckart, Deutsche Predigten und Traktate, Predigt 10, o. J.

*Ratzinger Joseph*: Der Geist der Liturgie, Freiburg i. Br. 2000

*Ratzinger Joseph Cardinal*: „Der Geist der Liturgie" oder: Die Treue zum Konzil, in: Gd 36 (2002) 97–100

*Ratzinger Joseph*: Das Welt und Menschenbild der Liturgie und sein Ausdruck in der Kirchenmusik, in: JRGS 11, 527–547 auf www.institut-papst-benedikt.de/nc/ergebnisausgabe/schriften/musik/text/kirchenmusik-als-synthese-von-geist-intuition-undsinnenhaftem-klang.html

*Regli Kurt*: „Weihnachten", in: SKZ 169 (2001) 40

*Reinacher Pia*: Keine Weltflucht, bloss geschützte Räume, TA 23.04.1999, 69

*Reiter Gerhard*: Das Eine und das Einzelne. Zur philosophischen Struktur der Lyrik Rose Ausländers in: *Ausländer Rose* Materialien (1991) 154–197

*Rentsch Christian*: Ritual und Realität. Eine empirische Studie zum gottesdienstlichen Handeln des Priesters in der Messfeier, Regensburg 2013 (zit. RuR)

*Rentsch Christian*: Das Spiel der Liturgie. Eine Studie zum gottesdienstlichen Handeln von Priestern, Interview mit Dr. Christian Rentsch OSA, Würzburg, in: Gd 48 (2014/3) 17–19 (zit. Gspr.)

*Richter Jean Paul*: Siebenkäs – Kapitel 47 auf http://gutenberg.spiegel.de/buch/-3215/47

*Ricoeur Paul*: Poetische Fiktion und religiöse Rede, in: CGG 2, Freiburg i. Br. 1981, 96–105

*Ricoeur Paul*: Gott nennen, in ders: Vom Text zur Person. Hermeneutische Aufsätze (1970–1999), übers. u. hg. v. *Peter Welsen*, Hamburg 2005,155–182

*Ritter Werner H.* (Hg.): Erlösung ohne Opfer? Göttingen 2003

*Rolfes Helmuth*: Art. ‚Atheismus / Theismus' in: NHThG, Bd. 1, München 2005, 100–116

*Rotzetter Anton*: An der Grenze zum Unsagbaren. Für eine zeitgemäße Gebetssprache in der Liturgie, Ostfildern 2002

*Rotzetter Anton*: Aufrecht und prophetisch in der Kirche Schweiz. Vortrag anl. Missionstagung 24.9.2010 (unveröffentlicht)

*Rotzetter Anton*: Gott, der mich atmen lässt, Freiburg [12]1996
*Ruh Ulrich* im Gespräch mit *Albert Gerhards*: „Der Schritt vom Ritus zur Feier ist vollzogen" in: HK 48 (1994) 616–621
*Sachs Nelly*: Fahrt ins Staublose. Gedichte, Frankfurt am Main, 1961
*Sachs Nelly*: Eli. Ein Mysterienspiel vom Leiden Israels in dies.: Zeichen im Sand. Die Szenischen Dichtungen der Nelly Sachs. Frankfurt am Main, 1962
*SAID*: Psalmen. Mit einem Nachwort von Hans Maier, München 2007 / [3]2010
*Salmann Elmar OSB*: Gerettetes Glück. Religiöse Übungsmotive bei Handke, in: *Tück Jan-Heiner / Bieringer Andreas* (Hg.) (2014) 21–28
*Scheu René*: „Fröhlich stürzt die Welt voran" NZZ 10.03.2018
*Schilson Arno*: Die Gegenwart des Ursprungs. Überlegungen zur bleibenden Aktualität der Mysterientheologie Odo Casels, in: LJ 43 (1996), 6–29
*Schilson Arno*: „Vom Geist der Liturgie". Versuch einer Relecture von Romano Guardinis Jahrhundertschrift, in: LJ 51 (2001) 76–89
*Schindler Michael*: Wenn Straße heiliger Boden wird, auf https://www.feinschwarz.net/wenn-strasse-heiliger-boden-wird/, 15.03.2016
*Schlemmer Karl*: Eucharistie/Abendmahl ‚nach Auschwitz'. Pastoralökumenische Ansätze aus katholischer Sicht. Bericht über das ökumenische Symposium 28./29.10.2011 im Kloster Helfta
*Schlimbach Guido*: Den Zwischen-Raum umspielen, in: Festschrift für A. Gerhards hg. v. *K. de Wildt, B. Kranemann, A. Odenthal*: Zwischen-Raum Gottesdienst, Stuttgart 2016, 235–250
*Schlingensief Christoph*: Zitat „Vertrocknete Farben" auf https://www.kath.ch/newsd/vertrocknete-farben/ (05.Mai 2009)
*Schmid-Keiser Stephan*: Aktive Teilnahme. Kriterium gottesdienstlichen Handelns und Feierns. Zu den Elementen eines Schlüsselbegriffes in Geschichte und Gegenwart des 20. Jh., Bern 1985 (zit. Aktive Teilnahme. Kriterium)
*Schmid-Keiser Stephan*: Die heutige kirchenmusikalische Situation in der pfarreilichen Praxis, in: Katholische Kirchenmusik 112 (1987) 103–105
*Schmid-Keiser Stephan*: Was Heilbäder als neue Pilgerstätten mit Kirchen und Reinigungs-Riten verbindet. Oder: Zur ‚inneren Uhr' von Gottesdienst und Architektur, in: AnzSS 109 (2000) 233–234
*Schmid-Keiser Stephan*: Zur ungelösten Frage der Ämter im Kontext der Feiern des Glaubens, in: SKZ 182 (2014/46) 669
*Schmid-Keiser Stephan*: Hostie mit personaler Zeichenwirkung, in: SKZ 184 (2016) 662/667
*Schmid-Keiser Stephan*: Musik im Gottesdienst – vielfältig integriert (I) in: SKZ 184 (2016) 596–598; Empirische Befunde zur Gottesdienstmusik (II) aaO. 646, 651; Stilistische Vielfalt der Musik im Gottesdienst (III) in: SKZ 185 (2017) 217 f.; Jazzaffine Musik im Gottesdienst (IV) aaO. 592–594; Jenseits von sakral und profan (V) aaO. 658/663
*Schmid-Keiser Stephan*: Jenseits von sakral-profan SKZ 185 (2017) 658 f.
*Schmid-Keiser Stephan*: Replik zu Meßner Reinhard (2017) auf https://katholisch.at/dl/OoskJKJKkkoNlJqx4KJK/Schmid-Keiser_Liturgie_trifft_Lebenswelt_online.pdf (zit. HlD 2018/2 Online-Replik)
*Schmid-Keiser Stephan*: http://www.feinschwarz.net/ekklesiologisch-ohnmaechtig-und-doch-ermaechtigt/#fnref-11359-1 (09.01.2018)

*Schmid-Keiser Stephan*: Wenn Gott zur Sprache kommt. Zur Erschließung des Lesejahres B, Regensburg 2020

*Schottroff Luise, von Wartburg-Potter Bärbel, Sölle Dorothee*: Das Kreuz: Baum des Lebens, Stuttgart 1987

*Schrott Simon A.*: Pascha-Mysterium, Zum liturgietheologischen Leitbegriff des Zweiten Vatikanischen Konzils, Regensburg 2014

*Schüler Else-Lasker*: Gesammelte Gedichte, Leipzig 1917

*Schüssler Michael*: Ein riskantes Gebet, auf https://www.feinschwarz.net/ein-riskantes-gebet/#more-1153 (21.10.2015)

*Schulz Frieder*: Entchristologisierung der gottesdienstlichen Gebete? Beobachtungen an neuen evangelischen Gottesdienstbüchern, in: LJ 50 (2000) 195–204

*Schuller Florian*: Vom Nachdenken und vom Vor-denken. Oder: Wo sich gangbare Wege zeigen in der Krise christlicher Existenz. Luzerner Universitätsreden Nr. 17 (19.01.2006) 15–41

*Schuster Max Josef*: one moment. Eine Erinnerung an den Dichter *Robert Lax* https://www.feinschwarz.net/one-moment-eine-erinnerung-an-den-dichter-robert-lax/ (11.01.2019)

*Schulte Christoph*: „Jetzt! Und …“ in: CiG 69 (2017) 33f.

*Schwier, Helmut & Gall, Sieghard* (Hg.) Predigt hören. Befunde und Ergebnisse der Heidelberger Umfrage zur Predigtrezeption, Heidelberger Studien zur Predigtforschung, Bd.1, Berlin 2008

*Siebenrock Roman*: Ihr seid ein Brief Christi … Gotteskrise, Kirchenkrise, Glaubenskrise: Eine Orientierung, in: *M. Kirschner / J. Schmiedl* (Hg.) (2014) 59–79

*Sölle Dorothee / Steffensky Fulbert* (Hg.): Politisches Nachtgebet in Köln, Bd. 2 Texte–Analysen–Kritik, Stuttgart o. J.

*Sölle Dorothee*: Wir wissen nicht, was wir beten sollen, in dies.: Die Wahrheit ist konkret / Atheistisch an Gott glauben, Zürich/Olten 1967/1968, 101–114

*Sölle Dorothee*: Das Evangelium als Inspiration. Impulse zu einer christlichen Praxis. Das theologische Interview, Düsseldorf 1971

*Sölle Dorothee*: Leiden, Stuttgart 1973

*Sölle Dorothee*: Die Hinreise. Zur religiösen Erfahrung. Stuttgart 1975

*Sölle Dorothee*: fliegen lernen. gedichte, berlin 1979

*Sölle Dorothee*: Die Ernährungstörungen nehmen zu, in: Neue Wege 75 (1981)

*Sölle Dorothee*: Alternatives Fernsehen, in: Neue Wege 76 (1982)

*Sölle Dorothee*: verrückt nach licht. gedichte, berlin 1984

*Sölle Dorothee*: zivil und ungehorsam, Gedichte, Berlin 1990

*Sölle Dorothee*: Es muss doch mehr als alles geben. Nachdenken über Gott. Hamburg 1992

*Sölle Dorothee*: Mit Lippen am Stein des Gebets. Über Nelly Sachs, in dies.: Mutanfälle. Texte zum Umdenken, Hamburg [2]1993, 213–217

*Sölle Dorothee*: Das Eis der Seele spalten. Theologie und Literatur auf der Suche nach einer neuen Sprache, in: dies. ([2]1993) 187–201

*Sölle Dorothee*: Träume mich, Gott, Wuppertal 1994

*Sölle Dorothee*: Der Vogel Wunschlos fliegt nicht weit – ein Tag mit Dorothee Sölle, 22.02.1995, in: Romerohaus-Protokoll 66, Luzern 1995

*Sölle Dorothee*: Mein einziges Korn. Ein Stück Theosophie? in: AnzSS 110 (2001/7–8) 11–14

*Sölle Dorothee:* „Die neue Sprache suchen“ in dies.: Gesammelte Werke (zit. GW), hg. v. *Ursula Baltz-Otto* und *Fulbert Steffensky*, Bd. 2: Und ist noch nicht erschienen, was wir sein werden, Stuttgart 2006, 188–195

*Sölle Dorothee*: „Du stilles Geschrei“ Wege der Mystik, in GW Bd. 6, Stuttgart 2007, III Mystik ist Widerstand, 241–379

*Sölle Dorothee*: GW Bd. 8: Das Brot der Ermutigung, Gedichte, Stuttgart 2008

*Sölle Dorothee*: spiel doch von brot und rosen. Gedichte, zit. im Publik-Forum Kalender 2012: Dorothee Sölle gedichte (April). Folgendes aus dies.: Loben ohne lügen, (ebd. Juli)

*Stadler Arnold*: Denn der Unglaube ist auch nur ein Glaube. Marginalien aus der Grenzgegend von Schriftstellerei und Theologie in Anbetracht von Martin Walsers 85. Geburtstag, in: *Felder Michael* (Hg.) (2012) 227–236

Steffensky Fulbert: Segnen – Skizzen zu einer Geste in: *Hangartner Li / Vielhaus Brigitte* (Hg.) (2006) 43–53

Steffensky Fulbert: Segen. Skizzen zu einer Geste, in: Christian Lehnert (Hg.) (2014) 101–108

*Steinmetz Uwe* auf: https://www.velkd.de/leipzig/downloads/Steinmetz_Publikationen_02_2017.pdf

*Stock Alex*: Liturgie und Poesie. Zur Sprache des Gottesdienstes, Kevelaer 2010

*Stock Alex*: Zur Idee einer poetischen Dogmatik, in: *Edmund Arens* (2012) 21–45

*Stock Alex*: „Im Kopf einen lateinischen Scharfsinn“ Theologische Anmerkungen zu Peter Handke, in: *Tück Jan-Heiner / Bieringer Andreas* (Hg.) (2014) 101–114

*Striet Magnus*: „Meine Arbeit: etwas so schön sagen, wie es nicht ist.“ (Martin Walser). Zur Novelle „Mein Jenseits“ in *Michael Felder* (Hg.) (2012) 132–137

*Stubenrauch Bertram*: Dialogisches Dogma. Der christliche Auftrag zur interreligiösen Begegnung, QD 158, Freiburg 1995

*Stutz Pierre*: Du hast mir Raum geschaffen. Psalmengebete, München $^{2}$1997

*Sudbrack Josef*: Worte sind Brücken. Hinführung zur Gedichtmeditation, Frankfurt a. Main 1976

*Sudbrack Josef*: Suche nach Lebenden. Verse von Nelly Sachs. Der meditative Grund der Begegnung der Religionen, in: GuL 48 (1975) 382–387

*Szondi Leopold*: Kain, Gestalten des Bösen, Bern 1969

*Szondi Leopold*: Moses, Antwort auf Kain, Bern 1973

*Szondi Leopold*: Freiheit und Zwang im Schicksal des Einzelnen, Bern / Zürich 1968

*Teilhard de Chardin Pierre*: Die Messe über die Welt in ders: Lobgesang des Alls, Paris (frz.) Olten (dt.) 1961, 13–42

*Theissen Gerd*: Das Verschwinden des hermeneutischen Konflikts. Zur Rezeption von Paul Ricoeur in der deutschsprachigen theologischen Hermeneutik, in: Evang. Theol. 73 (2013) 258–272

*Thoma Clemens*: Unser Vater im Himmel in ders.: lamed Zeitschrift für Kirche und Judentum 160 (1997/1 )13–16

*Tück Jan-Heiner*: Der Atheismus als Purgatorium des Glaubens. Selbstgerechtigkeit und Eiferertum sind auf allen Seiten zu finden, NZZ 13./14.09.2008 B4

*Tück Jan-Heiner*: Rechthabenmüssen. Zu Martin Walsers Essay ‚Rechtfertigung, eine Versuchung‘, in: CiG 64 (2012) 23. Sept.

*Tück Jan-Heiner* (Hg.): Was fehlt, wenn Gott fehlt? Martin Walser über Rechtfertigung – theologische Erwiderungen, Freiburg 2013

*Tück Jan-Heiner / Bieringer Andreas* (Hg.): „Verwandeln allein durch Erzählen“. Peter Handke im Spannungsfeld von Theologie und Literaturwissenschaft, Freiburg 2014

*Tück Jan-Heiner*: Erklingt in Bach die Wahrheit des Christentums? NZZ 11.07.2015

*Umfrage Gottesdienst*: Eine exemplarische Momentaufnahme des liturgischen Lebens und der „Sonntagskultur" in der Erzdiözese Wien, Hg. Liturgiereferat, Wien 2015

*Usman Jamahh Victor*: ACTUOSA PARTICIPATIO: the "why" and the "how" of participation in the liturgy according to sacrosanctum Concilium, auf https://www.uibk.ac.at/theol/leseraum/pdf/usman.pdf (08.11.2010)

*van der Geest Hans*: Du hast mich angesprochen. Die Wirkung von Gottesdienst und Predigt, Zürich 1978, [2]1983

*von Sass Hartmut*: Fehlermeldung. Über Martin Walsers Versuchungen, in: *Hermeneutische Blätter* (2014) 127–138

*Vogel Harald / Gans Michael*: Rose Ausländer – Hilde Domin – Gedichtinterpretationen, [4]2004

*Vorgrimler Herbert*: Die Liturgie – ein Bild der Kirche. Anfragen der systematischen Theologie, in: Heute Gott feiern. Liturgiefähigkeit des Menschen und Menschenfähigkeit der Liturgie, hg. v. Benedikt Kranemann u. a. Freiburg 1999, 39–56

*Wacker M. T.*: Art. ‚Hosea (Buch)' in: Manfred Görg (Hg.): *Neues Bibel-Lexikon.* II: H–N, Zürich 1995, Sp. 198 ff.

*Wagner-Rau Ulrike*: „… weil Glaubenlernen auch Sprechenlernen bedeutet" Vorbereitungen zum Beten, in: *Kuhlmann Helga* (Hg.) (2007)

*Wahle Stephan / Hoping Helmut / Haunerland Winfried* (Hg.): Römische Messe und Liturgie in der Moderne, Freiburg i. Br. 2013

*Waldenfels Hans*: Gott – Mensch – Welt. Zum Angelpunkt des interreligiösen Gesprächs aus christlicher Sicht, in: *Walter Strolz u. Hans Waldenfels* (Hg.) Christliche Grundlagen des Dialogs mit den Weltreligionen, QD 98, Freiburg 1983, 13–43

*Wallmann Jürgen P.*: „Ein denkendes Herz, das singt". Materialien zu Leben und Werk Rose Ausländers, in *Ausländer Rose*: Gesammelt Gedichte, hg. von *Hugo Ernst Käufer u. Berndt Mosblech*, Köln [3]1978, 520–547 (zit. GG)

*Walser Martin*:"Über Rechtfertigung, eine Versuchung", Hamburg 2012

*Walser Martin*: Umgang mit Unsäglichem, NZZ 28.08.2012 bzw. auf https://www.nzz.ch/feuilleton/buecher/umgang-mit-unsaeglichem-1.17526708

*Walter Silja*: Tanz vor dem Herrn. Neue Wortgottesdienste. Mit Beiträgen von *Jakob Baumgartner* zum Tanz in der christlichen Liturgie, Zürich 1974

*Walter Silja*: Singen wir weiter … … wo Julia Esquivel aufgehört hat , in: Neue Wege. Beiträge zu Religion und Sozialismus 78 (1984) 107

*Walter Silja*: So kann es sein … Erfahrungen im Kloster, Schritte ins Offene 15 (1985) Jan./Feb. ('Brot und Wein – ein altes Fest neu erleben') 19 f.

*Walter Silja*: „Simson und Delila", in: Mission konkret 7 (1986/3) 2

*Walter Silja*: Meine Entdeckung der Bibel, in: Du würdest mich nicht suchen … … wenn ich dich nicht schon gefunden hätte. Gottesdienste, Hg. *Walter Silja / Staehlin-Handschin Simone / Huber-Staffelbach Margrit / Altwegg Leni*, Freiburg/Schweiz 1999

*Walter Silja*: Gesamtausgabe Bd. 10. Spiritualität II, Red. *Ulrike Wolitz*, Freiburg Schweiz 2005 (zit. SWGA)

*Walter Silja*: Zu „Die sieben durchsichtigen Tage" Christusbegegnung in der Schöpfung in: SWGA 10, 641–649

*Walter Silja*: Lyrik SWGA Bd. 8, Freiburg Schweiz 2003

*Walter Silja*: Schwester Maria Hedwig, 89 Aufzeichnung *Daniela Schwegler* DAS MAGAZIN 2008/05

*Walter Silja*: Das dreifarbene Meer. Meine Heilsgeschichte – Eine Biographie, Freiburg Schweiz ²2009 (zit. SWB)

Weidner Stefan: Warum der Sufismus gar nicht so friedlich ist, auf https://de.qantara.de/inhalt/islamische-mystik-warum-der-sufismus-gar-nicht-so-friedlich-ist?nopaging=1 2016 (16.12.2018)

*Weiss Christa*: Hilde Domin: Wort und Ding, Über eine Ausgabe der ‚Gesammelten Gedichte' https://www.zeit.de/1987/31/wort-und-ding 24.07.1987 (aktual. 21.11.2012)

*Werinhard Einhorn Jürgen* OFM zu *Ulrike Wolitz* (1998) in: WiWei 66 (2003) 157–160

*Weyer Anselm*: Liturgie von links. Dorothee Sölle und das Politische Nachtgebet in der Antoniterkirche, hg. für die Evang. Gemeinde Köln von Markus Herzberg und Annette Scholl, Köln 2016

*Weymann Volker*: „Training in Wahrhaftigkeit". Das dichterische Werk von Hilde Domin, in: HK 60 (2006) 209–214

*Wick Josef*: Sind Eucharistie/Abendmahl noch Gottes Liebesbrief? in: SKZ 180 (2012) 211 f.

*Wiederkehr Dietrich*: Der menschliche Glaubensvollzug als Legitimation und Kritik der institutionellen Sakramente, in: *Elmar Klinger*: Christentum innerhalb und außerhalb der Kirche, QD 73, Freiburg 1976, 212–231

*Wiederkehr Dietrich*: Vom isolierten zum integrierten Sakrament. Schritte liturgischer Erneuerung und Einübung, in: Vergegenwärtigung. Sakramentale Dimensionen des Lebens. Hg.: *Joachim Herten, Irmgard Krebs, Josef Pretscher*, Würzburg 1997, 181–204

*Wiesli Walter*: Gibt es „sakrale Musik"? Manus. o. J.

*Wiggershaus Renate*: „Es war eine unendliche Sonnenfinsternis" Ein Porträt der Dichterin Rose Ausländer, in: *Ausländer Rose* Materialien (1991) 93–105

*Winnekes Katharina* (Hg.): Christus in der bildenden Kunst, München 1989

*Winnekes Katharina / Mennekes Friedhelm*: Spannungen keine Antworten – Ein Gespräch, in: *Winnekes Katharina* (Hg.) (1989) 132–147

*Winter Stephan*: Gestaltwerdung des Heiligen. Liturgie als Ort der Gegenwart Gottes, in *Arens Edmund* (2012) 149–176

*Wolitz Ulrike*: Der neue Mensch: Theologische Grundlinien in Silja Walters Werk, Freiburg/Schweiz 1998

*Wolitz Ulrike* (Hg.): Ozean Licht, Festgabe für Silja Walter zum 90. Geburtstag, Freiburg / Schweiz 2009

*Wüstenberg Ralf Karolus*: Eine Theologie des Lebens. Bonhoeffers ‚nichtreligiöse Interpretation biblischer Begriffe', Leipzig 2006

*Zeindler Matthias*: Vom Tiger im Urwald und vom Urwald im Tiger – Ein Rückblick: „Zu später Stunde kann man in Stadtkirchen noch Jazzmusik oder mittelalterliche Pilgergesänge hören." www.liturgik.unibe.ch Aktuelles (15.10.2016)

*Zulehner Paul M.*: Megatrend Religion, in: StdZ 128 (2003) 87–96